中国国家领土主权和海洋权益协同创新中心
复旦大学中国与周边国家关系研究中心

中国周边学研究文集

石源华 / 主编

世界知识出版社

2019年·北京

图书在版编目（CIP）数据

中国周边学研究文集 / 石源华主编 . —北京：世界知识出版社，2018.12

ISBN 978-7-5012-5899-4

Ⅰ. ①中… Ⅱ. ①石… Ⅲ. ①周边地区—外交关系—中国—文集Ⅳ. ①D822-53

中国版本图书馆 CIP 数据核字（2018）第 270311 号

责任编辑 张怿丹
责任出版 王勇刚
责任校对 张 琨

书　　名 中国周边学研究文集
Zhongguo Zhoubianxue Yanjiu Wenji

主　　编 石源华

出版发行 世界知识出版社
地址邮编 北京市东城区干面胡同 51 号（100010）
电　　话 010-65265923（发行） 010-85119023（邮购）
网　　址 http://www.ishizhi.cn
经　　销 新华书店
印　　刷 北京虎彩文化传播有限公司
开本印张 165 × 240 毫米 1 / 16 29 印张
字　　数 488 千字
版次印次 2019 年 4 月第一版 2019 年 4 月第一次印刷
标准书号 ISBN 978-7-5012-5899-4
定　　价 86.00 元

《中国周边学研究文集》
系复旦大学“传世之作”精品项目

《中华人民共和国周边外交七十年史》
阶段性成果

感谢复旦大学亚洲研究中心
资助本书出版

目录

Contents

序言一 …… 张蕴岭 1
序言二 …… 栾建章 4
前　言 …… 石源华 7

中国周边学研究与学科建设

中国周边学的学科定位、研究视角与重点领域 …… 李　文 3
建设中国周边学的时代使命和基本内涵 …… 石源华 16
建立中国周边学必要性与可行性初步探索 …… 陈奉林 29
中国周边学与周边研究的核心问题 …… 钟飞腾 44
中国周边学兴起的现实意义与面临的若干问题 …… 赵卫华 71
观念、关系与互动：对中国周边学理论研究的若干思考 …… 肖　阳 82
论中国周边学产生的历史与时代逻辑 …… 石建国 96
混合研究方法与中国周边学建设 …… 蒋建忠 110
中国周边学建设与区域与国别研究
——不确定性与路径共商 …… 卢光盛　张　添 122
试析新时期“中国特色周边外交” …… 赵明昊 137
中国学视角下的周边学建构 …… 武心波　房丽珠 149
中国周边学与新时代中国周边外交研究 …… 杨鲁慧　刘雨辰 161
“一带一路”与中国周边学建设的路径选择 …… 马丽蓉 174

中国周边学的人类学民族学视角 …… 纳日碧力戈 185
中日“周边观”的比较、变迁及对接 …… 祝曙光 192
中国周边学与古代周边观的变迁与辨正 …… 王明星 204
中国周边学的文化观构建：以礼乐文化的创新为例 …… 陈康令 220
中国周边学与“人类命运共同体”构建 …… 仇发华 232
中国周边学与建设周边命运共同体的共构 …… 郭 锐 王彩霞 243
中国周边学与跨境区域合作研究 …… 李 峰 郑先武 256
中国周边学语境下的边海问题研究 …… 关培凤 266
军事合作视阈下的中国周边学研究 …… 张 芳 283
中国周边学与海防问题研究 …… 高新生 刘伊培 294
国情研究是中国周边学的重中之重 …… 张慧智 王箫轲 306
中国周边学与周边国家国情研究 …… 陈妙玲 316
中国周边学与国家外语能力建设 …… 蔡 建 330
北极研究与中国周边学 …… 张 耀 340

中国周边学研究与周边外交
（笔谈精选）

中国周边学的理论视角与理论意义 …… 周方银 355
中国周边学：以共生观照周边 …… 任 晓 359
浅谈中国边疆学与中国周边学之间的关系 …… 邢广程 363
以历史研究为基础开展“周边学”学科建设 …… 余伟民 368
中国周边学与破解周边安全难题 …… 唐永胜 374
中国周边学与中日韩三国合作 …… 韩 梅 379
中国周边学研究方法刍议：以俄罗斯问题研究为例 …… 冯玉军 382
中国周边学与新时代周边外交顶层设计 …… 祁怀高 388
中国周边学：大周边视野下的中东 …… 刘中民 393
中国周边学研究的四个维度 …… 郭定平 396
中国周边学与周边国际组织的参与与建设 …… 张贵洪 401
中国周边学的构建：内涵、动力与方向 …… 马建英 406

构建新型国际关系与中国周边学 …… 夏立平 412
构建中国“周边学”需要解决的问题 …… 林民旺 417

附 录

《中国社会科学报》：构建中国周边学正当其时 …… 423
《世界知识》封面话题——“中国周边学”呼之欲出？ …… 427
《中国社会科学报》头版：发展回应时代的中国周边学 …… 429
《世界知识》会议综述：再探“中国周边学”：学科建设的进展与前景 …… 432

序言一

中国社会科学院学部委员、山东大学特聘教授　张蕴岭

中国有众多的陆海接邻国家，形成一个基于地缘链接的共处区域。从中国的视角，这个地区有着周边环绕的特征，构成了特殊的“周边关系”。因此，“周边地区”“周边关系”是中国视角的概念，是中国对近邻地缘关系与利益的描述和定位。

周边地区和周边关系对于中国极其重要，因为与周邻国家的关系如何，对中国影响极大，为此，中国把周边关系立于对外关系的首位。习近平在2013年召开的周边外交工作座谈会上指出：“周边对我国具有极为重要的战略意义。思考周边问题、开展周边外交要有立体、多元、跨越时空的视角，要谋大势、讲战略、重运筹。”

从研究的角度，中国的周边地区和周边关系是一门大学问。周边问题涉及政治、经济、安全、社会、文化、宗教等；周边关系涉及双边、三边、多边关系等；周边认知和定位涉及历史与现代、现在与未来、本区与区外等。从这个意义上，中国的周边研究可以成为一种“学”，即周边学。与一般的研究不同，作为“学”，需要构建系统和逻辑的理论体系，作为中国视角的“学”，当然需要有鲜明的中国特色，有基于中国思想文化思维的话语体系。

不过，尽管“周边”是一个中国的视角概念，但作为一个区域，还具有“他者”的概念。这个“他者”，首先是周边的邻国，即邻国与中国，也即“周邻与我”，没有“他者”的周边学是不完整的，从他者的视角，则是一种“中心与外围”的立论，或者说是“中国中心论”。因此，即便是中国视角的周边学，也应该有周邻

国家如何看中国和周邻国家本位学的内容。再进一步说，中国的周边是一个开放的地缘空间，与外部有着直接的联系，无论是从地缘链接，还是从对外交往，都是如此。因此，中国的周边地缘连接和地缘关系具有外延性，对于那些关系密切、利益攸关的外延地区，有的也把它们称之为“大周边”。对于“大周边”，尚没有一个严格的、清晰的界定，不过，作为周边学，也应在考虑之列。再则，就周边区域而言，“第三者”，即不属于周边的国家，有些是属于“大周边”的国家，也有的不是，也应考虑，有些国家，虽然地缘无接连，就像美国，但关系很密切，对周边地区事务介入很深，影响很大。

我本人长期从事有关区域问题的研究。在我看来，需要构建“国际区域学”。尽管世界是一个整体，全球化打破了国家间、区域间的隔离，但国家之间也有着更为直接和密切的地缘区域关系。区域地理、政治、经济、安全、历史、文化有着鲜明的特征。在很大意义上说，任何国家首先是属于区域的。

“国际区域学”是交叉学科，以区域与国家间地理、人文、哲学、经济、政治关系为基础，研究区域特殊性、共性与普遍性的问题。国际区域是相邻国家的地缘依托，也就是说，地缘连接使处在同区域的国家成为邻国，地缘因素构成相邻国家间不可更改的天然关系。因此，国家间的地缘关系具有特殊性。地缘区域内，各国比邻而居，形成了区域内国家之间的特殊关系，积淀着丰富的，非同一般的历史人文关系。区域内国家有着特殊的利益关系，既基于地缘、人文，也基于现实需要。区域内国家间的利益关系既有相互依赖性，也有矛盾冲突性。因此，“国际区域学”涉及地缘政治学、地缘经济学、地缘历史学、社会学和文化学等。区内国家基于地缘、人文、利益，会有着有别于其他的内在联系，近缘和相互依存是区域性的一个突出特征。

以中华复兴为背景的周边学，要有新视角，新视野。中国综合实力的快速提升正在历史性地改变中国与周边国家的关系，周边关系与秩序出现新的变局。近代，中国衰落，周边的变局都与中国的衰落有关：一则，中国本身难保，被列强侵略、瓜分；二则，中国的影响式微，周边地区被分割，由此，中国的周边区域观消退。如今，周边的变局则大多是与中国的崛起有关：一则，中国崛起，成为地区综合实力最强的国家，对周边关系和格局影响力增强，二则，周边国家大力发展与中国的关系，由此，中国的周边区域观回归，积极参与和推动周边区域合作机制的发展，提出新的区域关系和秩序理念，即构建周边命运共同体。

以命运共同体为理念和指导的周边学，既具有理论意义，也具有实践意义。从理论的视角，周边学需要摆脱单向的中国视角，需要深入思考与谋划科学、系统的完整体系。从实践的视角，周边学要能指导新周边关系和秩序的构建，特别是对中国的周边外交政策与行动有指导意义。

石源华教授近年对中国周边学倾注了大量心血，聚集了一批志同道合者。他主编了这本《中国周边学研究文集》，要我写几句话作为序言，盛情难却，写下这些感言，也算是对他辛勤付出的一点助力。

序言二

中共中央对外联络部政策研究室主任　栾建章

新时代的中国需要新的理论支撑。复旦大学中国与周边国家关系研究中心倡议开展中国周边学研究和学科建设，就是顺应时代要求的理论建设活动，是新时代急需的理论探讨的重要组成部分。当前的中国正处于历史上发展最好的时期，日益自信地走近世界舞台的中央，前所未有地成为世界关注的中心，同时世界也面临百年未有之大变局，分化、动荡和混乱不断地冲击着既有的国际秩序，两者同步交织、相互激荡，对中国及周边的地缘政治和经济格局产生巨大影响，既给中国带来难得的历史性机遇，也给中国带来非常复杂的挑战和问题，可以说中国正处在崛起的前夜，如何平稳渡过这一关键的崛起阶段，是摆在我们面前的重大课题。

理论是认识问题、分析问题和解决问题的基本方法。毛泽东同志曾形象地比喻，我们的任务是过河，但是没有桥或没有船就不能过。不解决桥或船的问题，过河就是一句空话。中国特色社会主义进入新时代，意味着近代以来久经磨难的中华民族迎来了从站起来、富起来到强起来的伟大飞跃，迎来了实现中华民族伟大复兴的光明前景。现阶段我们面临着一项很重要的任务，那就是在从富起来到强起来的过程中，如何寻找新时代中国崛起所需要的理论支撑。现在世界上出现的关于中国的各种各样的议论，主要是由于我们发展强大起来了，但还缺少一套说法，缺少一整套系统的理论，缺少更为宏观的理论指导下的具体内容，从某种意义上讲，理论的阐释和创新已经深深影响了中国崛起的进程。

崛起的前夜是否能够迎来光明的前景，很大程度上与整个国内学界能不能为中国崛起提供一整套具有宏观性、系统性和开放性的理论有关。可以说，今天的中国比历史上任何一个时期都需要具有中国特色的国际关系理论。当然，这里的“中国特色”不是发明创造几个新词，就能解决问题的，而应创立一整套理论解释工具，也不是仅仅强调中国自身的特色，而是要在中国特色中发掘那些包含着顺应时代潮流的东西，探索符合人类文明发展的内在规律。一方面，我们需要用理论来指导我们的实践，解决当前面临的各种问题，支撑起整个中国崛起的过程。另一方面，我们还要用理论对外解释中国，告诉世界今天的中国既不是苏联，也不是美国，更非过去的中国，重新定位和构建一种新型的中国与周边以及世界之间的关系。

中国周边学的创立和构建就是对上述问题的一种回应。为践行十九大作出的战略部署，不断开创中国周边外交新局面，2018 年年初，以复旦大学中国与周边国家关系研究中心为主的研究机构率先提出创立中国周边学倡议，并通过举办笔谈会、座谈会、学术讲座以及编写研究简报、推送新媒体等方式做了大量卓有成效的工作。中国周边学一经推出，迅速引起了学界对中国周边学的高度关注和热议，《中国社会科学报》《世界知识》等国内著名学术报刊杂志纷纷以头版报道、封面话题、专栏文章等方式予以大力宣传和推介，在学界取得了较大反响。

中国周边学以习近平新时代中国特色社会主义思想为指导，根植于中华民族复兴的伟大实践，是中国对外战略需求和中国学者自主探索相结合的产物，在指导中国对外实践以及消解外界对中国崛起的疑虑方面承担着重要任务。在新时代提出和构建中国周边学这一课题，不仅具有较高的学术价值和学术意义，更具有十分重大的战略价值和战略意义，一定程度上既反映了国内学界对构建具有中国特色国际关系理论和学科的自觉意识正在不断增长，还展现了新时代中国知识分子对国家未来前途命运发展的责任与担当。

本书是中国周边学的首部著作，汇聚了活跃在中国周边研究领域 40 多位重要专家学者集体努力的智慧结晶，他们以不同的学科视角、不同的专业方向以及不同的年龄结构层次表达了对中国周边学的真知灼见，集中代表了国内对中国周边学研究的最新成果和思考，为今后开辟和发展中国周边学提供了许多新思路和启发。本书的亮点主要体现在以下四个方面：

一是为中国周边学学科构建勾勒出基本雏形。本书着眼于对中国周边学的整体把握，对中国周边学的研究缘起、时代使命、理论视角、研究框架与应用领域等问题进行了全面而广泛的探讨，明确了其学科归属、学科定位、学科特色以及学科理论体系，为读者呈现出中国周边学作为一门学科的基本雏形，为今后中国周边学从碎片化研究走向整体性研究，并发展成为一门独立学科奠定了坚实的理论基础。

二是提出了一系列亟需回答的若干重大命题。本书中各位专家学者提出了诸如“封贡体系学”的历史评价与学理价值、当代西方国际关系理论的缺陷、中国周边学与“中国边疆学”“区域国别研究”的异同、中国周边的范围及其变动等若干重大命题，并针对这些命题展开了十分精辟的论述，从深层次直接点出了问题的实质，如何回答这些重大命题成为中国周边学未来发展的关键。

三是推动中国周边学在理论研究方法上的突破。本书站在了时代的高处，将构建中国周边学理论作为一项重大任务进行了深入探讨，主张既要批判和摒弃东西方国际关系理论中的种种弊病和糟粕，又要借鉴和汲取东西方国际关系理论中的合理成分和思想精华，从而形成了对东西方两种思想和文化的继承与超越，为构建和形成以“合作共赢”为核心理念和以“人类命运共同体”为目标的新理论体系提供了方法论指导。

四、多学科交叉成为中国周边学发展的新路径。本书收录的中国周边学论文中除了对周边政治、经济等传统问题的研究外，还拓展到对周边的民族宗教、边疆历史、语言文字、国防军事、周边国情、跨界河流、北极航道等关联问题的探讨，从理论和实践的多维视角探讨了中国与周边的互动关系，进一步彰显了中国周边学研究的重大意义，为共同促进中国周边学发展开辟了新路径。

当然，本书中各位专家学者之间有很多的共识，同时也存在不少的分歧，他们的精彩观点也时常碰撞出非常具有启迪性的思想火花。我认为，有不同的意见和不同的看法是一种很好的现象，学术争鸣也是学术繁荣的标志。此外，我们也需要清醒认识到，中国周边学目前还处于初级阶段，要想真正成为一门独立学科并非一蹴而就朝夕可成，尚有许多问题需要进一步廓清，尤其是在解决中国周边整体性问题时，必须要更加明确自身的逻辑主线、逻辑起点和贯穿始终的问题，而这些问题非常具有针对性、启发性和引导性，也体现了中国周边学不同于其他学科的独特性，这也为广大读者留下了一片广阔的学习和思考空间，有待各位进一步去发掘和创新，为中国周边学的繁荣发展贡献更多的智慧和力量。

前 言

石源华

2018年新年伊始，复旦大学中国与周边国家关系研究中心（简称“复旦中国周边中心”）根据中共十九大确定的国家战略部署，为推进中国特色社会主义大国外交研究，开创中国周边外交研究新局面，提出和推动了中国周边学研究和学科建设研讨，得到国内学者同仁的大力支持。迄今已到了将《中国周边学研究文集》奉献给大家的时候了！

一

回顾中国周边学的提出和推介，实始于我和我的研究团队对于中国周边外交和中国周边国情问题的长期关注和研究。

我对于中国周边外交的研究始于历史问题，逐步扩展至现实问题，并以现实问题为中心。1995年，我获准承担上海市“九五”中长期规划项目“近代中国与周边国家关系史研究”。2006年，该项目的最终成果《近代中国周边外交史论》由上海辞书出版社出版。2008年获上海市第十届哲学社会科学优秀著作二等奖。2012年，我承担上海市社科重大委托项目暨国家社科后期资助项目“中华民国外交史研究”，民国时期中国周边外交是该书的研究重点和主要特色之一。2013年，该项目的最终成果《中华民国外交史新著》（全三卷），由社会科学文献出版社出版。2014年，获上海市第十二届哲学社会科学优秀著作一等奖。2015年，再获教育部第七届哲学社会科学优秀著作一等奖，在学术界产生重要影响。同时，我也承担了其他项目的周边外交部分研究，如复旦大学倪世雄教授主持的教育部重大项目“我国的地缘政治及其战略”，承担了“中国东北亚地缘政策”子课题。上海社会科学院金永明研究员主持的中国太平洋学会项目“东海争端问题的史地考证”，承担了“中日琉球争端问题”子课题，中国社会科学院学部委员张蕴岭研究员主持的国家新闻出版总署重大项目“中外关系四十年”，承担了“中国和周边国家关系”子课题等，均已结项，拓展了我对于中国周边外交和周边国情研究的视野和思路。

2012年9月起，我应武汉大学胡德坤教授邀请参与教育部“2011计划”国家领土主权与海洋权益协同创新中心（简称“协同创新中心”）的创建活动。2012年10月12日，复旦大学与武汉大学两校领导签署《武汉大学—复旦大学共建国家领土主权与海洋权益协同创新中心框架协议》。2013年11月11日，复旦大学校长办公会议决定同意成立“复旦大学中国与周边国家关系研究中心”，隶属复旦大学国际问题研究院，对接协同创新中心建设，由我担任复旦大学中国与周边国家关系研究中心负责人。[①] 2014年10月，“国家领土主权与海洋权益协同创新中心”被教育部、财政部认定为2014年度“2011协同创新中心”。我担任该协同创新中心副主任兼复旦大学分中心主任，组建了跨学科的研究团队，依托复旦大学政治学科的强大后盾和国际问题研究院相关研究中心对于中国周边研究的长期积累，按照协同创新中心的整体规划和有力经费支撑，推动复旦大学的中国周边外交研究进入了兴盛发展时期。

六年多来，我和我的团队从事的主要工作有十个方面：

1. 主编“复旦大学中国周边外交研究丛书”。截至2018年9月，“复旦大学中国周边外交研究丛书”（简称“丛书”）已出版8部著作：《中国崛起背景下的周边安全与周边外交》（祁怀高等著，中华书局2014年7月版）、《冷战后中国周边地区政策的动力机制研究》（吴琳著，中华书局2016年6月版）、《中国周边外交十四讲》（石源华著，社会科学文献出版社2016年12月版）、《转型期日本的对华认知与对华政策》（包霞琴等著，中华书局2017年1月版）、《人文化成：中国与周边国家人文交流》（张骥、邢丽菊主编，世界知识出版社2018年9月版）、《近代中国的周边外交》（石源华等著，中华书局2018年11月版）、《中国与周边各

① 复旦大学办公室：《关于同意建立“复旦大学中国与周边国家关系研究中心”的批复》，校批字[2014] 46号，2014年3月17日印发。

国的人文交流与互鉴》（洪军主编，世界知识出版社 2018 年 11 月版）、《权力扩散视角下的中越南海争端研究》（赵卫华著，世界知识出版社 2018 年 11 月版）等。丛书即将出版以下著作：《中国与“一带一路”沿线支点国家发展战略对接研究》（祁怀高著）、《近代中朝外交史稿》（张礼恒著）、《东亚地缘格局的新变迁与中国的复合型大战略构想》（郭锐著）等。

2. 编辑出版《中国周边外交学刊》。《中国周边外交学刊》（简称“学刊”）为国内首份中国周边外交研究学术刊物，学刊为半年刊，已出版 8 辑。学刊辟有“周边外交综合研究”“中国周边学笔谈”“‘一带一路’研究”“周边次区域研究”“周边人文交流”“周边经济合作”“周边国情研究”“周边看中国”“南海争端研究”“战略新边疆研究”等专栏，已刊出论文 160 余篇。学刊的宗旨是：“瞄准中国国家领土主权和海洋权益重大问题，努力推进对中国与周边国家之间的政治、安全、经济、外交、文化关系的理论研究、战略研究、个案研究和综合研究，开辟培育中国周边外交研究的新园地。”

3. 编撰“中国周边外交研究报告”。“中国周边外交研究报告”（简称“研究报告”）由复旦大学中国周边中心主编，每年邀请全国著名专家参加“复旦大学中国周边外交研讨会”，在此基础上形成研究报告。已经出版了《中共十八大以来中国周边外交研究报告》（石源华著）。2017 年 8 月 30 日，中共中央党史研究室科研管理部撰文《习近平总书记外交思想相关图书选介》，将本书列为“最近我国外交政策成果”研究的五种代表著作之一，是专论周边外交的唯一一部著作，肯定本书研究新时期中国周边外交的政治意义和学术价值。《中国共产党新闻网》《人民网》《新华网》等网站转载，向全党推介，产生了很大的社会影响和政治影响。2018 年 10 月，《中共十八大以来中国周边外交研究报告》被中国社会科学评价研究院评为第一届中国智库学术成果“优秀著作奖”。已经出版的研究报告还有：《中国周边外交研究报告（2015—2016）》（石源华主编）、《中国周边外交研究报告（2016—2017）》（祁怀高主编）、《中国周边外交研究报告（2017—2018）》（石源华主编）。

4. 开展中国周边国情研究。复旦大学中国周边中心根据“大周边”概念，[①] 组织全国优秀专家编纂大型工具书《中国周边国家概览》（石源华、祁怀高主编，世界知识出版社 2017 年 8 月版）。《中国周边国家概览》（简称“《概览》”）涵盖 64 个“大周边”国家的国情及其与中国关系，共计 137 万字。《概览》主要包括六个方面的内容：国土、国民与国情；政治制度与政府；经济；国防与安全；外交与对外关系；对华关系。“对华关系”部分涉及各国对“一带一路”倡议的反应。《概览》是复旦中国周边中心的基本学科建设成果，是了解和研究中国周边国家国情的重要工具书。《概览》计划每 5 年修订一版。

5. 积极为党和政府提交周边外交领域内的政策咨询报告。复旦大学中国周边中心提交的咨询报告曾获总书记批示 3 次、常委批示 2 次，副国级领导批示 1 次。复旦中国周边中心曾取得外交部亚洲司、政策规划司、新闻司，水利部、军委某部、新疆智库，以及国家社科基金、教育部、上海市社科基金等高层科研项目 30 余项；积极参与中央国家安全委员会，外交部亚洲司、政策规划司、边界与海洋事务司，中共中央对外联络部研究室等组织的各种会议和调研活动；为中央国家安全委员会、中共中央办公厅、中央军委某部、国家安全部、水利部等提交决策咨询报告报告 60 余份。复旦中国周边中心为周边外交和国家安全献计献策，作出了一定贡献。

6. 围绕中国周边外交主题举办国内外学术会议。截至 2018 年 11 月，复旦大学中国周边中心单独或与相关单位合办国际会议 10 多次、国内会议 20 多次、内部圆桌研讨会 30 多次。会议内容涉及以下四个类别：中国周边外交理论、战略、政策、顶层设计研究；东南亚、东北亚、南亚、中亚等中国周边次区域研究；中国周边国别和国情研究；“一带一路”、海洋事务、跨界民族、宗教安全、全球公域、周边人文交流、朝核问题等周边重大热点问题研究。

---

① 复旦大学中国与周边国家关系研究中心学者提出了具有复旦特色的“大周边”概念。中国的“大周边”涵盖东北亚、东南亚、南亚、中亚、西亚、南太平洋六个次区域。“大周边”理念是相对于“小周边”理念而言的。“小周边”通常是指与中国领土领海直接相邻的国家和地区，如俄罗斯、蒙古、东北亚、东南亚、南亚、中亚诸国。而“大周边”概念超越传统的地理范围界限，包括同中国海上、陆上有相同战略利益需求的国家和地区。界定中国“大周边”地理范畴需要考虑三个因素：最大程度上有利于巩固中国地缘战略依托；要考虑中国自身实力以及对周边的有效影响力；实施周边外交的成本与收益。参见：祁怀高、石源华：“中国的周边安全挑战与大周边外交战略”，载《世界经济与政治》2013 年第 6 期，第 44—45 页；祁怀高等：《中国崛起背景下的周边安全与周边外交》，北京：中华书局 2014 年 7 月版，第 363—365。

7. 主办"复旦大学中国周边外交研究论坛"。"复旦大学中国周边外交研究论坛"（简称"论坛"）邀请国内外从事"中国与周边国家关系研究"的知名学者与官员主讲。截至 2018 年 11 月，论坛已举办学术讲座 60 余次，其中 20 余人来自美国、英国、俄罗斯、日本、东盟国家、韩国、印度等国的高层人士和知名学者。论坛为我们全面了解周边国家如何看待中国提供了一个很好的平台，深受复旦大学校内外师生欢迎。

8. 发起建立"中国—东盟学术共同体"。2017 年 5 月 28 日，复旦大学中国周边中心与来自 9 个东盟国家的著名学术机构签署了《共同建立"中国—东盟学术共同体"合作备忘录》，正式建立了"中国—东盟学术共同体"（简称"学术共同体"，the Network of ASEAN—China Academic Institutes, NACAI）。学术共同体的 10 个创始成员包括：文莱大学亚洲研究所、柬埔寨皇家研究院人文与社会科学研究所、复旦大学中国与周边国家关系研究中心、印度尼西亚大学东盟研究中心、老挝国立大学亚洲研究中心、马来西亚马来亚大学中国研究所、缅甸仰光大学国际关系系、菲律宾大学边利曼分校亚洲研究中心、泰国朱拉隆功大学东盟研究中心、越南社会科学翰林院东南亚研究所。新加坡南洋大学拉惹勒南国际研究院参加了学术共同体历年的年会。学术共同体的常设秘书处设立在复旦大学中国周边中心。学术共同体每年举办国际学术会议，组织东盟国家的青年学者来复旦大学短期研修项目等。未来 10 年，拟将学术共同体办成中国与东盟十国之间高水平的非官方学术合作机制。

9. 与主流媒体合作让中国周边研究走向大众。复旦大学中国周边中心与《世界知识》编辑部合作，开辟了"中国周边外交重大问题研究专栏"（封面专题报道），截至2018年4月，共推出14期。主题分别是："周边外交的习近平色彩""一带一路：不留缺口才完美""全球公域秩序与中国的应对""周边外交中的'经略'与'塑造'""外空秩序与中国应对战略""中国与东盟合作：做增量不做减法""我居北海君南海——为南海解局寻求借鉴""周边外交谨防'愿望思维'""中国与东盟：分歧管控与合作共赢""未来十至十五年的中国周边外交""国家形象与中国周边关系""'一带一路'建设中的宗教因素""中国周边学呼之欲出""淡定应对周边外交环境变化"等，在海内外产生了广泛而积极的影响。同时，在《世界知识》设置由我主持的"周边外交新视点"专栏，每月 1 篇，迄今已刊 50 余期，宣传周边外交的个性观点和主张，引导公共舆论，宣传中国国策，提出政策建议，是一种新的尝试。复旦大学中国周边中心还开设“复旦中国周边研究”微信公众号和《中国周边外交研究通讯》，宣传本中心的周边外交研究和活动。

10. 重视和打造中国周边外交研究的基础工程。由我主持的《中华人民共和国周边外交编史年》（八卷本），已被列为国家新闻出版总署《“十三五”国家重点图书、音像、电子出版物出版规划》（2018 年 7 月 17 日）。《中华人民共和国周边外交编史年》按年、月、日顺序编撰中国周边外交大事记，建设周边外交史研究最基础的工作。经复旦大学批准立项，我还承担了复旦大学“传世之作”精品著作项目《中国周边外交七十年史（1949—2019）》（多卷本），希望此书的完成能为中国周边外交研究奠定扎实的基础。

在我和我的团队开展中国周边外交研究的过程中，我们通过各种形式，不断提出一些新的观点。包括：“大周边”概念、“中间国家”概念、“五海联动”概念、“海洋维权与维稳平衡”观点、“六大板块”和“印太两洋”观点、解决与周边国家争端的“双轨思路”、周边外交人脉工程观点、新时代中国周边外交十大“亮点”等。在不断深入的研究中，我们越来越感觉到中国周边外交研究还处于出现什么问题研究什么问题的阶段，在学理和体系建设上处于滞后、碎片状态。目前，“中国学”或称“世界中国学”已经成为“显学”，广受重视，发展迅猛。中华美国学、欧洲学、日本学、俄罗斯学等也已经成为成熟的学科，建立了学科群，成立了全国性的学会，创办了专门性的刊物，设立了相关的论坛。而对于中国周边外交及问题的研究，却缺乏对于周边国家群体、尤其是中小国家的全面关注和研究，相关周边国家的语言人才也处于极其缺乏的状态。国内冠名“周边”的专业研究机构虽也已经成立了一些，但数量偏少，研究方向和研究内容偏窄，这些机构和已经开展的研究工作远远不能适应中国周边外交的需求。[①] 为此，提出中国周边学研究和学科建设成为顺理成章的事。建设中国周边学成为学科建设的紧迫需要。

---

① 据不完全统计，现有相关研究机构有：中国社会科学院亚太与全球研究院、复旦大学中国与周边国家关系研究中心、中国人民大学中国周边外交与安全研究中心、中国政法大学周边安全研究中心、北京师范大学中国周边地缘研究中心、华东师范大学周边国家研究院、上海师范大学中国周边问题研究院、华中师范大学中国周边安全与合作研究中心、云南大学周边外交研究中心、广东国际战略研究院中国周边战略研究中心、曲阜师范大学中国南海与周边国家关系研究中心等。

二

2018 年 1 月 3 日，复旦大学国际问题研究院中国与周边国家关系研究中心发出《中国周边学理论务虚研讨会征稿通知》，首次提出创建中国周边学的命题，指出“进入新世纪，随着中国的和平崛起，中国特色社会主义建设道路影响日益扩大，中国周边地区的政治安全结构发生重大变化，建设具有中国特色的‘中国周边学’成为历史性的任务”。“鉴于中国周边外交在整个中国外交布局中的地位越来越重要。为了使‘中国周边学’广受社会各界重视，并推动新时代国际关系和大国外交的体系建设”，决定在复旦大学举办中国周边学理论务虚研讨会。

会议邀请函提出了 17 个研讨参考议题：1. 建立中国周边学的现实意义和理论意义；2. 中国周边学的概念、内涵； 3. 中国周边学的中国社会主义特色；4. 中国周边学与“命运共同体”建设；5. 中国周边学与中国周边外交三个“30 年”的理论与实践；6. 中国周边学与其他世界大国周边学的异同点；7. 中国周边学与“中华美国学”“中华日本学”“中华欧洲学”等的异同点；8. 中国周边学与中国传统礼仪观；9. 中国周边学与“东方外交学”；10. 中国周边学与周边国家国情研究；11. 中国周边学与中国海洋强国建设；12. 中国周边学与中国边海问题；13. 中国周边学与中国大国关系研究；14. 中国周边学与周边中外关系史料的收集和研究；15. 中国周边学与跨境民族和宗教问题研究；16. 中国周边学与周边区域组织；17. 其他相关观点等。这些议题大致反映了我们对于中国周边学新概念的初步理解和研讨指向。①

这个会议原计划于 2018 年 1 月 27 日在复旦大学举行。却因江南骤降少有的大雪，导致交通中断，而改为笔谈会。但同行学者支持研讨的热情不减，在通知发出短短不到一月时间里，有中国社会科学院李文研究员、钟飞腾研究员，中共中央对外联络部赵明昊研究员、北京师范大学陈奉林教授、广东外语外贸大学周方银教授、赵卫华教授，武汉大学关培凤教授、云南大学李晨阳教授、苏州科技大学祝曙光教授、青岛科技大学石建国教授，以及复旦大学任晓教授、石源华教

---

① 复旦大学中国与周边国家关系研究中心：《“中国周边学”理论务虚研讨会邀请函》2018 年 1 月 3 日。

授、祁怀高副教授、林民旺研究员、陈康令助理研究员等送来文稿，他们是本次研讨活动的最先响应者和实践者，为中国周边学推介作出了贡献。

中国周边学首批笔谈稿推出后，《中国社会科学报》于2018年2月5日在显著位置发表了《构建中国周边学正当其时》，① 较为详细报道了本次笔谈会文章的主要观点，引起中国学术界关注。4月16日，《世界知识》2018年第8期，刊出命题为《中国周边学呼之欲出》的封面专题论文，刊出《开展中国周边学研究刻不容缓》（石源华）、《学科定位、研究视角与重点领域》（李文）、《中国周边学的理论视角与理论意义》（周方银）、《中国周边外交何以特色》（赵明昊）、《创建中国周边学的机遇与挑战》（关培凤）、《中国周边学研究的新契机与新方向》（钟飞腾）6篇文章，引起学术界更大震动。

会后，参加笔谈的各位学者根据本中心要求修改各自提交的文章，复旦大学周边中心公众号“复旦中国周边研究”开辟《中国周边学研究简报》专栏，逐篇推出这些文章，从2018年2月5日至14日，共推出12篇。这些文章在公众号推出后，引起了学术界积极反响。有的资深专家评点，研究中国周边学，不能光从中国角度研究，还要顾及其他方面，提醒我们不仅要研究中国周边学，同时要研究“周边中国学”，研究中国与周边国家的互相认知，中国周边学需要吸引、获取周边国家的认可与对接。有的专家从语言学角度提出研究中国周边学需要解决学习和掌握周边国家民族语言问题，指出哈佛大学设置外国语种90余种，中国大学对于周边国家语种开设和专业人才培养实在太少，不能适应中国周边研究和“一带一路”建设的现实需要。有的专家提出需要从人类学和民族学的视角研究中国周边学，开辟一个新的研究领域。还有一些学者提出从中华传统文化及其影响角度研究中国周边学，提出中国周边学不仅要与中华美国学、欧洲学、日本学、俄罗斯学进行比较，而且要与其他大国的周边学进行比较研究等等，更多的学者自动投稿，参与中国周边学的研讨。

2018年3月，本中心再次发出征稿邀请函，在学界广为征稿。并根据大家反馈的意见，对于原定参考议题作了调整和补充，从17条增加为23条，重要者为“中国周边学在中国站起来、富起来、强起来不同阶段的不同使命”“中国周边学与中国边疆（边海）学”“中国周边学与中国海洋学”“中国周边学与中国民族学”“中

① 记者毛莉：《构建中国周边学正当其时》，《中国社会科学报》2018年2月5日（第1388期）。

国周边学与中国宗教学”“中国周边学与中国人类学”“中国周边学与中国语言学”等。并欢迎大家不限于这些议题，放开思路，不断提出新的研究视角和思考方向。[①]

随后，复旦大学中国与周边国家关系研究中心通过公众号《复旦中国周边研究》进一步推介《中国周边学研究简报》，引起更多学者的热议和关注，不断有学者、外交官、军人研究者等撰文加盟研讨，提出了更多极具价值的战略性或实用性的探索观点和有重要影响的评论，合计近50篇，举办大型学术研讨会的条件逐步成熟。

2018年6月23日，“‘中国周边学’研究和新学科建设研讨会”在复旦大学举行。来自中国社会科学院、北京师范大学、国防大学、山东大学、山东师范大学、青岛科技大学、烟台大学、南京大学、吉林大学、武汉大学、苏州科技大学、云南大学、广东国际战略研究院、陆军炮兵防控兵学院、上海社会科学院、上海国际问题研究院、同济大学、华东师范大学、上海交通大学、上海外国语大学、上海理工大学、上海金融学院、复旦大学等40名余专家学者以及来自中国社会科学杂志社新闻中心的媒体人共同出席研讨会，提交或书面提交论文45篇。

中共中央对外联络部研究室栾建章主任应邀在研讨会上发表特别演讲。他认为，中国正处在一个崛起的前夜，面临诸多问题与困境，需要一套理论体系来支撑起整个中国崛起的过程。中国周边学理论的阐释与创新远远不只是创造几个新词，而是建立起中国特色的国际关系理论，既能够解释中国本身，也能够解释世界。中国周边学的构建在打消外界对中国的疑虑方面承担着重任，需要向世界说明一个新型的中国与世界的关系。中国周边学不是将周边几个区域战略进行机械性叠加，而是必须通过构造逻辑主线、逻辑起点并贯穿始终来解决中国周边外交的整体性问题，体现出中国周边学的独特性与理论创新性，对本次会议起了重要的引领和指导作用。

老中青三代学者，欢聚一堂，围绕着“中国周边学的概念、内涵及学科定位”“中国周边学的研究缘起和时代背景”“中国周边学的理论创新和研究框架”“中国周边学的实际运用和学科交叉”“如何进一步开展中国周边学研究”五个专题，从不同的学科视角、专业方向进行了热烈而充分的研讨，集中体现了学界对中国

---

① 复旦大学中国与周边国家关系研究中心：《推进“中国周边学”研究和学科建设征稿启事》，2018年3月1日。

周边学的真知灼见和最新研究成果，为开辟和发展中国周边学提供了许多新思考和新启示，引起学术界的广泛关注。

2018 年 7 月 2 日，《中国社会科学报》在第一版的重要位置发表题为《发展回应时代的中国周边学》，分列“以构建人类命运共同体为导向”“创建中国特色周边外交理论”“形成多学科交叉的立体体系”三个专题，详细介绍参会作者的重要观点。[①] 8 月 1 日，《世界知识》发表《再探中国周边学：学科建设的进展与前景》，分列“概念、内涵及学科定位”“研究缘起和时代背景”“理论创新和研究框架”“中国周边学的实际运用和学科交叉”四个专题，详细介绍参会作者的重要观点。[②] 本次会议和中国周边学的研讨活动也受到《人民日报内参》的关注，2018 年第 863 期刊载了李文撰写的《学者建议构建中国周边学服务外交需求》，送交政府高层决策参考。[③]

三

《中国周边学研究文集》是本次会议的论文精选集，共收入 27 篇论文和 14 篇笔谈稿，可以说是中国周边学研究的结晶和最新成果，是研究中国周边学的第一部著作，汇聚了国内学术界重要专家学者对中国周边学研究的新观点和新思路。非常荣幸的是，中国社会科学院学部委员、国际关系学部前主任、著名国际政治学者张蕴岭先生和中共中央对外联络部研究室主任栾建章先生应邀为本书撰写了热情洋溢、评点中肯和高屋建瓴的序言，使本书大为增色。

本书的核心观点是：中国周边学是为适应中国从富起来到强起来的历史任务和时代需求而建设的新学科。中国成长为一个世界级大国后，需要解决如何与周边国家友好相处，合作共赢，建设中国所倡导的“命运共同体”，实现中国强大后仍不称霸的庄严承诺。建设中国周边学的历史目标和任务是，实际解决中国成为周边和世界“中心国家”后对中国周边地区的应对方和理论建树。本书的主要亮

---

① 郑成宏、毛莉：《发展回应时代的中国周边学》，《中国社会科学报》2018 年 7 月 2 日第 1 版。

② 肖阳：《再探“中国周边学”：学科建设的进展与前景》，《世界知识》2018 年第 15 期，2018 年 8 月 1 日。

③ 李文：《学者建议构建中国周边学服务外交需求》，《人民日报内参》第 863 期，2018 年 8 月 1 日。

点如栾建章先生在本书序言中所指出的体现在以下四个方面：

一是为中国周边学学科构建勾勒出基本雏形。本书着眼于对中国周边学的整体把握，对中国周边学的研究缘起、时代使命、理论视角、研究框架与应用领域等问题进行了全面而广泛的探讨，明确了其学科归属、学科定位、学科特色以及学科理论体系，为读者呈现出中国周边学作为一门学科的基本雏形，为今后中国周边学从碎片化研究走向整体性研究，并发展成为一门独立学科奠定了坚实的理论基础。

二是提出了一系列亟需回答的若干重大命题。本书中各位专家学者提出了诸如“封贡体系学”的历史评价与学理价值、当代西方国际关系理论的缺陷，中国周边学与“中国边疆学”、“区域国别研究”的异同，中国周边的范围及其变动等若干重大命题，并针对这些命题展开了十分精辟的论述，从深层次直接点出了问题的实质，如何回答这些重大命题成为中国周边学未来发展的关键。

三是推动中国周边学在理论研究方法上的突破。本书站在时代的高处，将构建中国周边学理论作为一项重大任务进行了深入探讨，主张既要批判和摒弃东西方国际关系理论中的种种弊病和糟粕，又要借鉴和汲取东西方国际关系理论中的合理成分和思想精华，从而形成了对东西方两种思想和文化的继承与超越，为构建和形成以“合作共赢”为核心理念和以“人类命运共同体”为目标的新理论体系提供了方法论指导。

四是多学科交叉成为中国周边学发展的新路径。本书收录的中国周边学论文中除了对周边政治、经济等传统问题的研究外，还拓展到对周边的民族宗教、边疆历史、语言文字、国防军事、周边国情、跨界河流、北极航道等关联问题的探讨，从理论和实践的多维视角探讨了中国与周边的互动关系，进一步彰显了中国周边学研究的重大意义，为共同促进中国周边学发展开辟了新路径。①

需要指出的是，由于中国周边学的研究尚处于起步阶段，本书论文一定还存在不少缺点和问题。首先，对于中国周边学概念尽管在学术界已有许多共识，但也存在不少分歧，本书收入了不同观点的论文，并相信不同思想的碰撞将有助于中国周边学研究的深入和发展。其次，由于提交论文的时间比较局促，难免有些粗糙，论文本身可能存在不足之处，有待于作者进一步思考和潜心研究，贡献更

① 参见本书序言二。

好的精品。第三，本书论文表达了个人的观点和思考，若干论文提出的观点可能会引发分歧和争论，相信这种学术争鸣会有益于推进中国周边学的发展。

《中国周边学研究文集》的问世，将起一种抛砖引玉的作用，中国周边学的研究和探索将继续前行。在经过一时间准备后，2019 年开春，我们将进行第二批规模征稿，除坚持原有多视角、多专业、多层次方向选择作者外，还希望邀请一批海外著名学者发表意见，并将征稿对象倾向中青年学者，包括博士研究生，希望更多的年轻人加入研讨，培植中国周边学新学科建设的新生力量和后继骨干。期待在未来的岁月里，经过大家的努力，能够出版《中国周边学研究文集》的第二、第三集，甚至更多，并且进而产生若干部不同风格和特点中国周边学研究专著，推动中国周边学早日成为一门独立的新学科，并对中国周边外交宏伟事业的发展作出重要的理论贡献。

值此《中国周边学研究文集》出版之际，我要向为中国周边学推介和本书编撰出版付出辛勤劳动的方方面面表示由衷的感谢，他们是：中国社会科学院学部委员、前国际关系部主任张蕴岭，中共中央对外联络部研究室主任栾建章，复旦大学副校长陈志敏，文科科研处处长顾东辉，国际问题研究院院长吴心伯、副院长冯玉军，国际关系和公共事务学院执行院长苏长和，党委书记刘季平，《中国社会科学报》新闻部主任郑成宏、记者毛莉，世界知识出版社总编章少红、副总编罗洁、汪琴、编辑张怿丹，《世界知识》杂志社编审徐波，复旦大学中国与周边国家关系研究中心中心行政助理胡旸昱、博士研究生陈妙玲等。我更要感谢从百忙之中抽出时间精心写作贡献论文和笔谈稿的全体作者，是大家的共同努力和心血打造了这部具有创新意义的著作！

中国周边学研究与学科建设

中国周边学的学科定位、研究视角与重点领域

李　文

【内容提要】周边地区是我国完成从富起来到强起来历史性飞跃的地缘战略依托，是“一带一路”建设的重点和优先地区。中国周边学以中国周边国家与地区为特定研究对象，以跨学科综合研究为主要方法，服务于“两个一百年”奋斗目标。中国周边学属于区域国别研究，致力于揭示和描述中国周边地区的特有发展规律与个性特征。中国特色社会主义进入新时代，需要周边研究有新的突破，近年来我国学术界在地区与国别研究方面取得杰出成就，为中国周边学诞生提供了基础条件。中国立场与中国视角，是中国周边学内在规定性，也是中国周边学科学性的重要保证。中国周边学聚焦国别研究、区域发展，以及周边命运共同体的构建。

【关键词】中国周边学　学科定位　研究视角　周边命运共同体

【作者简介】李文，中国社会科学院美国研究所研究员、博士生导师。中国社会科学院美国所原副所长，亚太与全球战略研究院原副院长。

一、中国周边学的学科定位

中国周边学是以跨学科综合研究为主要方法，以中国周边国家与地区为特定研究对象，以有利于发展塑造中国和平稳定的周边环境和构建周边命运共同体为主要任务，以服务于“两个一百年”奋斗目标为宗旨的一门新兴学科。中国周

边学属于区域国别研究，致力于揭示和描述中国周边地区特有发展规律与个性特征。

国际问题研究包括国际关系历史、国际关系理论和现实问题三个部分。中国周边学按其基本属性，更接近现实问题的研究。与一般性的国际关系研究追求普适性、规律性知识不同，中国周边学以探究地方性、精细化的知识为目标，并在对周边国家与地区深入研究的基础上为国家制定周边战略、开展更具针对性和舒适度的周边外交政策，提供具有参考意义的政策建议。

深入、细致和实用是世界范围内区域与国别研究的共有特征，主要原因在于区域与国别研究的生命力源于对国家政策需求的满足。主要服务于决策政策制定，决定区域与国别研究必须根据地区的地理和历史状况，针对区域内国家、社会、各种集团的实际情况，系统地收集资料和信息，明确和把握所研究区域的总体特征，进而预测其未来的发展动向。也是由于这一原因，国际学术界大卫·桑顿（David L. Szanton）等人2003年著《知识的政治职能：区域研究与各门学科》（*The Politics of Knowledge: Area Studies and the Disciplines*）一书中所采用的阿兰·坦斯曼（Alan Tansman）关于区域研究主要对象与任务的界定，即区域研究是一个内涵广泛的概念，是有共同志向的学术领域和行为的集合。其内容包括：长期和专业性地学习和掌握所研究国家或区域的语言；深入实地的调查研究；对所研究国家或地域的历史、社会观点、资料和评注材料的密切关注；超越对细节的描述性研究，测试、完善、批判和发展以实地研究资料为基础的宏大理论（Grand Theory）；多学科的、有时甚至要跨越社会科学与人文科学界限的研讨。①

建立一门新兴学科需要具备诸多基本要素，其中决定性因素是时代的呼唤与国家的需要。为中国周边学发放“准生证”的根据与理由，在于进入新时代的中国需要新理念、新科学。

周边地区是我国完成从富起来到强起来历史性飞跃的地缘战略依托，是“一带一路”建设的重点和优先地区。在目前我国经济已成为周边地区经济发展的决定性因素，同时也产生对周边地区高度依赖的情况下，建设现代化经济体系，推动经济发展焕发新活力，迈上新台阶，需要开创全面开放新格局，深化同周边国

① 刘杉：《由政府政策需求主导的历程——现代国别研究在美国的发展》，《中国社会科学报》，2011年6月21日，第13版。

家的互利合作和互联互通；需要巩固和发展与周边国家的睦邻友好关系，共同维护周边地区的稳定与和平。促进以合作共赢为核心理念的新型国际关系，推动构建人类命运共同体，是新时代赋予我国的新使命。周边是我国能够直接发挥影响力的地区，从周边开始以新的理念构建新的关系与秩序，为人类社会开辟一条合作共赢、共建共享的新路，可在世界范围产生积极引领与示范作用。

自 1992 年中共十四大报告将“周边国家”从“第三世界”概念中划出单列后，周边外交在我国外交全局中的地位不断提升。2011 年 4 月，国家主席胡锦涛在博鳌亚洲论坛年会发表主旨演讲时指出，中国将“始终把亚洲放在对外政策的首要位置”。2012 年 3 月，温家宝总理在政府工作报告中阐述外交新“布局”时，不再承袭“亚非拉美”的传统划分，而是使用“周边国家、发展中国家、大国、多边”的新提法。这一变化，反映出我外交理念向“以我为主”方向的调整，也反映出我国外交对象的层次明晰化。中共十八大后，党和国家进一步提高了对周边外交的重视程度。2013 年 10 月，中共中央召开全国周边外交工作座谈会，习近平总书记明确提出做好周边外交工作，是实现“两个一百年”奋斗目标、实现中华民族伟大复兴的中国梦的需要。2014 年 11 月，中共中央举行全国外事工作会议，中国周边外交被赋予“重中之重”的战略新定位。党的十九大报告更加明确地指出，中国要“按照亲诚惠容理念和与邻为善、以邻为伴周边外交方针深化同周边国家关系”。①

“人之相知，贵在知心。”在加深对周边国家的了解与理解的基础为增进互信建言献策，是学术界应尽的职责。但目前我国的周边研究却未能展现出新时代应有的新气象，在知识储备、理论创新，智库建设等方面都与国家现实需求之间存在较大差距。导致这种状况产生原因之一，就在于我国现有国际问题研究中缺乏在研究对象与研究方法上与周边地区研究相吻合的新学科。自上世纪 80 年代以来，亚太研究一直是我国国际问题研究中的显学，但“亚太地区”与“中国周边地区”在地理上存在较大差异。将“亚太”或“亚洲”界定为我国外交的一个特定区域，明显存在过于笼统的缺失。在中国与周边关系发生历史性变化的情况下，为使学科建设得以及时跟进，建立中国周边学已经是中国学术界的一项刻不容缓、亟待

---

① 《习近平：决胜全面建成小康社会夺取新时代中国特色社会主义伟大胜利——在中国共产党第十九次全国代表大会上的报告》，新华网，2017 年 10 月 27 日，http://www.xinhuanet.com/2017-10/27/c_1121867529.htm。

完成的任务。

我国对“一带一路”建设相关地区与国家的研究不能很好地满足现实发展的需要，就很能说明问题。“一带一路”建设是党的十八大以来，党中央着眼于我国长远发展提出的扩大对外开放的重大战略部署，其顺利推进与否直接关系到“两个一百年”宏伟目标的顺利完成。目前，“一带一路”建设已经在国际和国内产生了多方面的深刻影响，并成为国际学术界关注的焦点之一。由于“一带一路”建设涉及60多个历史文化传统、经济和社会发展水平、政治制度和国际影响力存在差异的国家，在其有序推进、落地生根过程中难免会遇到诸多困难与挑战。成功地解决困难，应对挑战，需要学术界对沿线国家“进行全方位、多学科、持续性、高质量的研究，系统深入地了解这些国家的历史、现状和发展趋势，掌握这些国家对与中国建立合作的真实态度”。[①] 但现实情况却十分不尽人意。习近平主席指出：“‘一带一路’倡议的首要合作伙伴是周边国家，首要受益对象也是周边国家。”[②] 中国周边学的面世，将有助于学术界丰富相关国家的细节认知和全面认识，科学研判合作发展的形势和条件，为更好地满足“一带一路”建设的现实需求，提供高质量的智力产品。

从内在条件成熟方面考察，中国周边学已完成“十月怀胎”，就等着“一朝分娩”。其一，自1979年以来，与中国周边相关的国别研究、次区域研究以及区域研究蓬勃发展，美国研究、日本研究、俄罗斯研究、印度研究、朝鲜半岛研究、南亚研究、中亚研究、东南亚研究、东北亚研究、亚太研究都初具规模，一些知名高校和科研院所都设有数量不等、规模不一的地区与国别研究机构，培养研究队伍，创办学术期刊，并发表出版了大量学术论文、专著和译著。其二，国家和科研机构的重视程度不断上升。改革开放以来，国家和地方的社会科学基金都资助过一定数量的国别研究项目。2011年，教育部推出“国别和区域研究培育基地”项目，并于2015年印发了《国别和区域研究基地培育和建设暂行办法》。在教育部于2012年设立的12个国别研究培育基地的带动下，许多高校加大了对区域和国别研究的重视程度，并基于自身特色推出了不少新的措施。迄今，获得教育部批准立项建设的区域和国别研究培育基地已多达37个，其中区域研究基地23个，

① 王存刚：《“一带一路”呼唤深化国别研究》，中国社会科学网，2016年7月26日，http://ex.cssn.cn/zx/bwyc/201607/t20160726_3134879.shtml。

② 《“一带一路”让周边国家先受益》，《人民日报海外版》2017年6月19日，第1版。

国别研究基地 14 个。北京大学非洲研究中心、北京外国语大学中东欧研究中心、北京语言大学阿拉伯研究中心、南开大学日本研究院、上海外国语大学俄罗斯研究中心等因为在各自的研究方向所取得的丰硕成果而成功入选。教育部将对入选的研究培育基地每年给予一定的经费支持。区域与国别研究的成果对中国特色大国外交的顺利开展，特别是中国与特定国家双边关系的发展发挥了重要作用。其三，我国已经拥有专门研究中国周边外交的学术机构，如复旦大学中国与周边国家关系研究中心（简称“复旦中国周边中心”）。成立于 2013 年 11 月，迄今已打造出一支研究团队。该中心主办的《中国周边外交学刊》、“复旦大学中国周边外交研究论坛”、举办的国际国内学术会议、编制的《中国周边外交研究报告》和“中国周边国家概况及其对华关系数据库”，都在国内外产生广泛学术影响。该中心提交的政策咨询报告，受到国家决策部门的高度重视。该中心主编的“复旦大学中国周边外交研究丛书”，集近年来我国周边研究之大成，其中《近代中国的周边外交》①，《中国周边外交十四讲》②，《中共十八大以来中国周边外交研究报告》③，《中国崛起背景下的周边安全与周边外交》④、《冷战后中国周边地区政策的动力机制研究》⑤、《转型期日本的对华认知与对华政策》⑥ 等专著或文集以及《中国周边国家概览》⑦，代表了我国周边外交研究的水平。

二、中国周边学的研究视角

中国立场和中国视角，是中国周边学的内在规定性。新时代中华民族伟大复兴展现出光明前景，为中国周边学的问世提供了历史机遇。服务于实现“两个一百年”奋斗目标，是中国周边学存在与发展的最高意义与价值。

中国周边学的兴起与中国崛起密切相关。在多数情况下，区域研究的发达程

---

① 石源华等著，原名《近代中国周边外交史论》，上海辞书出版社 2006 年，增订本将由中华书局出版。

② 石源华著，社会科学文献出版社 2016 年。

③ 石源华主编，社会科学文献出版社 2016。

④ 祁怀高等著，中华书局 2014 年 7 月版。

⑤ 吴琳著，中华书局 2016 年。

⑥ 包霞琴等著，中华书局 2017 年。

⑦ 石源华祁怀高主编，世界知识出版社 2017 年。

度既是国际关系史上大国兴衰在学术领域的投射，也是衡量权力转移发生状态的重要尺度。“历史上，一国地区研究的发展轨迹及其兴衰往往也是其大国地位起落的重要标志。”①“知己知彼，百战不殆。”任何国家在成长为全球大国的过程中，均须首先处理好与周边国家之间的关系，而这种处理能力，又与其是否对周边国家以及地区整体有全面、深入的了解与深刻的把握高度关联；随着全球利益的形成，进而需要对世界范围内不同地区加大研究与了解力度。二战结束前，霸权的形成有赖于武力征服，取得战争的胜利需要了解对手。随着武力威胁与征服在国际关系中的作用日渐下降，一国是否与其他国家形成相互了解、相互理解与相互信任的关系，对其实力的增强与大国地位奠定的作用明显提升。

举例来说，第二次世界大战之前，欧洲国家的区域与国别研究最为发达，主要研究对象是西方殖民地，目的明显在于满足这些国家在崛起过程中殖民扩张和殖民统治的需要，如当时英国、法国对亚洲、非洲的研究，都属于这一范畴。早在 20 世纪初，美国就已经成为西方资本主义阵营中的数一数二的强国，但由于此后美国多届政府奉行孤立主义政策，称霸世界的欲望不很强烈，因此，直到二战爆发，美国的大学与研究机构对美国以外地区的研究则基本上局限于欧洲研究，研究非西方国家的经济、政治、社会、文化和历史的学术机构和学者数量极少。

鲁思·本尼迪克特（Ruth Benedict）于 1946 年出版的《菊与刀》是美国学术界较早的一部关于日本国民性的研究著作。该书的问世比较典型地说明美国的区域与国别研究与国家制定对外政策的需要密切相关。在世界反法西斯战争接近胜利、美国占领日本已经成为定局的情况下，当时美国政府急于制定关于战后日本治理的政策，故于 1944 年组织了包括本尼迪克特在内的一些学者，对日本社会和日本民族性加以分析、研究，并要求提交能够为美国如何管制战败后的日本具有指导和参考意义的调查分析报告。当时美国政府急切需要了解两大问题：其一，日本政府会不会投降？盟军是不是要采用对付德国的办法进攻日本？其二，如果日本投降，美国要不要保留日本政府机构及天皇？本尼迪克特根据文化类型理论，运用文化人类学的方法，调查了战时拘禁在美国的日本人，同时也收集了大量有关日本的文艺学术作品，完成了报告，得出结论，认为日本政府会投降，美国不

---

① 陈岳、莫盛凯：“以深化地区国别研究推动中国国际关系学科的发展”，《教学与研究》，2016 年第 7 期，第 36 页。

能以直接方式统治日本，美国需要保存并运用日本原有的政府机构。在战争结束后，她的预见和建议得到了证实和采纳。

二战结束后，美国“自然而然”地成为西方世界的领袖。出于与苏联争夺世界霸权的需要，20 世纪 50 年代初，美国的区域与国别研究迅速兴起，并在 60–80 年代获得蓬勃发展。在这段时间里，美国政府和学界达成了一个共识：为了在下一次战争中取胜，美国不仅要熟悉欧洲，更须加大对西方世界以外国家和区域的研究力度。冷战状态的不断加剧，使这种观点得到越来越多人的同意。以福特基金会、洛克菲勒基金会和卡耐基基金会为主的民间基金会开始关注国际问题和国别研究。在政府的协调下，它们与中央情报局等机构密切合作，努力填补美国政府和社会对西方以外国家和地区的知识的匮乏。1957 年，苏联发射的第一颗人造地球卫星震动美国朝野，催生了 1958 年的《国防教育法》。一百多个大学的区域和国别研究项目获得资助，加速了各大学国别研究或区域研究中心的设立。哥伦比亚大学、哈佛大学、斯坦福大学、普林斯顿大学、耶鲁大学的相关研究机构大多是在这一时期成立的，国际研究和外语培训在美国大学也得到了很大的发展。当时亚非拉如火如荼的民族解放运动，也对区域研究的发展起到了推动作用。这一时期，美国以广大发展中国家为对象的现代化研究尤其获得杰出成就，并在世界范围产生广泛影响。

在世界范围内，可以说没有哪一个国家比日本对中国给予的关注更多。在全世界所有的国家里，只有一个国家用自己的语言翻译中国的《论语》《孟子》《易经》《诗经》，并且用本国的语言注释《十三经》。如果说明治维新之前，日本研究中国的目的在于学习中国，在明治维新之后，研究中国的目的则在于侵略中国、征服中国。甲午战争前后，日本对中国进行了全方位的研究，主要原因就在于当时进入列强行列的日本政府萌生了一个错误想法：要想称霸世界，必须先称霸亚洲，而要想征服亚洲，必须先征服中国，而欲征服中国，必须首先研究中国、了解中国。在甲午战争前后，大量日本学者、商人、浪人以及政府人员纷纷来到中国，了解各方面的情况。资中筠教授在她的《日本“知华”与中国“知日”的差距》一文中曾提到一件事，足以表明“九一八事变”之前日本对中国研究的细致入微。“湖南耒阳县深山老林里有一种宝藏，就是地下的无烟煤，质量特优，烧起来无味、无烟，只留下一点白灰。村民用来取暖做饭十分方便，有的就挖煤挑到 30 多里外的一个水路码头去卖高价，发点小财。由于交通不便，不可能大规模运出去，也没有外人来大规模开采，所以中国其他地方都未能利用这种煤，几乎很少人知道。无论在多大、多详细的地图上都不可能有这个偏僻山村的位置。但是后来父亲留学日本，竟发现日本人已经将此矿藏记录在案！那是在日本图书馆看到，日本的同文书院对中国各省调查记录报告中，记载有湖南宋阳田心铺（他们甚至知道这个小地名）某山上有无烟煤矿！这使他既钦佩日本人，又感到触目惊心。”据此，作者发出这样的感慨：不论目的如何，日本对中国研究之深、之细，由来已久，而且是一贯的。各国都有“汉学家”和研究中国的“专家”，但论“知华”人士之数量和对中国的了解的深度，比日本还是逊一筹。[①]

二战结束后，因在安全上与美国结盟，朝鲜战争爆发等诸多因素，日本迅速完成经济复兴，于1968年成为世界第二、亚洲第一经济强国。在这种情况下，日本产生了要当世界一流国家、亚洲领袖的想法。如1978年，当时的首相大平正芳考虑要像美国照顾中南美各国，德国特别照顾欧洲共同体（European Communities），欧洲共同体特别照顾非洲那样，日本应对太平洋各国与地区加以照顾，主导亚洲合作事宜。[②]80年代初，中曾根就任首相后，政治大国、军事大国一直是日本孜孜追求的国家战略目标，它非常渴望获得包括联合国安理会常任理事国席位在内的政治大国地位，且为此做了诸多努力。为此，日本的国际关系研究尤其是周边学再度发达起来，专门从事亚太研究、亚洲研究和中国研究的机构蓬勃兴起，研究队伍迅速成长壮大，并取得大量深入细致的研究成果。1960年7月建立的日本亚洲经济研究所，就是一家半官方的专门研究发展中国家和地区的最大的研究所和资料情报中心，拥有一支数百人的研究团队。该研究所每年出版一本《亚洲动向年报》，详细分析概括亚洲地区主要国际组织和国家当年的政治、经济、军事、外交、文化等变动情况，亚洲国家，包括东北亚5国，东南亚11国，中亚5国，以及南亚的印度、巴基斯坦、斯里兰卡、尼泊尔，几乎无一遗漏，每一个国家都有一章内容加以详尽分析介绍，各章的撰写人员都谙熟该国语言，每年都约有半年时间生活工作在研究对象国。

鉴于中国、韩国、朝鲜等东北亚国家对日本的侵略刻骨铭心，改善相互关系

---

① 资中筠：“日本‘知华’与中国‘知日’的差距”，《传承》，2012年第21期，第86页。

② 日本大平正芳纪念财团编著：《大平正芳的政治遗产》，中央文献出版社，1995年，第382—409页。

难度很大，于是日本把东南亚当作其重振旗鼓的突破口，意图首先赢得东南亚国家对其大国地位的认同和外交支持。在发展经济关系和使用经济手段，尤其是政府开发援助（Official Development Assistance，ODA）这一“收买政治支持的一个工具”不大奏效的情况下，1977年8月，日本首相福田赳夫在菲律宾首都马尼拉发表了著名的“福田主义”演说，提出了日本对东南亚的新政策：承诺日本不做军事大国，并且从这一立场出发，为东南亚进而为世界的和平与繁荣作出贡献；日本与东南亚国家之间不仅要在政治、经济方面，而且要在社会、文化等广泛领域，成为真正的朋友，建立“心心相印”的相互信赖关系；日本站在“对等的合作者”的立场，对东盟及其成员国加强团结与坚韧性的努力积极地予以合作，并谋求与中南半岛各国建立基于相互理解的关系，以利于整个东南亚地区的和平与繁荣。“福田主义”的问世，标志着日本对东盟外交政策正式形成。从此，日本一改以往的单一的经济外交政策，转向政治、经济、文化并重的外交政策，日本与东盟国家关系进入了一个全方位发展的全新阶段。这一政策的转变，既与包括京都大学东南亚研究所、东京大学东洋文化研究所在内的区域与国别研究学者的建议有关，又极大地推动了日本的东南亚研究。例如，因性骚扰而离职的京都大学东南亚研究所所长、著名学者矢野畅就因其对东南亚的研究而在日本乃至国际学术界赢得大名，产生广泛影响，并一度被提名为诺贝尔奖的候选人。90年代初，矢野曾主持日本的国家重点科研项目“综合性地域研究方法的确立”，率全国一百多名东南亚研究者开展工作，4年研究费达5亿日元。这样高的研究费打破了当时的常规。

这里不妨说说我的一段亲身经历。2003年，当时我在中国社会科学院亚洲太平洋研究所工作。这一年国家领导人要出访蒙古国，出访前按惯例要所里提供一份相关报告，但当时所里缺乏懂蒙语或俄语的研究人员，中文资料也十分短缺，在万般无奈的情况下，最后不得不由所领导亲自操刀，利用英文资料完成了任务。随后，我到日本中央大学担任访问学者，在东京一家常去的书店的亚洲区，一眼就发现竟有三、四本专门研究蒙古国的书，如获至宝，全部买下。

中国周边学与其他国家的亚太研究和有关研究的根本区别，在于中国周边学立足于中国，是中国学者围绕中国的利益与需求开展研究，目的在于为民族复兴提供知识与智力支持。从学理上来看，区域研究与国别研究既包括文史哲的内容，如语言、古代史、文学艺术、哲学和习俗等，也包括社会科学的很多学科，如政治学、经济学、社会学和文化人类学。然而，从西方国家的实践看，政府的政策需求和资助导向，通过其对重点研究区域的引导和对学术资源分配方向的锁定，使得现代区域研究在许多方面是由比较政治和国际关系研究等学科唱主角的，研究的重点也多与国际战略相关。与英美日等资本主义国家主要依靠船坚炮利、军事侵略与武力颠覆的崛起之路截然不同，中国走的是一条主要依靠和平发展、合作共赢的发展之路，中国"按照亲诚惠容理念和与邻为善、以邻为伴周边外交方针，深化同周边国家关系"。"政策沟通""民心相通"在中国与周边国家共同发展中具有特殊意义。这就决定了中国周边学不仅要研究周边国家的政治、军事、经济，还需对周边国家的语言、文化、历史予以高度关注。

满足国家制定对外政策的需求，是中国周边学的首要任务。但对外战略讲究轻重缓急，中国周边学不可急功近利，过于强调实用性，而是要平心静气，深耕细作，厚积薄发，聚势谋远。无论目前是否有用，都要一个国家、一个国家地研究，不仅要研究大国，而且要研究小国，不仅要研究富国，而且要研究贫国，"一个都不能少"。"养兵千日"，目的在于"用在一时"。国际风云变化莫测，存在诸多不确定性，只有尽量多地储备知识，才能较好地满足不时之需。只有立足长远，持之以恒，不断通过语言学习、专业训练、资料获取和实地调研等措施，培养一定数量的专业人才，中国周边学才有望大有作为。正如有的学者指出的那样，"这种人才培养模式在某种程度上并不一定符合目前鼓励快出成果、多出成果的学术评价体系。能不能耐得住寂寞，能不能从教育长远发展的规律看问题，是高校开展区域和国别研究能走多远的决定性变量。"①

在这方面，美国有过深刻教训。由于诸多研究苏联东欧的专家未能预测到苏联东欧解体，美国的区域国别研究声誉受到极大损害，也由于冷战后美国自认为坐稳了世界老大的交椅，20世纪末，美国的区域与国别研究呈现衰落趋势，突出表现在"9·11事件"前几年，美国对中东、伊斯兰和相关问题的了解极端不足，这方面的人才培训也做得很不够。"9·11事件"后，为在伊拉克和阿富汗移植西方式民主，美国政府再次提高了对研究中东、南亚等伊斯兰国家和地区的兴趣，尤其是对恐怖主义的研究再度提上议事议程。

中国立场与中国视角是中国周边学突破"西方中心论"，使亚太研究领域一直

① 昝涛："发展区域和国别研究，离不开基础学科建设和顶层设计"，《光明日报》，2017年12月20日，第15版。

由西方国家主导的格局从根本上发生改变的唯一选择。中国周边地区虽然远离欧美、毗邻中国，但就对这一区域的研究水平而言，迄今依旧是西方国家尤其是美国居领先地位。究其原因，在于以美国为首的西方为扩大和维护自身利益，在这一地区投入了大量学术资源。如果中国学术界不以建立中国自主的话语体系为己任，而是以所谓的“为了学术而学术”为指导，跟在西方国家后面亦步亦趋，所取得的研究成果虽然可为西方学术体系增砖添瓦，却不能对民族复兴贡献智慧。只有以国家利益与需要为立足点和出发点，中国周边学方可大有作为。

中国立场与中国视角，还是中国周边学客观性与科学性的重要保证。随着中华民族正处在实现从站起来、富起来到强起来的伟大过程之中，中国对周边的带动辐射作用越来越强，周边发生的许多新情况、新问题，也大多与中国崛起有关。在中国与周边相互依赖程度不断加深的情况下，脱离中国，割舍与中国的密切联系，仅把周边地区作为一个孤立的研究对象的研究，显然也难以切中肯綮。

三、中国周边学研究的重点领域和主攻方向

在地理上，中国周边地区应包括东北亚、东南亚、南亚、中亚以及澳新地区。在现实上，中国周边国家包括美国，因为无论在经济上，还是在安全上，美国都是一个不容忽视的存在，中美关系的性质与状态，对中国与其他周边国家具有独特影响。

国别研究是中国周边学的基础。只有对周边不同国家的政治、经济、历史、文化等基本情况有深入的研究，确切的把握与了解，才能揭示地区发展的一般规律，总结地区的本质特征，才能做到有的放矢，提出有价值的政策建议。中国社会科学院下属的社科文献出版社组织有关专家撰写“列国志”，迄今已面世 150 余种，对全球 180 多个国家与国际组织的政治、经济、文化、军事、地理等的基本情况加以全面介绍，为我国国别研究的深入开展奠定了基础。

中国周边学问世后，有望对以往周边国别研究中存在的三种不足有所弥补。其一是不平衡，即对美、日、俄、印等大国研究的多，对一些小国缺乏应有的关注。二战以后，美国政府投入了大量财力物力在一些精英大学中扶植区域国别研究，为美国外交输送了大量人才。中国周边学问世后，应刻意在国家规划中对于较为冷门但对国家战略有重要意义的研究对象进行重点培植，重点培养较为冷门

的国别研究人才，并在体制机制上予以保障，如在外语专业的学生中挑选有国际关系研究兴趣和能力的学生进行重点培养；教育研究机构在招收研究人员时，向研究冷门国家的人员倾斜；学术期刊在录用论文的时候，注重小国研究题材；国家和地方课题招标时，增加中小型国家研究课题等。其二是缺乏足够的实地调研。“不入虎穴焉得虎子”，但目前我国许多国别研究成果从书本到书本，流于空乏。对一些中小国家研究的深耕细作，还需要在人才培养、队伍建设、资金投入等方面付出更多的努力。其三是小语种人才短缺。以“一带一路”研究为例。习近平主席提出“一带一路”倡议已历时四年，但迄今我国相关研究还主要使用中英文资料。“一带一路”沿线覆盖的中亚、东南亚、南亚、西亚和东非五个地区的官方语言数量超过 40 种。与之相对应，我国 2010 年至 2013 年高校外语专业招生的语种只覆盖其中 20 种，人数也相对偏少。在已招生的 20 个“一带一路”小语种中，11 个语种的在读学生人数不足 100 人，其中波斯语、土耳其语和斯瓦西里语 3 个语种在 50 人到 100 人之间，其他 8 个语种均不足 50 人。[①] 目前国内开设语种最多的专门院校北京外国语大学能够提供 70 个语种，尚不能覆盖我国建交国家涉及的约 95 种通用语言，也不及美国哈佛大学 90 个语种的教授能力。[②] 小语种人才的缺乏，无疑不利于与“一带一路”沿线国家的沟通交流。中国周边学问世后，有望对上述不足有所弥补。

中国周边学应以理论创新为己任，总结周边地区不同于其他区域的特征，揭示区域发展规律，探究适合于本区域的发展道路或发展模式。周边经济内涵与外延的相互关系与客观规律，经济发展和经济总量的时空关系、分布状况及其运行机制和运行轨迹，地区政治格局变动，国家间政治力量的相互作用与影响，各国政策对地区局势的影响，地区安全与热点问题等，都是中国周边学值得关注的课题。

中国周边学还应研究如何把中国梦同周边各国人民过上美好生活的愿望、同地区发展前景对接起来，为命运共同体意识在周边国家落地生根提出具有高度参考与启迪意义的政策建议。重点课题包括如何构建周边新秩序，消解消融周边地区在安全领域（美国主导的同盟体系处于主导地位）和经济领域（中国的经济中

① “加快培养‘一带一路’小语种人才——访全国政协委员牛立文”，《安徽日报》，2016 年 3 月 9 日，第 2 版。

② 陈岳、莫盛凯：“以深化地区国别研究推动中国国际关系学科的发展”，《教学与研究》，2016 年第 7 期，第 39 页。

心地位有所加强）上的“二元结构”；如何构建周边合作新机制，即如何通过“一带一路”建设，依靠中国与周边国家既有的双边、多边经济合作机制，借助既有的安全合作平台，建构一个能够包容、整合原有合作机制，深化合作程度的新的经济与安全框架。研究如何设立周边经济安全新规则，即如何通过“一带一路”建设，在经贸领域制定既符合全球化的未来发展方向，又能反映周边各国在诸多新领域试图形成统一规则的诉求，有助于周边地区共同发展繁荣的新章程，在安全领域如何落实与美国强调某一集团内部的共同防御行为“集体安全观”有所不同的，以全面安全、共同安全、合作安全为主要内容的新安全观。如何在中美1972年以来签订的三个联合公报，中日两国自20世纪70年代初期恢复邦交以来签署的四个文件，中国同8个周边国家签署的睦邻友好合作条约的基础上，尽快同所有周边国家商签睦邻友好合作条约，为地区繁荣稳定提供安全保障。

建设中国周边学的时代使命和基本内涵

石源华

【内容提要】中国周边外交的研究状态与面临的形势和实际需要处于不对称的局面。中国周边外交的整体研究处于滞后和散片状态，缺乏对于周边外交的理论性、系统性、体系性研究和总结，尚未将其提升为一门独立的新学科。建设中国周边学的学科体系刻不容缓。中国周边学将着重研究和解决强起来的中国，将如何与周边国家友好相处，合作共赢，建设中国所倡导的“命运共同体”，并实现中国强大后仍不称霸的庄严承诺。中国周边学的理论新体系将在扬弃、整理东方传统思想和超越、借鉴西方国际关系既有理论体系的基础上逐步形成、丰富、成熟。中国周边学将以“合作共赢”为核心理念和以“命运共同体”为建设目标，成为新时代中国特色国际关系和大国外交新理论体系的重要组成部分。

【关键词】中国周边学　时代使命　基本内涵

【作者简介】石源华，复旦大学特聘教授、中国领土主权与海洋权益中心副主任兼复旦大学分中心主任、复旦大学中国与周边国家关系研究中心主任、博士生导师。

习近平新时代中国特色社会主义思想已为中共十九大通过的新党章确定为中国共产党的指导思想，创新与阐述习近平新时代中国国际关系和大国外交新理论体系，成为中国学术界的重要历史性任务。中国周边学应是这个理论体系的重要组成部分。

本文推介的中国周边学的地理范畴是一个“大周边”概念，[①] 包括东北亚、东南亚、南亚、中亚、西亚和南太平洋 6 个次区域。中国“大周边”国家不仅包括直接与中国陆海接壤接界的 20 个国家，而且包括不与中国直接相邻、但处在中国“大周边”的 44 个国家（27 个亚洲国家、16 个南太平洋国家以及美国这一特殊邻国）。[②]

一、建设中国周边学的时代需求

任何一门学科的产生和发展都起源于时代的需求，任何一个国家的强大都离不开对于周边地区国家的深入细致的了解和研究。中国周边学的提出和新学科的建设是新时代中国特色社会主义现代化强国建设的需求和产物。

中国周边外交地位逐步提升的需要。“周边”一词最早出现于 20 世纪 80 年代的中国外交与安全战略文献之中。90 年代初起，中国官方开始广泛使用“周边”“周边环境”“周边安全”等概念表述国际形势、外交战略与亚太地域。[③] 冷战结束后，周边外交在中国外交总布局中的地位逐步上升。1992 年，中共十四大报告将“周边国家”从“第三世界”概念中划出单列，周边国家、发展中国家、发达国家成为中国外交总布局的三大支柱。2002 年和 2007 年，中共十六大和十七大报告对中国外交总布局连续两届将中国外交排序确定为“发达国家、周边国家、第三世界、

---

① 参见祁怀高、石源华：“中国的周边安全挑战与大周边外交战略”，《世界政治与经济》，2013 年第 6 期。

② 与中国陆海直接接壤的 20 个国家：俄罗斯、蒙古、朝鲜、韩国、日本、菲律宾、老挝、马来西亚、缅甸、文莱、印度尼西亚、越南、阿富汗、巴基斯坦、不丹、尼泊尔、印度、哈萨克斯坦、吉尔吉斯斯坦、塔吉克斯坦。不与中国直接相邻、但处在中国“大周边”的 27 个亚洲国家：东南亚 4 国（东帝汶、柬埔寨、泰国、新加坡），南亚 3 国（马尔代夫、孟加拉国、斯里兰卡），中亚 2 国（土库曼斯坦、乌兹别克斯坦）西亚 15 国（阿联酋、阿曼、巴勒斯坦、巴林、卡塔尔、科威特、黎巴嫩、沙特阿拉伯、土耳其、叙利亚、也门、伊拉克、伊朗、以色列、约旦），外加索 3 国（阿塞拜疆、格鲁吉亚、亚美尼亚）。南太平洋独立国家 16 个：澳大利亚、新西兰、巴布亚新几内亚、斐济、基里巴斯（未与中国建交）、库克群岛、马绍尔群岛（未与中国建交）、密克罗尼西亚联邦、瑙鲁（未与中国建交）、纽埃、帕劳（未与中国建交）、萨摩亚、所罗门群岛（未与中国建交）、汤加、图瓦卢（未与中国建交）、瓦努阿图。参见石源华、祁怀高主编：《中国周边国家概览》，世界知识出版社，2017 年版，第 1 页。

③ 钟飞腾：“‘周边’概念与中国对外战略”，《外交评论》，2011 年第 4 期。

多边外交”。2011年4月，胡锦涛在博鳌亚洲论坛主旨演讲指出：中国将“始终把亚洲放在对外政策的首要位置”。①2012年3月，温家宝总理在政府工作报告中阐述中国外交新布局的排序是：“周边国家、发展中国家、大国、多边”，在政府文件中首次将周边外交排序为首位。②中共十八大报告仍然延续中共十六、十七大报告对周边外交的排序格局，但论述周边外交重要性的份量进一步增强，已有超乎前者之上的趋势。③

中共十八大以来，中共中央对于周边外交的重视程度继续不断提升。2013年10月，我党历史上首次中央周边外交工作座谈会在习总书记主持下召开，会议决定将做好周边外交工作，提升至“实现‘两个一百年’奋斗目标、实现中华民族伟大复兴的中国梦的需要”的高度。④这在中国共产党的历史上是前所未有的。⑤随着中国经济的进一步高速发展和中国国际地位的不断提升，中国周边外交局势出现的新情况和新问题的不断增加，中国周边外交的重要性也不断得到提升。2017年，中共十九大继续高度重视中国周边外交。可以预测，在今后一个相当长的历史时期内，至少在2035年中国基本建成社会主义现代化强国之前，中国周边外交仍将处于外交全局的首要地位。即使到了2050年，中国将或超越美国成为世界级大国后，中国外交将更多关注全球问题，但周边外交仍将继续处于极其重要的地位。

目前，中国周边外交的研究水平与中国周边外交的实际需要处于不对称的状态。总体而论，中国周边外交的整体研究处于滞后和散片状态，缺乏对于周边外交的理论性、系统性、体系性研究和总结，尚未将其提升为一门独立的新学科。为了适应中国周边外交定位不断提升的需要，建设中国周边学的学科体系刻不容缓。

中国走向大国强国的时代需求。根据中共十九大设计的至21世纪中叶中国社会主义强国建设路线图和“中国梦”远景规划，中国正处于从富起来到强起来、

---

① 胡锦涛：“推动共同发展 共建和谐亚洲”，《人民日报》，2011年4月16日。

② 温家宝：《在第十一届全国人民代表大会第五次会议上的政府工作报告》，《人民日报》，2012年3月16日。

③ 石源华、祁怀高：“未来十年中国周边环境和周边外交新战略”，复旦大学中国与周边国家关系研究中心编：《中国周边外交学刊》，社会科学文献出版社2015年第1期。

④ “近习平在周边外交工作座谈会上发表重要讲话强调：为我国发展良好的周边环境”，《人民日报》，2013年10月26日。

⑤ 同上。

从发展中国家到发达国家、从将强未强国家到世界超强国家的转变时代。中国周边地区是中国强大起来的重要依托和首要发挥作用的地区，时代的需求正催生中国周边学新学科的诞生和发展。

随着 2020、2035、2050 中国发展壮大路线图和时间节点的不断推进，中国综合国力的不断提升，中国在周边地区的国家定位也将随之发生重大变化。目前，中国已经是中国周边地区发展、安全与合作的中流砥柱和核心国家，对于周边地区已经产生着日益增大的影响力和辐射力。按照当前的发展势头推算，2050 年中国将发展成为一个富强民主文明和谐美丽的社会主义现代化强国，并成为世界上 GDP 明显超过美国的最大经济体和世界超强国家，届时中国也必然会实际成为一个名副其实的世界和周边的"中心国家"。

中国周边学的提法和学科建设需要适应这个历史演变过程。中国周边学新学科将研究和解决强起来的中国，作为一个世界和周边的"中心国家"，将如何与周边国家友好相处，合作共赢，建设中国所倡导的"命运共同体"，并实现中国强大后仍不称霸的庄严承诺。为此，需要避免使用"中国中心论"的提法，导致国际社会不必要的争议和对中国崛起的担忧。中国周边学提出和建设的历史目标和核心任务是，实际解决中国成为周边和世界"中心国家"后对中国周边地区的应对方略和理论建树。①

"一带一路"建设的现实需要。2013 年，习总书记提出"一带一路"倡议，构成了中国周边外交的战略大方针和活动大舞台。"一带一路""不是要替代现有地区的合作机制和倡议，而是在已有基础上，推动沿线国家实现发展战略相互对接、优势互补"。② 中共十九大后，务实推进"一带一路"倡议，成为中国向周边地区混合投射软硬实力的最佳模式。根据中共十九大设计的实现"中国梦"的时间表和两大步发展的路线图，"一带一路"倡议将与"中国梦"路线图的推进，同步融合，环环相扣，互相结合，并且将主要在中国周边地区推行。至 2020 年，中

① 在"中国周边学"的推介和研讨过程中，出现过不同意见。一种主张质疑"中国周边学"概念，认为中国周边学可能会带着某种中心主义的色彩，不利于该学科的推介发展和国际接轨，会引发不同的意见和理解。另一种主张则认为"中国周边学"的构建虽然要避免"霸权主义"的诉求，但是却需要相对明确地指出研究的旨趣所在。直言作为一个可以追求的目标，"中国周边学"旨趣在于，一定意义上恢复亚洲的"中国中心主义"，认为中国强大后成为世界和周边的"中心国家"将不可避免。笔者认为提出和推介"中国周边学"概念正是解决此种不同意见的最好方式。

② 习近平："迈向命运共同体 开创亚洲新未来"，《人民日报》，2015 年 3 月 29 日。

国将在周边地区欢迎和吸引更多的周边国家通过五个发展方向和六条经济走廊，共同构建“一带一路”建设大框架，使中国与周边国家初步享受“一带一路”建设之利益。[①] 至 2035 年，中国将以建设“命运共同体”为目标，在五大发展方向和六条经济走廊的基础上，成功完成关键地区的“五通”重大项目，在中国基本实现社会主义现代化的同时，彻底提升中国周边沿线国家的经济发展和社会进步。至 2050 年，随着中国成为世界一流大国强国，“中国方案”“中国制度”“中国道路”“中国文化”将在中国周边产生更大影响，中国将有条件为周边和世界提供更多更好的公共产品，同步推行更高水平的合作发展，共同实现将中国和周边建设得更加美好的梦想。

“一带一路”倡议的宏伟建设计划正召唤中国周边学学科的产生和发展，中国周边学对于中国周边外交、周边政治、周边安全、周边军事、周边经济、周边文化乃至语言等的全面而深入的研究，将为“一带一路”建设提供必不可少的服务，并成为其发展的重要利器。[②] 中国周边学的建设必将与“一带一路”建设同步推进。

中国周边学建设的学科需要。目前，“中国学”或称“世界中国学”已经成为一门“显学”，广受重视，发展迅猛。同时，中华美国学、欧洲学、日本学、俄罗斯学等也已经成为成熟的学科，建立了学科群，成立了全国性学会，创办了专门刊物，设立了相关论坛等。中国周边外交问题研究虽然也出现了对于周边俄罗斯、日本、印度以及韩国等大中型国家较多的研究成果，但缺乏对于周边国家群体、尤其是中、小国家的全面关注和研究，相关周边国家的语言人才也处于极其缺乏的状态。冠名“周边”的专业研究机构虽已经成立了一些，但数量偏少，研究方向和研究内容偏窄，或注重周边安全、或注重周边战略、或注重周边合作、或注重周边文化、或注重历史研究等等，这些机构和已经开展的研究工作对于中国周边学的发展具有重要的意义，是完全必要的，但就总体而论，尚缺乏对于中国周

---

① 五个发展方向是：“丝绸之路经济带”重点畅通中国经中亚、俄罗斯至欧洲（波罗的海）的发展方向；中国经中亚、西亚至波斯湾、地中海的发展方向；中国至东南亚、南亚、印度洋的发展方向；“21 世纪海上丝绸之路”重点畅通从中国沿海港口过南海到印度洋，延伸至的欧洲发展方向；从中国沿海港口过南海到南太平洋的发展方向。六条经济走廊是：中俄蒙经济走廊、新亚欧大陆桥经济走廊、中国—中亚—西亚经济走廊、中巴经济走廊、孟中印缅经济走廊、中国—中南半岛经济走廊（笔者认为还应该加上尚未被国家列入规划的“东北亚经济走廊”）。

② 石源华：“‘一带一路’与‘中国梦’路线图的同步融合”，《世界知识》，2018 年第 1 期。

边学的整体推介和体系性研究，距离建设中国周边学独立学科有较大的差距。[①] 中国周边外交研究所处的滞后、散片状态，要求中国周边学从头开始，努力建设中国周边学新学科。

提出和创建中国周边学学科，是新时代的需求，具有重要的现实意义和理论意义。中国周边学是“中国学”的重要组成部分。也是区域国别研究的重要方面。中国周边学应该与“中华美国学”“中华欧洲学”“中华日本学”“中华俄罗斯学”等一样，受到高度关注和重视。努力建设成为独立的新学科，建立相应的全国性学会、学刊、论坛等，形成专业的学者群，推动中国周边学的学科化，更好地实现自身的时代使命。

二、中国周边学的历史变迁

中国周边学源远流长。考察中国周边学的环境变迁、外交实践和历史经验，将为研究中国周边学提供丰富的历史资料和具有理论价值的经验事实，并可能产生创新性成果。

在数千年的中国历史上，一直存在着结构严密而理论完备的“封贡体系学”，治理中国与东亚周边国家的关系，长时期为维系东亚社会的和平局面发挥了积极的作用。根据北京大学宋成有教授考订，至少有以下一些说法，如日本学者西嶋定生的“册封关系体制说”，堀场一雄的“东亚世界体系说”，谷川道雄的“古代东亚世界说”，安部健夫的“四方天下说”，西栗朋信的“内臣外臣礼法说”，藤间生大的“东亚世界说”，信夫清三郎的“华夷秩序说”，滨下武志的“中华帝国朝贡贸易体系说”，韩国学者全海宗的“进贡制度说”，美国学者费正清的“中华世界秩序说”，中国大陆学者何川芳的“华夷秩序说”，中国台湾学者张启雄的“中华世界帝国体系说”等等，都肯定东亚国际关系体系是一个独立的具有世界影响

① 根据不完全统计，现有相关研究机构有：中国社会科学院亚太与全球研究院中国周边研究室、中国人民大学中国周边外交与安全研究中心、中国政法大学周边安全研究中心、北京师范大学中国周边地缘研究中心、华东师范大学周边合作与发展协同创新中心和中国周边国家研究院、上海师范大学中国周边国家研究院、华中师范大学中国周边安全与合作中心、云南大学周边外交研究中心、广东外语外贸大学中国周边战略研究中心、曲阜师范大学中国南海与周边国家关系研究中心、温州大学中国及周边俗文化研究中心以及复旦大学中国与周边国家关系研究中心等一批有特色的学术研究机构。

的体系，并指出："这个体系以华夷观念来区分中心部位与半边缘、边缘部位在文化礼教上的差别，通过前者对后者的册封和后者对前者的朝贡为纽带，编组成中原王权君临其上，周边国家或民族皆为其藩屏的区域国际社会。"① 这些学说均可视为对古代中国周边学各有差异的解读。中国学者对于朝贡制度的认知一直有分歧，中国学者和中国周边国家的学者也对此有不同的评价，分歧更大。历史上的中国周边学既有精华，亦有糟粕，需要进行扬弃性的研究和总结。

近代以来，由于西方列强和日本对东亚和中国的侵略，中国逐步走向衰弱，彻底改变了中国与周边世界的政治安全结构，不仅中国自身沦为半殖民地半封建国家，成为帝国主义瓜分奴役的对象国，而且历史上中国周边的封贡国家和友邦国家全部沦为列强的殖民地或半殖民地，或成为各国争夺的势力范围。中国主导的"封贡体系学"失去了生存的基本条件，随之走向衰微、瓦解。取而代之的是西方列强弱肉强食的殖民主义霸权理论和东方日本提出的"大亚洲主义"和以"大东亚共荣圈"为主要特征的霸道理论。中国与周边国家的关系进入畸型的状态：一方面，中国与周边殖民地国家的被压迫民族同受西方列强和日本的殖民侵略和压迫，失去了完整的独立性；另一方面，中国反帝反殖的民族解放运动又与周边各国被压迫民族争取民族独立复国的斗争紧密结合，相互支持和帮助，出现了帝国主义殖民统治与东方被压迫民族反帝反殖民斗争并行的局面。② 历史上中国强则周边稳、周边兴的局面为中国弱则周边衰、周边亡的乱局所取代。

第二次世界大战期间，中国坚持长达 14 年之久艰苦卓绝的抗日战争，为世界反法西斯战争的胜利作出了巨大的贡献，彻底改变了中国的历史命运，结束了西方和东方帝国主义对中国的统治，中国的国际地位得到了极其重要的提升，中国周边被压迫民族的独立复国斗争也得到了中国朝野更加有力而无私的支持。战后，世界殖民主义体系首先在东方崩塌瓦解，不仅中国成为一个在亚洲和世界具有重大影响力的新兴国家，成为联合国的五大常任理事国之一，中国周边地区也出现或正在出现一批民族独立国家。中国积极支持印度、韩国、缅甸、菲律宾、越南等周边国家的独立建国事业，支持泰国成为独立自主的国家。中国与周边新独立

---

① 宋成有："东北亚传统国际体系的变迁——传统中国与周边国家及民族的互动关系述论"，《台北中央研究院东北亚区域研究演讲》之六，台北中央研究院东北亚区域中心刊印 2002 版，第 2—4 页。

② 参见石源华：《中国周边外交十四讲》，社会科学文献出版社，2016 年版，第 35—38 页。

国家建立了友好的邻邦关系，出现了以平等为主要特征的新变化和新特点，给中国周边学的新生创造了条件。然而，这一历史进程却为随之而来的国共内战和冷战骤起所打断。

中华人民共和国成立后，随着中国周边地区政治安全格局的不断变化，中国先后处于美国围困遏制和美苏两面夹击的总体困境之下，中国领导人对于中国周边外交问题研究进行过长期的探索，提出不少富有创见的理论和政策，如对外关系的六条方针[①]、独立自主的对外交涉原则、处理相互关系的和平共处五项原则、“中间地带”理论和三个世界理论等，而且已经本着和平协商的原则，与 14 个陆地邻国中的 12 个国家划定了边界，对于稳定当时中国周边政治安全形势，争取中国和平建设的环境，发挥了积极的作用，并为中国周边学的产生建立了重要的理论和实践基础。然而，在整个冷战时代，治理中国周边地区安全格局的基本思路是美国和苏联两大阵营的以意识形态为主要特征的理论体系，中国周边外交理论难脱其影响，建立独立的国际关系理论体系和中国周边学的条件尚未成熟。

冷战结束后，美国成为世界唯一的霸权大国，主导中国周边地区安全格局的是以美国为主导的霸权稳定论、市场经济体系和西方价值观念的一元结构。中国实现改革开放后，加入了几乎所有的国际条约和国际组织，在数量上甚至超过美国；特别是经过十多年的艰辛谈判，加入了世界上最重要的世界贸易组织（World Trade Organization，WTO），表明中国认可西方制订主导的资本主义经济体系和国际规则，并在此环境之下，实现了中国经济的高速发展与和平崛起。在此期间，中国周边外交有了重大的推进，提出并实践了一系列新理念和新判断，如以经济建设为中心——明确外交工作的主要任务、调整外交战略，重新判断国际形势——提出“和平与发展”是时代的主题，紧密配合改革开放的需要——重新诠释独立自主的和平外交政策，在多样化的世界中寻求均衡——建立全方位对外关系格局，谋求合作共赢——以渐进的方式推动国际秩序的改进，“走和平发展道路”——中国社会发展的国际战略等等[②]，为建设独立的中国国际关系理论体系和中国周边学

① “六条方针：指”“另起炉灶”“一边倒”“打扫干净屋子再请客”“礼尚往来”“互通有无”“团结世界人民”。中华人民共和国外交部、中共中央文献研究室编：《周恩来外交文选》，北京中央文献出版社，1990 年版，第 48—52 页。

② 章百家：“新中国成长历程中外交观念的变迁——从革命的、民族的视角到发展的、全球的视野”，《冷战国际史研究》第 24 辑，世界知识出版社，2018 年版，第 10—15 页。

新学科作出了重要的探索，积累了丰富的实践经验和理论要素。

进入新世纪，随着中国的和平崛起，并成为世界第二大经济体，中国特色社会主义建设道路的影响日益扩大。中共十九大确立了习近平新时代中国特色社会主义思想为中国共产党的指导思想，中国周边地区和政治安全结构正在发生重大变化，中国已经成为亚太安全和经济合作的核心国家和中流砥柱，具有中国特色的中国周边学应运再生，将成为历史的必然和中国学者的时代使命。

三、中国周边学的理论体系

中国周边学新理论体系并非恢复历史上的“封贡体系学”，也有别于西方别有用心人士所渲染和一些周边国家人士所担心的“中国中心主义”，而是在总结和吸取传统的中国儒家文化和东方国际关系理论合理成分的基础上，创建符合时代需求和民族特点的中国特色新理论。

儒家文化是亚洲文化的代表和亚洲人民的共同财富。2014 年 9 月 24 日，习近平在纪念孔子诞辰 1565 周年国际学术研讨会上的讲话中，指出包括儒家思想在内的中国优秀文化蕴藏着解决当代人类面临的难题的重要启示，并列举有 15 种之多，“希望中国学者和各国学者相互交流、相互切磋”，“让中国的优秀文化和世界各国的优秀文化一道造福人类”。[①]

中共十八大以来，习总书记倡议“亲诚惠容”处理周边事务的新理念，形成中国周边学的重要理论渊源，包括以儒家思想为主要特征的文化观、中国特色社会主义的价值观、欢迎周边国家搭乘中国快速发展列车的义利观、“睦邻友好，守望相助”的友邻观、反对“国强必霸”的和平观等，并以“合作共赢”为核心理念，以建设“亚洲命运共同体”作为中国的努力目标，打造和建设中国周边学的学科

① 习近平例举的 15 种中国文化遗产，包括关于道法自然、天人合一的思想，关于天下为公、大同世界的思想，关于自强不息、厚德载物的思想，关于以民为本、安民富民乐民的思想、关于为政以德、政者正也的思想，关于苟日新日日新又日新、革故鼎新、与时俱进的思想，关于脚踏实地、实事求是的思想，关于经世致用、知行合一、躬行实践的思想，关于集思广义、博施众利、群策群力的思想，关于仁者爱人、以德立人的思想，关于以诚待人、讲信修睦的思想，关于清廉从政、勤勉奉公的思想，关于俭约自守、力戒奢华的思想，关于中和、泰和、求同存异、和而不同、和谐相处的思想，关于安不忘危、存不忘亡、治不忘乱、居安思危的思想等等。习近平，“从延续民族文化血脉中开拓前进”，《人民日报》，2014 年 9 月 25 日。

体系。[①]

中国周边学亦非简单接受西方国际关系理论体系，区别于现有国际关系学界习惯于以西方国际关系理论阐述当今现实国际问题的固有定式，而是要突破西方范式的理论观念，吸收和借鉴西方国际关系理论的合理成分，摒弃和克服西方国际关系理论已经日益显露的种种弊病，提出和阐述以“合作共赢”为核心理念的中国特色国际关系和大国外交理论新体系。

这个理论新体系的主要特征是：第一，在战略层面，将破除西方世界惯行的“势力范围”理论和旧有的“圈地”陋轨，树立以“合作共赢”为核心理念的国际关系新范式，阐述中国并非如西方世界指责的那样通过“一带一路”在中国周边建立“势力范围”，而是在“和谐世界”的理念下，以全新的发展战略，在中国周边建设“合作共赢”的“命运共同体”。第二，在经济层面，将破除西方主导世界经济的旧地缘政治经济理论和旧全球化范式，总结和阐述“一带一路”倡议是在“共商、共建、共享”的原则下，与中国周边所有的参与者平等合作，为周边国家提供新的合作平台，为周边治理提供新的公共产品，为周边国家全方位的经济合作提供新的方案。第三，在安全层面，将破除西方主导世界的“同盟体系论”和“零和博弈论”，尤其是美国特朗普政府推导的亚太新战略，在亚洲彻底清除冷战残余和强权政治，通过总结“一带一路”与周边外交建设的实践，创新安全理念，进一步阐述和论证习近平倡导的“共同安全、综合安全、合作安全、可持续安全”的“亚洲安全观”，推动中国周边地区的和平与合作。第四，在政治层面，将破除西方主导世界的“霸权稳定论”和强权政治逻辑，通过总结“一带一路”和中国周边外交建设的理论和实践创新，进一步阐述和论证习近平提出的“命运共同体”理论，展示美国倡导的“霸权稳定论”与中国倡导的“命运共同体”形成的世界的不同发展方向和路径，中国将通过与各国共同的和平努力，开创以“命运共同体”为目标的中国与周边国家和平建设的新局面。第五，在理论层面，将破除和超越西方国际关系理论体系，克服西方国际关系理论已经日益显露的种种弊病，阐述习近平总书记提出的以“合作共赢”为核心理念、以“命运共同体”为建设目标的国际关系理论新体系和“一带一路”背景下中国特色大国周边外交的新理念、

① 石源华：《中共十八大以来中国周边外交研究报告》，社会科学文献出版社，2016年版，第23—29页。

新战略和新路径，推动“一带一路”和中国周边外交更加健康发展。

中国周边学学科的理论新体系将在扬弃、整理东方旧传统思想和超越、借鉴西方国际关系既有理论体系的基础上逐步形成、丰富、成熟。

四、中国周边学的学科框架

中国周边学学科建设的指导思想是：以“合作共赢”为核心理念和以“命运共同体”为建设目标的国际关系理论新体系和新时代中国特色的社会主义大国外交新理念、新战略、新路径。中国周边学建设急需研究和解决的主要框架性问题有：

中国周边学的时代使命：研究和论证中国周边学学科建设的必然性和必要性，阐述其理论意义和时代意义。其中最重要的时代使命是要研究和解决好强起来的中国如何与周边国家友好相处，共建命运共同体。

中国周边学的学科建设：界定中国周边学学科建设的主要是学问研究而非学位设置，研究和论证中国周边学的研究领域、理论体系、基本内涵（历史、现状与未来）、研究方法、以及团队建设、推介阵地等。

中国周边学的地理范围：中国周边学分类研究中国周边的地理范围：陆地邻国、隔海邻国、次区域国家、周边国家、大周边国家等。

中国周边学的战略定位：中国周边学研究首先要确定和论证中共十九大以后中国周边外交的战略定位，至少在 2035 年前中国周边外交仍将占居中国外交全局的首要地位，其后中国周边外交仍将占居重要地位。

中国周边学的史料建设：首先是收集和整理已经公布的中国外交档案资料、文献资料、报刊资料以及口述历史资料等，进而收集和整理国内外相关中国周边外交问题，周边国家国情的档案资料。组织各类史料和编撰年度编年史、专题编年史、编年史的出版等。

中国周边学的理论体系：中国周边学应总结和阐述东方传统文化和西方国际关系理论的精华，剔除其不适合时宜的糟粕，构建和阐述以合作共赢为核心理念和以“命运共同体”为建设目标的新时代中国特色的国际关系和大国外交的理论体系，包括文化观、价值观、义利观、近邻观、和平观等在内的中国周边学的新理论。

中国周边学的战略架构：中国周边学应着重研究和阐述十八大以来倡议和实施的以建设“两个中国梦”“人类命运共同体”“一带一路”倡议、“亚洲安全观”“亚投行”等等，以及不断提出的战略性新举措，构建中国周边外交战略的新架构。

中国周边学的实施路径：中国周边学应总结、研究和阐述中国周边外交实践以及推行的“合作共赢”核心理念、新型大国关系、各种形式伙伴关系、顶层设计和底线思维、维权维稳的平衡、“亲诚惠容”的新思维、解决分歧和争端的“双轨思路”“六大板块”和“印太两洋”的统筹等为主要内容的周边外交实施新路径。

中国周边学的新问题：中国周边学重在提出、研究和阐述中国从富起来到强起来、从发展中国家到发达国家、从将强未强到世界超强国家的历史转变过程中不断出现的周边新问题和新课题。

中国周边学的关联学科：研究和阐述中国周边学与中国历史学、中国语言学、地区国别学、中国边疆学（边海学）、中国海洋学、中国军事学、中国政治学、中国军事学、中国人类学、中国跨境民族学、中国跨境区域学、中国跨境宗教学、中国跨境水外交学等学科之间的区别和联系，共同促进学科的建设和发展。

五、中国周边学建设的设想和建议

“中国学”的兴旺是在中国和平崛起的实践中形成的，伴随着反对“中国威胁论”及“讲好中国故事”的现实需要而迅速壮大。中华美国学是顺应中美关系正常化而诞生，伴随中美关系的发展而兴旺起来。中华欧洲学是顺应中欧伙伴关系发展进程而发展起来的。“中华俄罗斯学”比较特殊，20 世纪 60 年代的中俄争端和对抗刺激了中国学界对于“沙俄侵华史”的研究，奠定了该学科的重要研究基础，20 世纪 90 年代以后中俄关系迅速发展以及中俄全面战略合作关系发展达到历史高度的现实需求，进一步催动和推进了“中华俄罗斯学”的兴盛和发展。“中华日本学”的发展与中日围绕历史问题的分歧和争端相关，更与中日关系正常化和双边关系发展相联系。

目前，中国周边学产生的时代条件已经成熟，国家从富起来走向强起来的现实需要，成为催动中国周边学问世的现实驱动力。积极推介和研究中国周边学，可使其为实现两个百年的“中国梦”和中国强国外交的实际运作贡献智慧和力量。为此，学术界必须关注建设中国周边学，并建议积极推行以下各项工作：

1. 积极推介和研讨中国周边学，研究其概念内涵和理论范式，形成较为一致的认知和开展研究的共识，明确中国周边学将为中国强起来后如何与周边国家“合作共赢”，建设“命运共同体”，作出特殊的贡献，并对展现中国实现强起来后也不称霸的庄严承诺，发挥积极的作用。

2. 设置中国周边学论坛，创办中国周边学学刊，或在相关刊物设置中国周边学专栏，广泛开展研讨，推介新概念，逐步形成一批专论中国周边学研究性理论专著，奠定中国周边学新学科的理论基础。

3. 积极推动媒体宣传，使学术界和国人逐步接受这个中国周边学新学科，进一步开展中国周边学相关内容的研究，鼓励涉足中国周边学的研究禁区和研究无人问津的若干重要问题，探索中国周边外交的顶层设计和实践方案，更好地为中国开展周边外交贡献智慧和提供服务。

4. 建议国家社科基金，教育部以及各省市社科基金设置相关项目，资助和扶植中国周边学研究，包括已经资助的正在进行的中国周边国家档案收集与研究等，继续大力推进中国周边外交史料整理和研究，加强对于中国周边学的重大理论问题和实践问题的研究，加强对于中国周边国家的语言学建设和国别国情研究，创造条件编撰中国周边外交史料汇编、中国周边国家国别史、中国周边外交史等基础研究，奠定中国周边学的基础建设。国家出版部门应该为这些著作的出版提供便利。

5. 在条件成熟时，建立“中国周边学研究学会”，集结全国学者，合力协作，进一步深入开展研究，努力探索和解决中国周边外交实践中不断出现的新问题和新课题。

6. 鉴于中国周边学包容学科的多样性和综合性，并不适合设置独立的中国周边学一级学科，应是在政治学、经济学、历史学、语言学、军事学、民族学、人类学、宗教学等相关学科的硕士、博士研究生专业设置二级学科或三级研究方向，吸引和招收硕士、博士研究生和博士后研究员，从各个不同领域，积极开展中国周边学研究，培养和形成中国周边学研究的学术团队和后备梯队。

建立中国周边学必要性与可行性初步探索

陈奉林

【内容提要】建立和建设中国周边学学科，是新时代条件下中国社会科学理论工作者的一项艰巨课题。这个课题本身不仅是学科建设的需要，也是为国家处理周边关系提供有益的理论支持。把周边学作为一个学科来建设，不仅可以拓展我们的思维空间，扩大我们的视野，也可以使我们获得对周边学的本质与规律的认识；坚持理论研究以社会发展作为深层次原动力的大方向，借鉴中外历史上一切有益的精神成果，采取借鉴、吸收与包容的开放态度，以学习者的态度从容处之，是我们今天应取的态度。

【关键词】中国周边学学科　建立建设　必要性　可靠性

【作者简介】陈奉林，北京师范大学历史学院教授。

中国与周边国家的关系，一直是中国历代执政者十分重视的问题，也是关系国家长治久安的大问题。历史上，中国对周边国家关系的处理无非就是抚伐二端。中国历史悠久，周边国家众多，在处理周边国家关系上积累了相当多的实践经验。但是，长期以来，我们对这些经验缺乏系统的总结和理论升华，没有建立起有中国风格和特色的周边学理论体系。这不能不说是我国社会科学理论建设的缺失。有了处理周边国家关系的历史经验和思想，并不等于有了完备的理论体系。理论体系的建立需要一代人的努力。有学者指出："中国一脉相承的对外关系史，铸就了睦邻友好的优秀传统，体现了中华民族大而不霸的民族风范。这种独特的民族风范具有三大基本特征：止戈为武、兼容开放、协和万邦。”[①] 从这个意义上说，今天提出建设新时代中国周边学学科的这一艰巨课题，有其重大现实意义，是为中国国家和平发展提供有益的理论支持与精神力量，也是新时代中国知识分子积极参与社会变革、实现学以致用传统的伟大实践，无论从何种意义上说，都是一件不得不做的基础理论工作。

一、围绕建立中国周边学学科的几个重大理论问题

在历史上，中国强调“和为贵”“协和万邦”，可以说这是古代版的“和平共处”原则。要建立中国周边学，首先必须弄清周边学的概念与内涵。既然要把它提升到“学”与“学科”的高度来建设，就应该在相应的概念、理论、研究方法和分析模式上下功夫，进行大胆尝试和构建。《新编现代汉语词典》将“学科”定义为以学问的性质划分的门类。[②] 按照我的理解，学科是一门独立科学的分支，分化的科学领域，具有很强的专业性质与理论深度。具体联系到中国周边学，就是中国处理与周边国家关系的一套概念、方法与原则，以及相应的理论体系。这样理解不一定很准确，但基本上已经触及到它的实质性内容。长期以来，中国的学术传统是重实证而轻虚理，造成科学研究上的理论不足。理论的不足是制约学科发展的瓶颈。随着东方国家崛起和“一带一路”建设的向前推进，现实的形势已经向中国社会科学理论工作者提出了建立周边学的紧迫任务。我们现在已经具备开展这个艰巨课题研究的基础条件，应该从学科建设和国家战略需要的角度予以高度重视和筹划。

开辟任何一个新的研究领域，首先必须明确概念，从学理的角度考虑寻找构建的素材，找到相关的材料，笼而统之或大而化之是学术研究的大忌。中国周边学的创建也是如此。从科学建设而言，把周边学作为一个重大理论问题提出来加以建设，不仅是因为这个课题与现实有直接的联系，更为重要的是中国发展至今，需要认真思考中国与世界的关系，特别是与周边国家的关系。迄今为止，中国与

---

① 刘宏煊主编：《中国睦邻史——中国与周边国家关系》，世界知识出版社，2002 年版，第 7 页。

② 《新编汉语词典》，湖南教育出版社，2016 年版。

世界几个主要大国的关系已经基本定型，形成比较稳定的力量结构。把对大国关系的关注适当转向对周边国家的关注是合适的，也是明智的，符合中国发展的重大战略需求。目前中国与14个国家接壤，与8个国家相邻，领土海洋面积广阔，存在诸多领土领海争端，地缘关系的复杂程度远甚于欧洲或世界其他地区。季羡林先生说："中国立国亚洲，已经有几千年的历史了。在这漫长的时间内，我们同我们的邻国和比邻国更远的许多国家，一直在进行着经济、文化交流。这种交流，虽然时高时低，时断时续，在不同时期、不同地区，采取了不同的形式，但是总体来看，可以说一直没有完全断绝。这对我们彼此间的经济、文化的发展，包括物质和精神两个方面，都起了促进的作用，大大地丰富了我们彼此文化的内容，为我们的人民造了福利。"① 近代欧洲在处理周边国家关系上乏善可陈，也没有留下太多可供参考的有益经验；中国与周边国家关系的历史经验亟需总结、概括和升华，去腐生新。中国周边学已经到了需要总结、深化与建立学科的关键阶段。根据建立中国周边学的需要，拟提出几个理论问题进行探讨。

首先，对周边学的理解问题。周边学不等于中国与周边国家双边或多边关系，也不同于按照民族与国家序列写出的外交史和国际关系史，而是有它特定的研究对象、研究方法和体系，是一项高难度的学科建设，其内涵远比一般意义上的国际关系学深刻得多、具体得多。长期以来，人们对周边学的认识是不同的，甚至可以说是千差万别的，恐怕一直没有人能够把它说清楚。过去并非没有人注意到建设中国周边学问题，但是由于开辟这个新的学科在理论构建上所具有的难度，也使许多人望而生畏，迟迟没有人完成这个艰巨课题。人们对周边学的看法主要有：第一，周边学就是处理中国与周边国家的关系学，即如何与周边国家打交道。这是大多数人的看法，虽然不能说不对，但是无法涵盖中国周边学的广泛内涵；第二，周边学就是国际关系学，在本质上与国际关系学没有什么不同，或者说是周边视野下的国际关系。这种看法也存在问题，不能真正反映周边学的内涵，其局限是明显的；第三，周边学就是以中国为主导的传统的国家关系，重塑历史上的中国大国地位。以现在的观点来看，这种观点也不完全正确。第四，周边学是缔造一个新的学科，是在中国发生历史性巨变的形势下对世界形势的重新审视，

① 北京大学历史系亚非拉史教研室、东语系亚非历史组编：《中国与亚非国家关系史论丛》，江西人民出版社，1984年版。

是与周边国家一起构建人类命运共同体的新型关系。这可能是对周边学的最合理的看法。在一个意义上说，中国的对外关系与交流，打破了长期以来以意识形态为中心的世界观，代之以新的利益观和发展观。面对新的世界潮流和不断出现的诸多挑战，根据国家提出的“亲、诚、惠、容”的周边外交理念，推进与周边国家合作，也是周边学的应有之义。

其次，周边学的体系问题。周边学作为着手建设的一个新学科，除了要在学科性质、功能、结构与基本理论等方面进行学理性探讨外，还要在学科的体系上下功夫。建立任何一个学科，首先要弄清体系问题，笼而统之或大而化之，无助于学科的发展。从这个意义上说，解决好周边学的体系问题就等于解决了周边学的科学性问题。按照我的理解，体系就是事物之间的有机联系，是主体与各个侧面之间的相互影响与制约。按照这个标准，并不是任何内容都可以构成周边学体系的，反过来也可以说，没有内在联系的内容也构不成周边学体系。因此，构建科学的周边学体系成为研究者必须考虑的问题。我在《东方外交史研究初探》一文中曾指出：“不解决体系问题就容易陷入把历史写成零碎材料堆积的窠臼，把历史看作杂乱无章和令人眼花缭乱的发展过程，找不到历史发展的根本动力与总规律。就外交史而言，构成人类历史的主要内容就是各民族、各国家和各地区间的相互联系与交流，因此只有在对世界历史进程整体把握上开展研究，才不致于陷于表面化，才能构成严谨、周密的编写体系。”①

周边学不等于国际关系学，也不是一般意义上的外交学。正因为如此，它有自己特定的内涵、发展规律与机理。它不仅要求研究者有全球视野，熟悉地区事务，具备合理的知识结构，还要为不断变化的国家关系指出发展的路径与方法，从时代的高处研究和处理问题。目前，建立中国周边学的倡议已经得到国内学者的积极回应，反映出大家对中国周边学学科建设的深切期待。中国与周边国家的关系现在已经不是一般意义上的发展中国家间的关系。以今天的视角来看，中国的国际地位、角色与作用已经发生根本性的变化，在国际舞台上的作用日益突出，目前世界上还没有哪一个国家能像中国这样日益走向国际舞台中心，发挥巨大作用。中国与周边国家关系有着特殊的内涵与逻辑，从一个意义上反映出中国周边学的特殊性和学科建设的复杂性。

---

① 陈奉林：《东方外交史研究初探》，《世界历史》，2010 年第 3 期，第 58 页。

第三，周边学的主线问题。习近平总书记在哲学社会科学工作座谈会上的讲话指出："哲学社会科学是人们认识世界、改造世界的重要工具，是推动历史发展和社会进步的重要力量，其发展水平反映了一个民族的思维能力、精神品格、文明素质，体现了一个国家的综合国力和国际竞争力。一个国家的发展水平，既取决于自然科学发展水平，也取决于哲学社会科学发展水平。一个没有发达的自然科学的国家不可能走在世界前列，一个没有繁荣的哲学社会科学的国家也不可能走在世界前列。"他还指出："中国特色哲学社会科学应该涵盖历史、经济、政治、文化、社会、生态、军事、党建等各领域，囊括传统学科、新兴学科、前沿学科、交叉学科、冷门学科等诸多学科，不断推进学科体系、学术体系、话语体系建设和创新，努力构建一个全方位、全领域、全要素的哲学社会科学体系。"①这个论断对于我们建立建设中国周边学有重要的启发意义。

任何一个学科的建立与发展都有自己的主线。不突出主线，就容易把周边学看成是杂乱无章的问题的集合体，看不到它的发展总规律与总过程。根据中国周边学的任务与要求，拟提出以中国与周边国家关系的纵向发展为经、横向发展为纬的历史主线，一经一纬构成周边学的主体内容，来构建中国周边学的学科体系、学术体系和话语体系。也就是说，中国周边学既要照顾到历史上的周边国家关系，也要突出当今世界中国与周边国家的关系，把历史与现实结合起来。只有如此，方能充分体现中国特色周边学的内涵与特色，它毕竟不同于国际关系学，也有别于外交学。在中国与各国关系的发展历程上，既有的经验需要深入总结，现在已经到了需要全面总结的关键阶段。中国处理国家关系的正反两个方面的经验贯穿于整个东方历史，诞生于今天的中国周边学也颇为典型地映现出向未来发展延伸的朝代动向。早在1984年国内学者已经推出《中国与亚非国家关系史论丛》一书，集中探讨了中国与日本、越南、柬埔寨、泰国、缅甸、南亚各国、伊朗及阿拉伯国家关系，是中国对外关系的总结，对于今天建立周边学有启示意义。该书在总结中国与南亚各国传统友好历史经验时写道："中国人民睦邻求友，谋致和平的高尚情操，得到了南亚各国人民的良好反应。"②构建周边学必须注意总结和借鉴中国与各国交往互动的历史经验，把国家间重大的政治、经济、科技、文化、外交、

① 习近平：《在哲学社会科学工作座谈会上的讲话》，《人民日报》，2016年5月18日。

② 北京大学历史系亚非拉史教研室、东语系亚非历史组编：《中国与亚非国家关系史论丛》，江西人民出版社，1984年版，第124页。

移民、安全等活动引入研究的视野，体现周边学的丰富性和时代性特征。这个提法是否妥当，可以进一步展开讨论，在讨论中逐步构建中国周边学的理论基础，形成对问题的清醒认识。

第四，周边学的编写原则。我们所说的编写原则，是指在研究过程中的具体操作问题。因此，确立什么样的编写原则直接关系到研究的深度与广度。中国的周边国家众多，而且地域广阔，关系悠久、复杂，几乎囊括了整个亚洲国家与地区，分散性的、断裂性的或支离破碎的研究，显然是无法完成周边学面临的重大问题研究。要求我们必须从本地区历史的、地理的和文化的视角出发，考虑编写原则，以中国人的史观撰写东方人的历史，从域内与域外的联系中形成对周边学的全面把握与构建，而不是过多地强调外来的影响。中国的周边国家处于东方，大部分国家又处于发展与崛起的过程中，深刻地影响着国际关系及其展开。因此，进行整体性、连续性和包容性研究可能比断裂性、分散性研究更有意义，更符合当今人类社会发展的总趋势与总要求。

周边学建设的一个基本原则是它的整体性和联系性。在研究周边国家时必须把中国与周边国家看作是一个有机联系的整体，既看到它们间的差异性，也要看到它们多样性的统一。长期以来，中国主导和影响东亚国际关系，对周边各国的影响是巨大的，只是发展到近代以后被西方国家抛到世界的边缘。美国学者费正清曾经指出："中国人与其周围地区，以及与一般'非中国人'的关系，都带有中国中心主义和中国优越的色彩。中国人往往认为，外交关系就是向外示范中国国内体现于政治秩序和社会秩序的相同原则。因此，中国的外交关系也像中国社会一样，是等级制的和不平等的。久而久之，便在东亚形成一个大致相当于欧洲国际秩序的中外关系网络。"[①] 我国学者也指出："只有东亚外交圈，始终稳定地以中国的中原皇朝为中心，不论是在中国统一时期，还是分裂时期都未曾改变。由于中国在整个古代世界中一直是东亚外交圈的中心，几千年来持续不断，加以有着相应的连绵不绝的史籍记载，积累了极为丰富的经验，使得中国古代外交成为世界上体系最为恢弘、完备，而又独具东方特色的古代外交典范。"[②] 今天，中国、东盟、印度面临着新的崛起，正处在一个空前伟大变革的时代。现在把周边学作

① 费正清编：《中国的世界秩序——传统中国的对外关系》，杜继东译，中国社会科学出版社，2010 年版，第 2 页。

② 黎虎：《汉唐外交制度史》，"前言"，兰州大学出版社，1998 年版，第 7 页。

为一个新学科提出来加以建设，无疑扩大了我们的思维空间和眼界。

二、东方历史与现实具有丰富的周边学构建材料

我国具有重视周边国家的历史传统，积累了大量的历史经验与材料。中国正史当中一般都设有“外国传”，记载其历史及其与我国的交往活动。被称为中国第一部正史的《史记》设有“大宛列传”，《后汉书》中的“西域传”、《旧唐书》中的“东夷传”以及《宋史》《明史》中的“外国传”，记录的就是中国与东亚、东南亚、南亚以及西亚中东地区各国的政治、经济与文化联系，足以说明古代中国对于国家间交往的重视。中国外交以其农业文明时期特有的模式存在了数千年，在世界上是独一无二的。中国是传统的农业文明国家，不同于游牧和工业文明国家，其外交思想和行为多少带有某些农业文明的乡土特征。有人说过，中国古代的对外关系是以中国王朝正统观念来看待四夷发展变化的。费正清指出：“以中国为中心的、等级制的中国外交关系，所包括的其他民族和国家可以分为三个大圈：第一个是汉字圈，由几个最邻近而文化相同的属国组成，……第二个是内亚圈，由亚洲内陆游牧或半游牧民族等属国和从属部落组成，……第三个是外圈，一般由关山阻绝、远隔重洋的‘外夷’组成。”[①] 因此，中国的对外关系仍然有重等级、重人伦和重秩序的特点。日本学者宫崎市定有感于亚洲国家关系，认为：“从这种意义上说，亚洲史也是一种乡土史。”[②] 进入近现代以后，包括中国在内的所有东方国家都面临如何进入国际社会，适应世界潮流，与周边各国建立新型关系的问题。

找准自己在近代国际社会中的位置，对于各国来说，既是生疏的，也是痛苦的，更是一个付出代价的过程。欧美国家的冲击打破了东方传统的国家关系行为与格局，在西方的武力冲击下，东方国家普遍落伍，接受西方的外交行为、理论与规则。外交受国际形势的影响很大，很少有一国外交不受国外政治的影响。这也就是我们经常看到国外政治与政局的变化导致外交重大变动的情况；同样，外交也受国内政治、经济与舆论影响。研究周边外交，必须对国内外政治与经济有清晰的了解。这些问题都是建设周边学时需要认真总结和研究的问题。在很大程

① 费正清编：《中国的世界秩序——传统中国的对外关系》，杜继东译，中国社会科学出版社，2010年版，第2页。

② 宫崎市定著：《亚洲史概说》，谢辰译，民主与建设出版社，2017年版，第9页。

度上可以说这也是中国和周边国家面临的共同课题。这个课题所关注的重点，就是大范围、长时段的周边国家重大的外交活动，显然单一的学科、琐碎的研究是不能够完成这个艰巨课题的。

主权平等、国家独立和常驻外交代表机构制度传到东方，给东方的中国、日本、朝鲜、印度和阿拉伯国家等带来前所未有的冲击与挑战。因为长期以来这些国家一般都是君主、国王掌握外交权力，它的外交体制、行为模式、内容与近代西方迥异，对西方外交体制与理论还需要一个艰难的适应过程。近代以前，东亚、南亚和西亚各地，是以儒家文化、佛教文化、伊斯兰文化为中心的国际体系，西方是以基督教教义文化为中心的国际体系，基本上能相安无事地生活在各自的区域。进入近代以后，全球性的人口流动、贸易与争夺使东西方矛盾加剧，出现了许多重大问题，中国与周边国家关系急需调整。有学者指出："惟自西力东渐后，以基督教文明为国际秩序原理的欧美国际体系，挟其船坚炮利的优势，带来了规范其国际体系的近代西方《万国公法》，强迫信奉以儒家文化为中心之'中华世界原理'的东方国家改宗《国际法》。于是，东西国际秩序原理开始接触，因而爆发国际秩序原理的冲突。……这就是'宗藩体系'与'殖民体系'在国际体系相互冲撞下所爆发的统治原理管辖冲突。"[①]确实，西方国际秩序传入中国后，中国与周边各国的关系受到很大冲击，东亚传统的国家关系秩序面临新的调整与转换。

构建中国周边学，必须站在时代的高处，汲取人类文明最优秀的思想精华，实现对东西方两种合理思想的继承与超越，吸收东西方之长，过分强调任何一方都是不妥当的。近代以来，西方国际关系中奉行的更多的是"强权即公理"的实力原则，不顾国家间的平等与正义，把社会达尔文主义和弱肉强食原则应用到国际关系当中，充满黩武与血腥，少数国家掠夺压迫多数国家，造成了国际关系中的极端不公与世界发展的扭曲与失衡。亨利·基辛格在《世界秩序》中有这样的评论："在欧洲，威斯特伐利亚体系是在'三十年战争'结束时众多实际上独立的国家的基础上发展起来的。亚洲在进入近代时没有这样一套国家和国际组织，而是有几个文明中心，周边围绕着较小的王国，文明中心之间的互动靠的是微妙而

① 张启雄：《中国国际秩序原理的转型》，五楠图书用品股份有限公司，2015年版，第11页。

不断变化的机制。"[①] 中国传统思想文化中有糟粕的东西，但儒家的"和而不同"思想、《礼记·中庸》中"万物并育而不相害，道并行而不相悖"思想，墨子提倡的"兼相爱，交相利"思想，以及佛教思想中的"众生平等"思想等都有重要的启示作用。构建周边学必须完成对传统思想的扬弃与超越。今天的国际社会是一个错综复杂的社会，继承什么，摒弃什么，应该根据时代需要进行取舍，最大限度地吸收东西方两种精神文明成果的精华。

东方思想的最大特点是强调综合平衡，注意到整体与局部的关系。建立周边学可以考虑这个思想。这个思想的最大好处，就是重视整体协调，把一切相生相克的关系转化成共存共荣的协调关系，避免军事征服、黩武和单方面攫取利益的此消彼长的利益争夺模式，避免"修昔底德陷阱"。中国政府倡导"人类命运共同体"思想，也给我们建立建设中国周边学以诸多启示。习近平总书记在十九大报告中提出："坚持推动构建人类命运共同体。中国人民的梦想同各国人民的梦想息息相通，实现中国梦离不开和平的国际环境和稳定的国际秩序。必须统筹国内国际两个大局，始终不渝走和平发展道路、奉行互利共赢的开放战略，坚持正确义利观，树立共同、综合、合作、可持续的新安全观，谋求开放创新、包容互惠的发展前景，促进和而不同、兼收并蓄的文明交流，构筑尊崇自然、绿色发展的生态体系，始终做世界和平的建设者、全球发展的贡献者、国际秩序的维护者。"[②] 这个思想不仅是未来世界秩序的核心，也是中国处理与世界各国关系的指导思想，对建立周边学很有启发意义。中国周边学的目标就是在"人类命运共同体"的屋顶下实现共同发展，向新的文明演进升华。

在古代，由于自然的、技术的以及社会的多方面条件限制，中国与周边国家的关系相对松弛，基本上奉行"来者不拒，去者不追"的政策，或者把世界简单地划分为"夏"与"夷"，只要和睦相处，不发生战争，大家都能相安无事地过日子，共享天下太平。明代朱元璋编纂的《皇明祖训》把周边的朝鲜、琉球、安南、日本、暹罗等国列为不征之国，以求得边境的安宁与稳定。他们懂得内忧与外患往往会互为因果，给国家造成政治经济危机。尽管今天人们对它有不同的看法，但是从

---

① 亨利·基辛著：《世界秩序》，胡利平、林华、曹爱菊译，中信出版社，1916 年版，第 285 页。

② 习近平：《决胜全面建成小康社会，夺取新时代中国特色社会主义伟大胜利——在中国共产党第十九次全国代表大会上的报告》，《人民日报》，2017 年 10 月 28 日。

中可以看到一个基本的事实，即“和”一直是中国人基本的价值取向，梁漱溟先生甚至认为“中国人性好调和”。[①] 可谓是通人之言，见道之论。中国历史上的睦邻友好、协和万邦思想，虽然未必都为周边国家所理解，但是它所昭示的处理与其他国家关系的基本思想却是可贵的。我们不可小觑这些传统思想对于今天的积极意义与不朽价值。任何一个重大理论与学术范式的提出，都必须适应时代发展与社会的重大需求，反映理论为国家外交大局服务的一面。

三、中国周边学学科的新定位

周边学是一个内涵广泛、时代性鲜明的概念，面对的是一个极为复杂的不断变化的世界，既有历史上中国与亚洲各国的双边关系，也有今天中国与上海合作组织、东盟、俄罗斯、日本、蒙古、朝鲜、韩国的关系，各种关系呈现出复杂多样的特征。由于历史的和现实的原因，中国面临的周边形势远比世界其他地区复杂，多种挑战和多种机遇并存。2013 年，中国政府提出“一带一路”倡议后，中国与各国的关系已经进入了一个新时代。新的时代需要新的理论思维，既要继承学术传统，又要不断地开辟新的发展道路。因为任何一项学术活动都不是凭空发展出来的，都有自己的历史传承性，反映时代要求。中国具有研究周边各国的历史传统，每个时代都留下不少的著作，但是遗憾的是始终没有形成一个完整的周边学科。这不能不说是很大的遗憾。

长期以来，国内的国际关系研究（包括外交史）对欧美日发达国家关注较多，对周边国家的关注较少，把周边研究作为大国研究的依附性的点缀，或者局限于分门别类的研究，或者局限于双边关系研究，始终没有向更高一级的梯级——建立中国周边学学科的高度升进，至于提出建设中国周边学的设想更是凤毛麟角。中国经过近 40 年的改革开放，完全应该重新思考和建设同周边国家的新型关系，把对外关系的重点由大国转向周边，解决好周边问题。过去讲“远交近攻”，今天完全可以“远交近通”，把邻国关系这盘大棋搞活。只有如此，方能推进“一带一路”这项前无古人的伟大工程。多年前，中央提出过“大国是关键，周边是首要”的战略布局。从这个战略布局而言，提出建立周边学的设想可以看作是国家战略

① 梁漱溟：《东西文化及其哲学》，商务印书馆，2003 年版，第 127 页。

的进一步实施。中国周边学作为一个崭新的概念提出来，不管现在人们对它认同与否，但是它作为中国和平崛起中的一项文化建设是有其重要现实意义的。

突破传统国家关系的旧框架，将国家间重大的政治、经济、文化、科学与人员往来纳入周边学的研究视野是我们的想法。传统的国际关系史多是政治史的框架，关注的重点是上层政治人物的对外交往、交流活动，基本上是记述和叙事，缺少对事件的理论分析和深层次考察，这可能是最大的不足。我们关注国家与地区间重大的政治、经济、文化、科技与人员往来，力图在编写体系、框架、内容与主线上有所突破。近年的国际关系史研究已经有了中国人的史观，研究内容空前地丰富起来。重新思考国家关系，是当前东西方关系发生变化以及东方国家主体意识进一步增强的体现，传统的国家关系已经无法适应今天的国际形势发展。现在世界大国关系已经发生根本性的变化，所有重大国际问题都有中国的参与和作用。中国正处于一个新的历史发展阶段，从理论到实践，从思想观念到外交决策机制都面临全新的课题。在历史上，西方国家对东方国家误解、曲解的地方太多了，也太久了。我们现在有能力、也有责任为当今社会提供一部信史和良史，尽到中国学者的责任。

加强国际间的横向联系，从单一的国别研究走向对周边国家的整体研究，一直是我们努力的方向。我国的学术研究长期受苏联影响，除了以阶级斗争观点作为分析问题的基本方法外，再就是对历史纵向发展关注较多，对国家间的横向联系关注较少，这恐怕与苏联长期所处孤岛状态的国际冷战大环境有关，更与苏联过分强调阶级斗争的意识形态特点有关。冷战结束后，中国学者不满于这种状况，力图突出各国的相互联系与互动，从整体上把握东方各国、特别是周边各国的发展进程，既照顾到各国的纵向发展，也突出各国的横向联系，东西联系，南北贯通，古今结合。只有如此，才能反映当今人类社会的时代特征，撰写一部真正意义上的反映人类发展互动的周边学。

确立周边学编纂体系的基本框架，要重点解决好周边学构建的体系问题。在看待周边国家发展的动力方面，既要考察外部因素的作用，也要考察各国内部因素变动的作用以及外交活动的影响。在很大程度上可以说，周边学研究的是中国与周边国家关系的互动，有学者指出：“对于历史的发展来说，最重要的要素是不同民族、不同地域之间的交通往来。”[①]只有相互交往交流，才能使人类文明的成果实现共享，缩短各国之间的发展差距，“我们须知，当一个民族或国家打破沉默而开始有所行动时，常常是以与外界的接触为前提的，而世界史的发展契机也正在于此。”[②]在视野上，我们将着眼于国家政治统一后的外交活动，如秦汉帝国建立后的外交活动范围及影响实非以前所能比拟。秦汉以来历代王朝都追求“大一统”。在这一观念下，所有的土地都是王土，所有的居民都是臣民，因此中国建立的外交模式也就是朝贡国制度，形成中国与外国关系的基本模式。这种模式一直持续到 19 世纪以后逐渐为西方近代条约制度所取代。

就周边国家关系而言，构成人类历史的主要内容就是各民族、各地区与国家的相互联系与交流。只有在对世界历史进程的总体把握上开展研究，才能构成严谨、周密的编写体系。从周边学内涵而言，它不仅研究现状，也研究历史，涉及政治、经济、科技、文化、宗教、哲学、思想、考古、绘画、艺术以及当前的国际关系与世情、国情，单一的学科是无法完成这个艰巨任务的，既然建立周边学就应该从学术上建立完整的知识体系。所以，构建周边学体系可能要重新考虑以往外交史研究中的一些问题，其中包括对西方国际关系学理论、体系、研究方法的借鉴与反思，如何发挥中国学者的长处和各国材料丰富的优势，重视使用近年解密材料和档案材料，以及如何摆脱周边学构建中“欧洲中心论”倾向的影响等等。西方的国际关系学理论与方法并不能完全适合解释中国周边学的实践，但可以适当地加以借鉴和有选择地吸收，经过抛光磨垢之后再应用于中国周边学的实践，以吞吐百家、汇通古今的胸怀从容处之。总之，在当前经济全球化和全球经济一体化加速发展的形势下，周边各国正面临着有史以来空前伟大的历史变革，应该以更为广阔的视野看待周边的形势，用全球视野撰写包括整个亚洲在内的统一的周边学。

以往的周边国家研究基本上属于中外交通史或东西交通史的范围。把周边学从中外交通史中独立出来，是周边学研究的深化与具体展开。因为研究刚刚起步，从复杂众多的历史问题当中理出个头绪来实为不易，理论的不足，本土资源整理与挖掘上的困难，体系、理论以及分析模式的建立都可能对研究工作带来一些限

① 宫崎市定著：《亚洲史概说》，谢辰译，民主与建设出版社，2017 年版，第 6 页。
② 宫崎市定著：《亚洲史概说》，谢辰译，民主与建设出版社，2017 年版，第 8 页。

制。对于复杂万千的学术研究来说，我们的态度是“任凭弱水三千，只取一瓢”而已，选择极有难度的周边学作为我们研究的课题。十几年来国内已有学者执戈前驱，开榛辟莽，终于在这块荆棘丛生的土地上拓展出一块园地，树起了的一面旗帜，积累了大量的素材，为建立中国周边学科学提供了比较充分的物化条件，如上海复旦大学石源华教授出版的《中国周边国家概览》《中国周边外交十四讲》《中共十八大以来中国周边外交研究报告》《中国周边外交研究报告》《中国周边外交学刊》（主编）以及《中华民国外交史新著》等多部奠基性著作，作为前期的理论准备与学术积淀，为开辟中国周边学这一崭新学科敲响了晨鼓，也使中国周边学进入全面总结与创立阶段。任何一个新的学术范式的兴起都是以国家政治、经济发展作为深层次原动力的，反映国家急剧变革时代对理论的迫切需求。以此观之，组织力量对中国周边学进行总结与创建的主客观条件已经大体具备。现在的问题，是对中国周边学的编纂体系、框架、基本理论等进行理论升华，完成创造性的转换工作。

今天，我们主张返本开新，吞吐百家，吸取中外历史上处理与外国关系的成功经验，为我们国家的对外政策服务，倘不能真正科学地处理好历史与现实的关系，继承民族文化遗产中的思想精华，就容易走回历史的怪圈。当今世界不同于以往之处在于，各国之间相互依存进一步加深，地区性重大问题和不确定因素增多，各种挑战空前集中，竞争加剧，许多问题具有国际性特征，如今天的朝鲜半岛问题、东海问题、南海问题、“一带一路”的建设与推进问题，还有复杂的历史因缘屡屡昭示于前的与北方俄罗斯、南面印度、东面日本关系问题，处理与这些国家关系都需要建立一个新的分析视野与哲学理论，从国家安全、全球治理、大国担当的高度思考现实问题。“一带一路”是一个美好的愿景，可以为中国处理周边关系提供良好的合作机遇与典范，在利己、利人的过程中走向人类文明的高处，贡献中国的智慧。

四、在历史的传承中创建中国特色的周边学学科

以上对周边学问题的简要探讨，可以认为是对周边学学科建设的基本设想，有助于深化对周边学的作用与功能、迫切性和重要性的认识。中国历史上出现的“华夷秩序”思想，“四海之内皆兄弟”与“协和万邦”思想，以及划疆自守、不

谋远图的思想都应该作为珍贵的精神遗产加以研究，经过抛垢磨光之后再应用于今天的治世实践，历史上中国不重视周边国家的说法是不准确的。“世界上任何国家都命中注定要与其他国家相处。不同国家之间的相处就形成了国际关系。有两个国家共存，彼此之间就有一种双边的关系；有多个国家并存，相互之间就是一种多边的国际关系，这些关系相互连接，从而形成了一种国际关系。相关的国家通常就在这种体系内处理相互关系。”[①] 尽管当时还没有提出周边学的明确概念，但它所涉及的内容恰恰都是今天周边学的实质性内容。历史发展不能随意曲解割断，也不能随意抹煞，尤其在像中国这样具有悠悠5000年文明历史的东方大国，历史经验的积淀极为深厚，思想发展又极为复杂，梳理、借鉴与继承历史上处理周边国家关系的正反两方面的经验是一项十分艰巨的摄取工作。传统思想中的一些惰性如何克服，如何建立新的国家观、民族观和利益观，完全取决于我们的理性成长与发展的程度。现在的工作是克服历史中的一些惰性，去腐生新，把握发展的契机，不失时机地推进21世纪中国周边学建设。

历史的经验与教训值得注意。长期以来，中国与周边国家关系一直从属于外交史学科，一直没有作为一个独立的学科存在。我们反思过去并不是割断历史，也不是忘记过去的教训，而是通过深入探讨彻底看清千百年来所走过的道路，为当前推进“一带一路”建设提供新的理论借鉴。经过千百年曲折发展之后，我们已经形成对周边国家重要性的清醒认识，进而将其上升为国家战略。因此，关注周边国家的国情研究和周边发展，营造和平、稳定的周边环境，建设21世纪海陆丝绸之路已经成为中国当前的重大课题。在中国历史上，既有视其他国家为“夷”的传统，也有向其他国家学习的传统；既有严夏夷之防的传统，也有天下一家的传统；因此，现在的当务之急是吸收中外历史上的合理思想成分，结合当前形势发展创造周边学的中国学派。只有把我们的思维水平提高到世界先进者的地位，才能真正推进中国周边学的学科发展。

任何一项理论创新都是在继承和发展中向前迈进的，今天提出的中国周边学学科建设也必须从重新认识过去开始。中国崛起有利于建立建设中国周边学学科。虽然这一课题提出较晚，但经过中国改革开放近40年的发展与学术积累，已经具

---

① 李伯重：《火枪与账簿：早期经济全球化时代的中国与东亚世界》，生活·读书·新知三联书店，2017年版，第266页。

备完成这一艰巨课题的主客观条件。在指导思想上，我们应该立足于东方国家崛起的现实，注意吸收中外历史上国家交往中成功的经验，摒弃原来以利益换和平的陈旧思维，在义、利、理、力的结合上下功夫，保持中国强大的战略定力，力图使中国周边学在体系、内容、框架和主线上有所创新，真正体现世界巨变形势下周边学的强大社会功能。根据这些设想可以设计出中国周边学的基本框架，这个框架的最大特色就是它的系统性和体系的严谨性，体现大变革时代中国周边学的崭新特征。我们对此持有信心。

中国周边学与周边研究的核心问题

钟飞腾

【内容提要】中国周边研究作为一种交叉学科正日益得到中国学术界的重视。针对当前学术界讨论颇多的学科定位和学科建设问题，本文在分析美国、日本地区研究发展的基础上，认为中国周边研究应当明确以构建近而亲的中国周边关系作为学科发展的核心任务。之所以如此，一是国际关系学以及地区研究都带有强烈的国家印记，某一种学科或者研究方法的兴起都与特定的国家发展阶段相联系。二是中国在历史、地缘环境和发展阶段上都具有独特性，应当推动建立以符合强起来的中国国家利益的周边学体系。针对应该将周边学列入哪一种学科门类的讨论，参考美国和日本的经验，本文的建议是取决于各个阶段主导性学科的发展。美国的地区研究也经历从历史学主导到政治学主导的过程，而日本的地区研究则倾向于摆脱欧美理论的局限，更强调发展中世界的国际关系含义。围绕核心问题，本文还建议中国周边研究应该进一步深化对政策语言的学术性转化、诸大国的周边外交比较研究、海洋研究以及周边国家内政研究等四个方向的讨论。

【关键词】中国周边学　地区研究　学科发展　核心问题　美国　日本

【作者简介】钟飞腾，中国社科院亚太与全球战略研究院大国关系室主任、研究员。

以中国周边研究为核心的学问，将随着我国国际地位的提高而日益受到重视。无论从世界历史角度，还是从中国对外战略需求审视，都应该进一步加强对周边的综合性、战略性和全局性研究，并将其提升到学科发展和学科体系建设的高度。

从学科建设角度讨论周边学，最为重要的是需要界定和厘清核心研究问题以及学科的定位属性。在学科发展进程中存在这样一种规律，当变化的现实需求与学科内部的讨论相互促进时，某一门学科的发展就如鱼得水，而当学科内部讨论的问题跟不上时代发展进程时，某一门学科就会被边缘化。因此，首先需要理解为什么中国迈向强国征程对创新和发展中国周边学提出了迫切需求。

从知识创造和供给的角度来看，有关中国周边研究也应当借鉴其他国家的相关学科建设成果。众所周知，对某一个国家或者地区的现代研究主要起源于二战后的美国。同时，我们也不应忘记，日本学术界在二战之前对亚洲的相关研究也很深入。作为一个成长的大国，除了继承中国传统学术成果和马克思主义相关研究成果之外，也应改变视角重新理解国外对相关问题的认识。本文将对二战结束前后美日等国围绕他们的地区知识建构作出一些新的概括，以便为我们正在构建中的中国周边学提供参考。更为重要的是，在中国周边学知识创造的需求和供给两侧之外，对周边研究感兴趣的学者最需要深入讨论一种发展学科的核心问题意识。秦亚青曾认为，国际关系理论在不同的社会文化中有不同的表现，美国国际关系理论和英国学派的国际关系理论差别很大，关键之一是理论的核心问题不同。美国主流国际关系理论的核心问题是霸权护持，即如何维护二战后美国在国际体系中的领导地位以及这种秩序的稳定，英国学派的核心问题是国际社会的形成与发展。[①] 最近几年西方国际关系理论界提出“国际关系理论是否已经终结”的大辩论。[②] 特朗普当选美国总统以及英国脱欧对上述秦亚青概括的两大类核心问题构成了某些挑战，即美国不再对国际主义秩序感兴趣，英国也不认为融入一体化的欧洲是其首要挑战。[③] 从这个意义上说，西方的国际关系理论的确进入一个衰退期。但是，鉴于自二战后到现在七十年的时间里，国际关系学包括地区研究在美国都很兴盛，日本也曾有独特的地区研究经历，这其中一定有做对了的经验。显然，

---

① 秦亚青：《国际关系理论的核心问题与中国学派的生成》，《中国社会科学》，2005 年第 3 期，第 62—72 页。

② Tim Dunne, Lene Hansen and Colin Wight, “The End of International Relations Theory?” *European Journal of International Relations*, Vol.19, No.3, 2013, pp.405-425; 刘丰：《国际关系理论研究的困境、进展与前景》，《外交评论》，2017 年第 1 期，第 23—42 页。

③ Robert Jervis, Francis J. Gavin, Joshu Rovner and Diane N. Labrosse, *Chaos in the Liberal Order: The Trump Presidency and International Politics in the Twenty-First Century*, Columbia University Press, 2018; Charlie Laderman, “Conservative Internationalism: An Overview”, *Orbis*, Winter 2018, pp.6-21.

这种经验当中很重要的一条是通过提炼和聚焦核心问题，生成了一个讨论共同问题、遵循基本学科规范以及培养人才体系的学术共同体。

对于中国周边学建设而言，首当其冲的重大问题是明确这一学问的核心问题。本文认为，强起来的中国如何让周边近而亲，是中国周边学建设中应该瞄准的核心问题。① 这一问题概括既体现中国文化传统的影响，也有当代国际关系理论的痕迹。按照西方理论的一般性概括，一个崛起国总体上讲对周边秩序和关系产生重大冲突，因而难以稳定，更谈不上接近和认同。从中国传统来看，朝贡秩序的一个重大贡献是将周边邻国笼络在中国文化影响力之下，并且在西方崛起之前其规模呈扩大态势，这种影响力并不完全是征服的结果，而是中国基于礼仪设定的一种秩序。因此，以解决近而不亲为核心问题的中国周边学研究，其发展方向将有利于促进既不是要回到传统中国、更不是要走西方老路的探索。

一、强起来的中国与中国周边学的学科定位

人们普遍认为综合国力地位对一国的学术建设具有至关重要的影响，学术影响力应当随着国力提升而进步。2018 年 5 月，习近平在北京大学考察时提出“国家一流，学术才能一流”的论断，“学术研究要建立在国家发展成就的基础上，做到知行合一。” ② 从近代英美等世界性强国的崛起过程来看，一个强国的诞生及其延续，需要一种适应时代发展要求的新学问。事实上，在 20 世纪 70 年代后期，从欧洲移民到美国并成为哈佛教授的斯坦利·霍夫曼（Stanley Hoffmann）就指出，国际关系学是一门美国特色的社会科学学问，带有强烈的国家印记。③ 对中国读者而言，还需要加以挖掘的是，在霍夫曼的这一论断中，除了最为核心的文化因素，还有美国如日中天的国际权势地位。也就是说，一门国际问题研究的学科需要相

---

① 复旦大学石源华教授在 2018 年 6 月 23 日于复旦大学举行的“中国周边学”研究和新学科建设研讨会上指出，“强起来的中国如何与周边和平相处”应该成为中国周边学的核心问题。笔者在此基础上提出，强起来的中国不仅仅是和平相处，而且还有一种价值关怀和文化含义的目标。

② 《习近平：国家一流，学术才能一流》，新华网，2018 年 5 月 2 日，http://www.xinhuanet.com/politics/leaders/2018-05/02/c_1122773710.htm。

③ Stanley Hoffmann, “An American Social Science: International Relations”, *Daedalus*, Vol.106, No.3, pp.41-60.

当强的国家力量作为支撑。一定程度而言，这是许多中小国家难以发展出本国特色的国际关系理论的原因之一。①

19世纪中叶以后，传统中国学问的衰落以及西学的兴盛典型体现了国家力量和学术研究的因果关系。国际关系学界在比较自19世纪中叶以来主要国家的实力地位变化，通常使用经济史学家安格斯·麦迪森的数据，而诸如美国农业部的国际比较数据则较少使用。但是无论那一种数据，他们共同揭示的一个基本事实是，1860–2030年间，中国经济实力地位相当于美国的经济实力地位呈现出“U”形变化趋势。1860年前后，中国制造业水平大约是美国的2.7倍，此后逐步衰落，到20世纪中叶，中国相对于美国处于最低点，从20世纪90年代中期以来，中国追赶美国的速度显著加快，大约于2030年前后会超过美国。② 近代中国衰落导致20世纪成为中国人利用外国理论研究中国历史的一个时代，先辈前贤奋力探究西方的振兴之道，根本主旨还是瞄准旧邦维新和振奋国人，较少发展出与国家复兴相匹配和广泛影响力的学术理论和知识体系。从新中国成立初期开始，中国的社会主义经济建设以及对大国地位的追求，催生了中国哲学社会科学学科新体系的建设。例如，“第一个五年计划的实施和胜利完成，使经济问题的研究日益显示出它的重要性。这是历史学、考古学、语言学、经济学在50年代建立的社会科学研究中普遍占据重要地位的背景”。③

改革开放以来，中国哲学社会科学的恢复与重建也主要是在大国目标指引下实现的。20世纪80年代初，中国社会科学院和中央相关部委联合设计学科发展规划时，快速追赶以及补齐学科门类的思路非常明显。从积极的一面看，凭借中国特色的社会主义制度，中国知识精英在那个时候就意识到要建立储备性人才培养模式，并且追求独立培养高层次人才的教育体系，建立和完善本科、硕士和博士一体连贯的学位制度，这是日后高等教育飞速发展的制度性基础所在。中国的高等院校，肩负着为国家培养人才的重任，撰写符合中国历史文化特点、符合中国未来发展需求的高质量的教科书是重要任务。按照教育部统计的数据，2016年

---

① Amitav Acharya and Barry Buzan, “Why is There no Non-Western International Relations Theory? An Introduction”, *International Relations of the Asia-Pacific*, Vol.7, No.3 ,2007, pp.287-312.

② 钟飞腾：《中美新型大国关系与国际秩序》，载钟飞腾主编：《跨越修昔底德陷阱：新型大国关系与国际秩序构建》，中国社会科学出版社，2017年版，第202—208页。

③ 黎澍：《中国社会科学三十年》，《历史研究》，1979年第11期，第4页。

从事高等教育的专任教师人数约为160万，而从事中等教育的专任教师人数达到了606万，初等教育为580万，学前教育为223万。中国的教师群体总规模约为1570万人，这些人承担着培育下一代中国劳动者的使命。自2016年以来，高等学校本专科毕业人数每年都超过了700万。① 可以说，中国拥有世界最大规模的高等教育体系，拥有自主独立的教育需求市场，完全有潜力和空间进行深度的学术创新。

尽管从规模上说，中国凭借人口优势很容易在数量上达到世界前列，但多数人都明白我国高等教育质量与世界先进有不小的差距，特别是在跟进中国的社会和国家发展需求方面仍需极大努力。造成这种差距的原因之一是，中国学科建设过程中的模仿性强而原创性弱。北京大学校长林建华认为，1998年以来中国的大学进入了发展最快的时期，但是这二十年中国的大学“主要是在学习、在照葫芦画瓢，还没有能够像最伟大的学校那样，主动适应和引领世界的变化”。② 西方社会讨论作为一门学科的学问体系时，通常使用英文词“discipline”，而它的另一个基本含义是规训、约束和纪律，也就是说学科不应该是无边无际的。西方通常是在大学里来研究学科、基础性的学问，而大学的英文词（university）的一个起源性含义是共同体。因此，西方大学里的学科讨论和发展，基本含义是学术共同体的一个有边界约束的学术知识的发展。1978年改革开放后，我们的哲学社会科学的重建或者新建，基本是以否定苏联模式、极大地模仿美国范式发展起来的。20世纪80年代初规划各门学科时，是基于对未来大国地位的一种追求，而不是真正基于当下的社会需求，很多哲学社会科学的学科在建立过程中仍旧大量参考了当代强国——美国的范式，但一个不良结果是学生通过数年的大学学习之后，却没能掌握分析中国政治经济社会的理论和方法，在工作岗位上仍旧不得不基于对中国社会现实的认识，不断调整知识结构。而在这个过程中，之前学习了很多美国的概念与理论体系的人，却不断抛弃美国知识体系中不适应中国社会的一些内容，这不得不说是发展中中国在缩小知识差距中面临的重大悖论。

对于中国周边学研究而言，困扰高等院校学者的一个重大问题，是在哪一个学科群体，或者说学术共同体中发展和生成这一门学科的系统性知识。③ 应当说，

① 数据来自教育部发展规划司，http://www.moe.gov.cn/s78/A03/moe_560/jytjsj_2016/。

② 林建华：《校长观点：大学的改革与未来》，东方出版中心，2018年版，第4页。

③ 李晨阳：《区域国别研究的学科化》，《世界知识》，2018年第2期。

中国人对这个问题的讨论也不是最近才开始的。例如，1990年中国社科院副院长李慎之就有如下判断："中国在60年代初，毛主席曾提出设立23个研究所，都是地区研究所，目的就是要研究外国，研究国际关系。地区研究出现后，又分成两大学派。按我的说法，一种可以称之为政治经济学派。这一部分学者大部分是研究政治的、经济的，或者是研究国际关系和国际贸易的。他们主要研究某个国家或地区在国际关系中的地位、作用、与外界的相互作用等问题，把一个国家或地区当作国际舞台上的一个角色来研究，也可说是横向研究。另一种可以称之为历史文化学派，主要是由人类学家、社会学家、民俗学家、心理学家、历史学家组成，他们主要是从一个国家或地区的历史和文化传统出发来研究一个国家或地区的现在和将来，实际上，是把一个国家或地区看成是其自身发展中的一个阶段，也可说是纵向研究"。[①] 约30年之后，中国学术界对中国的地区研究，或者周边研究的认识，大体上也没有脱离李慎之讨论的范围。目前，有的学者倾向于从冷战史学范畴讨论相关概念。[②] 有的则更倾向于从国际问题研究学科来积累和塑造相关知识，主张将国际问题研究列为一级学科。应当说，这一思考也是很自然的，历史学几乎是整个学问的体系，而周边研究涉及到中国的邻国，因而借鉴美国的地区国别问题研究也是顺理成章的。到底哪一个学科更适合于中国周边学研究，是一个仁者见仁、智者见智的问题。但是，从既有学科目录调整的一些历史经验来看，学科调整越来越体现出中国的社会和国家需求的变化。

为了适应改革开放以后新的形势，中国高等教育体系经历了四次学科目录调整，学科门类逐步从10个增加到13个，但其基本结构是20世纪80年代初奠定的，自那以后主要增加了军事学、管理学和艺术学三个门类。1983年公布的《高等学校和科研机构授予博士和硕士学位的学科专业目录（试行草案）》（下文简称《学科、专业目录》），共设置了10个门类、63个一级学科和638个二级学科。其中法学37个、历史学13个。1990年《学科、专业目录》在学科门类上继承了1986年新增加的军事学门类，共设置11个学科门类、72个一级学科和620个二级学科。1997年版的《学科、专业目录》增加了管理学学科门类，一级学科由原来的72个增加到88个，二级学科由原来的654个调整为382个。2011年版的《学科、专业

---

① 《中国社会科学院副院长李慎之同志讲话要点》，《日本问题》，1990年第2期，第127页。

② 代表性论著可以参考牛大勇、沈志华主编：《冷战与中国的周边关系》，世界知识出版社，2004年版。

目录》增加了艺术学学科门类，这样学科门类就有13个，一级学科调整为109个，对两个一级学科进行了更名，但没有设立二级学科。法学门类下包括法学、政治学、社会学、民族学、马克思主义理论和公安学6个一级学科，而历史学门类下有考古学、中国史和世界史3个一级学科。[①]从二级学科变为一级学科的学科中，有几项是引人关注的。例如，“世界史”从1997年版的“历史学”一级学科下的8个二级学科中脱颖而出，成为2011年版的“历史学”的3个一级学科之一。

如果按照现有学科目录版本从国际关系角度定位，那么中国周边学研究属于法学门类下的一级学科政治学范畴，但这一定位与美国特色的地区研究具有的跨学科属性就有较大冲突。在美国的地区研究中，学者通常也可以以社会学、人类学博士的头衔拥有教职。而更多被定义为区域研究相关的作品，作者的学术训练背景更是多样化。从这个事实出发，也不好绝对说周边研究一定属于哪一个单一的学科。如果按照世界史这个一级学科来定位，那么中国周边学研究的学科层次会更高一些，这样包容性强，容易扩大影响力。事实上，在中国学科规划历史中，不乏这样可以归类为多个学科门类的学科。例如，在2011年版中成为一级学科的“科学技术史”其发展历程就颇为曲折。在1990年版中，科学史被分散到了理学、工学、建筑学、医学、农学等门类中。1997版把原科学史各学科合并成“科学技术史”一级学科，置于理学类，分学科可授理、工、农、医学位，但不分设二级学科（学科、专业）。2011年版延续了1997年版的格局。不过，与其他一级学科的学科评议组很早成立不同，科学技术史学科评议组直到2015年第七届国务院学位委员会才首次得以设立。[②]

在2011年版学科目录制定之后，教育部于当年11月启动了建国以来最宏伟的区域和国别研究培育基地工程。截至2012年7月，首批获得教育部批准立项建设的培育基地达到37个，其中5个设立在上海。一共有31所高校获得此类培育基地，其中包括3所外语类院校。据悉，教育部最终计划建立200个区域和国别

---

① 相关数据整理自中国学位与研究生教育信息网，http://www.cdgdc.edu.cn/webrms/wwwroot/zgxwyyjsjyxxw/xwyyjsjyxx/xwsytjxx/xk/。

② 翟淑婷：《我国科学技术史一级学科的确立过程》，《中国科技史杂志》，2011年第1期，第23—37页。

研究培育基地。[①]2015年1月，教育部印发《国别和区域研究基地培育和建设暂行办法》，强调国别和区域研究基地是指“高校整合资源对某一国家或者区域的政治、经济、文化、社会等开展全方位综合研究的实体性平台”，基地建设的目标主要是资政服务和政策研究咨询。[②]截至2017年3月，教育部下属国别和区域研究培育基地达到42个。[③]教育部2012年6月印发的《国家教育事业发展第十二个五年规划》中列出“建立一批区域和国别研究中心，为国家外交战略和参与经济全球化提供咨询服务”，到2017年1月国务院发布的教育“十三五规划”中已转变为“加强国别和区域重点研究基地建设”，并与“推进中国特色新型高效智库建设”并列。[④]2017年2月，教育部办公厅发布了《国别和区域研究中心建设指引（试行）》文件，明确提出了“注重加强国别和区域研究学科建设，培育新兴交叉学科”。[⑤]从这份文件来看，国别和地区研究作为一门学科或者说交叉学科的特性已经得到教育部的广泛认可。

由此可见，学科目录设置随着我国社会经济发展和国家战略目标而不断推进完善，某些学科也可以有多种学位设置。从发展前景来看，目前的学科目录设置也并不完全体现了我国日益发展中的高等教育需求，特别是并不完全适应2050年强国战略目标的需求。2013年10月，中央召开了建国以来规格最高的周边外交工作座谈会。习近平总书记指出：“无论从地理方位、自然环境还是相互关系看，周边对我国都具有极为重要的战略意义。思考周边问题、开展周边外交要有立体、

---

① 国务院新闻办公室：“教育部区域和国别研究培育基地在上海外国语大学揭牌”，2012年7月17日，http://www.scio.gov.cn/dfbd/dfbd/Document/1188905/1188905.htm；邓之湄：《教育部力促区域和国别研究“全覆盖”》，《中国社会科学报》，2012年7月23日第333期。

② “教育部关于印发《国别和区域研究基地培育和建设暂行办法》的通知”，2015年1月26日，教育部网站，http://old.moe.gov.cn/publicfiles/business/htmlfiles/moe/s7068/201502/xxgk_183702.html。

③ 教育部国际合作与交流司：“聚焦国家战略 提供人才支撑 留学工作取得显著成绩——十八大以来留学工作情况介绍”，2017年3月1日，http://www.moe.gov.cn/jyb_xwfb/xw_fbh/moe_2069/xwfbh_2017n/xwfb_170301/170301_sfcl/201703/t20170301_297675.html。

④ 教育部：“教育部关于印发《国家教育事业发展第十二个五年规划》的通知”，2012年6月14日，http://old.moe.gov.cn//publicfiles/business/htmlfiles/moe/moe_630/201207/139702.html；国务院：“国务院关于印发国家教育事业发展‘十三五’规划的通知”，2017年1月19日，http://www.gov.cn/zhengce/content/2017-01/19/content_5161341.htm。

⑤ 教育部办公厅：“教育部办公厅关于做好2017年度国别和区域研究有关工作的通知”，2017年2月22日，http://www.moe.gov.cn/srcsite/A20/s7068/201703/t20170314_299521.html。

多元、跨越时空的视角。”[①] 这次重要会议开创了中国周边问题研究的新机遇，提出了新要求，中国社会科学院亚太与全球战略研究院研究员许利平认为，我国亟需强化对周边国家的全方位研究，呼唤建立中国特色、中国气派和中国风格的周边学。[②] 而在推动“世界史”学科发展进程中，全国政协委员、中国社会科学院世界历史研究所研究员俞金尧提交过《关于建设与大国地位相称的世界历史学科的提案》。他认为随着世界史学科地位的提升，全国学界应设置新课题、新领域，“比如边疆史地我们一直是从中国的角度研究的，缺乏邻国视角的边疆研究，因此应该了解、系统研究人家的资料和政策。我们还可以开设‘周边国家史’这样的二级学科，侧重研究与中国有关的经济、文化、边疆政策的内容。”[③] 应当说，定位为史学门类的二级学科“周边国家史”这一倡议，给中国周边学的学科定位提供了一种新方向。

中国高等教育改革的最新一项规划是“双一流”建设，这也将持续对学科体系和人才培养产生深远影响。2017 年 9 月，经过近两年的酝酿，教育部、财政部和国家发展改革委印发《关于公布世界一流大学和一流学科建设高校及建设学科名单的通知》，其中一流大学建设高校 42 所，一流学科建设高校 95 所。以学科划分，政治学被列为一流学科的学校有北京大学、中国人民大学、清华大学、外交学院（自定）、复旦大学和华中师范大学等 6 所，世界史被列为一流学科的学校有北京大学、南开大学和东北师范大学等 3 所。[④] 尽管在这份一流学科建设名单中并没有出现国别和区域研究这一名称，但是按照上文多数学者建议以世界史或者政治学一级学科的规划来设置国别与区域研究，那么北京大学无疑处于最有利的地位。从 2012 年初起，北京大学就在酝酿加强国别和地区研究，并且明确提出不仅

① 习近平：《习近平谈治国理政》，外文出版社，2014 年版，第 296—297 页。

② 《许利平：期待不嫌贫爱富的周边学》，《环球时报》，2015 年 1 月 31 日，http://opinion.huanqiu.com/1152/2015-01/5557287.html。

③ 《世界史升级为一级学科 开启历史学科发展新阶段》，《中国社会科学报》，2013 年 10 月 29 日，http://www.cssn.cn/xk/xk_xkzl/xk_xksl/201310/t20131029_739300.shtml。

④ 教育部、财政部、国家发展改革委：“关于公布世界一流大学和一流学科建设高校及建设学科名单的通知”，2017 年 9 月 20 日，http://www.moe.gov.cn/srcsite/A22/moe_843/201709/t20170921_314942.html。

要建设一个新平台，而且将创设外国语言与外国历史本科专业。[①]2016年12月，北大还成立了区域与国别研究委员会，从14人委员会名单的学科构成来看，包括了北京大学的经济学院、外国语学院、国际关系学院、历史系、光华管理学院、考古文博学院、国家发展研究院等，学科自然也包括了国际问题研究、史学、经济学以及语言学等，从人数比例看，历史学背景是4人，国际问题研究背景是3名。[②]从北大随后召开的相关研讨会来看，校方倾向于将区域与国别研究定位为前沿交叉学科。[③]2018年4月12日，北京大学区域与国别研究院揭牌，首任院长是世界史的知名学者钱乘旦。在一定程度上，院长人选的学科背景似乎也呼应了国别区域研究的学科定位。林建华校长表示，关注中国自身的学科布局仅是一种"区域性"国家的学科布局，随着中国的崛起，人文社会科学要从"区域性"转向"世界性"。北京大学设立区域与国别研究院，主要是要发挥北大多学科优势，加强与发达国家、"一带一路"国家大学的合作，培养一批区域与国别领域的跨学科人才。[④]

2017年10月，中国共产党的十九大报告将新中国建立以来的发展历程概括为站起来、富起来和强起来三个阶段，并提出到2050年要把中国建设成为社会主义现代化强国。这一战略性展望势必要求对中国与周边、全球的关系做出有利于维护中国国家利益的新解释。在强国目标指引下，中国也将陆续建立一批新的学科和产生新的学问。无论从哪一个角度来说，中国相对周边国家的崛起最为显著。从需求侧展望的话，周边研究处于近代以来最有利地位。因此，周边研究是否兴盛，本身就是国家强盛与否的一个衡量指标。而从国家力量变迁的角度审视，那么欧美的崛起相对于其他社会崛起所带动的学科发展也最具冲击力，对包括东亚国家在内的国际关系学科发展产生过重大影响。

---

① 教育部社科司编："北京大学以文化传承创新为使命 促进不同文明间的交流对话"，高校哲学社会科学工作简报，2012年第9期（总第74期），2012年6月15日，http://www.moe.gov.cn/s78/A13/s8353/moe_1388/201308/t20130806_155223.html。

② 北京大学："区域与国别研究委员会组成人员名单"，2016年12月13日，http://xkb.pku.edu.cn/sylm/xkjswyk/32572.htm。

③ 北京大学学科建设办公室："北京大学召开区域与国别研究建设研讨会"，2018年2月16日，http://pkunews.pku.edu.cn/xwzh/2018-02/16/content_301178.htm。

④ 林建华：《校长观点：大学的改革与未来》，第89—90页。

二、冷战与美国地区研究的学科发展脉络

西方新学科在各个阶段的诞生与发展，也深受起源国家的国家力量和当时主要挑战的影响。从西方现代学术体系的发展来看，真正开始形成体系性的新知识体系，始于17世纪的牛顿力学，特别是工业革命之后进入现代经济增长阶段具备的新知识门类。①16–17世纪，重商主义者将西欧商人海外拓展的一套做法转化成政策，不过那些人并没能转化成系统性的知识体系，这个任务主要是英国学者亚当·斯密在《国富论》中完成的。当时最重大的主题之一是，致力于探索财富增长的经济学（包括19世纪中叶的政治经济学）。西方由此步入了现代经济轨道，东西方的富裕水平迅速拉开了差距。据安格斯·麦迪森整理的数据，1820年英国的人均GDP为1700国际元，而当时中国的人均GDP只有600国际元。此后一个世纪，中国人均收入处于原地踏步的状态，而西方社会的财富水平持续改进，由此带动了新的社会、政治和经济形态。

西方社会在19世纪后期达到较高程度的富裕阶段后，由于城市化以及社会分层导致阶级斗争、甚至内战，为了解决这些内部矛盾，西方的学科也开始大幅度分化，涌现出了不少新的学科。例如，19世纪后期，英国学者马歇尔在剑桥大学进行经济学授课时将书名改成为《经济学原理》，而政治经济学中的政治被归入政治学研究范畴。1903年，美国首次建立了全国性的政治学学会。第一次大战后，国际关系学科诞生于1919年的英国威尔士小城市，而不是英国学术中心伦敦地区，试图讨论富裕起来的社会为什么没能解决国家间战争问题。当然，我们也可以推断，之所以将该学科首先设置在威尔士，原因之一可能是率领英国代表团参加巴黎和会的英国首相劳合·乔治出生于此，劳合·乔治的智囊最终决定在首相的家乡建立国际关系学讲席教授。②国家之间打仗并不是新鲜事，但20世纪的大战不同。一是民族国家体系扩展到全世界了，原来的战争都是民族国家建制过程中产生的；二是战争因技术的原因危害性极大，原来的战争无论是死亡人数、财政消耗都不大；三是世界性大战造成了西方自身的实力损耗，为了防止这种世界性战争，西

① [美]伯纳德·科恩：《自然科学与社会科学的互动》，张卜天译，商务印书馆，2016年版。

② [加拿大]玛格丽特·麦克米伦：《缔造和平：1919年巴黎和会及其开启的战后世界》，邓峰译，中信出版社，2018年版，第53页。

方才认真去讨论和建设国际关系学科。

在英国决定性地创立国际关系学科时，美国其实并没有完全了解这一学科的特性，首当其冲的最大挑战反而是怎么与周边国家搞好关系。例如，1928 年，国际法学者昆西·赖特（Quincy Wright）在芝加哥大学创建了第一个国际关系学的硕士项目，但没有博士培养项目。20 世纪前半期，美国在崛起为超级大国的过程中，也涉及到如何处理与拉丁美洲国家关系的问题，即美国的周边外交，作为国际关系学科研究的组成部分。相对而言，研究中国周边的学者对美国与拉美关系的演变不太熟悉。20 世纪 20—30 年代，罗斯福任期内就提出了“友善的邻国政策”，是对门罗主义的一个超越。① 从美国学术界对这一时期外交政策的研究来看，美国自己也在不同阶段反思美国的周边外交历史。罗斯福周边外交政策的基本特点，与我们在 20 世纪 90 年代后期提出来的“与邻为善、与邻为伴”，或者说“安邻”和“富邻”政策方针有很强的相似性。应该说，罗斯福这个政策取得了一定的成绩。但是，我们也看到，到了 20 世纪 50 年代初，拉丁美洲学者提出了依附论，反击美国的这种学说体系。拉美国家的学者并不认为美国的安邻、富邻真正落到了实处，特别是其中的富邻部分。一种原因在于，美国为了与苏联争夺霸权地位，而逐步放弃了罗斯福确立的周边外交政策和方针，到处干涉内政，争夺势力范围。随着争夺霸权或者用秦亚青的话说，“霸权护持”成为美国的核心问题，美国国际问题研究的学术共同体也不怎么提周边外交了。

美国的国际关系学科，特别是地区研究真正得到大规模发展是在二战后。二战后，美国国际关系学大发展，与其全球战略、国内高等教育体系大发展密切相关。比如，为了对抗苏联，哈佛大学于 1948 年创建“俄国研究中心”，开启了美国地区问题研究的先河。一大批欧洲的研究政治学和国际关系的学者涌入美国，在美国大学任教并创立学说。其中就包括任教于芝加哥大学的德国人汉斯·摩根索，1948 年出版了国际关系现实主义代表作《国家间政治》。1949 年，全世界第一位国际关系学教授、英国人阿尔弗雷德·齐默恩（Alfred E. Zimmern）当选为美国艺术与科学院院士。但国际关系学在美国学术体系中真正得到完全认可是 1958 年，时年 54 岁的摩根索当选为美国艺术与科学院院士。1952 年，摩根索在题为《地

① Edwin O. Guerrant, *Roosevelt's Good Neighbor Policy*, The University of New Mexico Press, 1950; Irwin F. Gellman, *Roosevelt and Batista: Good Neighbor Diplomacy in Cuba, 1933-1945*, University of new Mexico Press, 1973.

区研究与国际关系研究》一文中明确指出，“地区研究，无论是历史性的，还是分析性的，都构成被称之为国际关系这一知识领域的组成部分”。[①]

正是由于冷战的巨大影响，美国对中国的研究也开始前所未有的增强，标志之一是1955年哈佛大学建立了东亚研究中心，由1954年当选为美国艺术与科学院历史学院士的费正清教授领衔，此时距离费正清晋升哈佛教授不过6年而已。1907年出生的费正清，1937年从牛津大学以《中国海关的起源》获得历史学博士学位，回到哈佛之后历经十几年，才组建了不同于老牌系所——东亚语言和文明系——的东亚研究中心。在美国的大学里，中心的层次要比系稍低一些，但更灵活，可以吸纳以学科组建的不同系的研究人员加盟。而且，费正清以研究中国1840年以来的近代历史为主要任务，而这个时间段的中国研究，并不属于汉学传统中的“中国学”，也就是说，费正清的研究在当时主流学科看来并非主流。将研究领域从历史转向时间段上与费正清更接近的时代，对费正清而言是一个了不起的成绩，需要相当的胆量和创新，对学科发展而言也是一个重大的突破。费正清对美国学科建设的贡献是，将传统的以语言为中心的“汉学”研究范式转变为地区问题研究的一部分，并且将中国和东亚研究发展为美国地区研究的领头羊，颇具示范效应。多年以后，费正清当年的学生徐中约回忆道，费正清运用多种档案、多种语言和社会科学的方法，形成一种被称为“新汉学”的学科，有别于偏重语言学、文化学的传统汉学。徐中约还强调，在费正清之前，西方对汉学的研究主要依赖于英法美的档案材料，但自费正清之后中国的原始资料得到重视和学术界的认可。[②]

从费正清开始，美国学术界研究中国以及东亚的传统学问与社会科学的融合增强了。费正清当选院士时才47岁，比德国移民摩根索年轻，这也是传统学科历史学在美国学科体系中地位较高的一种体现。费正清之所以享有盛名，得益于他对中国对外关系史的社会科学式研究，并且这一类研究成果被直接运用于分析美国的对华政策。费正清本人也熟悉社会学家帕森斯（Talcott Parsons）的结构理论、魏特夫（Karl Wittfogel）的东方水利专制主义研究和文化人类学家克拉克洪（Clyde

① Hans J. Morgenthau, “Area Studies and the Study of International Relations”, *International Social Science Bulletin*, Vol.IV, No.4, 1952, p.647.

② ［美］保罗·柯文、默尔·戈德曼主编：《费正清的中国世界：同时代人的回忆》，朱政惠等译，东方出版中心，2000年版，第40—41页。

Kluckhohn）的著作，也包括一些经济学家的著作。从年龄来说，魏特夫年长费正清 11 岁，帕森斯年长 5 岁，克拉克洪年长 2 岁，几乎可以说是同龄人。但帕森斯 1937 年就出版了《社会行动的结构》一书，1946 年在哈佛大学成立了“社会关系学系”，融合了社会学、心理学和人类学的知识，并脱离社会学系独立。克拉克洪博士毕业于哈佛大学，1939 年起担任哈佛教授，1947 年成为哈佛大学俄国研究中心首任主任。从资历上看，这几位都要高于费正清一辈。费正清与众不同的地方在于，他积极吸取同龄人的社会科学知识见解，并从学术资历长一代的哈佛学者中获取智慧。不过，费正清用新的历史学和社会科学范式研究中国的时间并不长，而且主要是以历史分析见长。1941 年，年仅 34 岁的费正清带领其学生在创刊 6 年的《哈佛亚洲研究》发表了《论清代的朝贡体系》。[①] 这篇论文长达 112 页，被誉为对中国（文化）主导地区关系时代的最为详尽的一项研究，是西方人理解 19 世纪中国与西方关系的必读文献。1969 年，费正清在《外交》季刊上发表了《从历史看中国的对外关系》，其主要观点仍然认为中国的传统对当时的对外政策有巨大影响。[②] 显然，历史学训练出身的费正清与政治学、国际关系训练出身的美国学者有不同的看法。不过，费正清的视野仍是第一流的，在这篇论文中，费正清将中国的传统对外关系框架设定为内亚、海上以及中国优势，基本上与中国学术界所讨论的周边概念相一致。

费正清在哈佛创立东亚地区研究的历史对我们正确理解地区研究的学科内涵有重要意义。在 1982 年出版的回忆录中，费正清认为，直到 1948 年对华政策才受到人们的极大关注，而费正清本人也是从 1951 年开始才密集关注现代中国研究与美国对华政策的关系。而他之所以能在哈佛建立东亚中心，也得力于哈佛大学的一批人正处在当时美国外交政策决策的中心位置。费正清还回忆道，地区研究在美国的兴起是二战后的结果，也是一个多学科的研究课题，并非一门超级学科。费正清强调：“地区研究并不是什么拥有系统原理的新学科，它只是一项活动，一项由人来开展的活动。所以，只需要取得文科硕士学位就可以从事这项工作，而

---

① J. K. Fairbank and S. Y. Têng, “On The Ch’ing Tributary System”, *Harvard Journal of Asiatic Studies*, Vol. 6, No. 2 ,Jun., 1941, pp. 135-246.

② John K. Fairbank, “China’s Foreign Policy in Historical Perspective”, *Foreign Affairs*, Vol. 47, No. 3,Apr., 1969, pp. 449-463.

不需要博士学位。”[①] 费正清的学生、日本问题专家马利尤斯·简森（Marius B. Jansen）曾回忆费正清教授“区域研究——中国”课题的特色，“很多节课，都是先由一位不同的社会科学学科的访问学者汇报他们自己的研究方法与途径，然后由约翰带头将这一话题与中国研究联系起来进行讨论”。[②]

如果说费正清作为美国研究中国周边关系的第一代学者出身于历史学训练，那么第二代学者对中国周边关系的学科背景主要是政治学、经济学科等学术体系，两代学者的观点也有显著不同。例如，惠廷（Allen Whiting）1948年本科毕业于康乃尔大学，1952年从哥伦比亚大学获得博士学位，惠廷在研究写作博士论文时，以摩根索为代表的现实主义国际关系学已经开始在美国兴起，因而惠廷1960年出版的《跨过鸭绿江》是一本标准的政治学和国际政治学范畴的著作。他认为，中国完全是从保卫边疆和国家安全的角度决定参战，不是共产主义扩张的意识形态推动，也完全不是朝贡秩序的传统文化影响，而是一种精准的理性行为，惠廷的这一观点被广泛认可。属于中国研究第二代的惠廷1926年出生，比结构现实主义学者沃尔兹年长2岁，比基辛格小3岁。美国国际关系学术界的一个特点是，20世纪20年代出生的人基本上都是现实主义者，或许因为在人生观形成阶段受到了二战的极大影响。另外一位对中国周边关系有着系统深入研究的第二代学者是罗伯特·斯卡拉皮诺（Robert A. Scalapino），斯卡拉皮诺1948年从哈佛大学获得博士学位，随即受到费正清邀请，加入正在组建的东亚研究中心，并结识了在哈佛做访问学者的钱端升，担任钱端升的助教。在斯卡拉皮诺看来，费正清深受钱端升的影响。[③]1972年，斯卡拉皮诺当选为美国艺术与科学院政治学/国际关系学院士，是第一位研究东亚问题、并获得该称号的政治学学者。1991年，斯卡拉皮诺发表《中国与邻国的关系》，认为中国作为一个特殊的地缘中央国家，与邻国存在着一种“中央王国复杂性”（the Central Kingdom Complex）的特性。斯卡拉皮诺预

---

① ［美］费正清：《费正清中国回忆录》，阎亚婷、熊文霞译，中信出版社，2017年第2版，第372页。

② ［美］保罗·柯文、默尔·戈德曼主编：《费正清的中国世界：同时代人的回忆》，朱政惠等译，东方出版中心，2000年版，第66页。

③ ［美］保罗·柯文、默尔·戈德曼主编：《费正清的中国世界：同时代人的回忆》，朱政惠等译，东方出版中心，2000年版，第62页。

判，尽管中国的全球地位有所减损，但 90 年代对地区的影响力将迅速上升。[①]1958 年，入学哈佛大学攻读经济学硕士和博士学位的德怀特·珀金斯（Dwight Perkins）同样受到费正清的指点，当时费正清建议已经学了 6 年中文的帕金斯，其主要任务不应该是再学习中文了，而应该是“向经济系的经济学家们证明，我是他们中的一员”。一定程度上，在费正清的努力下，还在攻读博士学位阶段的帕金斯于 1960 年就获得了哈佛大学经济系的教职，而这是哈佛大学经济系首次设立中国经济学教职。[②]50 多年后，帕金斯将其对东亚经济的系统性理解写成了《东亚发展：基础与战略》一书，并介绍了从经济学研究地区的学科特色，除了历史性和比较分析，帕金斯很强调有关东亚经济发展的定量分析，实际上就是美国主流的经济增长分析框架。[③] 从帕金斯的背景来看，首先是中国历史、远东研究等地区性研究学术训练，其次才是哈佛研究生院的经济学课程，另外从 1961 年起帕金斯多次到东亚访问，参与哈佛的亚洲研究项目，以及为东亚政府做咨询的经历等，这些对于帕金斯成为美国地区研究领域东亚经济的权威人物必不可少。

三、国家发展地位与冷战后中西方对地区研究的不同认识

冷战结束后，美国的地区研究曾遭致学术界很大的挑战，地区研究的专家和国际关系理论学者之间的分歧比较大，有的人认为要用理性主义方法一统天下，

① Robert A. Scalapino, “China’s Relations with Its Neighbors”, Proceedings of the Academy of Political Science , Vol. 38, No. 2, *The China Challenge: American Policies in East Asia (1991)*, pp. 63-74.

② ［美］保罗·柯文、默尔·戈德曼主编：《费正清的中国世界：同时代人的回忆》，朱政惠等译，东方出版中心，2000 年版，第 147—148 页。

③ ［美］德怀特·珀金斯：《东亚发展：基础与战略》，颜超凡译，中信出版社，2015 年版。

有的认为美国独霸天下已经不需要地区研究。① 地区研究的衰落似乎与 2008 年国际金融危机后国际关系学的危机有类似之处，但不同之处在于后者更多是美国放弃领导力的结果。回顾美国的学科建设过程，倒不是说要硬照搬这个套路，而是说美国有他的特色，中国也可以有自己的特点，关键是寻找到学科发展的逻辑规律，这个规律就是本国的经济社会发展阶段和国家发展战略的需求。今天美国的学术环境与地区研究与国际关系研究初创时期有很大不同，多数学科发展已经非常成熟，但是在 20 世纪 40、50 年代，我们今天所了解到的很多学科当时都处于初创阶段。因此，理解美国地区研究草创时期的一些特点，而不是今天成熟阶段的学术分工和科目配置，对于推进建设中国周边学有许多重要的启发。

第一，根据美国的经验，在不同阶段，地区国别问题的主导型学科存在差异，美国地区研究的主导学科经历了从历史学到政治学的演变过程，也就是说谁主谁辅是一个历史发展的产物，取决于国家和其他学科不同的发展阶段。在周边研究中，目前争论的一个问题是中国周边学属于哪一个学科，或者说要创造的学科方向。因此，一定程度上，中国周边学研究的学科定位主要由各个阶段的主导性学科决定。哪一个学科的力量强，更善于获取资源，有利于培养被社会认可的学生，周边研究就应该以哪一个学科为主来发展。

第二，美国学术界在建构美国特色的国际关系学时，从一个观察者的角度转变为利益相关者的角度，出现了一大批以美国为中心的研究型著作，标题基本都是“美国与其他国家、地区”，这实际上意味着研究范式的转变。传统的汉学研究，是把中国作为一个典范加以研究，更多属于人文的、文明类型的欣赏性研究，而不是从国家利益角度进行的社会科学研究。20 世纪 40 年代中后期起，冷战已经兴起，因而迫切需要美国学者强化美国与大国关系的认识。1940 年代末，美国最

---

① Mark Selden, “Asia, Asian Studies, and the National Security State: A Symposium, Introduction”, *Bulletin of Concerned Asian Scholars*, Vol.29, No.1, 1997, pp.3-5; Bruce Cumings, “Boundary Displacement: Area Studies and International Studies During and the after the Cold War”, *Bulletin of Concerned Asian Scholars*, Vol.29, No.1, 1997, pp.6-27; Robert H. Bates, “Area Studies and the Discipline: A Useful Controversy?” *Political Science and Politics*, Vol. 30, No. 2 ,Jun., 1997, pp. 166-169; Chalmers Johnson, “Preconception vs. Observation, or the Contributions of Rational Choice Theory and Area Studies to Contemporary Political Science”, *Political Science and Politics*, Vol. 30, No. 2,Jun., 1997, pp. 170-174; Martin W. Lewis and Karen Wigen, “A Maritime Response to the Crisis in Area Studies”, *Geographical Review*, Vol.89, No.2, 1999, pp.161-168; Lucian W. Pye, “Asia Studies and the Discipline”, *Political Science and Politics*, Vol. 34, No. 4 ,Dec., 2001, pp. 805-807.

好的学术出版社——哈佛大学出版社整齐划一地推出三本书，分别是 1947 年由维拉·M. 边恩（Vera Micheles Dean）撰写的《美国与俄国》、1948 年由费正清撰写的《美国与中国》以及 1950 年由赖肖尔撰写的《美国与日本》。[①] 其他学者在 20 世纪 40 年中后期也出版了类似的书籍，但影响力没有这么大。[②] 显然这三本书背后有一定的安排，都是哈佛大学俄国研究中心出版的。因此，冷战背景是不能抹去的，由此也可以提出一个基本结论——对抗式思维、维护美国的国家安全和利益构成了美国学术发展的重要动力，为了理解敌人，要深入研究利益关系，以及其他各种负面性的冲击。

第三，二战后美国国际关系和地区问题学科的发展与壮大，主要是受到美国国内社会经济发展的影响，同时也是其全球目标转变推动的。反过来，这两大学科发展也直接推动了美国国际地位的提升。就此而言，中国追求和平稳定良好的周边环境也主要是国内目标推动的。自然，随着国内进一步追求高质量和建立现代化经济体系的新发展目标，以及国际上追求强国地位，也要发展属于中国特色的哲学社会科学学科体系。事实上，自新中国建立以来，中国政府一直在寻求与社会主义现代化建设目标相匹配的学术体系。期间尽管有过重大挫折，但与其他发展中国家的学术进展相比，中国仍然取得了重大成绩。一个例证是，与斯卡拉皮诺年龄相当的马克思主义史学家胡绳，早在 1947 年就发表过《帝国主义与中国政治》，得出的基本结论是："只有打倒作为帝国主义的工具的中国反动阶级，中国才能有真正的国家的统一、人民的民主和民族经济的发展"。[③] 就其精神和主题而言，显然属于马克思主义的国际问题专著，比 20 世纪 50 年代以后缘起于拉美地区的依附论早了很多年。可惜的是，尽管建国后该书一共出了 7 版，但却很少列入中国年轻学生学习国际关系的指导参考书。多数中国年轻一代并不知道，20 世纪中叶，年轻的中国马列学者也做出了一流的国际关系学问。

---

① Vera Micheles Dean, *The United States and Russia*, Harvard University Press, 1947; John Fairbank, *The United States and China*, Harvard University Press, 1948; Edwin O. Reischauer, *The United States and Japan*, Harvard University Press, 1950.

② Harold H. Fisher, *America and Russia in the World Community*, Claremont College, California, 1947; Foster Rhea Dulles, *China and America: The Story of Their Relations Since 1784*, : Princeton University Press, 1946.

③ 胡绳：《帝国主义与中国政治》，人民出版社，1978 年版，第六版序言。第七版由人民出版社出版于 1996 年。

第四，在初创时期，美国的国别地区研究者与政府的关系非常密切，课题就是为了解决政府的重大关切，这些研究人员或多或少都参与过中情局、国防部的项目，依据与美国利益的重要性与否，研究特定问题的研究人员深度参与到政策决策，与政府的关系好坏对区域研究的合法性有很强的影响。例如，美国第二代中国问题学者惠廷1960年出版的《中国跨过鸭绿江：参加朝鲜战争的决策》，其基础是在兰德公司为美国空军所作的研究。对学术研究而言，参与政府项目，学习政策语言，服务国家战略发展，最主要是把握准确真问题，而不是假问题，或者学者个人的体悟、感悟。社会科学研究的一个主要特点是研究大多数人（social）利益相关的问题，这是不同于人文研究的一个显著特点。另外还需要注意的是，在很长一段时期，费正清本人并非美国亚洲政策决策的重要人物。中国学者在理解冷战时期的美国区域国别研究，一定程度上要正确看待中国议题、研究中国问题的学者在美国的学科建设中的地位，不宜高估中国的重要性。尽管现在中国的影响力令全球瞩目，但不意味着在美国建设这门科学时也有今天的位置。例如，1966年，肯尼迪政府的国务卿希斯克曾建立过一个19人的亚洲问题政策顾问团队，其负责人是前驻日大使赖肖尔，其中包括政治学家白鲁恂（Lucien W. Pye）和亚洲问题专家施乐伯（Robert A. Scalapino）。[①] 这一定程度上与赖肖尔1961—1966年担任美国驻日本大使与官僚队伍密切有关系，但更重要的是当时日本问题的重要性。那个时候费正清的学术地位也是很高的，但却不在公布的这个顾问队伍中，原因可能是与美国的对华政策密切相关。从这个意义上说，社会科学学科的发展离不开国家政策环境，我们在发展一门新学科时也必须学会如何利用好不同的政策环境。比如，我们非常纠结的周边概念的范畴，其实在中国外交的官方表述中是非常清楚的。

第五，在美国地区研究的早期阶段，人才培养先于学科建设。20世纪40年代后期，费正清在哈佛逐步推动了“区域研究”的硕士项目，从多学科角度训练出记者、政府官员以及其他不从事学术研究的人才，也就是说先培养能够适应实际事务的人才，然后再讨论学科是否独立的问题。由于是先立足于培养人才，满足社会需求和国家战略需求，因此很自然获得了国家力量的支持，包括基金会大量

① “19 Experts on Asia Are Named by Rusk as Advisory Panel”, *New York Times,*Nov. 11, 1966, p.19.

资金支持，很快聚集了人才，围绕在国家安全以及美苏冷战对抗的范式下起步很快。这种突出敌人的研究范式，与目前以合作为主流的研究倾向不同，美英关系基本属于后者，中国的周边关系主要也是合作范式。因此，在基本范式上与美国二战后发展出来的区域国别研究有较大差别。一般而言，敌对状态下的人才培养更容易聚拢资源以及突出语言需求，而合作状态下的人才培养往往容易分化，因资源分配往往较少受到外部威胁的刺激，而且人才培养中并不重视语言的需求，更多聚焦于专业化建设。

第六，崛起之后的美国当年实际上也没有处理好大国外交与周边外交的关系，受到安全压力的影响，将主要精力用于构筑全球战略。尽管冷战后，美国的这种应对苏联挑战的模式是成功的，但更长远看，拉丁裔人口涌入美国，对美国社会带来了新问题，因而美国周边问题研究的缺失带来的是一种新型的国际关系问题，即跨境移民带动的认同挑战。另一种原因是，拉丁美洲主要受到了西班牙、葡萄牙殖民的影响，是早期大国崛起的产物，而不是英美崛起的产物，因此文化上很不同。今天的中国同样面临着大国外交和周边外交不一致的挑战，比美国更具迫切性的是，中国还没有完全崛起之时，就需要高超的协调能力来处理不同类型的挑战，而且是在有限的外交资源下进行的。在文化上，我们与周边地区也存在着异质性，除了儒家文化圈，还有一些别的。因此，在我们讨论和建构中国周边学时，需要注意美国成长为大国这一历史进程和转变中的经验教训，特别是中国的决策者需要加以注意的。

第七，日本的地区研究，特别是亚洲研究应该纳入进来作一个比较。从国际关系研究角度来看，日本的学术不完全依附美国，而韩国的依附性更强一些。① 中国周边研究在知识积累中应重视亚洲国家，特别是日本过去的一些经验教训。根据日本学者国分良成的总结，外交史与国际政治史、地区研究始终位列日本国际政治学会的会员专业分类中。与其他国家相比，地区研究在日本最为出色。而且，与其他国家仅仅将地区研究作为一种“方法”不同，日本将地区研究作为一门学科。之所以如此，日本学者认为二战之前日本在上海设立的东亚同文书院开展的研究，是领先于美国地区研究的典范。例如满铁调查部也是当时日本进行地区研究的机

① Takashi Inoguchi and Edward Newman, “Introduction: Towards an East Asian IR Community?”*Journal of East Aian Studies*, Vol.2, No.1,February 2002, pp.11-20.

构。第二类原因或者特征是，二战后日本的地区研究较少存在政治性，因为二战前失败的经历正是由于过多考虑了政治性。第三个特征是，日本的地区研究更偏向于国际关系，而美国的地区研究则主要隶属于政治学学科。总而言之，在国分良成看来，日本的地区研究具有较强的探求欧美理论局限性的特性。① 尤其值得中国学者注意的是，1980 年代初期，日本学者中也有一些学者质疑美国地区研究范式的合理性。如果从本文的视角来讨论这种倾向，那么，与日本的“国际化”，特别是在 1980 年代初期日本社会生成 1 亿中产阶级有很大关系。日本政府曾于 1985 年提出构建“日本学”，要求日本文部省培养海外“日本学”研究人员，推动建立“国际日本学研究中心”。② 与学术研究追求独立性过程类似的是，在 20 世纪 80 年代中后期，日本提出了“日本版马歇尔计划”构想，意图重塑日本与亚洲发展中国家的关系。③

中国历史的独特性以及中国周边地缘环境的独特性体现在，在所有大国中，中国的邻国是最多的。事实上，费正清在 1969 年的论文中就指出过，理论上中国有 2000 年的对外关系，这在全世界都是有记录可考的最长历史。而地理特性尤其重要，因为对于大国而言，地缘环境构成外部环境的基本背景，短期内很难随着政策调整而变化。因此，历史和地理两大特性要求中国学者重新认识中国周边关系的重大意义。过去这么多年，中国之所以未能发展出比较成型的周边学，主要原因是国力弱、人民穷和学科基础差。随着综合国力的增强，历史和地缘的关系可以被重新挖掘和构建。20 世纪 80 年代以来，日本对地区研究的重视与其国际化战略是密切相关的。展望未来，随着中国迈入强国时代，以及哲学社会科学建设的进一步完善，提供了重要的外部条件和内部需求。可以说，推进构建一门中国周边学是正当其时的。

冷战结束以后，西方的国际关系理论学说被大规模地引进中国，但中国人并未完全照搬照抄这些学说。中国的国际关系学者始终念念不忘中国的传统文化、中国的革命经验对中国周边关系的重大影响。一个显著例证是：1987 年全国召开

---

① 国分良成：《地区研究与国际政治》，载国分良成、酒井启子、远藤贡主编：《日本国际政治学》第三卷，北京大学出版社，2017 年版，第 1—18 页。

② 田桓：《日本筹建“日本学”研究体制——积极培养国际知日派》，《国外社会科学》，1985 年第 6 期，第 76—78 页。

③ 马朝旭：《“日本版马歇尔计划”构想评估》，《经济科学》，1988 年第 4 期，第 63—66 页。

第一次国际关系理论研讨会之后，有关创建中国特色国际关系学派的讨论就从未停止过。事实上，中国政府自 1992 年起就明确在党的政治报告中单列周边外交板块，这是一个全新的政策语言，完全跳出了美国研究者和美国政府用“东亚”界定中国周边关系的框架。[①] 而出生于东亚地区、在美国任教的一些学者也对西方理论解读东亚世界表示不满。例如，1950 年代后期出生的韩裔学者康灿雄（David C. Kang）就表示：“（西方国际关系）理论和案例绝大多数出自欧洲历史，然而我在对当代东亚进行研究的过程中发现，他们普遍缺乏解释力。”[②]

因此，在认识美国和日本有关地区研究的知识成果时，除了历史和地理差别之外，仍然需要重点强调国家发展阶段的差异。我们可以再次引用麦迪森的数据，说明自费正清、斯卡拉皮诺论述以来的时代变化。1938 年，也即费正清研究朝贡体系的那个年代，中国经济总量约为 2900 亿国际元、印度约为 2500 亿国际元、日本为 1800 亿国际元；1968 年，中国经济总量约为 5200 亿国际元、印度约为 4200 亿国际元，30 年来中国的增幅为 1.8 倍，印度为 1.7 倍，而日本达到了 8100 亿国际元，增长了近 5 倍，成为资本主义世界第二大经济体。简单来说，中印与日本差距扩大的原因在于发展起点不同，1938 年时日本的人均 GDP 已经是中印的 4 倍多，与 20 世纪初的西欧社会经济发展水平相当，1968 年，日本的人均 GDP 提升至近 8000 元，几乎是中国的 12 倍，追平了西欧社会。1988 年，也即斯卡拉皮诺重新评估中国邻国关系前，中日的经济总量所差无几，人均的差距缩小到 10 倍以内，并且中国人的富裕水平以较大的幅度超过了印度。虽然斯卡拉皮诺在文中没有引用过麦迪森的数据，但麦迪森从 20 世纪 70 年代后期以来对各国经济总量估算的相关研究已经很有影响。

正是从 80 年代起，西方学术界对日本以及东亚四小龙的各类研究不断推出，大大革新了我们对东亚地区关系的认识。美国新一代学者的训练和研究是基于这一情景展开的，比如 1948 年出生的女学者裴宜理（Elizabeth J. Perry），曾经担任过哈佛大学费正清中心主任，于 2002 年当选美国艺术与科学院院士。按年龄和代际划分，这几乎是美国的第四代中国问题研究学者，在这之后很少见到研究中国

---

① 钟飞腾：《“周边”概念与中国的对外战略》，《外交评论》，2011 年第 4 期，第 117—130 页。

② ［美］康灿雄：《西方之前的东亚：朝贡贸易五百年》，陈昌煦译，社会科学文献出版社，2012 年版，第 1 页。

政治的美国学者入选院士。从20世纪80年代中期开始，中国人逐步进入快速富裕的发展阶段，这既坚定了坚持改革开放的国策，同时也对调整与周边的关系产生了新的思路。1992年，中国政府在讨论周边关系时，视野完全不同于以往。

在2008年国际金融爆发以来，中国与周边关系也迈入了新的阶段，一个强大的中国必须创造智慧与那些对中国崛起有所担忧的邻国建立新型关系。中国崛起已经成为国际瞩目的现象。如果说20世纪90年代还有若干学者认为中国不是一个重要现象，那么此后这一问题已不复存在。研究中国崛起的著作，不管是持肯定态度的，还是有浓厚警惕色彩的，都大量涌现出来。按照麦迪森的数据，2008年的中国经济总量达到了8.9万亿，而美国是9.5万亿。其次，中国与周边经济体的力量对比达到了历史上没有过的程度，比如2008年中国经济总量是第二大经济体印度的2.6倍。按照国际货币基金组织（IMF）基于购买力平价计算的最新预测，2018年，中、印、日三国的经济总量将分别为25.1万亿、10.4万亿和5.4万亿国际元，人均GDP为1.8万、7700和4.4万国际元。以IMF数据衡量，早在2007年中国经济体量就超过了日印之和，如果按照西方现实主义理论的预测，中国的邻国在此之前就应该联合起来制衡中国，地区的稳定性难以保持。显然，中国周边外交在维权方面有了很大的进步，但中国与周边关系的稳定性依然是牢固的。不过，过去十年也出现了一些新问题，比如周边国家希望利用美国来平衡中国的崛起，最显著的一个现象是不少国家欢迎美国奥巴马政府的“亚太再平衡”战略。还有众多邻国对中国拓展海上势力抱有极大的疑虑，而国内民众却对发展海上力量的期盼日渐增强，美国等传统海上霸主国认为中国有挑战既定秩序的实力和意愿。再有诸多讨论正逐渐围绕中美的争霸展开，而周边邻国希望中美关系保持稳定，并且希望中国在地区秩序形成中扮演更为积极的角色。上述这些问题在传统的中国周边关系中都是陌生的。

中国周边学的建设主要应当聚焦于当代中国与周边关系的建设。从欧美发展学科的经验以及中国推动周边关系的目标任务来看，指引中国周边学学科发展的核心问题应当是推动强起来的中国如何被周边国家更好地接受，而从周边的角度来看，这一问题的另一面是周边怎么样才能让强起来的中国服务于地区的稳定和发展。中国社科院学部委员张蕴岭在一篇系统回顾中国区域观回归的文献中认为，在中国的周边认知和定位中，需要有两个视角："我与周边"和"周边与我"。[①]概而言之，归纳中国周边学的核心问题，并不是要回到传统中国，也不是要重复欧美的霸权道路，而是真正构建中国和周边的互动关系。

四、核心问题与中国周边学建构方向

发展中国的周边学，在明确了核心问题之后，仍然要在核心问题的引领下开拓几个大的研究任务，或者用西方学者的话说是建构研究纲领。任务之一是重新讨论历史上的朝贡秩序如何构建稳定的合作关系，以便明确认同、文化联系、力量对比以及经济关系在不同历史时期的作用；任务之二是讨论东亚社会的民族国家建构进程中，离开了中国这个权力中心，周边地区被西方瓦解、打碎乃至于重建的过程；任务之三是讨论在一个全球化时代，中国与环中国国境不同次区域的力量分布不均衡，如何影响次区域关系的发展，并进而讨论中国中心的地区秩序是否可能重新生成。这些问题可能不是目前西方源流下的任何一个单一学科能够解决，而要综合各类学科，比如外交学、地缘政治学、经济发展学等。

从一定意义上说，随着"一带一路"的推进，中国第一次拥有了一个全新的国际合作平台，不用完全依靠西方来讨价还价，也因此哲学社会科学研究会充分吸纳中国在海外的一线工作人员的经验，并转化成新型知识体系。美国在二战后发展地区研究和国际关系的一项经验是，通过像马歇尔计划、第四点计划等美国式的合作平台推进的。由于拥有历史和地缘优势，今后一个时期，中国各个周边省份的区域国别问题研究专家将贡献更多的地区国别知识，不仅有助于深入了解各个省份与沿边的周边国家关系，也有助于平衡外交领域中国的中央地方关系。也就是说，无论是向外，还是由内，中国与周边的关系都将继续发生较大的改变。

具体而言，今后一段时期在推进中国周边研究时，可重点关注以下四大方向。

第一，抓住中国的特色，将政策语言转化成富含学理的话语体系。将中国成功的外交实践立足于中国自身的发展脉络。以往的很多有关周边的认识和政策，都是对西方冲击的回应，包括引进西方英文著作，利用西方的概念讨论与周边的

---

① 张蕴岭：《在理想与现实之间：我对东亚合作的研究、参与和思考》，中国社会科学出版社，2015年版，第233页。

关系。在此过程中，中国知识界和政策界也逐渐发明了一些中国自己构建的理念、概念，比如十八大以来提出的新型义利观、亲诚惠容理念等。尽管知识界的相关讨论还不够深入，但这类概念本身具有相对充分的政治和社会基础。对中国社会而言，政策语言的影响力要远大于学术语言。学科建设的一个新途径是，从学科的角度抽取政策语言中的相关内容重新组合，将基于中国经验的政策进一步总结为理论体系。中国各个部门，中央和地方的，不管是政府机构，还是非政府机构、企业，都倾向于首先学习掌握政策语言，然后用于指导实践。这一模式是中国特色社会主义的性质决定的。在实际工作中，尤其是涉外部门，不可避免会遇到如何在具体场景中理解中国式概念、与外方沟通概念的难题。因为这些概念是中国还没有成为世界强国的时候形成的，缺乏融合外部世界经验的过程，没有将外部世界的反馈以及地区性知识反馈到政策体系中。而西方总体上这类情况较少，因他们的概念属于成体系的一套知识系统中，是在强烈影响和改造世界其他地区的进程中逐步完善的。今后一个时期，学术界应对中国的政策语言（外交和内政）在外交和国际问题部门的使用情况做一个客观的调研，包括公开出版的著作、刊物文章、使用该概念的作者队伍以及所在机构等。将这些概念内在的含义与我们当前课本、尤其是西方翻译过来的资料进行对比，才能逐一发现活生生的中国概念与死了的课本语言的区别。由此，我们才能明明白白知道，各类讨论的问题怎么样才算是实际存在的问题，是真问题而不是假问题。

第二，对诸大国的周边外交进行深入讨论和比较研究。从理论上讲，一个国家对周边的权力、影响力及其政策关系是否有独特性，要看历史渊源（因历史上的地理限制，很多国家的对外关系实际就是周边关系，有源远流长的历史文化联系），也与独特的地缘环境相关，更与近代西方的扩张紧密关联。比如，20 世纪以前中国人认识一个国家的邻国，主要是从领土出发的，而很少从主权的角度。就连中国这个近代意义上的概念，也是 1912 年中华民国建立后才成为国家的代名词，在此之前是“大清国”。[①] 如果仅从地理属性很强的陆地领土概念出发，那么与中国邻国数量相当的只有俄罗斯、巴西和印度，至少目前来看，中文世界还没有比较上述几个国家的周边政策的。如果选择主权作为界定一个国家邻国的属性，

---

① 郝延平：《中国与域外：近代国史上的内与外》，载陈国栋主编：《汉文化与周边民族》，2003 年版，第 27 页。

那么我们将发现绝大多数老牌资本主义国家，如法国、英国、美国等，都拥有诸多在太平洋、大西洋、印度洋上的岛屿的主权。按照英国学者彼得·诺兰的论述，“旧式殖民结构中残留的零星殖民地”比大部分人意识到的重要得多，很多是美国的海空军基地和侦察设施，其所囊括的专属经济区面积是南海的十几倍。[①]因而这些国家的邻国概念完全不同于中国，这些邻国主要是近代西方扩张的产物，缺少像中国的邻国这样与中国有着深厚文化上的联系。这就涉及到西方如何管理远离本国陆地领土，但却又属于主权范畴内的主体的一套规章制度。中国对这类内容的认识还不到位，包括以联合国海洋法为核心的海洋领域的制度管理体系、国际航空领域的规章制度、跨境水资源合作以及气候变化等。如果未来中国要成为社会主义现代化强国，理论上讲应该完全了解西方在成为大国时使用过的一切概念和知识体系，并知道其优劣。

第三，宜拓宽从海洋角度研究周边关系的内涵。中国有 14 个陆上邻国，8 个海上邻国（朝鲜和越南重复计算）。中国的未来发展还将依赖于从海上来的资源能源，以及经由海上通向发达地区的出口。海洋通道安全、渔业纠纷、海洋污染（食品安全）、海洋经济、各种非传统安全威胁等，这些对于内陆国而言几乎是不存在的。比如蒙古国、哈萨克斯坦等的外交政策几乎没有这类问题。在甲午海战失败之后，中国很长一段时间对海洋问题也是没有发言权的。而世界历史的一个显著特点是，1500 年以来影响国际局势的国家几乎都是海洋强国，西方的崛起和西方构建的国际秩序都与海洋势力拓展有极大关系。从政策领域看，今后一段时期可能要重新讨论中国与《联合国海洋法公约》的关系，20 世纪 70 年代后期我们参加了公约缔结谈判，并在 1995 年由全国人大予以批准加入。但是，随着中国经济社会的发展，人们对海洋的需求和认识发生很大的变化。此外，20 世纪 70 年代的一些认识，包括 20 世纪 80 年代邓小平会见菲律宾领导人的一些观点，如“主权在我、共同开发”等，仍在显著影响着中国人对南海问题的看法，这些应该借助于新时代的契机加以重新讨论。中国人在海洋领域的实践，能否增进邻国对中国崛起的新认识，也是一个重要的问题。与陆地领域的部门行业交错纵横不同，我们可以相对清晰地识别与海洋相关的利益部门，国家利益大于部门利益的一般性认识究

---

① ［英］彼得·诺兰：《认识中国：从丝绸之路到〈共产党宣言〉》，温威译，中信出版社，2017 年版，第 61—94 页。

竟能否运用于海洋领域，还有待于讨论。

第四，开拓研究周边国家国内政治经济的情况。除了若干著作和文章之外，中国的周边研究仍然停留在把周边国家当作一个整体的阶段，只是研究政府的对外政策，而没有像研究美国等大国那样，比较深入地了解了解其国内政治经济动因对对外政策的影响。一个客观原因是，改革开放以来我们才逐步与周边国家发展出一定数量的经贸关系，时间并不长，各方面积累的关系比较浅。近年来，中国对外经贸关系加速发展，2016年，中国与周边28个国家的贸易总额达到1.1万亿美元，占同期与亚洲贸易的58.0%、全球贸易的30.7%。① 中国周边国家中，政治制度、民族构成、经济发展阶段以及资源禀赋差距极大，十分适合用做比较研究对象。最近几年，中国学者在预测周边国家政局时，盲人摸象的现象很突出，可以说少有人能完全预测准的，即便是很大略的方向性判断有时也难以把握住。一些人甚至说中国在国际博弈中获胜，是靠了时运。这恐怕源于我们对周边国家内政的了解不足，还不能做到“知彼”，这既有语言的因素，但肯定也有研究范式的影响。西方研究中国的周边问题是把美国的利益和关切放入进行互动考察，而不会把中国放入。事实上，美国与中国周边邻国的经贸关系很少有中断的，历史时段可以追随至二战前，利益关系也就深入得多。显然，中国和美国在周边的利益和动机不同，对美国成立的基本变量关系，到了中国与周边关系中会发生极大的调整。如果我们只是照搬西方的结论，那么就不容易看到变量关系的复杂性。目前，我们绝大多数对周边的研究，只是熟悉西方的理论结论，但却不知道理论是怎么生成的。当然，在西方也有类似问题，比如自由制度主义学者罗伯特·基欧汉就对美国学界胡乱引用《霸权之后》的理论结论不满意，他认为绝大多数引用该书的作者，根本就没有看过书中的案例，“张冠李戴”时有发生。要真正地对那些立足于周边国家内政进行研究、并产生了影响的作品做一个重点的推介，这既有赖于语言能力的提升，但更需要中国周边研究的理论深化。未来立足于周边国家内政，形成丰富的比较案例数据库也是一个发展方向。②

① 钟飞腾：《中国周边经济形势》，载祁怀高主编：《中国周边研究报告（2016—2017）》，世界知识出版社，2017年版，第37页。

② 如石源华、祈怀高主编：《中国周边国家概览》，世界知识出版社，2017年版。

中国周边学兴起的现实意义与面临的若干问题

赵卫华

【内容提要】中国周边学的发展和兴起是中国崛起背景下的时代需要，它是中国学界首次立足于中国的实际，依据中国实践的需要在国际问题研究领域里做出的主动探索和理论建构，是中国学界首次依据自身的标准对国际问题的特定研究领域做出阐释，具有重要的理论价值和现实意义。然而，中国周边学尚处于始发阶段，学界对其研究内容、研究范围、学科定位等一系列问题依然存在诸多不同的看法。如何化解分歧，统一意见，解决面临的一系列挑战和问题，是中国周边学亟待解决的问题。

【关键词】中国周边学　周边外交　命运共同体　新型周边关系

【作者简介】赵卫华，广东外语外贸大学教授，广东国际战略研究院研究员，法学（外交学）博士。

中共十八大后，随着中央周边外交工作会议的召开，周边外交在国家对外战略中的地位迅速上升，极大促进了国内区域国别研究的繁荣，进而推动了中国周边学的产生和发展。中国周边学产生和发展是时代的产物，与中华民族崛起和复兴的实践密不可分，是中国在国际问题研究领域进行自主探索和构筑话语权的开端，具有重要的理论价值和现实意义。当前，中国周边学初现雏形，但学界在其学科定位、核心概念、研究内容和范畴、基本理论框架尚存在较大分歧。进一步认识周边在我国对外战略中的重要地位，给予中国周边学准确的科学定位，明确中国周边学在我国对外战略和国际问题研究中的地位，无论对于维护国家利益而言，还是从推动中国周边学发展的角度来说，都具有非常重要的意义。

一、中国周边学的产生是中国崛起的时代需要

任何一门学科的产生、发展均是时代发展的需要和社会实践的结果。近代以来，资本主义在世界范围内的大发展先后催生了人类学与国际关系学两大学科的形成。当前，随着改革开放的深入发展，中华民族复兴的伟大实践在各个领域均亟需符合本国实际的理论指导，这为中国的理论创新提供了丰厚的实践土壤，成为推动中国周边学形成的现实基础。

中国是一个典型的海陆双栖国家，其东南两面濒临太平洋，西北两部背靠亚洲大陆，与数十个国家山水相连或隔海相望，是世界上周边邻国最多、地缘环境最为复杂的国家之一。广袤的周边地区成为中国与外部世界联系的桥梁和纽带，中国所处的地理位置和地缘环境使得周边地区既可以缓冲外部压力，屏蔽、保障中国安全，也可能成为域外势力侵略中国的跳板和通道。无论从何种角度看，周边地区都是事关中国经济发展、社会稳定、国家安全的核心利益区。然而，相当长的一段时期以来，国内对周边地区的认知和重视不够，这种状况既不利于中国与周边国家友好关系的发展，也不利于中国国家利益的维护。

在国际问题研究中，国内一直存在着严重的以大国为中心的取向，即使对于周边区域的研究，也往往是以俄罗斯、日本、印度以及朝鲜半岛、越南等几个有限的大国或热点地区为主。对于诸如老挝、阿富汗、柬埔寨、巴基斯坦等近在咫尺的周边经济欠发达且体量较小的邻国，却鲜有学者问津，具备战略思维与学术素养又兼具语言能力的上述领域专家在国内屈指可数。然而，无论是从国力支撑能力，还是从国家利益来看，中国的核心关注区域都应该是周边区域，中国对外战略的实际需求和研究投入之间存在不可忽视的矛盾。随着中国发展步伐的加快，周边地区在中国对外战略中的地位日益凸显，上述需求和投入之间的矛盾也日益引起中央决策层的关注。2013 年 10 月，中央召开周边外交工作座谈会。习近平总书记发表《为我国周边发展争取良好周边环境，推动我国发展更多惠及周边国家》的重要讲话，强调做好周边外交工作，是实现“两个一百年”奋斗目标、实现中

华民族伟大复兴中国梦的需要，要更加奋发有为地推进周边外交，为我国发展争取良好的周边环境，使我国发展更多惠及周边国家，实现共同发展。[①]周边外交与大国外交开始获得同等重要的位置，为中国周边学研究的进一步发展创造了条件。

在现实需要和国家政策支持下，区域国别研究很快成为当前国内的热点问题，学界建立中国周边学"亚洲学""区域学"[②]甚至"东盟学"[③]的呼声日益高涨。当前，中国正处于由地区大国向全球大国迈进的过渡阶段，周边区域依然是我们得以立足和发挥影响的重点，中国周边学的兴起正是当前时代的需要。在目前的情况下，建立和发展中国周边学或许是比建立"区域学"或"亚洲学"更为合适的选择。我们所要重点关注、研究的乃是中国周边这一特定的区域，而不是诸如非洲、欧洲或者中国内部等其它区域，"区域学"或"亚洲学"的内涵和外延与我们实际需要的研究对象或范围显然并不完全一致。中国目前需要研究和关注的周边区域在某些方向超出了亚洲的界限，如我们将澳大利亚和南太平洋部分岛国视为周边地区，但它们显然不属于亚洲。建立和发展中国周边学从外部界定了我们的研究范围和重点，确切地反映了当前的时代需求。

二、中国周边学的历史使命和现实意义

中国周边既有俄罗斯、日本和印度等地区大国，也有韩国、印尼和越南等中等国家，还有长期在中国周边驻军，被视为特殊邻国的美国，所面临的地缘环境之复杂是世界少有的。这种地缘环境决定了中国在强盛之时，影响力可通过周边向远方辐射，而一旦实力衰减，周边地区就可能会成为外部敌对势力向中国渗透进而向内地进犯的跳板。19世纪中期以后，先后发生在缅甸、越南和朝鲜的地缘危机使得中国的周边环境迅速由藩属拱卫转而变为屏蔽尽失、列强环伺的险恶形

---

① 钱彤：《习近平在周边外交工作座谈会上发表重要讲话强调：为我国周边发展争取良好周边环境，推动我国发展更多惠及周边国家》，《人民日报》，2013年10月26日第1版。

② 侯芸：《例解上合组织大学"区域学"专业设置与实施》，《中国俄语教学》，2013年第4期，第90—93页。

③ 周华栩：《新科学——中国东盟学》，《广西财经学院学报》，2010年第4期，第7—18页。

势。[①] 在此后数十年间，中国国门洞开，对国家安全和国家整体利益造成了巨大危害。而英、法、日三国在占领缅甸、越南和朝鲜后，仍不罢休，继续将侵略的矛头指向中国，使中国的领土主权遭受巨大的损失，至今依然值得我们反思和铭记。纵观历史，无论何种情况，周边地区都对国家利益有着至关重要的影响。深入研究把握周边地区的情况对于维护中国安全，促进经济发展和社会稳定具有极为重要的意义。

历史上，周边地区曾长期处于中国主导的宗藩—封贡秩序下，虽然以今天的标准衡量，这种关系在形式上是不平等的，但在当时该秩序实际上主要表现为周边各国对中国领导地位的认可，中国则通过厚往薄来的形式给予周边各国丰厚的物质回报，同时也通过宗藩—封贡关系为整个地区提供安全稳定的秩序、先进的政治经济制度和发达的科学文化等一系列国际公共产品，中国和周边地区在历史上的这种关系与西方的殖民征服和压迫有着本质的区别，它的存在主要源于中国先进文明对于周边的吸引，而非单方面强迫。

然而，到了近代，由于清王朝固步自封，上述秩序在西方殖民主义的入侵下陷于崩溃，不仅周边各国沦为列强的殖民地，中国边疆地区也迭遭瓜分，整个国家陷入半殖民地状态。中国和周边各国命运与共、唇齿相依的关系被破坏殆尽，被迫融入了以西方规则为主导的国际秩序中。从此，寻求自强之路成为中国几代人不懈的奋斗目标，与之相适应，西方大国成为中国最主要的关注和研究对象。

党的十八大以后，周边地区在中国总体对外战略中所扮演的角色由边缘迅速向中心转变，地位发生了根本性的变化。2014 年 11 月 30 日，继召开周边外交工作座谈会之后，中央在北京召开外事工作会议，再次强调周边外交在我国对外战略的中心位置，提出要以亲、诚、惠、容理念，本着互惠互利的原则，发展与周边国家的关系，打造与周边国家的利益共同体和命运共同体，让周边国家得益于我国发展，使我国也从周边国家共同发展中获得裨益和助力。[②] 再次明确了中国

---

① 1852 年和 1885 年英国通过两次英缅战争，彻底吞并了缅甸。早在吞并缅甸之前，英国就已经将侵略的目光盯上了中国云南，不断派探险队从缅甸进入云南，并最终造成了 1875 年的马嘉理事件，从此开启了对我国西南边疆长达 60 多年的蚕食掠夺，直到 20 世纪 40 年代缅甸完全落入日本之手。法国从 1858 年开始入侵越南，1884 吞并越南后，又借勘界之名将大片中国领土划入法属越南，并将侵略势力直接深入滇桂两省。日本在 1895 年甲午战争后，继续将侵略矛头指向中国，使得整个东北南部完全成为日本的势力范围。

② 《中央外事工作会议在京举行》，《人民日报》，2014 年 11 月 30 日，第 1 版。

与周边国家之间唇齿相依、命运与共的关系，意味着中国重新将周边地区纳入本国的核心利益范围加以经营。但是，当今中国与周边国家的关系不是传统意义上中国与周边国家宗藩—封贡体系的恢复，而是对这种传统秩序的扬弃和超越。它不仅继承吸收了中国与周边国家传统关系中和平、诚信、亲善的有益的政治遗产，同时也以相互平等、互惠互利和尊重市场规律取代了以往形式上的不平等和经济上单方面的利益输送，完全超越了传统的模式。

中国周边学的兴起以“亲、诚、惠、容”的理念、平等互利的原则和命运共同体思想为指导，根植于中华民族复兴的伟大实践，是中国对外战略需求和中国学者自主探索相结合的产物，是中国学者在社会主义建设新时期在国际问题研究领域里立足于中国实践、依据中国的时代需要，首次从中国的视角来研究与中国自身利益密切相关的理论和实践问题，是国际问题研究中国化的大胆尝试，具有积极的理论和现实意义。

首先，中国周边学的发展既立足于当代中国实践，也是对历史经验和遗产的扬弃和超越。历史上中国与周边国家的关系模式有其不平等的一面，但与近代以来西方通过侵略扩张在世界各地建立起来的殖民体系有着本质区别。西方殖民体系建立和发展的过程也是西方侵略、压迫和掠夺其他弱小民族的过程，很多地方甚至伴随着原住民的种族灭绝。以南美洲的印第安人为例，在哥伦布发现美洲时，“仅安第斯地区的印加帝国人口就有 600 万人左右，而征服过了 50 年，就已减少到 150 万人”。[①] 与西方的殖民体系不同，历史上中国与周边国家的关系虽然形式上表现为政治上的不平等，周边各国要承认中国的领导地位，但除此之外，各国内政都是自主的，中国从来没有将本国的政治制度强加于他国，更没有进行过经济上的掠夺，反而是通过经济上的厚往薄来，对周边国家多有支持，而周边各国对中国先进政治经济制度和文化的吸收也源于发自内心的认同。

历史上中国与周边国家的关系模式对东亚地区的秩序维护，对于促进中国与周边各国友好关系的发展发挥了积极作用，这是问题的主流。在评价相关的历史问题时应遵循历史唯物主义原理，依据实事求是的原则，对其作出客观公正的评价和阐释，摒弃其糟粕，借鉴吸收其积极成分。在建设中国周边学的过程中，中

① ［俄］T. B. 贡恰罗娃：《印第安美洲：殖民化 500 年与复兴的前景》，蔡同昌译，《民族丛译》，1993 年第 5 期，第 1 页。

国需要牢牢把握历史话语权，既要继承历史有益的遗产，又要依据新的时代要求超越原有观念，反对某些国家“以今非古”，借机歪曲抹黑中国的历史，服务其现实目的的企图。汲取过往的经验与教训，不仅体现了新时代中国的理论自信，也是构建中国与周边国家新型关系，建设当代中国周边学的时代要求。

第二，历史事实证明，中国与周边各国唇齿相依，命运与共，双方只有包容、团结、友好、互助才能实现双赢。中国周边学的任务就是在亲、诚、惠、容理念和命运共同体思想的指导下深入研究周边国家的国情，探索构建中国与周边国家新型国家关系的途径，寻求既维护中国合法利益，又促进与周边国家和地区互利双赢合作可行措施。中国周边学的研究对象和范围是周边各国和地区，但中国对周边研究的出发点和最终目的是在更好的理解周边各国的基础上打造完全平等、相互尊重、互利共赢的周边命运共同体，这与历史上以及当前某些国家所进行的完全以本国利益为目的的区域研究有着本质的区别。

要实现上述目标，中国周边学研究需要做好两方面的工作，一是要切实深入的了解周边国家，既要重视宏观战略研究，又要重视田野调查和微观个案研究，真正理解周边国家的具体国情、对华认知和相关需求。二是促使周边国家克服外部特别是域外反华势力的干扰，全面客观理性的认知中国，使中国成为周边国家可亲的国家，唯其如此，中国才能超越历史，与周边国家建立起一种完全平等、相互尊重和互惠互利的新型国家关系，这也是中国周边学研究所致力达到的最终目的。

第三，中国周边学的发展是中国学术界在国际问题研究领域里由追随到自我开拓的重要标志。国际问题研究，更确切的说是国际关系学，本来是一个新生的学科，中国在该研究领域里与世界先进水平的距离原本并不大，但从 20 世纪 50 年代到 70 年代末近三十年的荒废使得中国国际问题研究水平进一步与世界先进拉大了距离。[①] 一个毫无争议的事实是从 20 世纪 50 年代到 80 年代，是各种国际关系理论层出不穷的年代，不仅美欧等西方发达国家硕果累累，就是在发展中世界，

---

① 赵宝煦：《政治学百年历程》，《东南学术》，2000 年第 2 期，第 39—41 页。1952 年，政治学在全国性的高校院系大调整背景下被取消，涉及政治学的国家问题、涉及国际问题的国际法等都被放在了法律系，虽然 1964 年出于和苏联政治斗争的需要在北京大学、人民大学和复旦大学三校建立了国际政治系，但随着文革到来，也实际上处于荒废状态，直到改革开放后才彻底改观。

也产生了以佛兰克、阿明、多斯桑托斯和卡尔多索等人为代表的“依附理论学派”。①而该阶段国内相关研究尚近乎空白；②改革开放后，国际问题研究重新步入正轨，开始了对西方近四十余年的学习和追赶。中国周边学乃是在这一追赶学习过程中，中国学者立足于中国的现实，基于中国现实需要，开创的具有中国自身特色的新的研究领域。

中国周边学与西方国家所盛行的“东方学”“亚洲学”虽有许多相似之处，但同时也存在着巨大的差异。两者不仅在研究对象、研究范围和研究目的上不尽相同，更重要的是中国周边学乃是中国学者在国际问题研究领域里首次立足于中国的实践，站在中国的立场上，依据中国的需要，进行的自主探索和学科构建，它的兴起是中国国际问题研究崭新的起点，标志着中国学者已经开始依据本国的实践需要探索符合自身需求的理论，构建服务本国现实问题的相关学科，而不再是西方理论和概念的单纯阐释者和应用者。

三、中国周边学建设过程中若干问题的思考

中国周边学是中国崛起的产物，完全根植于中国现实需求的土壤之上，其研究对象和范围、学科属性、任务和目标都毫无疑问打上了中国主体的烙印。然而，目前国内社会科学的基本框架大多是近代以来西学东渐的产物，虽然西学东渐对现代中国社会科学进步起到了积极的推动作用，但由于特殊历史时期积累下来的不自信心理使得当今社会科学理论概念中存在严重的西方中心观，不仅影响对中国周边学研究对象、研究范围等相关基本问题的认知，更关系到学科构建过程中相关的理论问题，亟需加以解决和厘清。

---

① 樊永明：《西方国际政治经济学》，上海人民出版社，2010年版，第84—109页。

② 部分学者对上述判断持不同意见，认为中国国际问题研究荒废或近似空白的判断不符合实际。本文的判断标准是，与西方发达国家和拉美及非洲的发展中国家相比，中国在该时期在国际关系和国际问题研究领域里没有取得任何重大的原创性的理论成果，除了史地研究没有中断之外，在国际问题研究领域里甚至很难找到一本中国学者自己编写的教科书。虽然这段时期国内仅存的几家机构翻译介绍了国外特别是西方国家的部分研究成果，但是这不是严格意义的学术创新活动。在该时期，中国没有在学术研究领域做出与本国体量和国际地位相一致的贡献，这是毋庸置疑的。

（一）关于“中国周边地区”的界定

“中国周边地区”并不是一个单纯的地理概念，而必须在地缘政治范畴里加以理解。因而，在谈及“中国周边地区”时，其范围并不是一成不变的，而是随着中国权力影响的扩散和收缩而不断变化。近来，国内日益盛行的大周边之说即与此种考量有关。但是，“中国周边地区”的范围不应被随意扩大，即使是“大周边”，其外部界限的限定也应该有一个大致的标准。[①]“周边地区”对任何一个国家来说，都涉及本国的核心利益和安全问题，因而大多属于极为敏感的提法。部分国家和地区，无论在历史上，还是现实中都从来没有和中国毗连过，也从不属于中国重点关注的核心利益地区，不宜划入中国周边地区。特别是对于那些一直属于它国核心利益区域的部分更是应该谨慎。无限制的扩大“中国周边地区”的范围，在现实中不仅没有必要，还可能在外交上给中国招致不必要的麻烦，徒为某些反华势力制造中国威胁论提供口实，恶化中国的国际环境。

另外，应该区分“中国周边地区”和“中国周边国家”。在现实中，“周边国家”和“周边地区”的范围并不是完全吻合的，有时会存在相当大的差距。“中国周边国家”的范围要大于“中国周边地区”，有些国家位于中国周边，但并非其全部领土都属于中国周边地区；个别国家被视为周边国家，但其领土却并不在“中国周边地区”的范围内。前者如俄罗斯，虽然俄罗斯是中国周边国家，其亚洲部分属于中国周边地区，但其远离中国的欧洲核心部分显然不在中国周边地区的范畴之内；后者则是指美国，虽然中美两国的领土并不毗连，但是由于美国在中国周边地区事实上的强大存在，因而被作为特殊的邻国。在现实中，中国周边学的研究虽然应该兼顾“中国周边地区”和“中国周边国家”，但毫无疑问，关注的重点应该更侧重于“中国周边地区”，而非“中国周边国家”的所有区域。

① 随着“大周边”概念的出现，中国的周边地区其实又被分成了狭义的周边和广义的周边两部分。狭义的周边是中国周边地区的基本盘，无论中国强弱其范围都不会改变。而“大周边”则是中国崛起的产物，它实际是中国由地区大国向全球大国过渡的产物，“大周边”不可能无限扩大，随着中国全球大国地位的确立，在中国周边之外依然需要有中国关注的核心利益区，就如现在中东在美国对外战略中的地位。因此，本文认为部分学者主张的“大周边”概念中的某些地区，其实是中国未来作为全球大国时代应该关注的地区。

（二）关于中国周边学学科归属和地位

当前，区域和国别研究，特别是对中国周边区域和国家的研究成为国内研究的热点。在国家政策的支持下，各种区域和国别研究中心在各大高校和研究机构如雨后春笋般纷纷建立起来，在上述背景下，许多学者提出了建立中国周边学“区域学”“亚洲学”以及“东盟学”等许多倡议，这的确为中国周边学的建立和进一步发展创造条件。然而，从目前的实际状况看，中国周边学作为一个独立学科的时机仍不成熟。这主要是因为，目前学界对于周边地区的研究大多是分别从政治、经济、历史、文化、法律、人类学等各方面各自展开的，尚没有形成可以体现中国周边学统一学科特性的核心概念、理论框架和研究方法。在相关的研究中不仅有国别的分隔，更重要的是许多研究大多是在各自学科范畴内分别进行，缺乏整体观和宏观战略意识，很容易使得中国周边学发展为区域国别研究的单纯规模扩大，形成只见树木，不见森林的状况，导致中国周边学研究的泡沫化。

中国周边学研究应以区域国别研究为基础，而又超越区域国别研究。目前，对于中国周边学的学科归属和研究定位，学界有着多种不同的观点，有观点主张将中国周边学发展成一门独立的学科，还有观点将其归入区域学研究当中，甚至将有些机构放在外国语言学科之下。[①] 实际上，从国内目前的官方划分来看，区域国别还是被归入世界政治或国际问题研究领域之中，主流研究方向还是以国际问题研究为核心。但目前的情况是，作为中国周边学基础的区域国别研究在国内国际研究领域中的地位实则是非常边缘的，许多学者强调理论、宏观和战略研究，忽视甚至轻视区域国别研究，殊不知区域国别研究恰是宏观理论研究和战略研究

---

① 例如广东外语外贸大学“区域国别研究”及“欧洲学”专业的硕士和博士点均是按语言学招生和培养，四川外语外贸大学国际关系学院相关学科也存在类似的状况。在最近一轮建立区域国别研究的热潮中，许多区域国别研究中心实际是建立在部分外语院校或部分大学的外语院系里，所进行的研究主要涉及语言、文化、历史，而缺乏战略性和基础性研究的支撑，与国家发展区域国别研究的最初设想尚有一定的差距。

的基础。[①] 这在中国依然处于由地区大国向全球大国过渡过程中，仍以周边为核心利益区的情况下尤为如此。因此，在当前单纯的国关理论研究不能完全满足日益增长的对周边涉外实务需要的情况下，将中国周边学作为从属于国际问题研究大学科综合性子学科，使其作为连接理论和实践决策的桥梁，是较为符合实际的选择。

（三）关于若干理论问题的再认识

中国周边学作为中国本土实践的产物，其学科框架、核心概念的建构既带有明显的中国主体特性和时代特点，也必然会融入历史馈赠给当代的精华，是历史、时代和民族性的统一。中国所要建设的是立足于当前中国实践、从有益的历史遗产中汲取营养、基于自主观察判断和服务于中国需要的中国周边学，不再是基于西方视角和需求的“东方学”或“亚洲学”。然而，在现实中，由于长期以来潜移默化的影响，在部分理论和概念上依然存在西方中心化倾向，国内在对与中国周边学有关问题上，诸如历史上与当前中国与周边国家的关系模式、“中国周边”概念的使用以及中国中心观问题，都存在着认知和评价上的分歧。部分学者对使用“中国周边”这一术语颇有担忧，担心会凸显中国中心意识，强调中国中心观，从而引起部分周边国家的不快，因而主张以“邻国”代替周边。另一些人则片面强调历史上宗藩—封贡体系不平等的一面，而完全忽视这种体系在当时发挥的积极作用，将其作为一种历史负担，而不是从中汲取历史养分，这些现状使得中国周边学的建设依然在理论和概念上面临诸多困境。

如何解决上述这些问题，不仅关系到诸多理论问题的是非曲直，更涉及中国在相关问题上的话语阐释权和规则制定权，对维护中国利益，构建中国周边学具有十分重要的意义。事实上，“周边”一说，在各国的使用并非少数，美国、越南都在使用“周边”的概念，例如在美国话语体系当中，周边系指加拿大、墨西哥

---

① 区域国别研究是联系宏观和微观的枢纽和桥梁，作为“中国周边学”重要研究对象，周边国家和周边区域是“中国周边学”的主要关注点。当前，在区域国别研究中存在两个倾向，一种是在研究微观化，专注于某个具体的不同领域里微观问题，结果导致只顾一点，不及全局，使得区域国别研究泡沫化。另一种倾向是抛开某个国家或地区的具体情况片面的强调宏观战略，以国内的经验和思维定势去认识判断其他国家或区域的事态。这两种倾向其实放映了国内在相关研究领域里战略思维和外语能力在相当程度上依旧是两张皮的现状，也是在推进“中国周边学”建设过程中要努力弥合和极力避免的。

和加勒比海地区某些国家，美国也有本国的周边研究。① 而越南的周边则是指中国、老挝和柬埔寨三国。以其它词语代替“周边”无疑于主动放弃在相关问题上的话语权。因此，笔者以为，对待诸如“周边“之类的词语，完全没有必要矫枉过正，过于敏感。真正平等对待乃是采取互相视为周边的方式，中国将周边邻国视为周边地区，而对其它周边邻国而言，中国也是其周边地区，这只是一个审视观察角度的问题。

结　语

中国周边学是在中国改革开放和国家迅速崛起的双重背景下进入学界视野的，它要解决和服务的是中国改革开放和民族复兴的周边环境问题，即如何如何维护一个和平、稳定、安全的周边环境，如何与周边邻国本着“亲、诚、惠、容”的精神和建设命运共同体的共识实现共同发展与共同繁荣。然而，中国周边学初具雏形，学界尚未就其学科框架、核心概念、研究的具体内容和范围、以及如何对待历史遗产和借鉴国外理论等问题上达成共识，这非常不利于中国周边学的进一步发展。因而，尽快明确中国周边学的学科框架，厘清其基本概念和研究的主要内容和范围，科学合理的界定周边的范围，对于促进中国周边学的进一步发展是刻不容缓的工作。

① 2018 年 5 月 22 日—25 日在广东国际战略研究院采访到访的美国纽约城市大学布鲁克林学院考萨・帕斯博士，在谈及中国和越南的周边观时，考萨・帕斯指出美国也有自己关于周边的认知和相关研究，也使用周边的概念，美国将加拿大、墨西哥和加勒比国家作为本国的周边区域，并有专门的周边区域研究。

观念、关系与互动：对中国周边学理论研究的若干思考

肖　阳

【内容提要】理论背后表达出的是解决问题的一种观念和态度。中国周边学需要拨开纷繁复杂的现象，明确其研究对象并进行高度抽象和凝练，进而构建一个理论范式贯穿始终进行论证和推演，其核心问题应是如何认识和理解中国与周边的互动现象，即过去的中国与周边是如何互动的，现在的中国与周边如何互动，未来的中国应该如何与周边互动。本文尝试以“观念”“关系”和“互动”三个概念为切入点，对中国周边学的理论定位、学术视角及研究路径等本体性问题进行思考。基于“中国”与“周边”互动关系的基本特点，未来中国周边学研究可从主体互动关系、时空互动关系、议题互动关系三条路径进行深入研究，同时这三条件路径也可为中国周边学的理论生成提供了现实素材和有益启示。

【关键词】中国周边　关系　时空　议题

【作者简介】肖阳，武汉大学中国边界与海洋研究院博士生，国家领土主权与海洋权益协同创新中心研究人员。

2018 年伊始，中国周边学在学界引起了广泛关注和探讨。复旦大学中国与周边关系研究中心、《中国社会科学报》、《世界知识》等机构多次组织围绕中国周边学的“概念内涵及学科定位”“研究缘起和时代背景”“理论创新和研究框架”

以及“实际运用和学科交叉”等专题进行讨论。[①] 目前，中国周边学讨论焦点主要集中在“中国周边学是否是一种中国中心主义”“中国周边学与区域国别差异”“中国周边学的地理范围”等概念性认知问题，对于诸如中国周边学的理论定位、学科视角、研究方法等本体性问题讨论相对较少。理论是学科发展的基石，在引领、协调和推动整个学科发展过程中发挥着重要作用，对理论问题的探讨有助于进一步完善学科体系建设。本文以“观念”“关系”和“互动”等概念作为切入点，尝试对中国周边学理论研究相关问题提出若干思考。

一、观念：中国周边学的理论定位刍议

中国周边学到底是一种现实研究还是理论研究？这是学科构建亟需明晰的一个重要问题。从当前中国周边学探讨来看，大体可分成三类：第一类以学科建设为主，主要从学科定位、研究缘起、内容范畴、目标任务等方面勾勒中国周边学的基本雏形；第二类以核心议题为主，主要针对中国与周边关系中诸如“朝贡体系”“周边界定”“中国中心论”“合作共赢”“人类命运共同体”等议题进行讨论；第三类则偏向从某一特定领域来观察，如从语言文字、周边国情、历史变迁、地缘政治、国防安全、自然环境等不同角度来反映中国周边学研究的范畴及意义。客观来看，这三类探讨为中国周边学的学科构建提供了许多有益思考，也代表了国内当前中国周边学学科构建的三条路径。

然而，从整体上看，上述三条构建路径彼此特征明显，讨论主题与核心问题存在一定差异，尤其是在中国周边学的学科构建问题的“靶心”准度上各有不同，少数文章由于过多强调某一类问题本身，对“中国”与“周边”作为问题前缀的探讨不足，导致出现“失衡”或“脱靶”现象。构建中国周边学的过程中亟需明晰的问题是：中国周边学的核心问题是什么？若作为一种现实研究将相关领域问题都纳入其中，可能会面临“大小一箩筐，什么往里装”的尴尬；若作为一种理论研究，走出一条具有中国特色、中国风格、中国气派的学科道路，超越西方国

---

① 2018年6月23日，复旦大学中国与周边国家关系研究中心举办“‘中国周边学’研究和新学科建设研讨会”；《中国社会科学报》连续发表《构建中国周边学正当其时》《发展回应时代的中国周边学》；《世界知识》杂志以《“中国周边学”呼之欲出？》为题进行了专题探讨，并发表会议综述文章《再探“中国周边学”：学科建设的进展与前景》。

际关系学在话语权上的主导地位，则需要明确研究对象并进行高度抽象，用理论建构和阐释为现实问题寻求学理支撑。

“学”是指“分门别类的有系统的知识”，如文学、数学、哲学、政治学、经济学等。中国周边学之所以为“学”，首先应该如何分门别类，明确其研究对象和边界，其次是进行系统化的知识结构建设。学界当前对中国周边学的探讨中，一个突出的现象是将中国周边学直接等同于“中国周边外交”或是“区域与国别研究”，又习惯于将“人类命运共同体”“一带一路”建设等宏大政策逻辑进行植入和填充，实际上既未能体现出“学”之要义，也一定程度上导致中国周边学定位和期待过高，将研究的核心问题与现实意义混为一谈，似乎偏离了中国周边学学科构建的主要方向。

什么是中国周边学的核心问题？这里需要从其学科诞生的背景和目标入手。中国周边学提出和建设的历史目标和任务是解决中国“强起来”后对周边地区的应对方略和理论建树，回答“强起来”的中国将如何与周边国家友好相处、合作共赢，建设中国所倡导的人类命运共同体，并实现中国强大后仍不称霸的庄严承诺。①

从时间序列上看，中国周边学既然要解决未来中国成为世界性强国后的问题，必然要从历史源头进行回溯和梳理，这就不可避免地要探讨中国与周边相处的历史、现状、特点等问题，既要从中汲取和总结经验和教训，更要从中改造和创新思想和理念。中国周边学不应仅限于将目光局限于未来如何创新，而应从整体上尤其是基于历史脉络进行探讨。那么，回归问题的本源——中国周边学的核心问题应是如何认识和理解中国与周边的互动现象，即过去的中国与周边是如何互动的，现在的中国与周边如何互动，未来的中国应该如何与周边互动。中国周边学背后的机理就是要弄清楚其中的规律性认知，从而通过构建一个理论范式贯穿始终进行论证和推演，为中国崛起成为世界性强国后与周边国家和平友好相处提供一套具有较强说服力的理论支撑。

从学科进程上看，中国周边学的提出也是中国国际关系学界理论与实践发展的阶段性产物。与绝大部分的学科“西学东渐”类似，中国国际关系学者多年来

① 郑成宏、毛莉：《发展回应时代的中国周边学》，《中国社会科学报》，2018年7月2日，第1版。

在不断的引进和学习的过程中进行反思和总结，在确立学科独立的同时不断尝试建立国际关系理论中国学派，这已成为中国国际关系学界30年多年来孜孜不倦的追求。但是，回顾其构建路程也并非一帆风顺，学界一个普遍性共识是缺乏创建一个具有原创性的理论内核。① 有学者曾指出，中国不乏行动导向的理论，但鲜有以知识导向的学理性理论。②

理论是对现实的抽象和简化，是系统化的思想。结构现实主义代表人物肯尼斯・沃尔兹（Kenneth N. Waltz）将理论定义为“人的头脑中关于某一领域的组织性及其内部各部分之间的联系的一幅思想性图画（mental picture）”③，认为理论就是一种工具，为认知世界或对某种限定的行为加以解释。中国周边学是一项高难度的学科建设，也是中国学界进行去腐生新、继往开来的时代使命，实际上反映出当代中国知识分子如何看待中国、周边与世界的根本看法和观点。面对千丝万缕的历史脉络和错综复杂的现实环境，中国周边学需要用一种高度凝练和简化的理论范式，围绕核心问题深入剖析，其作用主要体现在以下四个方面：一是提供了观察中国与周边的认知框架；二是以一种因果解释保持内在逻辑的一致性；三是在现实中提供趋势预测和研判；四是为中国周边外交的政策制定提供支撑依据。

事实上，任何社会理论都不可能放之四海而皆准，其生成和发展必然有其在文化和历史上的局限性，无限放大或任意裁剪都是理论研究的忌讳。中国周边学在明确其核心问题、基本概念和构建理论范式的同时，需要设置部分前提条件明确其理论定位。这里有必要对当前中国周边学探讨中的两个问题进行讨论：

一是中国周边学理论并不直接等同于国际关系理论。前者是立足于当前中国与周边互动的实际需要作出的理性选择和探索，具有特定的研究范围和对象，而后者主要是探讨和寻求国际关系现象中的一般性规律，形成具有较为普遍性的描述和解释，两者存在着较大的话语差距，对西方理论完全推翻或者与之抗衡至少从目前看来并不现实。为突破和避免西方国际关系理论的话语垄断和解释不足，中国周边学应追求的是一种精致实用的中层理论（middle-range theory），围绕中国与周边的互动现象及其规律展开形而上的思考，力图在理论化和概念化上作出实质性创新，而不宜以宏理论（grand theory）作为初始目标。

---

① 参见肖欢容：《国际关系学在中国》，中国传媒大学出版社，2005年版，第17—33页。
② 秦亚青：《研究设计与学术创新》，《世界经济与政治》，2008年第8期，第76页。
③ [美]肯尼斯・华尔兹：《国际政治理论》，信强译，上海人民出版社，2008年版，第13页。

二是中国周边学并不直接等同于中国周边外交。有学者曾对“新时空”“中国周边外交”中国周边学的逻辑关系进行了图示，将“中国周边外交”纳入到中国周边学的范畴也表达了这种观点。[①]外交是对国际关系的处理，但外交不是国际关系，也不是对外政策。[②]中国周边学不应是单纯地进行外交研究，否则在学科名称上可直接使用“中国周边外交学”。外交是国家对外政策和行为的集中表现，其背后必然有一定的外交理念为指导，这也反映出了一国对外部世界的看法和追求。中国周边学的涵盖学科面较广，其最终目的就是要为中国如何与世界相处及探索新的周边外交理念寻找思想源泉和行动支持，而这绝非单纯是以外交学创新所能达到的。

总之，理论既是解决问题的方法和原则，其背后深刻反映出解决问题的一种观念。构建中国周边学理论的目的，一是要树立和塑造我们的“周边观”，二是要用这种“周边观”去指导和发展现实中的“周边实践”。因此，中国周边学要实现长远发展，必须始终紧密围绕核心问题展开研究，将理论内核作为重中之重进行探求，真正体现“学”之所在，还要以一种开放包容的心态来重新审视既有理论的不足，去粗取精，去伪存真，认真总结和汲取中国国际关系理论发展中的经验及教训，对理论的层级、范围和对象进行合理设定，而不能随意放大或缩小，或满足于经验层面对现实问题进行描述和回应，或以政策性语言进行笼而统之泛谈空论，或将某些个案贴以“特殊性”标签来处理，构建中国周边学需要警惕“形式化”“空心化”“口号化”等现象。

二、关系：中国与周边互动的内在逻辑

如何构建中国周边学理论框架？这里需要寻找一个合适的观察视角进行切入，即如何来看中国与周边的互动现象。从语序上看，中国周边学的主体是“中国”，客体是“周边”，两者实际上共同构成了中国周边学的主要研究对象。

首先，何为“中国”？近年来，许倬云、葛兆光、王赓武、刘晓原、姚大力等海内外学者对“中国”的概念都进行了著述，围绕着“中国究竟是什么，我们究

① 杨鲁慧、刘雨辰：《中国周边学与新时代中国周边外交研究》，《“中国周边学”研究和新学科建设研讨会论文集》，第 91 页。

② 张清敏：《外交的本质与崛起大国的战略选择》，《外交评论》，2016 年第 4 期，第 3—5 页。

竟是谁”等问题从政治、经济、历史、文化、民族、边疆等方面进行了大量探讨。[①]对“中国”的界定，不仅涉及到我们的自我认知，也是对“周边”作为“他者”（the other）认知的前提。其次，何为“周边”？当前国内官方和学界对“周边”的地理范围和具体国家还未形成统一认识，这些困惑一定程度上反映出“中国”与“周边”在历史版图与现实政治之间存在着巨大的认知差异，也进一步凸显出了中国周边学研究的重要意义和必要性。

近两千多年来，古代的中国人由于生产力水平制约未能通达世界各处，对于自身所处的环境范围和地位也没有足够的认识，于是凭借自己的经验和想象构建了以自我为中心的“九州”“四夷”“五服”及“天下”等概念，文明的程度也由此进行从中心到周边的排序。[②]随着中原王朝的兴起和扩张，中国在统一与分裂的进程中加强了与周边的联系，特别是政治、经济、文化、民族、技术等要素快速流动和同质化发展，使得中国与周边逐渐成为一个相对独立的共同体，最具标志性的产物是费正清提出来的“朝贡体系”（Tributary System），它已成为研究中国与周边关系的经典模型。

“中国”与“周边”是一个共生共长且相互影响和发展的动态演进过程。以疆域为例，古代中国疆域的盈缩大小和周边环境的变化具有高度的一致性和同步性，当中原王朝强盛时可向外拓展，周边可变为中国的边疆，一旦实力衰弱则向内回缩，边疆则变为外部的周边。拉铁摩尔（Owen Lattimore）曾说，古代中国没有“边界”（boundary）只有“边疆”（frontier），地图上的界线只是帝国从中心向外发展的限度表现，这种表现也只是一个大概。[③]因此，现代民族国家的“边界”概念并

① 近年来有关“中国”与“周边”研究著作中，一个普遍性的基本观点是古代中国与现代中国既有联系又有区别，需要还原到当时的历史背景中去考察，今天的中国需要考虑如何面对周边以及世界。可参见许倬云：《说中国：一个不断变化的复杂共同体》，广西师范大学出版社，2015年版；《我者与他者：中国历史上的内外分际》，生活·读书·新知三联书店，2015年版；《万古江河：中国历史文化的转折与开展》，湖南人民出版社，2017年版；葛兆光：《历史中国的内与外：有关“中国”与“周边”概念的再澄清》，香港中文大学出版社，2017年版；葛兆光等：《殊方未远：古代中国的疆域、民族与认同》，中华书局，2016年版；王赓武：《华人与中国：王赓武自选集》，上海人民出版社，2013年版；刘晓原：《边疆中国：二十世纪周边暨民族关系历史》，香港中文大学出版社，2017年版；姚大力：《追寻“我们”的根源：中国历史上的民族与国家意识》，生活·读书·新知三联书店，2018年版。

② 葛兆光：《古代中国文化讲义》，复旦大学出版社，2018年版，第2—9页。

③ [美]拉铁摩尔：《中国的亚洲内陆边疆》，唐晓峰译，江苏人民出版社，2010年版，第163页。

不能区分历史上“中国”与“周边”。此外，中国与周边长期以来在朝贡体系下维持了相当长时间的和平，并未出现欧洲混战的局面，即便在宋朝物质和军事实力相对弱小的情况下，也并未失去对地区秩序的主导地位，这些恰恰是以实力、利益、体系等概念为主的西方国际关系理论难以解释之处。

中国是东方国家及其组织形式的代表，其悠久的历史中蕴含着极为丰富的案例素材。这些历史经验不但可以成为国际关系理论创新的实证基础，东方世界关系的理解和预测上可以弥补西方国际关系理论所忽视的分析视角和元素。[①]因此，如何汲取中国本土化的思想精华并进行理论构建，不仅有利于分析和解释中国与周边之间的互动现象，而且有利于质疑并打破西方国际关系理论主导国际话语权的长期垄断。

近年来，以秦亚青教授为代表的“国际政治关系理论”[②]作为中国国际关系领域的重要创新成果日益受到了学界广泛关注。与西方国际关系理论的核心理念“理性”（rationality）不同，秦亚青教授以“关系性”（relationality）这个重要的中国传统思想为理论硬核，结合建构主义国际关系理论设计了一种新的关系理论，并提出了四个基本假定：关系本位、关系界定理性、关系确定身份、关系孕化及成为权力。[③]

在关系理论中，关系为本位，过程为本体，元关系为认识核心、中庸和谐为方法。其中，核心是关系性，着重强调事物之间关联，而关系性的抽象表现是中国辩证法所提出的“阴阳两极对偶”这对“元关系”。“元关系”是一切对偶关系的高度抽象，是错综复杂的关系中最核心、最抽象、最具有代表性的关系，所有其他的对偶关系都是这一基本关系的衍生、伸展和演绎。[④]秦亚青吸收和借鉴了成中英先生关于和谐化辩证法的思想，认为中庸辩证法是理解“元关系”的基本认识论。中庸辩证法的根本是和谐，是将阴阳为代表的两极视为相互依赖、相互补

---

① 高程：《历史经验与东亚秩序研究：中国国际关系理论的创新视角》，《外交评论》，2013年第3期，第17—18页。

② 秦亚青教授在《世界经济与政治》2015年第2期中发表了《国际政治的关系理论》一文，正式将其提出的以“关系性”为理论硬核的“关系过程理论”正式命名为“国际政治关系理论”。

③ 秦亚青：《关系与过程：中国国际关系理论的文化建构》，上海人民出版社，2012年版，第61页。

④ 秦亚青：《关系与过程：中国国际关系理论的文化建构》，上海人民出版社，2012年版，第76—77页。

充的两种要素，而不是像西方黑格尔辩证法一分为二的观点，将二者视为不可调和的竞争和冲突。和谐并不意味着没有竞争，而是在竞争甚至争斗的过程中构建和产生新的生命体从而实现一种新的和谐。对“元关系”的认知不仅仅是一种方法论的需要，其背后反映出的是一种中国人追求“中庸和谐”的世界观。

回到核心问题——如何认识和理解中国与周边的互动现象上，“关系性”则为中国周边学提供了一个切入视角，进一步明晰了“中国”与“周边”互动的内在逻辑，即中国周边学不仅要观察和探讨两者的互动现象，更重要的是研究和分析中国与周边的互动关系。尽管“中国”与“周边”不断地在发生变化，但是两者的关系是存在的，这种关系随着彼此的变化而变化，在不同时期呈现出不同形态，是观察中国与周边互动现象的重要标志。

万物之间皆有联系。根据关系的本位特征，关系性意味着任何社会人做出决定和采取行动的基本依据是关系，是依其此时此地所处的关系网络中的位置以及这一位置与关系网络中其他行为体的相对关系来判断情势和进行决策的。[①] 中国周边学重点是围绕中国与周边的关系展开，并以此为基础进行类似“道生一，一生二，二生三，三生万物”的圈层演进。

从关系主体来看，中国周边学大致可研究以下几种关系：一是从中国的角度出发，研究中国与周边某个国家之间、中国与周边某个地区之间、中国与整个周边环境之间的关系；二是从中国周边国家的角度出发，研究中国周边国家之间、某一中国周边国家与周边地区之间的关系；三是从中国周边地区的角度出发，研究中国周边地区之间、中国周边地区、其他周边国家与中国三者之间的关系；四是从整个中国周边环境的角度出发，研究周边环境与全球之间、中国、周边环境与全球三者之间的关系。其各种关系表达如图 2.1 所示：

① 秦亚青：《国际政治的关系理论》，《世界经济与政治》，2015 年第 2 期，第 6—7 页。

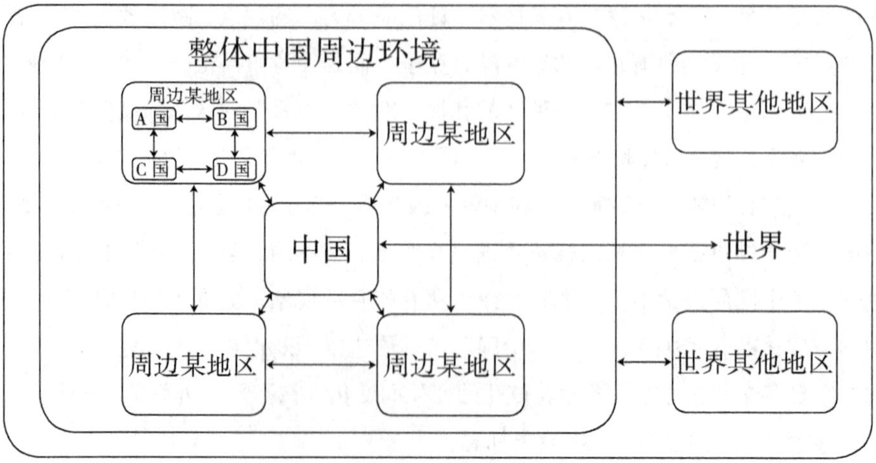

图 1　中国、周边与世界的关系 ①

以“关系性”作为中国周边学理论的切入视角，可以使我们粗略地看到中国、周边国家与世界的互动关系。在上图中，关系的表达是以双箭头单线来表示，但实际上是不仅仅是指国家间的关系、国家与周边地区的关系、周边与世界的关系，其中还包括诸如经济、社会、文化、自然等千丝万缕的关系，是各种关系的综合表达。需要指出的是，这种关系表达是以现代民族国家和地区为基本单位，若加入政治、历史、地理、贸易等维度，则“中国”与“周边”的关系将更为多元、立体和复杂。②

此外，从上图还可以看出，与“区域与国别研究”突出在个体国别与某一区域之间的研究思路不同，中国周边学在研究视野上从中国辐射到与周边国家、周

① 以“中国为中心”来考察是从中国基于自身国家利益进行的本能思考，正如世界所有国家都会以自身为中心制定周边外交政策一样，各区域、次区域同样也存在一定数量的“中心国家”。“中国中心论”是西方盛行“中国威胁论”的一种表达，其中有两种直接性表达，即“中国要成为亚洲（周边）的中心”和“中国要成为世界的中心”，“中国周边学”若突出“周边”和“世界”来反观中国，中国只是众多具有世界影响力的区域大国之一，则这种“直接性”会大为减弱。

② 例如，滨下武志教授对清代朝贡贸易网络内存在着多个相互联系的中心圈进行了图示，韩昇教授对战国时期公羊学派何修的“三世说”天下观以及汉唐五服与内外臣的天下观进行了图示，均反映出“中国”与“周边”在不同历史时期的内涵和关系的变化。参见[日]滨下武志：《近代中国的国际契机——朝贡贸易体系与近代亚洲经济圈》，朱荫贵、欧阳菲译，中国社会科学院出版社，1999 年版，第 37—39 页；韩昇：《东亚世界形成史论》，中国方正出版社，2015 年版，第 21—48 页。

边区域、周边整体环境、世界其他地区以及世界之间的复合关系，重点是探索这些关系背后的规律，既要解释现在的中国不是过去的中国，还要向世界说明一个新的中国与周边还有世界的关系，这是一种整体性、全局性、连贯性和深度性的综合研究，并非仅仅停留在对某一区别和国别情况的掌握以及外交政策制定的需要。因此，从这个意义上来说，中国周边学是对“区域与国别研究”的升华和超越。

三、互动：中国与周边关系的研究路径

关系理论认为，过程是流动的关系。行为体之间的关系是过程的核心，关系互动是过程动力的来源。核心是理顺关系。[①] 中国与周边两者的关系之所以不断在发生变化，其中一个重要因素在于互动。正如哈贝马斯（Habermas）提出的“主体间性”（inter-subjectivity）——在社会关联中，个体的主体性只有通过与“他者”的关联和互动中凸显出来。

中国与周边的互动是一种长期、深刻而复杂的历史过程，正如梁启超所总结的，中国经历了“中国之中国”“亚洲之中国”和“世界之中国”三个阶段。[②] 与此相应，“中国”与“周边”的关系同样也经历了三个阶段，即“中国之中国与周边”、“亚洲之中国与周边”和“世界之中国与周边”。立足于当下，也就是“世界之中国与周边”，其背景是东亚朝贡体系崩溃瓦解后，中国被纳入到西方主导的资本主义世界体系，经过了充满了被迫、屈辱和痛苦的转型后，以参加第一次世界大战后的巴黎和会为标志，中国才开始以西方普遍推行的近代民族主义国家身份与周边和世界进行互动。[③] 近代民族国家的身份建构，使中国与周边关系的内涵及其互动方式发生了重大变化，进一步明确了中国与周边的关系为“中国与周边国家关系”，从当前国内众多“周边”研究机构名称中可见一斑。[④]

从互动关系来看，中国周边学研究之所以如此重要，笔者认为有以下原因：

---

① 秦亚青：《关系本位与过程建构：将中国理念植入国际关系理论》，《中国社会科学》，2009 年第 3 期，第 74—80 页。

② 梁启超：《中国史叙论》，《饮冰室合集》第 1 册，中华书局，1989 年版，第 11、12 页。

③ Zhang Yongjin, *China in the International System, 1918-1920: The Middle Kingdom at the Periphery*, Palgrave Macmillan, 1991, pp. 26-33.

④ 参见石源华：《建设“中国周边学”的时代使命和基本内涵》，《“中国周边学”研究和新学科建设研讨会论文集》，第 4 页。

一是“中国”与“周边”经历了漫长而复杂的历史变迁，两者相互交融、相互影响、相互变化，尽管“周边”在“中国”的历史变化中反复发生变化，但双方的互动维护了东亚长期和平稳定的秩序；二是自近代以来，在西方的入侵和冲击下，“周边”与“中国”的关系有所割裂，这种割裂的伤口对两者后来的互动都产生了深远影响，给东亚秩序带来了持续性的余震，尤其是民族国家建立后带来了身份认同问题，“我者”与“他者”出现的认知迷茫至今仍未消解；三是“周边”也是“世界”的一部分，一个强大起来的“中国”该如何面对“周边”，回到过去还是面向未来，一定程度上也决定了“中国”与“世界”的未来走向。于是，“周边”又成为了“中国”融入“世界”以及“世界”观察“中国”的窗口。正如葛剑雄先生所言，“尽管我们讨论的是昔日的天下，但是面向的无疑是未来的世界。”①

互动，既是关系的动态表达，也是关系变化的主要原因。若将“关系”作为中国周边学理论构建的逻辑起点，则不仅要研究中国与周边之间存在的各种关系，还要研究这些关系是如何互动的，从而为最终从整体上理顺中国与周边关系奠定基础。笔者认为，基于“中国”与“周边”互动的基本特点，中国周边学可从以下三种关系入手，进行研究。

（一）主体互动关系研究。主体关系是“中国”与“周边”互动的基本前提，也是界定“我者”与“他者”的必要条件。从宏观上看，中国、周边国家、周边地区、整个周边环境以及世界这几个主体之间相互关联，各自形成了若干个大小不一的中心圈，实际上为中国与周边的互动构建了一个巨大而复杂的关系网络。然而，这种关系主要是静态方式呈现的，关系网络能否被激活并发挥效用还有赖于各主体之间的互动。从主体互动关系视角来看，中国周边学可尝试从以下几个方向进行研究：

一是多主体关系互动的影响研究，即研究多主体之间如何进行互动，这种互动过程对某一方或多方关系产生了何种影响？多方互动过程中如何进行身份建构？例如中国与东盟国家进行了长期的多方互动，这种多方互动对东盟某一国家产生了何种影响？反过来又会对周边非东盟国家产生何种影响？

二是主体关系圈及其互动机理研究，即以各主体为中心研究其关系圈的构成、大小范围以及其内部关系。以日本为例，可研究其周边关系圈的大小变化，分析

① 葛剑雄：《统一与分裂——中国历史的启示》，中华书局，2008年版，第189—190页。

日本是如何与周边国家、周边地区以及通过周边与世界进行互动联系？关系圈内部是如何构成的？有哪些互动方式？对我们今天讨论“小周边”与“大周边”有何启示？

三是主体关系互动类型研究，即研究关系中的亲疏强弱等问题。“差序”是关系的主要特征，如费孝通先生所说：“像石子一般投入水中，和别人所联系成的社会关系，不像团体中的分子一般大家立在一个平面上的，而是像水的波纹一般，一圈圈推出去，愈推愈远，也愈推愈薄。”[①] 那么，关系的亲疏远近如何形成的？它们之间又是如何变化的？对“石子”又产生了哪些影响？未来中国该如何协调自己与周边的关系？

（二）时空互动关系研究。时空是观察“中国”与“周边”互动现象的一个重要坐标，有利于拓展未来中国周边学研究的纵深。时空互动关系下的中国周边学可从时间、空间以及时空互动三种方向进行研究：

首先，在时间上，中国与周边的互动历史从夏商周一直持续至今，若以中国为主体，中国与周边互动的历史大致也可分为古代、近代和现代，在这三个时期的基础上还可以进行更为细致的历史时间段划分。若以周边国家为主体，则需在周边国家的历史脉络中寻找和梳理与中国的互动历史。除中国历史和周边历史外，还可以加入世界史的视角，例如可用整体世界史观来看中国与周边的互动关系。

其次，在空间上，除中国与周边外，还需要加入世界作为参照，将中国与周边的互动置于一个更大的空间范围来考察，但需要注意的是，不同时期的中国、周边与世界有着不一样的空间内涵，需要区别对待。此外，中微观层面的疆域边界、贸易通道、迁徙线路以及具体地理位置等都是中国与周边互动关系的重要标志。

从时空互动来看，一是可对某一历史阶段内中国与周边的疆域变化进行研究，例如，清朝时期的中国以及周边国家的疆域变化是什么？边界盈缩的原因是什么？周边国家的边疆是如何变化的？它们之间有何影响？二是可以从不同时间节点为主线对同一空间区域进行研究，例如不同时期的丝绸之路在空间位置上有哪些变化？古丝绸之路是如何从军事通道变成贸易通道？三是可对未来中国与周边的互动进行预测研究，例如在一些界河，随着时间变化会发生河流袭夺、河床淤高、中心线偏移等现象，由此也带来领土主权上的争端，那么未来周边国家对此会采

---

① 费孝通：《乡土中国》，上海人民出版社，2006年版，第22—23页。

取有什么态度？当前的中国又该如何应对？

（三）议题互动关系研究。中国与周边的关系是由千丝万缕的关系组成，这些关系在现实中主要表现为各种各样的议题，如何理顺这些议题是中国必须面对的关键性问题。

从地理关系上看，“中国”与“周边”并非是完全被切割的两个部分，而是相对稳定和统一的整体。例如，中国新疆与中亚地区相连，东北三省与东北亚地区相连，青藏高原与南亚地区相连，云南广西与中南半岛地区相连，这些相连地区无论是气候、地形、植被、动物，还是历史、文化、习俗、宗教、民族等特征趋近、相同或一致。尽管中国的边疆不断在发生盈缩，但地理版图没有发生结构性断裂，这种毗邻、多元、整体的环境就决定了中国与周边的密切联系，为各种议题之间的互动提供了重要载体。

因此，从学科视角来看，中国周边学除了要研究中国与周边关系中传统的政治、经济、历史、文化、社会、民族、边疆等人文社会科学议题之外，跨界水资源、地壳运动、海洋环境、气候变化、疾病传播、生物迁徙等自然科学议题也不能缺席。从研究路径来看，议题互动可分为两种方向，一种是单项议题互动研究，即研究中国与周边关系中的某一议题的互动状况，探索该议题在中国与周边关系中的影响、作用和规律，如人口流动问题是如何影响中国与周边某一国家之间的关系？又是如何影响中国、周边与世界之间的关系？另一种则是复合议题互动研究，即探索不同议题在中国与周边关系中的互动状况，例如民族、冲突与气候之间的是如何互动的？国内有学者曾对中国历史上两千多年的周边游牧民族侵扰状况的时间序列进行了分析，发现在降水量减少的年份，中原王朝和周边游牧民族的冲突会上升，而雪灾则会大幅提升周边游牧民族侵扰发生的概率。[①]

结　语

本文尝试从“观念”“关系”和“互动”三个概念入手，对中国周边学的理论定位、学术视角以及研究路径等本体性问题进行思考，认为中国周边学需要拨开

① 陈永伟等:《“哥伦布大交换”终结了“气候—治乱循环”吗？》,《经济学》2014 年第 3 期，第 1217 页。

纷繁复杂的现象，明确其研究对象并进行高度抽象和凝练，进而构建一个理论范式贯穿始终进行论证和推演。中国周边学的核心问题是如何认识和理解中国与周边的互动现象，即过去的中国与周边是如何互动的，现在的中国与周边如何互动，未来的中国应该如何与周边互动。中国周边学不仅要观察和探讨两者的互动现象，重点还要关注两者的互动关系，“关系性”揭示出了“中国”与“周边”互动的内在逻辑。基于“中国”与“周边”互动的基本特点，中国周边学可从主体互动关系、时空互动关系、议题互动关系三条路径进行深入研究，同时这三条件路径也可为中国周边学的理论生成提供了现实素材和有益启示。

当然，本文还只是一种初步的思考，如何用“关系理论”构建中国周边学理论尚待进一步深入研究。然而，我们必须清醒的认识到的是，中国周边学尚处于萌芽状态，学科构建绝非朝夕可成，要实现长远发展和重大突破，必须在理论与实践的研究上确定更加清晰的学科定位、理论形态、研究框架与问题意识等基本要素，这既需要在学界引起持续而广泛的关注和参与，更有必要发起多次争论和探讨，在理论自觉和回应质疑等方面进行努力，这也是中国周边学从萌芽走向成熟的必由之路。

论中国周边学产生的历史与时代逻辑

石建国

【内容提要】中国周边学从历史深处走来，这个历史就是古代“丝绸之路”发展中孕育的“朝贡体系”的演化、崩溃、转型。1949年中华人民共和国诞生，终结了近代转型之路，走上了社会主义的新型国家关系道路，中国与周边国家关系成为建立在和平共处五项原则基础上的新型国家关系。经过近70年的不懈努力，顺应实现站起来、富起来到强起来的历史使命，中国与周边国家关系发生巨大变化。2013年，“一带一路”倡议呱呱坠地，成为中国与周边国家关系发展新的历史界标，中国与周边国家关系进入新时代。中国周边学就是历史发展逻辑和时代潮流逻辑相交织结合的产物，是中国特色社会主义进入新时代的产物。

【关键词】中国周边学　丝绸之路　历史逻辑　时代逻辑

【作者简介】石建国，青岛科技大学马克思主义学院教授，历史学博士，中国朝鲜史研究会副秘书长。

伴随着中共十九大胜利召开的春风，在中国进入新时代的背景下，中国学术界趁势而为，适时提出中国周边学构建问题，具有重要的理论和现实价值。这意味着中国研究周边外交的学界同仁有了共同的学术旗帜，形成了普遍的学术共识。中国周边学有清晰的内涵与边界，它与习近平中国特色社会主义新时代相伴而生，是迎接新时代的顺产儿。中国周边学是在“一带一路”倡议的提出及其实践中产生的，伴随着中国周边外交的重大理论与实践创新活动，为中国周边外交的学术研究注入强大动能，催生了一大批学术成果，聚集了一批学术研究同道者队伍。伴随着中国由富起来向强起来转型的过程，中国对周边的带动、辐射作用将越来越强，中国学术界需要向世界特别是向周边国家讲好中国故事。中国周边学的构建不仅是学术界的重大创新行动，更是体现了中国作风、中国气派，具有鲜明的历史与时代逻辑。

一、中国周边学的历史逻辑

所谓历史逻辑由中国周边学产生背景、演化根由和环境的诸多要素，如经济要素、政治要素、文化要素、社会要素等综合作用形成。这一逻辑影响和制约中国周边学的方式与走向。从这样的视角考察，就会发现中国周边学的产生具有鲜明的历史继承性，是历史逻辑发展的必然结果。

如果我们把汉代张骞通西域、完成了“凿空之旅”、开辟联通亚欧非的陆上丝绸之路，视作中国周边学产生的逻辑起点的话，那么，中国周边学就是承续我国古代“丝绸之路”历史而产生的。

我国是一个具有五千年文明历史的国家，在中国古代历史的发展过程中，中华民族不断拓展对外贸易交流之路，共发展出四条通道：经甘肃河西走廊、新疆通往中亚、西亚、波斯湾和地中海的“沙漠丝绸之路”，经云贵通往南亚印度的“茶马古道”，经蒙古和俄罗斯通往欧洲的“草原丝绸之路”，经南海（太平洋）通往东南亚、马六甲海峡、印度洋、红海及至非洲大陆的“海上丝绸之路”。尽管各条贸易交流通道形成、发展的主客观条件存在明显的差异，不同时期贸易对象、贸易内容也具有不同的特点，不过有一点是共同的，即总体上对外输出的商品以丝绸、瓷器、茶叶等为大宗，所以人们统称为“丝绸之路”这些通道今天依然是中国重要的对外合作交流通道之一。[①] 几千年来，多民族、多种族、多宗教、多文化在此交汇融合，在周边各个国家之间积淀了以“和平合作、开放包容、互学互鉴、

---

① 张宁：《“丝路精神”作为古老的合作原则，更应发扬光大——学者解读习近平在中阿合作论坛部长级会议开幕式主旨讲话》，人民网，http://theory.people.com.cn/n/2014/0605/c148980-25109174.html。最后访问日期：2018 年 4 月 26 日。

互利共赢”为核心的“丝路精神”。[①] 正是在历史发展进程中，由于独特的地理、经济、政治、文化、历史等诸多因素综合作用，中国成为塑造与周边国家、民族、文化关系的主导因素。于是，在中华文明观、国家秩序观的主导和影响下，中国与周边国家的关系被打上“朝贡册封”的烙印，以美国学者费正清为代表的学者将其定义为“中华秩序”或“华夷秩序”。[②] 由此，中国与周边国家关系几经起伏，形成了鲜明的阶段性的特点。

（一）中华人民共和国成立前中国与周边国家关系发展的历史逻辑

第一阶段，自汉代张骞通西域起，到 1840 年鸦片战争前，可以称为“朝贡册封”秩序时期。中国汉、唐、明、清等中央王朝以强大经济政治军事实力和先进文化对周边国家形成巨大影响力和吸引力，最典型者如中国与朝鲜、越南、琉球等周边国家形成长久稳定的朝贡册封关系。华夷秩序或朝贡体制是由中华文化或中华文明发展的历史特点决定的，它不是建立在血缘和种族的基础之上，而是建立在文化的基础上。在悠久的历史发展进程中，无论强盛或是衰落、动荡与分裂时期，都保持了基本态势和特征。

第二阶段，自 1840 年鸦片战争至 1949 年南京国民政府覆亡，是周边朝贡国与中国的殖民地半殖民地化和中国朝贡册封体制瓦解时期，也是中国与周边国家反抗殖民统治、中国援助周边民族开展独立运动走向独立建国的时期，还是中国放弃传统朝贡册封体制向近代西方条约体制转型时期。

首先，中国周边国家脱离朝贡册封体制是由西方列强的野蛮侵略与扩张造成的，这一殖民地化的历史进程最早开始于东南亚国家。1511 年，葡萄牙人控制马六甲，[③] 以后又控制中国通往印度洋最重要的海上通道和香料群岛。[④] 随着马六甲的灭亡，中国与马六甲的朝贡关系不复存在。1565 年，西班牙人侵占菲律宾群岛，

---

① 习近平：《携手推进“一带一路”建设——在“一带一路”国际合作高峰论坛开幕式上的演讲（2017 年 5 月 14 日，北京）》，《人民日报》，2017 年 5 月 15 日。

② ［美］费正清编：《中国的世界秩序——传统中国的对外关系》，杜继东译，中国社会科学出版社，2010 年版，第 1—17 页。

③ ［美］约翰·F·卡迪：《东南亚历史发展》（上册），姚楠、马宁译，上海译文出版社，1988 年版，第 220—221 页。

④ 香料群岛亦称东印度群岛，是公元 15 世纪前后欧洲国家对东南亚盛产香辣料的岛屿的泛名，大体包括现在的文莱、印度尼西亚、马来西亚 3 国。——作者注。

建立殖民统治。[1] 自此菲律宾群岛与中国中断朝贡关系，被划出“华夷”秩序之外。17 世纪，荷兰人与葡萄牙人展开竞争，确立了自己在整个印度尼西亚群岛和马来亚的殖民统治。18、19 世纪，英国、法国后来居上。1795 年，英国占领马六甲，1819 年，侵占马来半岛的新加坡；1824、1852 和 1885 年，先后挑起三次英缅战争，用武力吞并整个缅甸。[2] 法国则将其触角伸入中南半岛。1862 年，法国用武力入侵迫使越南阮朝签订《西贡条约》，占领了南越地区。1863 年，柬埔寨沦为法国的保护国，中断与中国朝贡关系。[3]1864 年，法国迫使暹罗放弃与柬埔寨的藩属关系，1867 年，暹罗承认法国对柬埔寨具有宗主权。[4]1883—1885 年中法战争后，中国被迫承认越南与中国脱离朝贡册封关系。到 19 世纪末，除了暹罗（因英国与法国的竞争，得以保持半独立地位），整个东南亚国家先后与中国脱离朝贡关系。1894—1895 年，日本挑起甲午中日战争，中国战败，朝鲜与中国脱离朝贡册封关系，意味着维持了 2000 年的中国朝贡册封体制彻底瓦解。1910 年，朝鲜为日本吞并，变成其殖民地。至此，中国周边朝贡国都脱离中国变成列强的殖民地或半殖民地，丧失独立国家地位，中国与周边关系变成半殖民地的中国与东西方列强的关系。

其次，世界资本主义列强在将中国与周边国家拖入殖民地半殖民地深渊的过程中，中国与周边国家和人民不甘屈服，广泛开展反抗殖民侵略斗争，中国积极援助周边各殖民地人民开展独立运动，实现独立建国。一是 1840—1895 年中国与周边朝贡国共同反抗殖民地化、维护朝贡册封体制的斗争。例如，19 世纪 70 年代末，法国加快武装吞并越南进程，中国应邀派兵援助越南，最终中法战争（1883-1885）中国战败。中国与法国签署条约承认“越南是法国保护国”；[5]1894 年，中国应朝鲜之邀派兵入朝平定农民起义，日本借机挑起中日甲午战争，中国战败，承认与朝鲜脱离宗藩关系。[6] 虽然这两场战争的失败，未能阻止法国、日本将越南、

---

① 萧曦清：《中菲外交关系史》（上），台湾正中书局，1995 年版，第 10 页。

② 王婆楞：《中缅关系史》，商务印书馆，1942 年版，第 148—158 页。

③ 《中柬关系大事记（公元 84 年——1980 年 6 月）》，《印度支那研究》，1980 年第 7 期，第 7 页。

④ [美]约翰·F·卡迪：《东南亚历史发展》（下册），姚楠、马宁译，上海译文出版社，1988 年版，第 531 页。

⑤ 石源华等：《近代中国周边外交史论》，上海辞书出版社，2006 年，第 324—325 页。

⑥ 石源华等：《近代中国周边外交史论》，上海辞书出版社，2006 年，第 209 页。

朝鲜变为殖民地的企图，但显示了中国对周边国家抵御侵略的支持。二是1840—1949年中国反抗帝国主义的斗争。最典型的如太平天国运动、义和团运动、五四运动、抗日战争等，都是中国人民反抗帝国主义将中国殖民地化的伟大斗争。三是1896-1949年中国支持和援助越南、朝鲜、缅甸、菲律宾、印度等周边殖民地人民争取国家独立的斗争，[①]为其战后实现独立奠定了重要基础，也为中国与周边国家建立新关系创造了良好条件。

最后，1840年以英法为代表的西方资本主义强国殖民东方，借助坚船利炮，打败中国清王朝，强迫签订《南京条约》等一系列不平等条约。中国被迫接受西方国家关系范式——以条约、设置使领馆、派驻使节为核心，重新尝试建立与周边国家的关系。这一历史进程首先开始于周边国家日本。1871年，明治维新后的日本派大藏卿伊达宗城出使中国，要求以"西人成例，一体定约"，虽遭中国清政府拒绝，但还是签订了《中日修好条规》和《中日通商章程》。[②]1874年，日本派兵入侵台湾事件，促使清政府决定加快在外国设置常驻使馆。[③]1875年，日本紧随英国、美国之后，就被清政府确定为首批设置驻外使馆、派驻常驻使节的国家。1877年12月，中国驻日使馆正式设立，由何如璋出任首任专使。[④]1877年，在第一位清政府驻英公使郭嵩焘的交涉下，为保护海外华人利益，清政府在英国殖民地的新加坡设立了中国第一个领事馆。[⑤]从中不难发现，中国与周边国家关系在外力的影响下实现艰难转型。

1912年，中华民国北京政府取代清王朝。民国政府利用政权更迭的时机，从外交机构的设置与运作、外交官的选拔等方面都完全与西方接轨，实现了近代化的转型。[⑥]但无论北京政府，还是南京国民政府，并没能总体上改变中国进一步深陷半殖民地半封建社会的深渊，还没有完全摆脱受制于外国强权的影响与控制，

---

① 参见胡春惠：《韩国独立运动在中国》，台北"中华民国"史料研究中心，1974年；陈谦平：《1942年蒋介石访印与调停影音关系的失败》，《南京大学学报》，1991年第3期；石源华等：《近代中国周边外交史论》，上海辞书出版社，2006年。

② 王绳祖主编：《国际关系史》第3卷，世界知识出版社，1995年，第208页。

③ 《筹办夷务始末》（同治朝）卷99，第33—34页。

④ 王立成：《中国近代外交制度史》，甘肃人民出版社，1991年，第125—126页。

⑤ 中国第一历史档案馆编：《清代中国与东南亚各国关系档案史料汇编》（第一册），国际文化出版公司，1998年版，第2—3页；*Minutes of the Colonial Office*, C.O「Z」.91/142, April 27, 1877.

⑥ 石建国：《外交总长陆征祥》，福建教育出版社，2015年，第82—86页。

取得的进展也只是在西方殖民地的东南亚、南亚设置了更多的领事馆。直到第二次世界大战结束，才实现新的突破，1946、1947年中国与泰国、缅甸、菲律宾、印度等周边国家建立了大使级外交关系。[①]

（二）中华人民共和国成立后中国与周边国家关系发展的历史逻辑

中国周边学是新中国与周边国家关系发展历史逻辑的产物。1949年，中华人民共和国的诞生，历史性地终结了旧中国半殖民半封建社会的历史，终结了西方列强在中国耀武扬威的历史和明显具有西方属性和烙印的旧外交体制和旧外交关系，开启了全新的国家关系的探索。

中华人民共和国成立后，中国与周边国家的关系经过三个阶段发展，已经形成全新的格局。第一阶段，1949年到1978年十一届三中全会前，在彻底埋葬旧有条约关系制度基础上，独立自主发展与周边国家关系的时期。这个历史阶段是中国共产党人领导中国人民实现站起来的过程。新中国一成立，毛泽东就为新中国确立了发展对外关系的外交政策，即另起炉灶、打扫干净屋子再请客、一边倒等，在独立自主基础上发展与周边国家的关系。建国初期，首先与社会主义阵营的苏联、朝鲜、蒙古建立外交关系；支持越南共产党领导的抗法民族解放战争，并率先承认越南民主共和国，与之建立外交关系，初步形成社会主义外交的特色。其次，努力冲破各种干扰，积极与周边的民族主义国家建立睦邻友好关系。1952年10月，与锡兰（今斯里兰卡）签署《中国向锡兰出售大米合同》和《两国贸易协定》；1954年4月，与印度签署《关于西藏地方与印度之间的通商和交通协定》等，实现了中国与周边国家关系发展的新突破。[②]在此基础上，形成与缅甸、印度共同倡议、后又在“万隆会议”上得到确认和支持的“和平共处五项原则”——“互相尊重领土主权、互不侵犯、互不干涉内政、平等互惠、和平共处”，成为与周边国家关系发展的、极具特色的新中国外交关系原则。在此期间，先后与印度、印度尼西亚、缅甸、巴基斯坦、阿富汗、尼泊尔、斯里兰卡、柬埔寨、老挝等建立大使级外交关系，奠定了新中国周边外交关系发展的重要基础。

20世纪70年代初，面对中苏交恶的局面，在美苏争霸的大格局下，中国及时

---

① 参见石源华：《中华民国外交史》，上海人民出版社，1994年版，第325—326页。

② 石源华：《中国周边外交十四讲》，社会科学文献出版社，2016年版，第186—190页。

调整外交政策，实现与美国关系的缓和，成功促使美国总统尼克松访华。1972年，中日正式建立外交关系，实现中国周边外交的重大突破。同时，又提出三个世界划分的理论，以第三世界的地位与身份，积极发展与周边国家的关系。到1978年十一届三中全会前，中国与马来西亚、菲律宾、泰国、孟加拉国等周边国家在和平共处五项原则基础上建立了外交关系。在中苏、中美关系大幅变化的背景下，中国探索符合自身实际和发展逻辑的外交关系，特别是与周边国家关系的发展，经验与教训都极为深刻和丰富。

第二阶段，1978年至2012年改革开放时期。1978年，中国顺应和平、发展的时代潮流，开启改革开放的历史进程。国家发展的中心任务转变为以经济建设为中心，对内改革，对外开放，实现国家与人民富起来的历史使命。周边外交以为国家的经济建设创造良好环境为主要目标。为实现与周边国家关系的转型与突破，邓小平奉行不结盟政策，提出主权在我、搁置争议、共同发展的主张；① 江泽民提出和倡导睦邻友好、与邻为善、以邻为伴的方针；② 胡锦涛提出与邻为善、以邻为伴的方针和睦邻、安邻、富邻的政策，③ 推动中国与周边国家关系再次获得突破性发展。一是中国与美国（1979年）正式建立外交关系，实现与美国为首的西方资本主义阵营关系的重大突破；二是中苏关系（1989年）全面实现正常化，实现与苏联关系的恢复与发展。三是与东盟成员国新加坡（1990年）建立外交关系，实现与全部东盟成员国建交，为中国与东盟国家关系的发展奠定重要基础。

20世纪90年代初，国际局势发生重大变化，苏联解体，社会主义阵营瓦解，美苏主导的世界两极格局以苏联的解体落幕。邓小平及时制定“韬光养晦，有所作为”外交指导方针，江泽民推动中国与苏联解体后新成立的俄罗斯、哈萨克斯坦、塔吉克斯坦、乌兹别克斯坦、土库曼斯坦、吉尔吉斯斯坦迅速建立外交关系，④ 与周边邻国韩国建立正式外交关系。同时，由中国倡导的“伙伴关系”为中国与周边国家关系发展注入新能量，如1993年中俄面向21世纪的建设性伙伴关系、1996年中俄全面战略协作伙伴关系、1998年中日致力于和平与发展的友好合作伙

① 《邓小平年谱》（上册），中央文献出版社，2004年版，第391页。

② 《十三大以来重要文献选编》（中），人民出版社，1991年版，第1435页；《江泽民文选》第3卷，人民出版社，2006年版，第567页。

③ 《第十次驻外使节会议在京举行》，《人民日报》，2004年8月30日。

④ 《中国与原苏联国家建交始末》，田增佩口述，汪文庆、刘一丁整理，《百年潮》，2008年第7期，第27—28页。

伴关系等[①]。从周边国家开始建立的伙伴关系，是中国外交关系发展的新探索和新道路，进一步为中国与周边国家关系的发展奠定了坚实基础。

第三阶段，2013 年迄今，以“一带一路”倡议的提出为起点，中国周边外交迎来新阶段，即“一带一路”建设时期。这实际上就是今天能够提出中国周边学概念的依据。“一带一路”倡议提出以来，以其为载体与抓手，中国与周边国家关系发生诸多明显变化。

一是中国与周边国家都已发展为伙伴关系，或已经建立的伙伴关系迅速得到提升，与以往相比，伙伴关系内涵更为丰富，合作水平明显提高，进一步凸显周边国家关系在中国外交布局中的地位与分量。伙伴关系的发展和提升，也进一步印证“一带一路”对中国与周边国家关系发展带来的影响和巨大推动作用。

二是建立了新的合作机制，如亚洲基础设施投资银行、丝路基金、澜沧江—湄公河合作机制，使中国与周边国家关系发展有了全新的平台。

三是合作深度和广度前所未有，以“五通”（政策沟通、设施联通、贸易畅通、资金融通和民心相通）为内涵和方向，以建设命运共同体为目标，使中国与周边国家关系发展有了更明确的方向和目标，也更具有可操作性。

借助于“一带一路”，中国周边外交开拓了新空间，注入了新活力，中国与周边国家的关系全面得到提升，越来越紧密，不仅重塑了中国周边外交的秩序，而且极大提升了中国的话语权与影响力。

概而言之，从历史延续性上，中国周边学就是中国与周边国家关系历史发展的产物。

二、中国周边学的时代逻辑

所谓时代逻辑，就是指由当代世界发展和治理的潮流和趋势所决定，涉及制度建构、发展方式、价值取向等方面的全球政治与全球治理的基本准则。时代逻辑代表着新时代的根本要求和必然趋势，是新时代内在本质规律的表征，是时代根本问题和根本矛盾的集中凝结和高度浓缩。不顾时代逻辑，就不能紧跟世界发

① 参见苏浩：《中国外交的“伙伴关系”框架》，《世界知识》，2000 年第 5 期；王巧荣：《论 20 世纪 90 年代中国的伙伴关系外交》，《思想理论教育导刊》，2006 年第 2 期。

展进步潮流，就会导致封闭僵化、逐步失去生机和活力。

首先，中国周边学是顺应中国强起来的历史使命的产物。2012 年党的十八大之后，习近平总书记在治国理政中承前启后，开拓新局面。而现实的国内种种问题表明，中国实现了富起来的目标，但由富转强，挑战十分艰巨。我国改革开放在取得巨大的发展成就后，面临世界经济危机的严重冲击与影响，需要破解经济增速放缓、环境资源约束趋紧、产业升级、落后产能转移、区域差距拉大、西部大开发动力不足、中国"走出去"缺乏着力点、中国发展空间困局难以打开等等诸多现实发展中的难题。习近平总书记以国际视野与战略思维提出"一带一路"倡议，打破常规，将中国发展与周边发展、世界发展联系起来，借鉴历史资源，勇于将历史与现实结合起来。实现陆海统筹、内外联动、东西呼应、互济开放，全面发扬丝绸之路精神，打造改革开放的新局面。显然，"一带一路"将丰厚的历史资源转化为巨大的现实动力，将中国与周边国家的命运连接起来，为中国与周边国家关系的发展注入新的能量。中国开启了强起来的"新时代"，中国周边学就是顺应"新时代"的产物。

其次，中国周边学反映了经济全球化、政治多极化、文化多样化、社会信息化、国际关系民主化潮流深入发展的必然要求。纵观人类社会发展进程和世界历史，迄今为止，从长时段的视角，人类经济全球化的进程可以概括为三个阶段：第一阶段，19 世纪以英国为代表的西方市场经济国家，在蒸汽技术革命（第一次工业革命）、电力技术革命（第二次工业革命）推动下，发动了第一次经济全球化浪潮。第二阶段，20 世纪中叶，美国取代英国，成为经济全球化的引领者，在信息技术革命（第三次工业革命）推动下，开展了第二次经济全球化浪潮，并且已推进到极盛时期。第三阶段，当今世界在方兴未艾的智能化与信息化革命（第四次工业革命）发展与推动下，正在走向第三次全球化浪潮兴起的时代。① 从经济全球化的历史和现状看，经济全球化之所以表现出上述阶段性特征，是由于物质技术状况、基础设施条件、地缘利益格局、市场力量结构、国际制度安排即全球治理结构等因素综合影响的结果。

中华人民共和国成立后，经过不断努力、特别是改革开放 40 年的大力发展，

---

① ［德］施瓦布：《第四次工业革命》，李菁译，中信出版社，2016 年；金碚：《论经济全球化 3.0 时代——兼论"一带一路"的互通观念》，《中国工业经济》，2016 年第 1 期，第 7 页。

我国国力雄厚，特别是高铁、高速公路、港口、桥梁、隧道、特高压输电、5G通信等基础设施建设，以及大飞机、人工智能、清洁能源、无人控制技术、量子信息技术、虚拟现实以及生物技术等高新技术方面，我国都已步入全球领先状态或取得局部优势；形成以中国为主导的中国与东盟、中国与上海合作组织、中国与中日韩等地缘格局和市场力量结构，并且主导形成上海合作组织、金砖国家等相应的国际制度安排。在发展模式和道路选择上，中国“坚定不移走和平发展道路，致力于促进开放的发展、合作的发展、共赢的发展，同时呼吁各国走和平发展道路”。[①]

经济全球化的发展趋势要求商品、资金（资本）、人员等在世界范围的顺畅流动，表现为贸易自由、投资自由、移民自由（自然人国际迁移自由）等政策主张及制度安排。但环顾现实世界，受2008年国际金融危机影响，全球贸易保护主义盛行。以中国在国际贸易中受到的限制为例，2008年11月至2013年3月，在全部69个《产品总分类（CPC2）》[②]行业分类中，有66个行业受到外国各种歧视性措施（红色措施或黄色措施）的影响，其行业覆盖率达到惊人的95.65%，其中红色措施涵盖了52个行业，黄色措施涉及59个行业。[③]由美国等发达国家带动的这种逆全球化的现象，直接冲击了经济全球化的发展态势。

经济全球化何去何从？拷问着世界各国的领导人。在此种情况下，中国顺应时代发展的逻辑，及时提出“一带一路”倡议，积极承担历史与时代责任，充当经济全球化第三阶段的引领者，带动沿线国家努力实现政策沟通、设施联通、贸易畅通、资金融通、民心相通，推动经济全球化迈向3.0版本。

经济全球化必然会带来政治多极化或多个力量中心，这也是人类社会发展到今天的一个趋势。2008年国际金融危机以来，以美国为代表的西方工业化国家集团衰落，G7已为G20所取代，新兴市场经济国家快速崛起，上海合作组织、金砖国家等日趋活跃，正是多极化的显著体现。与经济全球化、政治多极化趋势相伴

① 习近平：《习近平谈治国理政》，外文出版社，2014年，第274—275页。

② 《产品总分类（CPC2）》是一种涵盖货物和服务的完整产品分类，意在充当一种国际标准，用以汇集和以表格列出各种要求给出产品细目的数据。分为10大类（部门），第0—4类以《商品名称及编码协调制度》（HS为基础），第5—9类超出了HS分类的范围而提供了服务产品的分类。——作者注。

③ 参见王小梅、秦学志、尚勤：《金融危机以来贸易保护主义对中国出口的影响》，《数量经济技术经济研究》，2014年第5期，第25页。

而生，文化多样性、社会信息化、国际关系民主化潮流和趋势扑面而来，正深刻影响世界的发展和未来。中国的“一带一路”倡议倡导“共商、共建、共享”和“互利共赢”，就是顺应和把握这种潮流和趋势的结果。

最后，中国周边学是“互利共赢”的时代潮流的产物。当今世界的时代潮流与原则毫无疑问就是“合作共赢”。[①]世界历史发展到今天，已向人类社会提出新的要求，要在发展中贯穿创新、协调、绿色、开放、共享五大发展理念，在国家关系发展中推动建立以合作共赢为核心的新型国际关系。习近平总书记高屋建瓴地指出：“当今世界，开放包容、多元互鉴是主基调，相互联系、相互依存是大潮流，和平、发展、合作、共赢是主旋律。”[②]他还强调：“世界潮流，浩浩荡荡，顺之则昌，逆之则亡。要跟上时代前进步伐，就不能身体已进入21世纪，而脑袋还停留在过去。”[③]这就是强调要把本国的利益与世界各国的共同利益结合起来，努力扩大各方利益的汇合点，要和平而不是战争、要合作而不是对抗，要共赢而不是零和单赢。显而易见，中国“一带一路”倡议之所以首先在周边国家和沿线国家中得到共鸣，获得积极支持，就是因为“一带一路”倡议奉行和实践合作共赢的原则，是人类社会迈向和平与发展的人类命运共同体目标的实现途径和实践平台。[④]从时代逻辑视角，中国“一带一路”倡议贯彻和实践“只有各国共同发展了，世界才能更好发展”的理念，这是不以人的意志为转移的客观规律的体现。

从时代逻辑视角观察，进入新时代的中国，向世界昭示的发展道路与模式，就是以“一带一路”为核心、坚持正确义利观和新安全观、以人类命运共同体为建设目标，促进全球治理体系实现变革。

---

① 习近平：《弘扬和平共处五项原则　建设合作共赢美好世界——在和平共处五项原则发表60周年纪念大会上的讲话（2014年6月28日）》，《人民日报》，2014年6月29日。

② 习近平：《共倡开放包容共促和平发展——在伦敦金融城市长晚宴上的演讲（2015年10月21日，伦敦）》，《人民日报》，2015年10月23日。

③ 习近平：《顺应时代前进潮流促进世界和平发展——在莫斯科国际关系学院的演讲（2013年3月23日）》，《人民日报》，2013年03月24日。

④ 中共中央宣传部：《习近平书记系列重要讲话读本（2016年版）》，学习出版社、人民出版社，2016年，第261页。

三、中国周边学历史与时代逻辑的启示

追述中国周边学的历史逻辑，不是为了不忘记历史，而是要思考和回答它是怎样产生的、为何会产生、将走向何方等诸如此类的问题。同样，我们阐述中国周边学的时代逻辑，就是要弄清楚它的时代方位，以便更好确定其历史任务和使命。中国周边学产生的历史与时代逻辑昭示我们，中国周边学今后的建设与发展：

第一，要用好历史资源，实现历史与现实的结合。历史悠久的丝绸之路，就是在与周边多国家、多民族、多文化相互交流交融中的发展存续，产生了丰厚的历史遗产。到了近代，“朝贡册封”体系遭受西方条约体系的挑战，最终败下阵来，国家与人民遭受屈辱的殖民侵略与压迫，这段历史教训刻骨铭心。中华人民共和国成立后，我们总结历史经验教训，在和平共处五项原则基础上重新发展与周边国家的关系。在实现站起来、富起来到强起来的历史进程中，我们又使“丝绸之路”重焕新生，提出“一带一路”倡议。可见，历史资源完全可以为现实服务，而现实问题就是挖掘历史宝库的不竭动力。今天的中国与周边国家关系发展中存在的一些问题，有的是历史延续下来的，有的是认识问题，有的是新时代发展环境产生的，这就需要我们开动脑筋，用好历史资源，总结历史经验教训，吸收合理内核，为解决现实问题提供因应之道和智力支持。

第二，要有战略思维和世界眼光。当今世界已处于全球化、一体化、信息化的时代，各国互动频繁，形成经济、政治、军事、文化、安全等利益交织的立体化复杂网络。这种交叉密织的利益关系网络，就是中国与周边国家关系发展的现实。近年发生的朝鲜半岛核危机、南海问题、中印洞朗对峙事件以及中美“贸易战”等，都时刻提醒我们世界是一体的，在外部因素介入后，中国周边地区局势存在失控的危险，严重威胁中国与周边国家的关系和“一带一路”的建设。而且周边国家社会制度不同、政治状况复杂、发展程度与水平不一、民族与文化多样、大国因素交织，给中国与周边国家关系发展提出了严峻挑战。因此，时代和国家战略需要催生了中国周边学，而推进中国周边学的建设与发展，就要站在战略全局的高度，立足全球，紧跟和把握世界时代趋势和发展进步潮流。以战略思维针对复杂现实问题，着眼未来，合理规划，建立多学科参与、多领域多层次合作、多平台协作、跨国协调推进的立体化网络合作，有序推进中国周边学的发展。

第三，要有鲜明的时代特色和中国气派。今天我们正处在习近平中国特色社会主义新时代，这是中国周边学的“产房”、舞台与行动指南。“新时代”本质上就是历史与时代逻辑、马克思主义理论发展逻辑和实践逻辑相结合的产物，立足现实，最根本的就是中国周边学以“新时代”为依归，产生于新时代、服务于新时代，是其赖以存在与发展的基础。因为“新时代”的中国“拓展了发展中国家走向现代化的途径，给世界上那些既希望加快发展又希望保持自身独立性的国家和民族提供了全新选择，为解决人类问题贡献了中国智慧和中国方案”。[①]中国周边学及时总结中国发展道路和经验，将为正在努力推进自身现代化事业的周边发展中国家、为人类解决前途命运问题，提供智力支持。另一方面，中国深化与周边国家的关系，要贯彻“亲诚惠容”理念和与邻为善、以邻为伴外交方针，打造“一带一路”发展平台。这是时代赋予的鲜明特色，也是中国周边学不同于“中国边疆学”、“一带一路”学、“丝绸之路学”的根本原因。简言之，中国周边学立足中国，顺应世界“互利共赢”时代潮流，以“一带一路”为旗帜与内核，以“中国梦”和“命运共同体”建设为宗旨与目标。此外，中国周边学要有鲜明的中国气派，用中国话语表达中国立场，使之成为中国学术界一张能走向世界的靓丽名片。

综上所述，中国周边学是从历史深处走来，这个历史就是“丝绸之路”发展中孕育的“朝贡体系”的演化、崩溃和转型。1949 年中华人民共和国的诞生终结了中国与周边国家关系的近代转型之路，走上社会主义的新型国家关系道路，中国与周边国家关系成为建立在和平共处五项原则基础上的新型国家关系。经过前三十年的不懈努力，中国与周边除少数国家外全部建立正常外交关系，奠定中国与周边国家全新关系的基础。1978 年我国开启改革开放的征程，顺应富起来的历史使命，全方位对外开放，使国家实力和综合国力全面提升，为实现强起来的奋斗目标和带动周边国家共同发展奠定了坚实基础。2013 年，“一带一路”倡议呱呱坠地，成为中国与周边国家关系发展新的历史界标，从此中国与周边国家关系进入新时代。

中国周边学就是历史发展逻辑和时代潮流逻辑相互交织、结合的产物，是中国特色社会主义进入新时代的产物。我们有理由期待，中国周边学的建立和发展，

---

① 习近平：《决胜全面建成小康社会夺取新时代中国特色社会主义伟大胜利——在中国共产党第十九次全国代表大会上的报告（2017 年 10 月 18 日）》，人民出版社，2017 年，第 10 页。

在向世界讲述中国故事、提升国家软实力方面发挥重要作用，同时期望为世界“国际关系学”和“中国学”的发展打上鲜明的中国印记。

混合研究方法与中国周边学建设

蒋建忠

【内容提要】研究方法是促进学科成熟的重要推手。本文从研究方法的视角反思了中国周边学科建设面临的困境，主张采用混合研究方法促进中国周边学科各项研究议题的深入与拓展、学科的成熟与完善。中国周边学的混合研究方法包含多个维度：方法论层面涉及实证主义和诠释学的融合、研究设计层面力求分析框架的多元化、具体技术层面要求多种操作手段并举。研究对象的开放性、学科基础的多元性等特征决定了在中国周边学建设采用混合研究方法具有正当性和必然性。中国周边学学科建设合理使用混合研究方法还需要遵循规范性、针对性、创新性等原则。

【关键词】中国周边学科建设　混合研究方法

【基金项目】国家社科基金后期资助项目（16FGJ001）。

【作者简介】蒋建忠，法学博士，上海交通大学国际与公共事务学院博士后。

构建独立的中国周边学是国际问题理论工作者的夙愿。2018年以来，围绕中国周边学的理论体系、研究对象、范畴及其学科建设的必然性和应然性，《中国社会科学报》《世界知识》以及复旦大学中国与周边国家关系研究中心公众号推出的《中国周边学研究简报》先后刊载系列文章，引发了热烈的讨论，中国周边学也像躁动于母腹中的婴儿呼之欲出。[①] 一般而言，学科构建的整体趋势是“基于一个明确划分圈定的客观、独特对象，运用一个唯一、独特的研究方法，衍生出一套特定的学科概念、范畴，形成了一个逻辑严密、内在凝聚性强、高度一致的成熟理论体系，从而拥有了一个学科的标志”。[②] 当前国际问题学术界侧重于从界定对象、形成概念、构建理论等路径来建设中国周边学，对于研究方法这一有效促进学科建设的路径却鲜有关注。

事实上，根据中国周边学的定位和特征，选准与其相关联的研究范式和方法，对于促进学科的完善显得尤为重要。作为一门新兴交叉学科，中国周边学的研究议题来源于政治学、外交学、国际关系、历史学等多学科的重合之处，所以研究方法也应体现出对不同学科的相互借鉴。其中融合定性分析和定量分析的混合研究方法是助力周边学建设的“利器”。因此，本文在分析当下中国周边学科建设困境的基础上，通过阐述混合研究方法的内涵特征，分析混合研究方法应用于中国周边学研究的可行性和优越性，为中国周边学发展提供新的视角，为其理论拓展和学科知识深化提供方法论支持。

一、中国周边学建设困境：方法论视角

从其他成熟学科建设的经验看，研究方法是促进学科发展完善的重要推手。例如，社会学起源于实证主义、诠释学和批判论三种方法论的争论；比较政治学是社会科学里唯一冠有方法论标签的分支学科，从其命名就可以看出方法在学科创建中的独特份量。近段时间来，中国周边学遵循传统的学科建设之道，形成了自己的研究对象和领域，提出了自身独特的概念体系，形成了初步的学科框架。[③] 但是，中国周边学建设还存在着政策性强、学理性不足、研究基础薄弱等问题。对于上述问题，学术界忽视了从方法的视角进行检视。事实上，方法的缺乏不仅

① 石源华：《开展“中国周边学”研究刻不容缓》，李文：《学科定位、研究视角与重点领域》，周方银：《“中国周边学”的理论视角与理论意义》，赵明昊：《中国周边外交何以“特色”》，关培凤：《创建“中国周边学”的机遇与挑战》，钟飞腾：《“中国周边学”研究的新契机与新方向》，《世界知识》，2018 年第 8 期。

② 刘小强：《学科建设：元视角的考察——关于高等教育学学科建设的反思》，广东高等教育出版社，2011 年。

③ 石源华：《开展“中国周边学”研究刻不容缓》，《世界知识》，2018 年第 8 期。

导致研究的低水平重复，也会弱化研究者对中国周边学理论的认知。

（一）方法的缺乏导致了中国周边研究的低水平重复

当下中国周边学建设最大的缺陷在于单纯内省式的构想、案例的剪裁串接；文献汇编与综合替代了科学的研究；“人类命运共同体”“和谐世界”等概念、领导讲话以及对其进行的阐释多于学者们科学、精准、严谨的逻辑论证。造成这种“囿于宏大叙事”的困境在于在研究中缺乏方法的指导或方法论意识。中国周边研究中缺乏规范的程序和严谨的科学方法，研究者根据自身需要，随意地用概念来解释概念，以剪裁领导人的讲话、政策文件来完成研究与论证。事实上，大凡领导人的思想或讲话都是辩证的，对同一问题往往都会有正反两方面的论述。如果仍借助于语录、官方文件或现行政策等“权威”来硬下结论，会把学术辩论的水准带回到思想解放前的低谷。因此，缺乏能办学术共同体所接纳的方法来分析中国周边问题会导致学科建设处于低层次的重复徘徊之中。

（二）方法的缺乏弱化了对中国周边理论和学科内涵的认知

理论是学科的基石和支撑，只有理论枝繁叶茂，才能促使学科发展壮大。理解中国周边学理论的内涵和性质，首先要追溯中国周边学是什么。中国周边学的定义是以“合作共赢”为核心理论和以“命运共同体”为建设目标的国际关系理论新体系和“一带一路”背景下中国特色的社会主义大国外交新理念、新战略和新路径。[①] 从上述定义可以看出，中国周边学的理论主要涉及对中国周边外交现象和实践规律的发掘与认识。产生这一问题的根源在于对研究方法认识的“窄化”，把当前流行的实证主义或科学主义认定是唯一正确的研究方法，从而把理论等同于发现规律、认识规律。马克斯·韦伯（Max Weber）认为，依据学科性质定位兼顾“对象与方法”两方面的历史经验，可以将所有学科划分为三大类型：经验性实证学科、理论和构想学科、规范学科。[②] 由此可见，除了以运用一系列技术手段通过对研究对象的深入观察从而发现其一般规律的经验性实证学科外，还存在着另外两类学科。除了认识规律外，学科的意义还有人文关怀、逻辑推演、规范认

---

① 石源华：《开展“中国周边学”研究刻不容缓》，《世界知识》，2018 年第 8 期。

② ［德］马克斯·韦伯：《经济与社会》，林荣远译，商务印书馆，1997 年，第 40 页。

知等内容，它们与掌握规律同等甚至更加重要。正如著名的社会科学家罗伯特·基欧汉（Robert O. Keohane）和悉尼·维巴（Sidney Verba）在著名的KKV方法中指出“好的描述永远胜过差的解释”。[①] 因此，如果把方法视野囿于实证主义的话，我们对中国周边学科内涵的认知是狭隘的、肤浅的，导致把学科定位于冷冰冰的规律认知，缺乏了学科的人文关怀。

（三）方法的缺乏动摇了学科的根基

现代科学哲学的研究表明，一个学科理论体系包含着两个理论层面，一个是理论的核心部分，其中包括形而上的信念、元方法论等，它是不能为经验事实检验和证伪的；另一个是处于外围层次的中层理论，它面对的是特殊的经验和对象，但又是经过了概括和提升的观点、学说。[②] 它们是学科的细胞和基石。中层理论是美国社会科学家罗伯特·金·默顿（Robert King Morton）最重要的方法论概念，它既非指研究中广泛涉及的微观而且必要的操作性假设，也不是一个包罗一切、用以解释学科所有问题的统一理论，而是介于这两者之间的理论。[③] 具体到中国周边学领域，采用中层理论可以避免用“亲诚惠容”“合作共赢”等空洞的官方语言来解释一切周边现象和问题，从而避免用少数普遍性的概念或命题来解释复杂而又多变的周边现实，进而从“宏大的哲学理论”迷思中走出来。同时中层理论还可以避免那些零散的、简单的纯经验描述与研究。因此，中层理论被社会科学工作者看成是一门学科的研究基石，通过丰富多彩的中层理论的聚集达到了一门学科理论度的丰满。[④] 然而，中层理论构建最需要方法支撑，也最需要遵守学术规范。[⑤] 从描述性研究看，只有使用规范合理的研究方法，才能使研究者超脱于“空洞的”“大概式”的描述。因此，有效科学的研究方法能防止中国周边学研究中宏大叙事所造成的学科基础过于空疏的毛病，同时也可改变只拉车不看路式的工匠型

---

① ［美］加里·金、罗伯特·基欧汉、悉尼·维巴：《社会科学中的研究设计》，陈硕译，格致出版社，2014年，第12页。

② ［美］乔纳森·特纳：《社会科学理论的结构》，邱泽奇、张茂元译，华夏出版社，2006年，第18页。

③ ［美］默顿：《社会理论与社会结构》，唐少杰、齐心等译，译林出版社，2008年，第134页。

④ 吴肃然、陈欣琦：《中层理论：回顾与反思》，《社会学评论》，2015年第4期。

⑤ 彭玉生：《“洋八股”与社会科学规范》，《社会学研究》，2010年第2期。

治史方式造成的学科过于琐碎的问题，从而为学科的发展壮大打下扎实的基础。

总之，从方法的角度反思中国周边学建设的不足，有助于学科建设的丰富与完善。同时，也希望促进中国周边学乃至整个国际问题研究领域的学者之间能更有效地交流研究的短与长，提升研究质量、携手学科发展。

二、中国周边学混合研究方法内涵

找到中国周边学自身的、特有的研究方法是学科趋向成熟的一个依据。事实上，在中国周边学建设中不必刻意追求为我独有的一种研究方法。当然，这并不是说中国周边学的建设不需要科学方法论的指导。恰恰相反，采用恰当的方法助力学科建设，这不仅是其他成熟学科的经验启示，更有助于促进中国周边学中各项研究议题的深入与拓展，催发学科的成熟与完善。那么，随之产生的问题就是：中国周边学建设采用何种研究方法呢？考虑到中国周边学具有现代多学科的特征，笔者认为借助于混合研究方法有利于建构中国周边学的理论体系，使之成为一门成熟独立的学科。在论证这一观点之前，本部分将向读者简要阐述中国周边学混合研究方法的内涵。

混合研究方法最早发端于人类对世界的认知路径，[①] 成长于20世纪50年代。当代社会科学建立后，行为主义革命导致定量分析占据研究的“制高点”，引发了定性与定量方法旷日持久的分野。20世纪五六十年代，唐纳德·坎贝尔（Donald T. Campbell）、丹金（Norman M. Denzin）等人主张“三角互证法”，即在证明过程中采用不止一种方法，以确保解释偏差是由随机因素而非使用单一研究方法所导致的。[②]“三角互证法”是试图结合定性研究和定量研究的一次尝试。近年来，定性和定量分析的“鸿沟”正在缩小。随着社会科学议题的拓展、方向的转向、任务的深化，定性分析和定量研究相互借鉴，呈现出高度融合的趋势。混合研究方法就是在这样的背景下产生的，它是将定性和定量研究方法的元素——如定性和

---

① 在西方哲学社会发展史上曾出现两种代表性的观点：一是以古希腊哲学家苏格拉底、柏拉图为代表，认为对世界真理的探索通过单一、普遍的认知路径可以实现；另一种是以罗泰戈拉为代表的智者学派，主张通过多重或相对的认知路径来认识世界。

② Donald T. Campbell & Donald W. Fiske, “Convergent and Discriminant Validation by the Multitrait-multimethod Matrix”, *Psychological Bulletin*, Vol.56, No.2, March 1959, p.81. Norman K. Denzin, *The Research Act: A Theoretical Introduction to Sociological Methods*, McGraw-Hill, 1988.

定量的观点、数据收集分析、推断技巧的运用——结合起来，以达成对研究问题兼备广度和深度的理解。[①] 当前，学术界对混合分析方法的界定都是沿着此条路径展开的。例如，伯克·约翰逊（Burke Johnson）和安东尼·欧威格布兹（Anthony Onwuegbuzie）对混合方法的定义是“研究人员在一个研究中，混合或综合了定量和定性研究技术”。[②] 马里奥·斯茂（Mario Small）则认为，不管数据来源的数量是多少，只要使用了两种分析技术，或者用多种技术和数据类型开展的研究，就是混合数据分析研究。[③] 具体到研究实践，在以定性为主的混合方法研究中，多是采取案例定性阐释在先，数据辅助在后的模式；而以定量为主的混合研究方法中，更强调数据采集分析的主导地位，再以定性方法辅助以解释。

应该看到，当前学术界对混合方法的界定主要着眼于具体的分析技术，这一界定显得粗浅和狭窄。事实上，根据其概括和抽象程度，研究方法大致可以分为三个层次。第一个层次是哲学方法论，指不具体涉及学科，但对其研究方法起指导作用，涉及的更多是一些方法的原则，如实证主义、诠释学以及批判论之争。第二个层次是研究方式，是贯穿于研究过程的程序和操作方式，表明研究的主要手段与步骤。第三个层次是比较微观意义上的方法，或者说是具体的研究技术，如问卷调查法、内容分析法、计量分析法、案例比较法、统计分析等等。因此，必须从更加宽阔的视角来界定混合方法，具体而言，需要从以下三个层面来认识混合研究方法的内涵：

（一）方法论层面：实证主义和诠释学相结合

方法论主要是从哲学的高度探讨研究的基本假设、逻辑、原则、规则、程序等问题，它是进行中国周边研究的一般思想方法和哲学指导。研究者由于对中国周边研究的假定及研究对象的看法相异，从而产生了不同的研究方法观。具体而言分为三种：实证主义、诠释学、批判论。实证主义者认为通过“类实验”的方法可以挖掘中国周边现象的规律，从而达到解释和预测的目的。而诠释学主张利

---

① 臧雷振：《政治社会学中的混合研究方法》，《国外社会科学》，2016 年第 4 期。

② Burke Johnson & Anthony Onweugbuzie, “Mixed Methods Research: A Research Paradigm Whose Time Has Come”, *Educational Researcher*, Vol.33, No.7, 2004, P.17.

③ Mario Small, “How to Conduct A Maxed Methods Study: Recent Trends in a Rapidly Growing Literature”, *Annual Review of Sociology*, Vol.37, 2011, P.60.

用阐释或理解等主观方法来说明具体的周边现象和事件，通过对行为者或历史事件主观意义的理解来揭示周边事件表象之间的内在联系。批判论主张中国周边学研究的本质不仅仅在于认识中国周边工作和关系，更在于改造，它是以行动为导向的方法。事实上，中国周边学研究的对象具有客观性和能动性的双重特点：一方面中国周边关系和现象虽然是由个人、国家组合而成的，但在这种结合中所产生的现象就不再与个人相同，已具有超越个人的独质。[①] 从这一方面看，研究者需要采用科学的、实证的方法去挖掘、认识中国周边工作的特点和规律。另一方面，中国周边研究对象毕竟是由充满意识能动性的个体组成。正如一位社会科学研究者振聋发聩地指出：试想，一个没有为能动提供任何席位的解释模型如何能够适用于充满能动者的社会科学世界呢？[②] 从这一角度看，融合研究者经验、观点的诠释方法就大有可为。事实上，韦伯曾将社会科学的基本方法概括为"解释性的理解"和"理解性的解释"，并认为两者的结合才能为社会行为的意义做出合理性的说明。因此，从方法论层面看，混合方法一方面需要研究者超越个体性和特殊性，进而对中国周边关系和问题进行规律探索；另一方面需要利用自己的实践经历、知识体系对中国周边现象和事件进行解释。

（二）研究设计层面：分析框架的多元化

研究设计是对研究程序、研究过程、具体方法加以选择并制定详细的方案，主要包括以下四个方面：研究主题的确定、采用何种方法进行资料数据的收集、采用何种指标对变量进行可操作化的测量、使用何种方法对理论假设进行检验论证。[③] 研究设计的任务就是建立达到目的而必须遵循的计划，即第一步干什么、怎么干，第二步又该如何具体行动。混合方法的研究设计主要包括四个方面：参与者改进（如采用混合定量和定性技术来优化样本、扩大样本规模）、手段精确（如最大化适应性、或者使用手段的实用，不管是定量的还是定性的）、更加完整的处理过程（如混合定量和定性技术来鉴别干预、处理或者项目的精确）、提升研究效

---

① [法]杜尔克姆：《社会学方法规则》，胡伟译，华夏出版社，1988年版，第36页。

② 刘骥、张玲、陈子恪：《社会科学为什么要找因果机制——一种打开黑箱、强调能动的方法论尝试》，《公共行政评论》，2011年第4期。

③ [美]加里·金、罗伯特·基欧汉、悉尼·维巴：《社会科学中的研究设计》，陈硕译，格致出版社，2014年版。[澳]戴维·德沃斯：《社会研究中的研究设计》，郝大海译，中国人民大学出版社，2008年版。

用（如用混合定量和定性的技术来最大化研究人员的数据解释）。[①] 由此可见，从研究设计层面看，混合方法是指通过多个渠道收集资料数据，采用更加优化的研究分析框架和程序，提升研究的信度和效度。

（三）具体技术层面：多种操作手段并举

混合研究方法旨在打破学科边界、糅合多学科理论，以便能够多维度地、整体性地理解和解释中国周边现实中复杂而多面的难题。因此，多种操作手段并举是指在研究过程中采用多种方法技术去论证结论，从而显著增强对研究问题的洞察力，提升研究的深度和广度，进而增强结论的可信性。混合研究的关键在于操作手段间的互补性，利用不同的方法去研究同一个问题，不同的方法之间是互补的而非并行的关系。因此，混合方法并不是说用两种方法分别去研究同一个问题，而是当一种方法研究得不够深入或完善时，另一种方法进行适当的补充，使得结论更加的可信。例如，在回归分析与个案研究中，研究人员可以先从回归分析开始，得到一个普遍性的结论，然而再用深入剖析个案的方法来挖掘导致这个结论的因果机制。研究人员也可以通过资料阅读得到一个初步的观点或设想，然后再用比较分析的方法借助历史资料进行论证。总之，只要研究人员能够说明操作方式的正当性和合理性，操作方式是可以非常多元的。[②]

三、混合研究方法：中国周边学本质的内在驱使

混合研究是多种研究方法的交流与融合，它在社会科学一系列广泛的研究议题上都可有所作为，整个社会科学领域都开始推动混合研究。[③] 那么，在这种大趋势下，为什么要在中国周边学科建设中推广混合研究方法呢？事实上，中国周学学的学科特点、对象特征等决定了采用混合研究方法具有内在必然性和必要性。

---

① Kathleen M. Collins, Anthony J. Onwuegbuzie & Ida L. Sutton, "A Method Incorporating the Rational and Purpose for Conducting Mixed-methods Research in Special Education and Beyond", *Learning Disabilities: A Contemporary Journal*, Vol.4, No.1, March 2006, pp.67-100.

② 张春满：《比较政治学中的混合研究分析方法》，《学术月刊》，2017 年第 9 期。

③ Mario Small, "How to Conduct A Maxed Methods Study: Recent Trends in a Rapidly Growing Literature", *Annual Review of Sociology*, Vol.37, 2011, P.58.

（一）既往学科建设的普遍性经验昭启了中国周边学混合方法的必要性

托马斯·库恩（Thomas Kuhn）在《科学的革命》一书中指出，各门学科的发展都要经历下列阶段：前科学阶段→科学革命阶段→常规革命阶段→新的常规科学阶段……[①] 前科学阶段的特点是存在着各种研究范式的相互竞争和相互批判，需要对学科的研究对象、分析单位、核心概念等进行概括和提炼，以个人认知、"非标准化"为特征的质性或诠释方法就成为了首选。进入科学革命阶段后就形成了被学术共同体奉为标准的一系列普遍性规则、方法、概念及理论，研究方法更强调科学性、实证性、可重复性。在常规革命阶段，学科建设需要面对现实中复杂而多面的难题，随之而来的必然是方法论整合的潮流，即混合研究方法。政治学、社会学、经济学等成熟学科都基本遵从这一规律和模式。中国周边学是一门新兴的交叉学科。事实上，正如周方银指出的，提出中国周边学概念，在目前还是一个比较大胆的想法。但这个想法并非没有基础，它的基础不仅是几十年来中国周边外交的实践，更有古代东亚国际关系的丰富历史经验。[②] 近期以来，以石源华教授为代表的理论工作者对周边学的研究对象、结构层次、基本概念、范畴、原理等都作了详细的陈述，为周边学勾勒出了基本轮廓。[③] 随后，理论工作者从历史、一带一路、外语建设、方法等诸多周边议题进行了规范化的研究。按照库恩的观点，中国周边学将要进入"常规革命阶段"，采用混合方法是中国周边学发展规律的使然，可以避免其他学科发生的一开始就陷入方法争论的歧途，有助于减少学科发展的"摩擦成本"。

（二）中国周边学研究内容的开放性决定了研究方法的混合性

一般而言，社会科学的研究者履行四类任务：解惑、提供概念、叙述事实和因果推断。[④] 中国周边学作为社会科学的属性已得到学界的确定，那么该学科研究内容到底是什么？经过前期的讨论，学术界基本形成了如下的共识：中国周边学

---

① Kuhn, Thomas, *The Structure of Scientific Revolution* (2nd edition), The University of Chicago Press, 1970, p.136.

② 周方银：《"中国周边学"的理论视角与理论意义》，《世界知识》，2018 年第 8 期。

③ 石源华：《开展"中国周边学"研究刻不容缓》，《世界知识》，2018 年第 8 期。

④ Robert O. Keohane, "Political Science as a Vocation", *Political Science & Politics*, vol.2, 2009.

要对诸大国的周边外交进行深入讨论和比较研究、要拓宽从海洋角度研究周边关系的内涵、要开拓研究周边国家国内政治经济与对华关系的联系机制。[①] 从该定义可以看出学科涉及中国周边外交、关系和问题的描述、本质和规律的发现、因果机制的挖掘等方面。具体而言，中国周边学理论工作者也需要履行三种任务：一是对重大的周边事件和现象进行描述性推断；二是对重大或异常的周边关系、事件利用抽象的概念进行概括，进而上升至理论的层面；三是在此基础上理解周边现象发生的原委或预测可能发生的重大现象。由此可见，研究者需要应用多种方法才能完成中国周边学赋予的任务。从描述性研究看，需要严谨的研究设计和科学方法论作为支撑；从理论提炼和概括来看，需要抽象、灵感甚至是顿悟来获得，这就要充分利用诠释、质性等研究方法。[②] 更重要的在于中国周边学是经验性的、复杂的、以问题为导向的，直接从事与经验性难题相关的研究，比较分析、个案剖析就显得尤为重要。因此，研究内容的多样性决定了中国周边学建设需要摆脱单一学科的方法论，以多学科方法关注实践问题的解决。

（三）中国周边学的基础多元性决定了研究方法的混合性

中国周边学并不是无源之水，无根之木，相反它是建立在一系列成熟学科基础之上的。一方面，中国周边学研究周边的外交、政治、经济等事件的本质与规律。这就需要借鉴政治学、国际关系学、经济学等学科的经验实证和逻辑方法来研究中国周边外交工作。另一方面，中国周边学并非一般意义上的“普世”学科，而是立足于社会主义立场、具有中国特色的中国周边外交事务学。它具有鲜明的导向性，是为中国共产党执政兴国、实现祖国完全统一和民族伟大复兴的“中国梦”服务的。它与马克思主义哲学、政治经济学、中国特色社会主义一样，具有鲜明的中国风格和政治特征。从这个意义讲，学科建设又需要使用马克思主义的基本原理来诠释中国周边工作。显然，学科基础的共同性与异质性决定了中国周边学研究方法的混合性。

---

① 钟飞腾：《“中国周边学”研究的新契机与新方向》，《世界知识》，2018 年第 8 期。

② Kenneth N. Waltz, *Theory of International Politics,* Peking University Press, 2004, p.12.

四、构建中国周边学混合方法应遵循规范性、针对性、创新性的原则

混合研究方法对于中国周边学建设有着十分重要的借鉴意义，但这并不是说要把各种方法不加甄别地移植到中国周边学科中来。事实上，每种方法都有特定的生长土壤。例如，回归分析在当前的中国周边学研究中可能存在水土不服的问题，个案研究不仅能进行中国周外现象的描述性推论，而且有利于理论的建构和创新。因此，构建与中国周边学科特征相匹配的混合方法需要遵循一定的原则。

（一）规范性原则

中国周边学的科学性不是体现在研究的对象和内容上，而是体现在使用的研究方法上。社会科学经过一百多年发展，已形成了比较成熟的研究方法，具体研究技术都有学术共同体约定俗成的程序和规范。因此，采用混合方法研究中国周边问题时必须坚持规范性的原则。一方面可以促进学者之间更有效地交流研究成果，减少对话的“交易成本”。另一方面也利于年轻的中国周边学尽快地融入到社会科学的“大家族”中。从目前看，关于中国周边的理论基本是上一个内循环体，很少与外部发生信息交互。产生这种问题的关键之一在于研究方法缺乏规范性，常常自我论证、循环论证，常常以某人指出、强调、某某文件规定、要求作为基本论证依据，从而使得中国周边学难以进入到社会科学的话语体系中。因此，在中国周边学建设中引入混合方法必须注重规范性，才能在与其他学科的对话与竞争中促进中国周边学的发展壮大。

（二）针对性原则

混合研究方法虽然可以为中国周边学科建设所用，但任何方法都不是万能的，而是具有一定的对象适用性。因此，如果简单地把混合研究方法照搬到周边学里面，可能会产生“排异反应”。有针对性把混合方法移植到中国周边研究中要防止两个倾向：一是动辄利用唯物辩证法等放之四海而皆准的方法来研究周边问题。客观地讲，辩证法、阶级斗争等方法并不是学术共同体认同的方法。唯物辩证法等是关于自然、社会和思维发展的一般规律的学说，是最高原则、是无所不包的，

从日常生活认识事物到科学研究，都可以纳入其范畴之中。如此广泛的外延，使辩证唯物主义等方法具有一般性，它对各种具体、特殊的研究都有原则性的指导作用，但也带来了实践的可操作性问题。因此，在研究具体的中国周边工作时应采用具体的研究方法，而不能用唯物辩证等取而代之。二是囫囵吞枣不加甄别地进行移值。必须深入了解混合方法的基本理论和原则，在悟透弄懂的基础上熟练应用。

（三）创新性原则

有别于以理论为导向的学科（如政治学），中国周边学是以经验性的、复杂的实践为导向的，主要研究中国周边工作的经验性问题和案例。中国周边学的范畴会随着周边工作的发展、议题的转变而发生转向。因此，在方法和结论的关系上要保持逻辑上的连贯性与完整性。事实上，也正是研究问题的驱动促使研究方法的不断完善。例如，著名方法论学者查尔斯·拉金（Chales R. Lagin）在研究民族主义问题时陷入了年鉴学派的困境，为此，他同时使用定量和定性两种方法来评估英国地方主义政治背景下威尔士和苏格兰民族主义的起源和社会基础，最终形成了风靡社会科学界的定性比较分析方法。[①] 丰富的周边政治、经济、外交等实践问题也为发展、完善、创新混合研究方法提供了坚实的土壤。

混合研究方法打破了方法论之间的壁垒，契合了中国周边学科发展的现实需求，它在中国周边研究领域具有广阔的发展前景。应用混合分析方法产生的原创性研究成果会逐步在中国周边研究领域取得突破和进展。当然，我们也要消除对混合研究方法的神话，它也有自身的局限性。例如，安德鲁·班尼特（Andrew Bennett）就认为混合方法并不是适合所有人，也不是适合研究所有的问题。[②] 因此，我们对混合方法不应该有“毕其功于一役”的过高期望。

---

① Axel Mask, “The Origins, Development and Application of Qualitative Comparative Analysis: The First 25 Years”, *European Political Science Review*, 2014, Vol.6, No.1, pp.115-142.

② Andrew Bennett, “Symposium: Multi-Method Work, Dispatches from the Front Lines”, in *Qualitative Methods: Newsletter of the American Political Science Association Organized Section on Qualitative Methods*, Vol.5, No.1, 2007, p.9.

中国周边学建设与区域与国别研究

——不确定性与路径共商

卢光盛　张　添

【内容提要】自 2018 年以来，国内学界兴起对中国周边学学科建设的新一轮探讨，内容包括理论体系、路径方法、学科链接和机遇与挑战等。在学科建设上，"区域与国别研究"是中国周边学的基础，两者同属区域类学科，但两者均有一些不确定性。中国周边学的不确定性包括其自身概念、目的和学科边界，而"区域与国别研究"的不确定性又对中国周边学产生了一定影响，包括学科名称、驱动力和跨学科性等问题。在面对上述不确定性时，应致力于体系化知识构建，率先推动实践，并通过建立学术圈子等集体智慧，来共商共建，化解难题。

【关键词】中国周边学区域与国别研究　不确定性

【基金项目】（1）2017 年国家社科基金重大项目：《"一带一路"与澜湄国家命运共同体构建研究》（17ZDA042）；（2）云南省哲学社会科学创新团队"澜湄合作研究"建设项目。

【作者简介】卢光盛，云南大学周边外交研究中心教授；张添，云南大学周边外交研究中心博士研究生。

2018 年年初以来，在复旦大学中国与周边国家关系研究中心主任石源华教授的牵头组织下，一系列关于中国周边学的笔谈文章陆续推出，引起学界的广泛关注[①]。《世界知识》在 2018 年第 4 期推出“周边外交重大问题研讨——‘一带一路’建设中的宗教因素”[②]，第 8 期又推出“中国周边学呼之欲出？”的封面文章[③]，更进一步引发了从事中国外交特别是周边外交实务工作和研究同行的热议，当然不可否认也引发了一些争议，其中值得深思的几个问题包括：中国周边学的学科范畴究竟是什么，其与目前同样备受热议和争议的另一门建设中的学科——“区域与国别研究”是什么关系？中国周边学究竟是要强调“中国”还是强调“周边”亦或是要缔造一个整体性的框架，这样的框架根基牢靠吗？中国在崛起的过程中、将强未强之际，以“中国周边”这样一个有“中心论”色彩的概念作为研究对象是否妥帖，有没有更好的替代概念？基于对以上问题的讨论，本着在学科建设初期与众多同僚商榷的出发点，本文力图结合“区域与国别研究”建设，探讨中国周边学学科建设中的不确定性因素，并试图与诸位同仁进行路径共商，以更好助力该学科的成长与发展。

一、中国周边学与“区域与国别研究”

（一）对中国周边学的既有研究及解释

较早提出并系统性论述中国周边学的石源华教授指出，中国周边学是以“合作共赢”为核心理念和以“命运共同体”为建设目标的国际关系理论新体系和新时代中国特色的社会主义大国外交新理念、新战略、新路径，并系统性提出了中国周边学建设的时代使命、学科建设、地理范围、战略定位等等。[④]结合石源华教授与其他同僚的概念界定，笔者将中国周边学概括为：以中国周边地区与国家为特定研究对象，致力于改善和促进中国外交的周边环境并以构建周边命运共同体、助力“一带一路”建设和中国国家崛起的一整套成体系的知识，其类属于区域类

① 主要登载于复旦大学“复旦中国周边研究”官方公众号所推出的《中国周边学研究简报》：包括石源华《开展“中国周边学”研究刻不容缓》（2 月 5 日），李文《“中国周边学”的学科定位、研究视角与重点领域》（2 月 6 日）、周方银《中国周边学的理论视角与理论意义》（2 月 7 日），等等。

② 李峰、李晨阳、潘光等：《周边外交重大问题研讨——“一带一路”建设中的宗教因素》，《世界知识》，2018 年第 4 期，第 16—30 页。

③ 石源华、李文、周方银等：《“中国周边学”呼之欲出？》，《世界知识》，2018 年第 8 期，第 14—24 页。

④ 石源华：《开展“中国周边学”研究刻不容缓》，《中国周边学研究简报》，2018 年第 1 期。

研究。

现有对中国周边学进行论述的文献，主要可以分为以下几个维度。第一，理论体系建构类，主要是从学科建设的角度出发，对中国周边学可能的学科框架、研究视角、学科定位、研究重点、建设的必要性及可行性、学科的理论及方法等进行论述。具有代表性的文章如石源华指出中国周边学的时代使命、战略定位、理念战略、路径课题、分支及关联学科等新内容，并提出6项比较中肯的建议①。李文则谈到中国周边学的研究对象、奋斗目标与宗旨，强调中国立场与中国视角作为其内在规律性。②陈奉林围绕建设中国周边学学科的几个重大理论问题、结合中外历史与现实素材，探讨该学科建设的必要性与可行性③。

第二，路径依赖类，主要是从学科建设的方法出发，探究中国周边学可能的路径所在。马丽蓉、仇发华等强调中国周边学应当与“人类命运共同体”、“一带一路”等中国外交体系中的关键概念紧密相连，并基于此来探讨学科建设的路径所在④；石建国、王明星等则强调从历史和时代的逻辑出发，强调中国周边学既要继往开来，又要顺应时代潮流发展；⑤周方银、祝曙光等强调从比较的角度来缔造中国周边学，包括从古代的东亚国际关系，从日本对周边学研究的经验教训等“他山之石”来寻找合适的路径；⑥蒋建忠则从社会科学研究方法的角度，提出应采用混合研究方法来研究中国周边学⑦。

第三，学科嫁接类，主要是将中国周边学与其他学科相连，以探究相关问题，

---

① 石源华:《开展“中国周边学”研究刻不容缓》,《中国周边学研究简报》, 2018年第1期。

② 李文:《“中国周边学”的学科定位、研究视角与重点领域》,《中国周边学研究简报》, 2018年第3期。

③ 陈奉林:《建立中国周边学必要性与可行性的初步探索》,《中国周边学研究简报》, 2018年第9期。

④ 马丽蓉:《中国周边学与“一带一路”建设》, 复旦大学《中国周边学研究简报》, 2018年第21期; 仇发华:《中国周边学”与“人类命运共同体”构建》, 复旦大学《中国周边学研究简报》, 2018年第20期。

⑤ 石建国:《“中国周边学”产生的历史与时代逻辑》,《中国周边学研究简报》, 2018年第12期; 王明星:《中国周边学与古代周边观的变迁与辨正》, 复旦大学《中国周边学研究简报》, 2018年第42期。

⑥ 周方银:《中国周边学的理论视角与理论意义》, 复旦大学《中国周边学研究简报》, 2018年第4期; 祝曙光:《中日“周边观”的比较、变迁与对接》, 复旦大学《中国周边学研究简报》, 2018年第11期。

⑦ 蒋建忠:《混合研究方法与“中国周边学”建设》, 复旦大学《中国周边学研究简报》, 2018年第27期。

或者研究中国周边学范畴下的某一个或几个具体问题。从参与复旦大学中国周边学研究和新学科建设研讨会所提交的文章，以及复旦“中国周边研究”公众号所推送的文章来看，目前涉及的学科包括：人类学、民族学、语言学、（军事）安全学、历史学、哲学、文化传播学、地缘政治学，涵盖的专业领域包括国际组织研究、社会科学方法研究、人道主义援助研究、全球与地区治理研究、俄罗斯研究、中东研究、北极研究、水外交研究等等，不一而足。

第四，机遇挑战类，主要是探讨中国周边学建设过程中的机遇与挑战。机遇可以概括为：历史积淀，如中国历史上处理周边关系的丰富经验，中国古代哲学思想中提供的各类概念、原则和规范，对相关学科的学术研究历史传统积累等；现实结构，包括客观上中国国家地位的上升，物质力量的提升，新型知识体系的构建，相对宽松的国际环境等等；政策要求，主要是党的十八大以来中共中央对周边外交的重视，提出系列发展战略，“一带一路”倡议、“命运共同体”等的建设要求；学术需求，包括学术界自身建设周边类学科知识体系的需要，以及当前相关学科的整合需求等。[①] 挑战则包括：概念界定，包括关于“周边”“周边观”“中国周边”周边学等几个概念内涵、外延与范畴的分歧；学科定位，包括对中国周边学独立学科构建的理论、方法、课程设置与价值意义的质疑；建设能力，包括对于学科建设所需要的学术话语权、学科地位、专业人才的培养尤其是语言人才的培养存在担忧等[②]。

（二）中国周边学与“区域与国别研究”的关系

中国周边学虽然在概念界定上仍存在分歧，但其基础还是应当首先建立在区域类研究之上，并在学科界定与发展时就首先遵循区域类研究的一般规律。找准中国周边学的定位，首先要找准其与区域与国别研究的关系所在。区域与国别研

① 石源华：《开展“中国周边学”研究刻不容缓》，复旦大学《中国周边学研究简报》，2018 年第 1 期；陈奉林：《建立中国周边学必要性与可行性的初步探索》，复旦大学《中国周边学研究简报》，2018 年第 9 期。

② 关培凤：《创建“中国周边学”的机遇与挑战》，复旦大学《中国周边学研究简报》，2018 年第 6 期；赵卫华：《“中国周边学”兴起的现实意义与面临问题》，复旦大学《中国周边学研究简报》，2018 年第 7 期；林民旺：《中国“周边学”构建需要解决的问题》，复旦大学《中国周边学研究简报》，2018 年第 10 期等。

究（Area Studies）[①]，广义上指通过解译当地语言、历史文本挖掘、实证研究与田野调查等方法对特定地理位置、民族国家、国家联合体或共同体与文化地域的研究，是一门涵盖社会科学及人文学科多领域、多类别的跨学科研究；狭义上则指对特定区域或国家的历史、政治、经济、军事、社会、文化、语言或其他某一或几个领域的研究[②]。

从概念上来看，中国周边学属于区域与国别研究的范畴，如石源华、李文、蔡建等均提出，中国周边学可归属于区域与国别研究，区域与国别研究是中国周边学的基础。[③]但对此，学者们也有不同看法。赵卫华指出，中国周边学应当基于区域与国别研究，但又要超越区域与国别研究。[④]郑先武、李峰则强调以“跨境区域研究”作为中国周边学建设的路径，以规避其中区域与国别部分相互重叠的概念。[⑤]郭锐、王彩霞指出，中国周边学旨在融合贯通国别研究、地区研究与问题研究，以建立一个立体化、超地缘的研究视角。[⑥]林民旺指出，中国周边学不应当只是深度的区域与国别研究，而是“一定意义上恢复亚洲的‘中国中心主义’”。[⑦]肖阳则在其文章中则指出，中国周边学研究过程中既存在将其等同于区域与国别研究的现象，又存在习惯于将“人类命运共同体”、“一带一路”建设等宏大叙事

---

① 广义上，区域（或称地区）涵盖了国别的范畴，因此区域与国别研究也泛称地区研究，西方学科中并没有 Area & Country Studies 的说法，因此此处仍翻译为 Area Studies。

② 概念界定综合参考自：郭树勉主编：《区域与国别讲演录》，上海人民出版社，2016 年 9 月，序言；陈岳、莫盛凯：《以深化地区国别研究推动中国国际关系学科的发展》，《教学与研究》，2016 年第 7 期，第 37 页； Pye L W, “The Confrontation between Discipline and Area Studies”, in Pye L W, Eckstein H, *Political Science and Area Studies: Rivals or Partners*, Indiana University Press, 1975, pp3-22; David L. Szanton, *The Politics of Knowledge Area Studies and the Disciplines*, University of California Press and University of California International and Area Studies Digital Collection, vol.3, 2002, p.1;

③ 石源华：《开展“中国周边学”研究刻不容缓》，复旦大学《中国周边学研究简报》，2018 年第 1 期；李文：《“中国周边学”的学科定位、研究视角与重点领域》，复旦大学《中国周边学研究简报》，2018 年第 3 期；蔡建：《“中国周边学”与国家外语能力建设》，复旦大学《中国周边学研究简报》，2018 年第 22 期。

④ 赵卫华：《“中国周边学”兴起的现实意义与面临问题》，复旦大学《中国周边学研究简报》，2018 年第 7 期。

⑤ 郑先武、李峰：《中国周边学与跨境区域合作研究》，复旦大学《中国周边学研究简报》，2018 年第 45 期。

⑥ 郭锐、王彩霞：《中国周边学发展与建设周边命运共同体的互构》，复旦大学《中国周边学研究简报》，2018 年第 40 期。

⑦ 林民旺：《中国“周边学”构建需要解决的问题》，复旦大学《中国周边学研究简报》，2018 年第 10 期。

逻辑进行植入和填充的现象。①

从实践来看，中国周边学应当是在区域与国别研究中，圈定在周边这个区域范围内，对与中国紧密相关联的地区问题、国别问题、边疆问题等的系统性整合。结合区域与国别研究建设的现状与特点，中国周边学的特点包括：其一，边界与范围的模糊性。所圈定的“周边”无论是“大周边”还是“小周边”，边界与范围均较模糊；其二，目的的后置性。是在有了对某个区域和国家的研究之后，将其整合入中国周边学，而不是将某个区域和国家界定为严格意义上的“中国周边”后，再去做研究；其三，研究对象的立体辩证逻辑。中国周边对象研究范围包括跨时间、跨空间和跨文化的主体，具有立体性，但具体研究需要有问题导向性，即集中于某一个时空范畴内的某一类特定问题；其四，研究主体的多元性。虽然建设中国周边学更多是一项学术界的工作，但由于研究对象的特殊性，导致研究主体必然不限于学术界，政策界、商界等利益攸关方也有着不小的发言权。

二、不确定性——中国周边学建设的挑战

从中国周边学建设的诸多文章中，可以感受到各位专家学者的拳拳之心，那就是推动周边研究——这个重要、特殊且前沿的研究领域——作为学科的发展方向，为崛起之中国尽绵薄之力。但是，这依然不能消除笔者对于创设中国周边学的不确定性的担忧，这些不确定性主要来自于两方面。一方面是中国周边学自身的不确定性；另一方面是中国周边学作为区域类学科，与“区域与国别研究”学科建设共有的一些不确定性。

（一）中国周边学自身的不确定性

首先，中国周边学概念、内涵与范畴的不确定性。一方面，中国周边学客观上来说是以“中国”为中心，以“周（periphery）”为范围，以“边（boundary）”为界限的一个概念，可能会带着某种中心主义甚至“势力范围划定”的色彩，不利于其学科的推介发展和与国际接轨。虽然，西方国际关系理论也经常带有“西

---

① 肖阳：《“中国周边学”与周边水外交》，复旦大学《中国周边学研究简报》，2018 年第 39 期。

方中心主义”的色彩，但姑且不论西方有没有“××周边学”这一概念，中国的学科与理论崛起，是否还要重蹈西方以自我为中心建构理论所带来的覆辙，值得商榷。毕竟，以中心主义所建构的理论，往往在对接具体地区或国家时“水土不服”，无益于问题的解决，甚至会引发激烈反弹，[①]日本的“大东亚共荣圈”和美国的“辐轴体系论”都或多或少有这种特点，即便这些国家也避谈“XX中心论”，但其所缔造的周边体系并无法避除其周边国家的警惕与怀疑。一门对周边国家进行研究的学科，肯定不能完全是自我中心、自说自话的学科。作为一个研究领域，把“中国周边”或“（中国）周边外交”作为一个范畴去研究是可以理解的，但是否可以将其作为一个学科（其核心是“相对独立的知识体系”）去建设，客观来说也难免会引发不同的意见和理解。云南大学周边外交研究中心的英文翻译，没有采用“periphery”（有“边缘、外围”的意思）或采用“neighborhood”（有“邻里感情”“守望相助”之意）的翻译，而是用了“neighbor”（强调“邻居”“毗邻”的中立色彩）的译法，也有类似的考虑。

另一方面，中国周边学内涵究竟有多大，这关乎其学科界定及发展前景。从不同的角度审视，中国周边学的内涵就会出现不同的差异，从而其学科本身及其发展的界定也会产生差异性。例如，石源华教授提出中国周边学滞后于中国周边外交研究及“中国学”的发展，处于“未成型”的状态，是基于对中国周边学服务于崛起中的中国处理周边事务所需的新理念为定位，因此也提出中国周边学的学科建设是“应运而生”的；[②]李文研究员则提出中国周边学作为区域与国别研究中特定的一部分（包括周边相关的国别研究、次区域研究等），已经初具规模，因此已经完成“十月怀胎”，就等“一朝分娩”，[③]更偏向于对既有学科或研究的整合和重构；周方银教授则认为，中国周边学需从古代东亚国际关系的丰富历史经验出发，起初不应仅是数十年来中国周边外交的实践，在强调“他山之石可攻玉”

---

① Johnson C, Keehn E B., “A Disaster in the Making: Rational Choice and Asian Studies”, *The National Interest*, vol.36, 1994, pp14-22.

② 石源华：《开展“中国周边学”研究刻不容缓》，复旦大学《中国周边学研究简报》，2018 年第 1 期。

③ 李文：《“中国周边学”的学科定位、研究视角与重点领域》，复旦大学《中国周边学研究简报》，2018 年第 3 期。

的同时，其也提到中国周边学目前还只是“一个比较大胆的想法”。[①] 实际上，中国周边学与“亚洲国际关系”或“中国外交实践”既有嵌套之处，又有不同之处，如果无法厘清与这些既有二级、三级学科的联系与区别，那么其学科的必要性和可行性就会打折扣。

其次，中国周边学设立的目的是什么？是学科导向还是专业导向？从目前诸位学者所畅想的学科建设来看，中国周边学的主要目标更多并不是为了在大学里新设专业，而是推介这个学科，使其如同美国学、欧洲学、日本学、俄罗斯学一样兴盛发展起来，成为一个成熟的学科，助推“中国学”的发展。但我们不可忽视的是，美国学、欧洲学等所研究的对象，是地理学和国际关系学里约定俗成、有着明确定义和大致明确边界的区域，但“中国周边”的涵义和范围，则要模糊、笼统和可变得多，且其整体性与统一性，并不见得大于其多样性与差异性。一般而言，从“大周边”所扩充的过程来看，被界定为周边范畴的国家只会越来越多，很难说突然就把某几个国家“剔除”，目前“大周边”已经被拓展到 64 个国家，[②] 究竟应当平等、对等地研究这些国家（无论大小、无论重要性、无论是否与我建交），还是要分出优先级，例如强调所谓的“走廊国家”“缓冲地带”这些具有强烈地缘政治色彩的概念，进行有优先度、有主次的研究？进行概念不清晰的研究并不利于学科的建设，而过于清晰的研究，是否有利于我周边外交的推进，值得商榷。从实践角度来看，外交讲究的是灵活应变的艺术，对“中国周边”概念过于清晰的界定在外交实践中反而难免会自缚手脚。另外，如果说中国周边学有发展“中国学”的色彩，那么是应当更强调现阶段中国特色大国外交的特色，还是要适当继承历史上的“封贡体系学”，也需谨慎考虑。姑且不论“封贡体系”这个概念是否能得到国际社会的认可，就连体系内的国家，是否愿意承认自己归属过这一体系，仍然存疑。在这个意义上，以中国周边学为一个学科的研究对象，其前景至少是有不确定性的。

再次，中国周边学的学科边界何在。中国周边学基于其特殊的地域范围和相对广义的研究范畴，其涉及到不少既有学科，自提出起就有较强的跨学科性。这里的“跨学科”不能仅仅是学科与学科简单地“做加法”，也不能漫无边际地进行

---

① 周方银：《中国周边学的理论视角与理论意义》，复旦大学《中国周边学研究简报》，2018 年第 4 期。

② 石源华、祁怀高主编：《中国周边国家概览》，世界知识出版社，2017 年版，第 1 页。

跨界联系，比如虽然“植物学”也可以被纳入周边研究（周边国家植物研究）的范畴，但如果不联系相关学科对中国或中国周边地区政治、经济与社会的影响，其是否合适纳入中国周边学还有待商榷。即便字面上中国周边学所囊括的对象无穷无尽，但从学科建设的角度看，必然要有那么几个更重要的切入点。就不确定性而言，中国周边学与国际政治、国际关系、外交学和中国外交等相关学科的界限、区别与联系就存在不确定性。如果将中国周边学置于政治学研究之下，那么是不是中间应当还有一个应接性概念周边学？如果将其置于国际问题研究之下，那么其很大程度上会被归类于区域与国别研究，从而成为三级学科（目前区域与国别研究仍然未建立一级学科地位）。如果与外交学相嵌套，是否更应该以“中国周边外交学”为研究对象，但这显然无法涵盖中国周边学的内涵与外延，有违学科建立的初衷。

（二）作为区域类学科的“不确定性”

中国周边学的不确定性还在于，其所归属的“区域与国别研究”本身也存在较大的不确定性，而不少学者所述的，关于中国周边学是否可以在严格意义上属于“区域与国别研究”，又再次增加了其中的不确定因素。

客观上来说，“区域与国别研究”在中国的发展已经有一些成效。2018 年 4 月 15 日，云南大学在昆明举办了“区域与国别研究理论与方法”的全国研讨会，来自全国各地近 50 名专家学者与会，会议的一个主题是研讨区域与国别研究的学科发展问题。会议期间，云南大学新增“区域与国别研究”二级学科博士授权点，也经专家论证会得以通过。而就在几天前（4 月 12 日），北京大学举行了“北京大学区域与国别研究院揭牌仪式暨学术研讨会”，正式确定了“区域与国别研究”在该校的地位。实际上，清华大学在 2017 年 7 月的时候，已经低调地为“清华大学国际与区域研究院”挂了牌，清华大学著名的“发展中国家研究博士项目”就放在这个研究院里。此外，包括上海外国语大学在内的各高校早在几年前就已经设立了区域与国别研究或相近名称的二级学科博士点。推动区域与国别研究学科发展这件事早就在做了，只不过近两年来有了加速发展的趋势。其中一个刺激因素可能是 2017 年教育部批准了一大批“国别与区域研究基地”（实际上教育部关于印发《国别和区域研究基地培育和建设暂行办法》的通知早在 2015 年 1 月就已制定），而获设基地的高校基本都投入了前所未有的力度来加以建设。

可以看出，“区域与国别研究”如果说还不是如火如荼，也至少可以说是方兴未艾。即便如此，依然不能排除其不确定性所在，这些不确定性客观上也增加了中国周边学建设的不确定性。

一是对学科设立的名称的争鸣。“区域研究”（Area Studies）是国际上比较通行的一个概念，美欧各国设立这个学科至少已有数十年的历史。尤其是美国，不仅经历了对有关学科的“大反思大批判”，还基于该概念创造出了不少的新理论。① 在最近几年里，国内也产生了多个与这个相关、相近的名称，包括教育部文件里使用的“国别与区域研究”，清华大学使用的“国际与区域研究”，以及社科院张蕴岭教授倡导的“国际区域学”等，不一而足。这些概念之间，有着或多或少的差异，也反映出一些问题，比如“区域”与“国别”孰先孰后，究竟是按照研究范畴来优先大的概念（区域），还是按照研究的基础性来优先小的概念（国别）？再比如，“国际区域学”的概念是否能够清晰表明研究的重点与对象，其与“区域学”有什么本质的区别与联系？昆明会议期间，本来设计有一个议程是讨论《国际区域学的理论与方法导论》的提纲研讨及工作分工，但因为条件尚不成熟，不得不暂时搁置。这也说明，这个问题尚无定论，还有待商榷。在“区域与国别研究”名称尚未有定论之际，中国周边学应当与“区域与国别研究”有何种联系的问题也同样很难回答，严格意义上来说，在学科建设尚未成熟之际，两者很大程度上还是要部分套用西方所铺设的“区域学”框架，或统称为区域类学科。

二是对设立学科的驱动力问题的异见。在探讨区域与国别研究学科建设的昆明会议期间，多个代表提出同一个尖锐的问题，那就是“开展区域与国别研究的学术动力到底在哪里？”，引发了热议。对这个问题普遍有人提出，国家战略与大国外交的需要是最重要的动力，但也有学者指出，要认识到学术的、学科内在的驱动力，才是持续的推动力。从历史上来看，在西方理论逐步支配全球国际问题研究的过程中，区域与国别研究为西方学科体系的建立提供了持续、动态与多样化的知识元积累，为其理论学说的经验观察与科学假设提供了案例与数据支撑，为其外交政策调整与形势预测提供了实证依据，也为美欧高等教育和外交事业的繁荣提供了坚实的人才基础。不管知识积累、理论构建、外交政策还是人才培养，

① David L. Szanton, *The Politics of Knowledge Area Studies and the Disciplines*, University of California Press and University of California International and Area Studies Digital Collection, vol.3, 2002, p.2.

都明显展示出其发展动力所在。但遗憾的是，在中国还没有这方面的共识，也还没有得到令人满意的答案，这一点也是中国周边学所面临的困境。不过坦白说，不管对于中国周边学还是“区域与国别研究”，学科地位以及相应的资源配置之争，都是现实的驱动力之一。与此同时，阻碍设立中国周边学“区域与国别研究”或其他新的二级、甚至一级学科的力量，也受到这种驱动力的影响。

三是对“跨学科”路径在学科建设中的分歧。昆明会议上，另一个争议的焦点是“区域与国别研究”是否需要、以及是否可能有着“专享”或至少是独特的理论体系、研究方法，以及较为特定、集中的研究对象。部分观点认为，“区域与国别研究”是天然的交叉学科，多学科是必然的、可行的路径，这也可能是一种研究范式的创新，其学科要点相对集中于国际关系、国际政治、外交学、国际/区域经济学和地区主义等学科和理论上。但也有一种观点认为，在构建“区域和国别研究”时，应忌谈“多学科方法”，因为一提“多学科”，就失去了其独立存在的意义，就会导致“区域与国别研究”成为一个“大筐筐”，造成什么都往里装的困境。当然，也有学者提出一种调和的观点，认为应该打破传统的学科划分机制，以一种“创新平台”的方式来打造“区域与国别研究”，而不应该仅仅是“跨学科”或者“创学科”，而是学科的融合与学科研究范式的更新。这几种观点都有着各自的道理，任何一方均难以说服另一方。在中国周边学建设的上海会议上，对“跨学科”路径的认识也存在类似的分歧，这说明，对于“跨学科”应当是缔造学科本身的形式（如系统化整合或者有机融合），还是学科缔造的一种工具（如借助其他学科的理论与方法为己所用），仍有较大的不确定性。

三、路径共商——中国周边学建设的前景

党的十九大强调“全面推进中国特色大国外交”，并明确“要推动构建新型国际关系，推动构建人类命运共同体”，确实对我们研究区域尤其是周边区域提出了更高的要求。在这样的历史背景下，笔者认为不管是中国周边学，还是“区域与国别研究”，抑或是其他名称的学科，面对上述不确定性时，还是应当积极找寻解决问题的路径。本着“风物长宜放眼量”的态度，笔者认为用哪个名称是其次，首要的是真实有效地推动区域（以周边为首要）的研究，服务于国家大计。为此，我们不妨以开放的心态、持续的研究、合作的态度，共商共建共享这一公共产品。

（一）以具体问题为导向，化“横向”整合为“纵向”建构

一旦体系化的知识经过实践检验，能解决某个实际问题，其路径经调整后，便可作为其他问题解决的参考方式。随着解决区域类问题（尤其是中国周边问题）的某一种或几种路径被学者们自觉应用于理论与实践之中，学科便自然而然建设起来、甚至成熟化了。西方建构区域理论时，并没有首先界定其是“区域理论”还是别的理论，而往往是通过接触、了解、分析具体区域与国家的内部地理环境、国民性格、民族构成与历史互动等，与西方自有理论的生成与适用环境进行对比，进而形成某种体系化、逻辑自洽、可供改造的“理论范式体例”（Practice），比如共同现代化理论、权力合法化理论与经济民族主义理论等。西方范式不一定适用于我国的理论建构，但其成熟的方法也有一定的借鉴意义，体系化的知识生产在国内是比较缺乏的，中国周边学学科的建设正是一个好的机遇。

从体系建构来说，西方的经验与教训值得深思。在西方早期资本原始积累过程中，其对区域类学科的重视，促其在社会经济建设、相关学科发展和对外政策研判中饱尝甜头。然而，随着时代的变迁及西方区域类学科固有的顽疾暴露，其政策依赖的下降、价值判断的单一与理论实践的脱节，束缚着其自我迭代发展，导致大量研究区域与国别的学者转去研究宏观理论范式，一度引发区域类学科“衰亡危机”。①

在体系建构初期，中国周边学的建设还是应当寻找相对规范的着力点。例如，可通过规范化解释形成逻辑自洽的理论范式，这里的“范式”并不一定要像西方语境下“范式”概念那么“科学化”，而是可更多结合中国传统外交哲学，但一定要讲别人听得懂的语言、说别人愿意听的故事，使学科建设从一开始就具有强烈的道义合法性。当然，如何规避“中国中心论”的弊端是值得深思的一点。不管“中国中心论”在中国崛起过程中其名、其实如何，外交毕竟是一门讲究和解与协调的艺术，最大化规避“中心论”给学科本身带来的困境，以利于理论纳入实践轨道，才是值得深入探讨的。

---

① Cumings B., “Boundary Displacement: Area Studies and International Studies During and After the Cold War”, *Bulletin of Concerned Asian Scholars*, vol.29, No.1, 1997, pp.6-26.

（二）先解决“体与用”的问题，再讨论“文与质”的问题

在述清哪一个名称更为科学合理之前，更应优先思考的是，如何在一定的范畴之内，做实、做细、做到位相关的研究，讲好相关的故事、贡献出一整套逻辑自洽的理论方法。或许在研究初期，中国周边学同区域与国别研究一样，会与国际政治、国际关系或外交学研究存在这样那样的交叉之处，但笔者相信随着研究的深入，学科间应有的界限会渐渐明晰，而学科间应有的融合不仅将助力新学科理论方法的诞生，也将惠及旧有学科的更新发展。

中国是大国，大国的区域类研究就应该有大胸襟、大视野、大关怀，中国未来兴起的区域类研究，应当吸取美国等西方国家的教训，应当打造的是既具有中国视角，又具有世界关怀的理论。“跨学科”是学科自我更新迭代的必然要求，只不过我们现在很多言必谈“跨学科”的内容，都不是理想中高质量的“跨学科”。或许将来出现的某种理论，既有区域类研究的属性，又具有国际关系学科属性，但我们没必要去辨析其究竟属于哪个学科，而是应当进一步思索这样的理论以怎么样的方式发展和更新了既有学科，这才是有效的、高质量的“跨学科”。

就此而言，也有一些路径可供参考。其一，有的学者谈“他山之石可攻玉”，例如我们可以借鉴日本、美国和印度处理周边关系的方法，但我们何不在学科建设初期，就纳入我们周边国家的智慧，来达成最初的“共建、共商、共享”呢？可通过议题设置来形成与周边国家的利益协同捆绑，促使中国周边学从一开始就有周边国家的学者参与，以逐步缔造可以与西方知识体系抗衡或者相对峙的学术话语权。不过，值得探索的是，是否一开始可“搁其名而行其实”，先以某种方式降低“中国中心论”的色彩，例如谈“中国东盟学”“中国蒙古学”“中国缅甸学”“中国澜湄学”等等。

其二，重视学科的自我更新完善。虽然二十世纪下半叶，美国和西方国家的区域类学科因“大理论转向”而出现了衰落，但不得不承认的是，美国等国家区域类学科的自我更新能力极强。美国一方面毫不避讳利用区域与国别研究来维护美国国家利益，另一方面则又鼓励国内开展“大反思”来批判和改良旧有思路。例如，福特、洛克菲勒和卡内基金会，每年斥巨资资助美国高校“区域中心”的

研究，[①] 而美国政府毫不避讳学者提出对美国区域研究中“美国例外论”和“西方中心主义”的挑战。[②] 区域与国别研究在“自我对抗”的过程中，知识体系源源不断被更新，又衍生出不少知名理论。[③] 自我更新完善使西方理论被赋予新的时代性与生命力，在世界知识体系中的垄断地位得以巩固。美国的思路虽然有其自身的国情特点，但不可否认也值得我们借鉴。中国周边学及“区域与国别研究”，从一开始就要敢于和善于接受各学科及不同领域的人士的批评意见，在不断自我反思的过程中展现勃勃生机，并最终建设起更有质地而并非名头更加响亮的学科。

（三）如何有效化解学科资源的配置问题，需要所有参与者的集体智慧

新旧学科之间的利益分配问题，往往难以启齿但却非常实际。在“区域与国别研究”学科建设的会议上，就有学者坦言，如果“区域与国别研究”学科建设发展起来，那么“国际关系”学科原有关于区域与国别内容的研究“怎么办？”在中国周边学学科建设的会议上，也有学者提出，建设中国周边学究竟如何处理其与原来外交学、边疆学、民族学及国家安全学相关内容之间的关系？中国周边学既需要各类学科作为其建立与发展的基础，又需要在这些诸学科之上建立自身的独立性，在短期之内如果不进行高效的资源让渡和资源整合，谈何容易！

对既有学科的失落感，也是比较正常的。但试想，国际关系学学科的兴起，不也是在与政治学学科甚至经济学、社会学学科“抢资源”的过程中逐步成熟起来的吗？实际上，区域类学科与国际关系学学科本身也没有“孰先孰后”的问题，国际关系学在理论范式上的更新还曾经一度成为立于区域研究之上的“新星”。在20世纪美国行为主义兴起的时期，区域学受到了沉痛的打击，区域学的学者纷纷垂青于实证主义科学理论的建构，而不再关注区域学本身。不过，随着区域学“自我对抗”不断升级，实际上其生命力不仅没有丧失，反而以更加成熟的方式展现

---

① David L. Szanton, *The Politics of Knowledge Area Studies and the Disciplines*, University of California Press and University of California International and Area Studies Digital Collection, vol.3, 2002, p.8.

② Desmond and Dominguez, “Resituating American Studies in a Critical Internationalism”, *American Quarterly*, Vol 48, No 3, 1996.

③ 例如，安德森“想象的共同体”、鲁道夫“传统的现代性”、格尔茨的“剧场国家”和奥・丹尼尔的“官僚威权主义”、司格特的“弱武器”、特纳尔的“有限空间”等。参考自 David L. Szanton, *The Politics of Knowledge Area Studies and the Disciplines*, University of California Press and University of California International and Area Studies Digital Collection, vol.3, 2002, p.2.

出来，甚至成为各高校的“显学”，[①] 这固然有政策界的支持，但更多是学术界自我适应与自我进化的过程。

既然资源的分配无法满足所有人，那么有志建立中国周边学和“区域与国别研究”的诸位同仁，就要敢于分享自己原有学科的知识，笃信这样的分享不会牺牲自己在原有学科的地位和利益。结合新学科建立的需求积极建言献策，最终形成集体智慧。其中既要包括推进学科成长的营养成分，又要包括防止因急功近利因素而致使学科跑偏的调适手段，更要有一颗愿意长期栽培、甘于寂寞、屡败屡战的热忱之心。集体智慧的建立，始于集体知识的积累，兴于集体行动的实践，旺于集体智慧的持久更新与完善。

有观点提出，区域研究应该建设一个“圈子（network）”，并由这个圈子来共享学科建设的资源。笔者认为，这样一个“圈子”的建设确有必要，诸位学者能够在数次中国周边学与“区域类学科”研讨会上积极讨论问题，这样的“圈子”实际上已经有了雏形。希望诸位同行专家将自己原来领域学术资源分享到区域与国别研究的同时，笔者认为这样一个“圈子”也有能力“共建”新的资源，甚至可以将这些资源反馈给其姊妹学科。当这个“圈子”越做越大，并且和其他“圈子”有机、平等地套合在一起时，或许我们原先孜孜追求的“学科边界”，也将没有那么重要了吧。

---

① Madden T J, Ellen P S, Ajzen I.,“A comparison of the theory of planned behavior and the theory of reasoned action”, *Personality and Social Psychology Bulletin*, vol.18, No.1, 1992, pp.3-9.

试析新时期“中国特色周边外交”

赵明昊

【内容提要】近年，我国周边外交在顶层设计、机制建设、策略运筹、资源投入等方面实现较大进展，其在中国外交全局中的地位和重要性不断提升。在此背景下，加强中国周边外交的学术研究、理论研究、政策研究和话语研究，思考新时期“中国特色周边外交”问题，探索构建中国周边学具有重要意义。中国周边外交何以“特色”，主要源于具有特色的地缘环境、政治制度、历史遗产和发展进程。“一带一路”建设有力促进了新时期“中国特色周边外交”的发展。通过探析“一带一路”建设的新理念新实践新机制，有助于进一步深化对“中国特色周边外交”的认识。

【关键词】中国特色大国外交　中国特色周边外交　“一带一路”　互联互通

【项目信息】本文是国家社会科学基金项目《“一带一路”建设中的美国因素及其应对策略研究》（批准号：17CGJ027）的阶段性成果。

【作者简介】赵明昊，中共中央对外联络部当代世界研究中心研究员。

党的十八大以来，我国周边外交在顶层设计、机制建设、策略运筹、资源投入等方面实现较大进展，其在中国外交全局中的地位和重要性不断提升。党的十九大提出未来数十年建设“社会主义现代化强国”的国家发展目标，并将推动构建新型国际关系、推动构建人类命运共同体明确为新时代中国特色大国外交的中心任务。在此背景下，如何进一步深化中国周边外交、促进周边命运共同体发展，成为亟待谋划的战略性课题。因此，加强中国周边外交的学术研究、理论研究、政策研究和话语研究，探索构建中国周边学具有重要意义。当今世界，几乎每个国家尤其是大国都要处理自身的周边外交问题，或曰与邻国之间的关系问题。中国周边外交何以“特色”，是提出和构建中国周边学需要回答的核心问题。具体而言，或还包括以下几个问题：中国的周边外交和其他大国的周边外交有什么相同和不同之处？中国周边学的问题意识何在？中国周边学与“外交学”、“中国学”是何关系？中国周边学的学理意义和实践意义是什么？等等。本文希望就如何理解中国周边外交的“特色”问题进行初步探讨，继而结合近年“一带一路”建设的相关外交实践，围绕互联互通这一核心理念，思考如何进一步把握和推进中国特色周边外交。

一、如何理解中国周边外交的“特色”

近年来，在世界呈现“百年未有之大变局”的背景下，中国领导人明确提出要构建“中国特色大国外交”。习近平主席强调，中国外交要高举和平、发展、合作、共赢的旗帜，统筹国内国际两个大局，统筹发展安全两件大事，牢牢把握坚持和平发展、促进民族复兴这条主线，维护国家主权、安全、发展利益，为和平发展营造更加有利的国际环境，维护和延长我国发展的重要战略机遇期，为实现“两个一百年”奋斗目标、实现中华民族伟大复兴的中国梦提供有力保障。在此基础上，习近平进而提出，“中国必须有自己特色的大国外交，要在总结实践经验的基础上，丰富和发展对外工作理念，使我国对外工作有鲜明的中国特色、中国风格、中国气派”。2013 年 6 月 27 日，外交部部长王毅在第二届世界和平论坛上发表演讲，首次阐述“中国特色大国外交”的理念。王毅表示，今天的中国已经站在世界聚光灯下，世界期待中国为维护世界和平、促进共同发展作出更大贡献；中国愿把握自身国情与世情的结合点，找准中方利益与各方利益的汇合点，通过更为主动、积极的外交实践，回应国际社会的期待。[①]

在构建“中国特色大国外交”的进程中，中国的周边外交占据着特殊重要地位。进入 21 世纪以来，亚太地区整体实现快速发展，其对全球经济增长的贡献率目前

① 《王毅部长在第二届世界和平论坛午餐会上的演讲》，外交部网站，2013 年 6 月 27 日，http://www.fmprc.gov.cn/mfa_chn/zyxw_602251/t1053901.shtml。

已经达到60%以上，考虑到人口总量、技术发展水平、文化多元性等因素，亚太地区在世界经济、政治、安全格局中战略影响日益凸显。中共十八大以来，随着中国在亚太地区海外利益的显著扩展，中国越发重视深化与亚太地区国家的全方位联系。正如张蕴岭教授所言，中国的周边区域观正在回归，“亚太作为一个区域，既要为中国经济参与提供平台，又要为中国处理政治与安全关系提供空间”。①

把握和构建“中国特色大国外交”，离不开辨析和推进“中国特色周边外交”。简要而言，中国周边外交的“特色”，主要体现在以下几个方面。

第一，具有“特色”的地缘环境。在当今世界大国中，中国面临的周边外交形势应该说是最为复杂的。与中国领土领海直接相邻的有20个国家，陆上邻国14个，海上邻国8个，其中朝鲜、越南既是陆上邻国又是海上邻国。与美国仅和加拿大、墨西哥接壤不同，中国的周边邻国中既有俄罗斯、印度、日本这类大国，也有巴基斯坦这类虽然体量不大，但拥有核武器的国家，还有缅甸等处于转型中的国家以及阿富汗等内部动荡的国家。可以说，中国的周边地区不仅是全球最大的地区经济板块，也是大国力量和核力量最集中的地区。

中国位于欧亚大陆的东端，面向太平洋海域，具有陆海兼备的地缘特征。从理论上而言，中国应成为陆海战略方向并进、陆海力量融合、陆海优势凸显的强国，并进而在国际舞台上发挥应有的作用。从现实环境和周边的“次区域板块”看，无论是东南海疆，还是邻近中国西部的地区，都面临严峻的安全挑战。美国哈佛大学教授约瑟夫·奈曾多次指出，很大程度上正是因为中国的地缘劣势，中国难以取代美国成为全球事务的主导者。未来一个时期，出于对美国亚太政策的担忧和焦虑，日本、澳大利亚、印度等国或将更为积极地“串联”，加之美国本身也有意在“印太战略”框架下扶持“日澳印+X”的地区合作模式，亚洲“多强竞争”的态势将会越发深化，中国面临的周边安全形势也将随之更趋复杂。

第二，具有“特色”的政治制度。中国是共产党领导的社会主义国家，这一政治制度对中国的对外政策和周边外交具有根本性影响。从历史上看，社会主义国家在处理对外关系方面体现出不少特色，沈志华教授等就冷战时期社会主义阵营内部国家关系已做出深入研究。从现实来看，需要从“社会主义”而不是仅仅

① 张蕴岭：《中国的周边区域观回归与新秩序构建》，《世界经济与政治》，2015年第1期，第13页。

从“民族国家”的维度看待中国与周边国家的关系。

近年，中国领导人提出构建“中国特色大国外交”，很大程度上其中的“特色”是和“中国特色社会主义”一脉相承的，是和社会主义政权安全、社会主义制度、世界社会主义发展等问题紧密联系的。2017 年 12 月，中国共产党与世界政党高层对话会在北京举行，中共中央总书记习近平发表主旨演讲时强调，“中国共产党所做的一切，就是为中国人民谋幸福、为中华民族谋复兴、为人类谋和平与发展”。显然，中国共产党在中国对外政策制定和外交实践中占据主导地位，中国共产党的宗旨、理念和方针直接而深刻地影响着“中国特色大国外交”和“中国特色周边外交”。此外，过去几十年，中国共产党与周边国家政党和政治组织的交往，也是中国总体外交、中国周边外交的重要组成部分。至今，中国在处理与越南、老挝、朝鲜的关系时，仍然非常强调“社会主义”这一层面的特殊关系，中国共产党与这些国家执政党之间的党际关系在塑造国家间关系方面发挥着重要而特殊的作用。事实也证明，“社会主义”、党际交往因素对于中国和越南缓和南海问题争端、中国和老挝推动建设中老命运共同体等殊为关键。

当然，也应当看到，冷战时期，中国周边外交曾出现一些问题，其部分原因在于没有正确处理国家关系中的政治制度、意识形态等因素，如 20 世纪 60 年代中国和印尼的关系。值得注意的是，在中共十九大之后，美欧等国出现新一轮“中国威胁论”的苗头，而且主要内容是“中国模式输出论”“中国政治渗透论”。面对比以往任何时候都要强大和自信的中国，面对中国从“经济上崛起”向“政治上崛起”转变，很多西方人士感到不适，这种情绪也会在中国周边地区产生影响。尤为甚者，这种变化还会与中国周边外交中的“华人 / 华族”问题相互作用，如近年在印尼发生的“钟万学事件”。

第三，具有“特色”的历史遗产。大致而言，19 世纪中期以前的很长时期，中国在东亚乃至欧亚大陆的东部都占据着“主导者”的角色，中国的历史地位以及周边国家对历史上中国的“观念”与当今和未来的中国周边外交是存在“回响”的。虽然从清康熙时期的《尼布楚条约》开始，中国逐步出现“划界而治”的观念，但“天朝上国”“普天之下”“华夷之辨”等观念对历史上的中国统治者影响深远。

当然，费正清（John Fairbank）等西方学者用“朝贡体系”“中央王国”“例外主义”等概念来描述近代中国的外交也是存在争议的。正如哈佛大学清史教授欧立德（Mark C. Elliott）等人所言，基于西方历史的“纳贡”（submit tribute）与明清时期中央王朝处理藩国关系的理念和经验无法直接划等号。“朝贡”的核心是“礼”，形式上是“薄来厚往”，注重的是“字小以仁、事大以诚”（如清雍正皇帝曾将670平方公里的土地划给安南）。可以说，“礼”为中国处理与周边国家关系提供了一套不同于威斯特伐里亚体系（实际上从1648年直到1814年维也纳会议西方才真正建立民族国家体系）的秩序观。近年来，康灿雄（David Kang）、邝云峰（Yuen Foong Khong）等一些西方学者也开始重新审视“朝贡体系”的丰富内涵和独特价值。应该说，“礼”对中国周边外交的“差序格局”“正确义利观”“周边命运共同体”等理念存在一定影响，在当代中国日益注重外交中的“文化/文明因素”的背景下，如何处理好“历史遗产”（有形的历史遗产和无形的历史遗产）与中国周边外交的关系，值得深入思考。

第四，具有“特色”的发展进程。从幅员和体量而言，中国更像是一个“洲”而不是一个“国家”，中国的发展也呈现出“多面体”的特点。时至今日，中国仍认为自己是“发展中国家”，但是从对外经济关系、军事实力和安全影响、人文交流等方面看，中国已经进入“强国之列”，是一个“地区强国”。此外，中国的发展还呈现出不均衡的特点，特别是与周边国家相邻的省份基本上是经济实力较弱的地区。就国家身份而言，中国作为发展中国家和大国/强国的“双元性”（duality）对于中国周边外交具有十分深刻的影响。

中共十九大宣示中国进入“新时代”，并推动中国按照未来30年“两步走”的战略安排，朝着21世纪中叶建成“社会主义现代化强国”的目标迈进。应当看到，世界历史上从未有过一个13多亿人口的国家实现工业化、现代化的先例，中国崛起为强国的历史进程是“独一无二”的，唯有中国自身成为“新型强国”，才能有真正的“新型国际关系”，这将成为中国外交包括周边外交之“特色”的一大来源。不容否认的是，中国自身是影响亚太地区格局的决定性因素之一，一个经济繁荣、政治稳定、文化自信、军力日增的“强中国”在一定程度上对周边国家的政策心理会带来“冲击”。尤其是，未来数十年，随着中国希望在建设强国的征程上不断实现“跨越”，这种具有“特色”的发展进程将给中国处理周边外交问题带来新的挑战。未来5—10年，中国将迎来全面建设小康社会的决胜期，也是“实现第一个百年目标，迈向第二个百年目标”的“爬坡期”“衔接期”，需要从这一历史方位看待中国周边外交，营造对本国发展总体有利的周边环境，为中国从“地区性强国”向“全球性强国”的跨越提供必要条件和基础。

二、"一带一路"背景下的"中国特色周边外交"

之所以在当前提出"中国特色周边外交"这个命题，主要是因为过去几年来中国周边外交本身出现了一系列重要变化，而这些重要变化的出现又和"一带一路"建设息息相关。

中共十八大以来，中国周边外交进入空前活跃的新时期，中国周边区域观发生重大变化，很大程度上周边外交在总体外交中开始占据"重中之重"的战略定位。除了提出各种新的理念、倡议、政策，中国在周边外交的策略运筹上也出现新的变化，比如更加重视"顶层设计""底线思维"、强调抓好发展、安全两件大事等。此外，围绕有关中国周边地区秩序的演变和重塑问题，也有中国学者提出，应进一步发挥在亚太地区事务中的引领作用，筹谋新的地区安全架构，强化中国在本地区的"制度性权力"；中国应着力统筹周边"六大板块"，兼顾"印太两洋"，通过谋求"发展型安全"等推动地区秩序的重塑；中国需要基于关系治理和规则治理共建"一带一路"，打造以命运共同体为目标的新型区域合作机制。

可以说，过去几年来，中国周边外交在战略思想、政策体系、策略运筹等方面取得了较大进展，需要从总体上予以把握，总结好中国周边外交的理论和实践创新。应当看到，中国周边外交的这些重要变化与"一带一路"的提出和推进是紧密相连的。首先，在"一带一路"建设的推动下，中国与周边国家的合作持续发展，呈现出更加重视布局、伙伴关系网络拓展、国际责任意识增强等特点，比如，除了提出建设中国—中南半岛经济走廊、孟中印缅经济走廊、中蒙俄经济走廊之外，还进一步明确了建设中老经济走廊、中缅经济走廊的构想。其次，为推动"一带一路"建设，中国周边外交呈现很多创新发展。倡建亚洲基础设施投资银行、推动澜沧江—湄公河合作机制等成为中国周边外交中颇具创新意义的举措，体现出将自身发展与周边共同发展结合起来、将经济和安全结合起来等理念。这些新的探索和经验拓展了中国周边外交的"特色"来源。第三，"一带一路"建设给中国周边外交带来一系列新的难题，这些难题为探索新时期中国特色周边外交提供了动力，包括如何落实"正确义利观"、如何强化周边国家的共赢意识、如何加强海外安全保障能力建设、如何合理提供地区公共产品、如何完善中国周边外交决策机制等。

值得注意的是，在推动“一带一路”建设的背景下，“周边”的范畴已经突破了单纯的地缘层面，已不局限于与中国接壤或隔海相望的地理毗邻国家，若干对中国经济、政治和安全利益有重要影响的国家也被纳入周边外交的经略范围。中国的东面是亚太地区，西面是整个欧亚大陆，中国周边的辐射面涉及大约 35 亿人口，在世界格局中占有重要地位。正所谓，“思考周边问题、开展周边外交要有立体、多元、跨越时空的视角”，中国周边外交对于构建“中国特色大国外交”的重要性进一步上升，进而促使我们思考什么是“中国特色周边外交”这一问题。

“中国特色周边外交”是与“一带一路”建设密切相关的理论问题，也是“中国周边外交学”需要研究的重要命题。换言之，“中国周边外交学”的核心目标之一，就是要把“中国特色周边外交”这个问题讲清楚。当然，对于目前是否真正形成了“中国特色周边外交”还存在不同看法，对于什么是“中国特色周边外交”还缺乏明晰阐释，无论是在“实然”的层面还是在“应然”的层面，都还有不少需要探究的问题。比如，“中国特色大国外交”与“中国特色周边外交”之间的逻辑关系是什么。如何认识“构建全球伙伴关系网络”“新型大国关系”“参与和引导全球治理”“正确义利观”等理念和战略在中国周边外交实践中的运用和发展。再比如，如何理解和阐释周边外交中的“中国特色”。初步看，“特色”的来源包括但不限于：中国特色社会主义的内在要求，合作共赢的时代观、正确义利观，中国复杂而特殊的周边环境，中国向大国外交、强国外交迈进的背景，地区一体化的“中国智慧”和“中国方案”。

此外，还需要思考“一带一路”背景下中国周边外交中的大国关系框架问题，尤其是中国和美国在我国周边格局中的“兼容并存”问题。“一带一路”面临的主要挑战是应对大国战略博弈因素。推动“一带一路”建设需要处理好“中国—强国—邻国”的关系，即中国在深化与周边国家合作的同时需要妥善应对与俄罗斯、印度、日本等“地区大国”的关系。美国虽然不是“一带一路”的“沿线国家”，却是非常重要的“相关国家”，美国不仅在我国周边地区具有广泛的经济、政治和安全利益，而且有能力利用其军事同盟关系等给中国制造阻力和障碍，美国推动的“新丝绸之路”“印太经济走廊”等地区经济发展一体化方案也对“一带一路”构成影响。探究如何应对“一带一路”建设中的美国因素问题，有助于把握中国与周边大国（美国不是亚洲国家但却是亚太国家）的互动模式，有助于深化对“中国特色周边外交”的认识。

扼要而言，可以从以下五大维度探究“一带一路”背景下“中国特色周边外交”的理论和实践创新。一是战略定位层面的创新。从实现“两个百年”目标和中华民族伟大复兴中国梦的战略高度，思考“一带一路”与中国周边外交的定位问题。通过探析“一带一路”倡议蕴含的新理念，准确把握“中国特色周边外交”在“中国特色大国外交”中的地位和作用。二是顶层设计层面的创新。“一带一路”从“五通”（政策沟通、设施联通、贸易畅通、资金融通、民心相通）到“五路”（和平之路、繁荣之路、开放之路、创新之路、文明之路），中国周边外交也实现“全覆盖”，顶层设计不断得到完善。三是基本策略层面的创新。“一带一路”强调“共商共建共享”的合作模式，注重推动中国与周边国家发展战略的“对接”，并通过创立“澜湄合作机制”等发挥中国的引领作用，这些策略创新需要得到很好的总结。四是工作理念层面的创新。在中央周边外交工作座谈会上，习近平总书记提出“亲诚惠容”的周边外交工作理念，强调“立体、多元、跨越时空的视角”等。通过结合“一带一路”建设落实这些理念，努力营造睦邻友好的周边环境，逐步形成了周边外交的新风格新特点。五是具体实践层面的创新。在“一带一路”建设的带动下，通过倡建亚投行、设立丝路基金、推动中国—东盟自贸区升级、开展好主场外交、完善外交决策和协调机制建设等具体实践，周边地区成为构建中国特色大国外交的首要平台。

在阐释上述五大创新的基础上，可着力探究“一带一路”背景下“中国特色周边外交”的顶层设计、政策体系、前瞻意识和未来课题等问题，包括如何进一步坚持“四个结合”，即把自身发展和周边共同发展结合起来，在自身发展的同时也为周边事务贡献智慧和力量；把经济和安全结合起来，以和平维护发展，以发展保障和平；把双边合作同区域一体化结合起来，加强双多边协调发展；把亚洲的主体性与开放性结合起来，在完善周边伙伴关系网络同时，加强同域外国家合作。

由此，如果能够把“一带一路”背景下中国周边外交的理论和实践创新找准、说透，也就基本解决了如何理解和把握新时期“中国特色周边外交”这个问题。关于研究路径和重点工作，首先，可以通过“一带一路”研究，针对中国周边外交的战略布局、发展路径、文化内涵、未来展望等问题，提炼出有价值的理论成果，进而促进“中国周边外交学”的学理构建。其次，可以从如何促进“一带一路”与中国周边外交有机结合的角度，围绕顶层设计优化、长效机制构建、资源合理分配、国内支撑体制建设等提出政策建言，凸显“中国周边外交学”的现实意义。第三，可以从“讲好‘一带一路’故事”的角度，思考中国周边外交的“话语权”建设问题，不断优化中国周边外交的理论和政策话语体系，从而增强我国周边外交政策的对外传播效果，帮助我国和外国民众准确、理性认识“一带一路”和中国周边外交政策等问题。

三、从“互联互通”看“中国特色周边外交”

“一带一路”核心是“通”、关键在“共”，它是新时期以互联互通为导向（connectivity-oriented）的中国“强国方略”的集中体现，彰显了中国正在大力推动的互联互通新外交。由此，可以围绕互联互通这一核心理念和政策实践，认识和把握新时期“中国特色周边外交”。

应当看到，在一个权力分散的“网络化世界”或“多节点世界”中，国际社会的等级性结构逐渐被网络化结构所取代。一个国家的权力不仅来自于经济、军事、文化等方面的力量，还来自于对“关系”或曰“互联互通”的掌控，如果能处于在不同利益下形成的多种临时性组合的结点，与其他利益攸关者和重要力量建立“联通性”，就有望在21世纪成为真正的强国。[①] 在21世纪，“强国”的内涵需要重塑，也正在重塑，强国不能靠攻城略地来增加和维护权势，强国需要寻求“互联互通力量”，强国之间需要保持相互克制，探索合作共赢之道。2017年10月，习近平总书记在党的十九大报告中明确提出，中国将在2020年全面建成小康社会，2035年“基本实现社会主义现代化”，继而在2049年中华人民共和国建国一百周年前后建成“富强民主文明和谐美丽的社会主义现代化强国”。中国应努力成为21世纪的“新型强国”，发挥“成人之美的全球领导力”（facilitating global leadership）而非“霸权领导力”，更加自觉地以自身的积极变革带动世界的积极变革，促进中国发展机遇和世界发展机遇的“相互转化”。

中国虽然不是互联互通概念的首创者，但已成为当今世界最重要的互联互通倡导者、实践者、引领者，尤其是大力推动中国周边地区的互联互通建设。2012

① Mark Leonard ed., *Connectivity Wars: Why Migration, Finance and Trade are the Geo-Economic Battlegrounds of the Future,* The European Council on Foreign Relations, January 2016.

年，中共十八大报告首次将“互联互通”作为政策理念纳入其中，“互联互通”与高举共赢旗帜、倡导人类命运共同体意识、构建全球伙伴关系网络等中国外交的理论和实践创新一脉相承。习近平主席本人对“互联互通”尤为重视，并在多个国际场合对“互联互通”的涵义、目标和任务做出重要阐述。2014 年 11 月，在北京 APEC 会议召开前，中国政府专门举行了“加强互联互通伙伴关系对话会”，邀请蒙古、缅甸、柬埔寨、巴基斯坦、孟加拉等国领导人共商大计。习近平主席在这次会议上发表的讲话中指出，如果将“一带一路”比喻为亚洲腾飞的两只翅膀，那么互联互通就是两只翅膀的血脉经络。他还强调，我们要实现亚洲国家联动发展，亚洲各国就像一盏盏明灯，只有串联并联起来，才能让亚洲的夜空灯火辉煌。

过去几年，“一带一路”倡议与中国周边国家发展战略、区域和次区域互联互通构想、规划、项目之间的“对接”（integration）、“嵌入”（embedment）和“赋能”（empowerment）不断推进，取得重要成效。在双边层面，中国与老挝、柬埔寨、巴基斯坦、缅甸、蒙古、斯里兰卡等国围绕“一带一路”签署合作备忘录或政府间协议。第一，2015 年 4 月，习近平主席访问巴基斯坦期间，双方确定了以中巴经济走廊建设为中心，瓜达尔港、能源、交通基础设施、产业合作为重要领域的“1+4”合作框架，相关项目的投资额达到 460 多亿美元，其中包括喀喇昆仑公路升级改造项目、白沙瓦至卡拉奇高速公路（木尔坦—苏库尔段）、哈克拉至德拉伊斯梅尔汗公路等项目。第二，中国推动“21 世纪海上丝绸之路”与印尼“全球海洋轴心”、文莱“2025 愿景”等东盟国家发展战略加大对接，中国政府已经与泰国、马来西亚、柬埔寨等国签署了政府间海洋领域合作协议、合作备忘录和联合声明。第三，中国还通过澜湄合作机制等带动解决其他国家之间的基础设施建设融资难问题，如老挝—柬埔寨跨境桥梁建设。此外，由中国倡议设立的亚洲基础设施投资银行邀请印度成为创始会员国，该行董事会已批准为修建古吉拉特邦道路项目给予 3 亿多美元贷款。

在多边层面，中国与东盟成立互联互通合作委员会，借助主办 APEC 领导人非正式会议、亚欧互联互通产业对话会等机会，力推《亚太经合组织互联互通蓝图（2015–2025）》。[①]2010 年，东盟成员国通过了《东盟互联互通总体规划 2025》

① 吴泽林：《亚洲区域合作的互联互通：一个初步的分析框架》，《世界经济与政治》，2016 年第 6 期，第 76—78 页。

（MPAC 2025），将发展基础设施建设、提高东盟一体化水平、国际竞争力、民众生活水平等作为主要目标。[①]2017 年是 MPAC 2025 实施元年。虽然东盟提出了雄心勃勃的互联互通规划，但在实践中还存在不少困难和挑战，包括融资、技术、人才等方面。尤其是，东盟每年基础设施建设资金缺口超过 1100 亿美元，而东盟内部跨境融资平台远未成型，这就大大限制了东盟落实 MAPC 2025 的能力。中国方面大力推动"一带一路"建设与 MPAC 2025 进行对接，中国—东盟互联互通合作委员会等机制运转良好。中国加大对东盟的融资支持，正如中国驻东盟大使徐步所言，"中国倡议设立的亚洲基础设施投资银行、丝路基金等机制都可为东盟国家互联互通建设提供长期、低成本融资服务"。[②] 在具体项目上，中国力推昆明—新加坡铁路联运线路的建设，该线路总长约 7000 公里，完工后将使中国的西南地区与东盟的所有陆上国家（马来西亚除外）连接起来。

应看到，倡导互联互通，不仅是一种政策目标，也是一种新的世界观、战略思维和国际关系范式，是中国为引导国际和地区秩序积极转型而做出"智识贡献"。应当基于"一带一路"建设尤其是中国在周边外交中的相关实践，进一步总结提炼"互联互通理论"。简言之，"互联互通理论"具有以下主要内涵和鲜明特征。一是不以削弱各国主权为代价推动跨国性合作，而是肯定主权、维护主权，注重发挥各国政府在促进合作方面的枢轴作用。不以建立超国家实力为目标，而是倡导建立平等互助、合作共赢的"共生体系"。二是不以消除差异性为目标，而是充分尊重文明多元性和国际发展模式多样性，重视以共同理念、共通目标凝聚各国合力，实现"开放性聚合"。不靠排他性的价值观和体制来"统合"他国，而是寻求适应"一带一路"沿线国家各具特色的经济、政治和文化生态。三是不搞"唯我独尊"，要"合唱"不要"独奏"，强调"对接"而不是"趋同"，力求建立"平等的伙伴关系网络"而非"等级性秩序"，不强求他方制定新的战略呼应中方，而是将中方倡议与各国已有的发展规划紧密衔接起来，以务实的共同规划推动相关合作。四是不搞"唯规则论"，既推动规则建设，也重视沟通、协商、调解的作用，尽量照顾各方舒适度，维护彼此默契。面对分歧摩擦，既靠规则疏导，也靠关系

---

① 相关文件参见东盟官方网站，http://asean.org/asean/asean-connectivity/master-plan-on-asean-connectivity-2025/。

② 《"一带一路"与中国东盟合作再添新动力》，《经济日报》，2015 年 11 月 20 日。

"润滑"，将"规则治理"和"关系治理"相互结合。[1] 五是不搞"小圈子"，拒绝非此即彼、阵营分立、零和博弈，注重协调"一带一路"建设的"沿线国家"和"相关国家"的关系，力求以互联互通消解和超越霸权秩序等内生的"排他性"和"对抗性"。

总之，"一带一路"建设推动的互联互通为中国周边外交发展带来了许多新的空间和机遇，也是新时期中国周边外交形成"特色"的重要来源之一。它体现了中国周边外交新的战略设计和政策思维，在实践中也为中国周边外交积累了很多新的经验和策略，可以围绕"互联互通"进一步深化研究，从而为更好地认识和把握新时期"中国特色周边外交"提供资源和启示，为中国周边学的创建提供重要的基础。

① 秦亚青：《国际政治的关系理论》，《世界经济与政治》，2015 年第 2 期。

中国学视角下的周边学建构

武心波　房丽珠

【内容提要】本文阐述了中国学与周边学之间的关系，通过重新发掘中国和认识中国，建构自己的话语体系，为包括周边学在内的中国哲学社会科学研究提供逻辑框架和理论平台。周边学是一个空间概念，但中国的周边概念与西方物质本位空间概念不同，是一种关系文化空间。关系文化空间要求中国以“融”周边的方式，借助“缘脉”来处理与周边国家的关系。研究周边学，还要突破西方理论对既有“周边”的理解，从中国自身逻辑出发，探讨主体的多元性，以发现周边的多样性。

【关键词】周边学　中国学　内外　观念　想象　五环中国

【作者简介】武心波，上海外国语大学中国学研究所所长、教授、博士生导师；房丽珠，上海外国语大学国际关系与公共事务学院中国学专业硕士研究生。

中国周边学的诞生是顺应了中国崛起进程，有着历史的必然性，意义重大。中国周边学的建构应具有合理的逻辑体系和扎实的学理基础，而在其理论体系的自我建构过程中，中国学应是其不可或缺的、重要的视角和依托，位居其理论的内核。

中国学体系庞大，内涵丰富，受篇幅限制无法一一论及其与周边学的关系，这里仅择其要而略做叙述。

一、发现

以中国为代表的东方世界和西方世界一样，拥有自己的一套完整的体系，在这个体系里，有自己的概念、范畴、原理和方法；在认识论、本体论和方法论层面上，东西方也存在明显差异，形成了各自的路径依赖和文化偏好。

但要发现中国和真正地认识中国，是一个看似简单但却十分艰难的事情。如同西方像油画，因其客观性和写实性而容易被认识和把握那样，中国则更像是水墨画，因其崇尚写意，追求意境（或更像是经络和气）而难以把握和驾驭。

为此，不能想当然地认为只要是中国人就一定能读懂中国，恰恰相反，迄今为止，我们对中国的发现和认识还只停留在表层或中层，并没有发现深层的一个作为体系和方法存在的中国。对中国的认识和发现，需要借助学科的力量，这个专门的学科就叫“中国学”。

所谓“中国学”就是关于中国的学问。“中国学”的概念产生于20世纪中叶，是从汉学脱胎而来。[①]它是一门综合性学科，与“美国学”“法国学”“德国学”“日本学”等一样，都是研究中国、美国、法国、德国、日本等国的政治、经济、军事、文化、社会、历史、外交等问题的区域研究中的一门综合性学科和学问。换句话说，是把一个国家的各个领域和各种问题的研究看作一个整体来做综合性研究，它的研究方法常常是多学科、跨学科的。

但迄今为止的中国学长期漂流海外，成为各国研究中国的一门社会学学科。如最早将欧洲的汉学打造成中国学的美国哈佛大学著名中国通费正清教授，就率先用社会学的方法研究中国，从而创建了美国的中国学。此外，受其影响还产生了日本的中国学，法国的中国学，俄国的中国学等等。但是以上这些国家的“中国学”更注重学术研究对于现实的观照，肩负为政府提供政策咨询的任务，甚至可以被称为政府的“智库”。[②]因此，外国人眼中的中国因受其价值观和思维方式决定只能是他们眼中的中国，或失真、或变形、或扭曲，并非一个客观而真实的

---

① 刘庆华：《从文学地理学看中国学的构建》，《临沂大学学报》，2018年4月版，第40卷第2期，第47页。

② 刘庆华：《从文学地理学看中国学的构建》，《临沂大学学报》，2018年4月版，第40卷第2期，第48页。

中国。然而，当前我们根本没有一套自己的文论话语，一套自己特有的表达、沟通、解读的学术规则。我们一旦离开了西方文论话语，就几乎没有办法说话，活生生一个学术“哑巴”。[①] 要想摆脱这种“哑巴”状态，打破西方的统治视角，就必须构建“本土中国学”。

因此，让“中国学”回到中国，积极构建“本土中国学”（或“中国的中国学”）乃当务之急。本土中国学承担着找回中国、发现中国，进而重新认识中国和全面、完整、科学地解释中国的时代重任。我们正在以中国学为学科依托，去发现一个真正的中国，从而构建我们自己的逻辑体系和话语体系。

在构建话语体系的过程中，周边学是不可回避的一个研究学科。笔者认为“中国学”一定程度上可以说是中国周边学发展的学理基石，原因在于既然是中国周边学，那么必然要以中国的视角来探析中国与周边之间的关系。然而，当前受制于国际体系大环境的制约，中国还处在被迫以西方的框架处理与周边国家关系的阶段，西方与东方之间的偏差无论如何都是无法消弭的，因此中国学的学科建设尤为重要，需要中国学与周边学齐头发展。

二、概念

（一）“周边”概念

既然要研究周边学，那么有必要首先明确“周边”的概念。周边当是一个空间概念。对空间的一般定义是：物体存在、运动的（有限或无限的）场所，即三维区域，称为（三维）空间。这是东西方对空间的共同理解，构成了人类认知的共同基础。此外，对于边界的认识也是确立“周边”概念所不可或缺的的部分。一般认为，传统意义上的边界包括两重意思：就一国而言是该国所辖领土的范围，就相邻国家而言是区分两国领土范围的界限。因此传统意义上的边界往往指的是一个国家的四周。随着时代的发展和科技的进步，边界已演变为一个包括海、陆、空在内的多维立体概念。[②]

周边学有狭义和广义之分。目前狭义的周边学主流研究范式，以主权国家为

① 曹顺庆：《文论失语症与文化病态》，《文艺争鸣》，1996 年版，第 51 页。
② 关培凤：《创建“中国周边学”的机遇与挑战》，《世界知识》，2018 年 4 月，第 23 页。

研究对象，在主权国家范畴之下，研究该国与周边国家之间的关系。需要注意的是主权国家体系下的周边存在明确的边界划分。而广义上的周边学则需要借助中国的视角来定义。古代中国以朝贡体系来体现中国与周边的关系，然而这种关系的边界是模糊的，不是非此即彼的零和关系而是一种周边合作关系，古代中国的周边国家在中国文化强大的同化力之下逐渐融入了中国的大家庭，中国与周边实际上是一种动态关系，这远非西方的静态契约结构所能理解。

（二）"周边概念"的中西差异

东西方对空间、边界的认识虽存在共同理解，但仍然存在差异。西方语境下的空间，更多的是一种物理空间，融入了权力和利益，展开的是个体本位基础上的国家利益之争——传统的西方地缘政治理论充分说明了这一点。而对空间、边界的扩展更多的是依靠武力和制度，是一种由外而内的权力征服和制度驯服的进程。西方的空间观投射到现实世界中表现为频发的战争及对边界的扩张。

首先，宗教战争和民族战争共同构成了西方战争的主题，甚至有学者认为西方民族国家的建构也是由战争促成的，欧洲的民族演进过程就是一部民族斗争史。在威斯特伐利亚战争之前，西方国家要么纯粹为了宗教而战，要么打着宗教的旗帜而战。文艺复兴使得欧洲摆脱了中世纪的黑暗，随着法国大革命的爆发，民族主义范式得以创立，国家从属于君主向属于民族转变。但是为保卫大革命成果而进行的反对各国君主的战争很快就改变了解放的使命，变成吞并，变成了对别国的自然边界的征服。[①]威斯特伐利亚体系下的欧洲各国频繁更换盟友，战争成为常态。战争奠定了欧洲主权国家体系的基础，在主权国家体系框架内，西方相继建立起了维也纳体系、凡尔赛－华盛顿体系、美苏两极体系。每一个体系的瓦解与重建几乎都是由战争奠定的。

其次，西方国家的边界认知也是伴随着战争而确立起来的，战争硝烟几乎都围绕着领土边界进行。对于西方国家来说，"周边"的确立有赖于划分明确的边界，越界则意味着违法，国家间边界对西方国家来说甚至是"最易察觉的地缘政治现

---

① ［法］皮埃尔·热尔贝：《欧洲统一的历史与现实》，丁一凡、程小林等译，中国社会科学出版社，1989 年，第 12 页。

象”；[①]并且边界是由国际条约等法律规定确定的一个特殊的空间实体；[②]在威斯特伐利亚体系中，边界界定了一个国家行使主权的空间范围。[③]西方世界将边界和地缘政治、国际条约、主权等概念结合在一起考虑，由此显示出对边界的重视。由于威斯特伐利亚体系奠定了西方国家的近代国际法基础，因此这种以边界界定为主要形式规则的习惯一直延续至今，伴随着近代西方的殖民扩张成为了“普世价值”。

然而，中国或东方语境下的空间更多的是一种文化空间，融入了关系和义理，体现了一种信任和情感，展现的是彼此和睦相处、有序和谐的共存——“四海之内皆兄弟”体现了这一点。对空间的扩展更多的是依靠观念，是一种由内而外的内化进程，是一种自觉的文化进程。古代中国的空间观念投射到现实世界则更多地表现为“华夷平等”。古代中国多以“夷”来统称周边各国，但是对待“夷”的态度则是“君临天下，抚治华夷，一视同仁，无间彼此”[④]。在文化上更是如此，晚唐学者陈黯在其《华心》一文中指出：“苟以地言之，则有华夷也；以教言之，有华夷乎？夫华夷者辩在乎心，辩心在察其趣向。有生于中州而行戾乎礼义，是形华而心夷也；生于夷域而行合乎礼义，是形夷而心华也”。[⑤]由此可见，孰是“华”孰是“夷”的判别标准是文化和礼仪，而非西方式的人种、地域判别，传统中国以文化认同来确定身份的行为是文化空间扩展的外在表现。此后在鸦片战争之前，以中国为中心的区域关系秩序基本上没有受到外部力量的干预。由此，在很长的历史中，中国与周边国家的关系主要表现为一种区域内部的关系互动。[⑥]中国的空间理念并不存在对外战争和征服，而是努力用文化因素来包容周边，反而起到了稳定东亚秩序的作用。

反观近现代，自中国被纳入西方确立的主权国家体系之后，也开始被看作是

---

① Minghi, J. V., “Boundary studies in political geography”, *Annals of the Association of American Geographers*, vol. 53, 1963.

② 参见 Kaikobad, K. H. , *The Shatt-Al-Arab Boundary Question: A Legal Reappraisa*l, Oxford, Clarendon, 1988.

③ 参见 Gottmann, J. , *The Significance of Territory, Charlottesville*, The University Press of Virginia, 1973; Sack, R. D. , *Human Territoriality: Its Theory and History*, Cambridge University Press, 1986; Taylor, P. J., *Political Geography*, Longman, 1993; Johnston, R. J. , *A Question of Place: Exploring the Practice of Human Geography*, Blackwell, 1991.

④ 《明史·外国志（古里）》第六卷，三百二十六，列传，第 214 页。

⑤ 李昉等，《文苑英华》，中华书局，1966 年版，卷 364。

⑥ 张小名：《中国与周边国家关系的历史演变：模式与过程》，《国际政治研究》，2006 年，第 59 页。

一个主权行为体。然而，这并没有给中国带来和平，反而因为主权国家体系的内在冲突性同周边各国发生了种种摩擦。南海问题、钓鱼岛等领土纠纷可以说就是西方边界传统习惯给中国及中国周边国家带来的副作用。

总而言之，西方语境下的周边概念更接近于权力政治空间范畴，是一种物质或权力的自我建构进程；而中国语境下的周边概念则是一种更接近于关系的政治文化空间范畴，是一种观念与关系的自我建构的进程。前者重视权力的外扩，一种强权的征服，后者重视观念的内化，一种文化的感召。

三、内外

在中国传统的“修身齐家治国平天下”的空间排序中，周边作为“新增项目”，并非是一个固化的终级空间指向，而是一个可以在大小之间自由转化的空间概念。如往大处走，则可达及“天下”，即由“中”转“大”；如往小处去，则可归结到“国”，再及“家”及“身”，即可由“中”而递减式地化“小”。不仅如此，它还能在“内圣外王”的逻辑延伸中，从有形的空间转化为无形的空间，也即最终会走向内心，进入到无形的心灵世界。

中国人对空间的诉求，首先从个体的内心出发，往往从修心开始，由内修心而最终转外再及身，心身的内外双修之后，再走向齐家、治国、平天下，即所谓的修齐治平的空间伸缩与扩展。在心的内部世界和身家国天下之间，有一个内修与转化过程，内修的深浅决定了向外转化的成功与失败，即所谓的先内圣而后外王，没有内圣的修炼就无法实现外王，达至外部空间的最大化。因此，尽管周边是介于国与天下的中间空间概念，但这种作为中级单元的外部空间建构在原理上与其他空间单元的建构是一致的——取决于内修的成功与否。

不妨将心的内部世界与国的关系范围扩宽到国与周边的关系范围，那么古代中国与周边藩属国的关系就恰好反映了中国人对空间的由内及外的诉求。汉代政治家贾谊认为，治理好中心区域是本，驾驭周边是末，中心区域与边疆的关系是“首”和“足”的关系，“居中驭外”就是重“首”轻“足”，否则就是本末倒置。

唐太宗治理边疆的理念，强调“治安中国，而四夷自服”。[①] 此外还有诸如牛僧孺“先守身而后四夷”等，反映先内后外的种种理念，笔者在此就不赘言了。

简而言之，从古代开始，中国便认为与周边之间的关系是“首足一体”而非分割开来的对立面，主张先内及外、内化周边，以修炼自身达到内圣，再推及外部以期实现外王。如今，中国倡导提出“一带一路”“亚洲命运共同体”“亚洲新安全观”等理念，提出这些倡议的依据便是中国综合实力的上升，在自身实力足以支撑起周边发展的情况下，将自身的产能和理念向外推进。这其实是古代“修身齐家治国平天下”的逻辑在当今的转换体现。此外，作为推进这些倡议的路径，中国坚持的是“必须坚持各国相互尊重、平等相待”“必须坚持实现共同、综合、合作、可持续的安全”。这些外交理念的目的在于摆脱冷战思维以实现共同发展。然而，与中国逻辑相反的西方首先想到的却是通过支持中国周边地区的一些较小国家“惹是生非”来抵消中国在力量上所占的优势，[②] 早些年美国推行的“亚太再平衡”等制衡中国的策略，就是西方在空间上偏外好斗所致。

西方的外向型偏好还集中体现在条约体系上。晚清中国在西方的坚船利炮之下被迫沦为半殖民地半封建社会。按照学者汪晖所言，“清朝与欧洲列强之间的冲突不是一般的国与国之间的冲突，而是两种世界体系及其规范的冲突，即两种国际体系及其规范的冲突。”[③] 这两种国际体系分别是“朝贡体系”和“条约体系”。条约体系的内在扩张性强迫中国放弃自主性，开放国内市场以满足资本的贪婪。如今中美之间的贸易战，只不过是资本扩张性的另一表现而已。

可见，西方语境下的空间是一个对外扩张的过程，在此过程中，周边是一个可供容纳其扩张性的物理场所而已。然而中国语境下的空间是一个内外互动、由内而外的自然转化的过程，追求着内在与外在的高度合一与完美统一。在此转化过程中，又往往是内大于外，也即心大于物，内决定外；心的世界有多大，外在有形的空间便有多大。周边只是一个由内而外、由小到大可畅通无阻的空间通道中的一环而已，一个曾经被忽视而今却非常重要的一环。

为此，对于中国而言，周边是修齐治平的一个外部“新增项目”，应该关注

---

① 陈明宣、郑汕：《中国古代王朝与周边国家交往关系特征考释》，《社科纵横》，2014 年第 29 卷第 7 期，第 95 页。

② 夏立平：《论亚洲新安全观与中国》，复旦大学《中国周边外交学刊》，2015 年第一辑。

③ 汪晖：《中国现代思想的兴起（上卷）》，三联书店，2004 年版，第 680 页。

“融”，要跻身传统的空间系列而达致“修齐治融平”，以确保传统与现实在逻辑上的一贯性；为了更好地“融”周边，则要不断地加强内修，只有练好内功，才能经营好周边。

近代以来，中国遭到西方列强的频频入侵，国势衰微，内功尽废，谈何周边学！现在，中国崛起了，已具备了关注周边与世界的物质性的基础与条件，“与邻为善、以邻为伴”“睦邻、安邻、富邻”“亲、诚、惠、容”等周边外交战略方针在这一时期应运而生。但中国的“内功”要支撑中国的“融”周边，还有一定的距离，中国还需要在内功的修炼上再加大力度。具体而言，中国不仅要成为政治大国，经济和军事强国，同时也要成为文化大国。总之，只有中国成为文化大国，才具有“融”周边的强大能力和魅力。

四、观念

与西方物质本体的权力政治空间的打造往往诉诸于物质力量，侧重于对行为的外部硬性约束不同，中国往往以观念为本体侧重对文化与关系政治空间的打造，更多地是诉诸于伦理规范的力量，侧重于对行为的内部软性约束。因此，在中国的逻辑体系中，相对于西方的物质本体，更偏向于观念本体。

所谓本体性地位，并非排斥物而独尊心，而是心物合一，观念与物质之间的关系紧密而不可分割，但在心物合一的关系中，人（心）居支配地位，决定了外部的世界（物），物质空间因此是观念转化或内化的结果，即空间的扩展不是以物质力量如武力迅速外扩的结果，而是由心及物，由内而外一点点内化的产物，物质空间是精神空间的外部形态，精神的大小优劣决定了物质空间的大小与存续，心有多大，周边世界就有多大，这是一个由内而外的同心圆推进程。

因此，中国的周边学与西方地缘政治注重地理形态和物质力量结构不同，不仅具有超越地理形态的超时空特点（既可以是地理意义上的周边，也可以是超越地理意义上的文化周边和精神周边），而且也具有与西方地缘政治重视甚至强调对外扩张相反的功能——内化。即中国的“融”周边，或对周边空间的经营不同于西方式的扩张和掠夺，制度性的统治与支配，而是以观念合一，精神一致，价值观趋同，文化融合为驱动力，由近及远地层层外推，打通了观念和精神世界，更有助于外部物质空间自然渐次打开，自成一体。

但目前我们对周边概念理解还更多的停留在西方主权国家的理论层面，无法从中国的逻辑出发，用中国的概念来诠释周边学。如前所述，中国由观念而派生出的空间形态与西方基于物质而派生出的权力空间形态是不同的。西方的权力空间边界清晰，行为体单一，而中国的观念空间边界模糊甚至是没有边界，行为体多元，具有很强的柔性和超区域性。对此，我们不妨从“体”与“边“的关系角度，尝试建立一种新的周边学分析框架，以丰富我们的理论视角。

如果要对“边”有新的发现和认识，则必须跳出西方主权国家边界认识的框架，从广义的周边出发，并采用一些基于中国的经验与现实而提炼出一种新的概念与框架。与此同时，对“边”的认识不能只把眼光单纯机械地停留在西方理论给定的“边”的概念上，而需要引出“体”这个概念与之相呼应。因为“边”不是独立存在的，而是依“体”而存的。中国作为一个主体，与西方国家的单一性存在不同，而是一种多元的存在。但目前被广为关注的周边是一个作为主权国家的中国周边，却忽视了中国主体的多元性以及周边的多样性。

我们对中国的认识应该随着中国走向世界和中国对世界认识的不断扩大而深化，要对中国进行再认识和和再发现，既要看到一个显性的单一性的主权国家的中国的存在，又要发现一个隐形而多元的中国的全球存在方式。当我们发现了新的多元主体，就能发现新的多样性的周边。那么新的多元主体的中国是什么样的呢？笔者以为，是一个以强大中心力量为依托层层外推的环状或网状式的中国——“五环中国”[①]。“五环中国”概念的提出，可以为我们提供了一个认识中国的新视角和新框架，为周边学研究打开一个新的学术空间和认识空间。

具体而言，所谓“五环中国”的第一环是大陆中国，居于五环的核心地位，起到同心圆的作用，发挥着强大的对外依托、辐射和驱动作用；第二环，主权性两岸四地，由港澳台两岸四地组成。第三环，紧密层的“大中华经济圈”。这是一个经济概念，超越了政治中国，而指向的是“经济中国”。大中华经济圈的内涵和外延正在日益扩展，中国的磁吸效应正在把越来越多的周边经济体纳入进来。第四环，“文化中国”。美籍华人杜维明是这个概念的主要代表人。文化中国是一个以文化为载体的柔性存在，以文化和经济为载体、凸现区域性。第五环，“网络中

① 参见武心波：《王霸之辩与中国“软实力”的战略构想——从孙中山的“王道观”谈起》，《世界经济与政治论坛》，2008 年第 4 期。

国”。在全球化和信息化时代，传统的“文化中国”要自决地向“网络中国”转型，由自然状态的人际关系文化向网络发展为自为状态的心物复合网络。[①]

“五环中国”具有这样几个基本特点：一是多样性。中国作为一个主体，不是单一的，而是多样的，由此决定了中国的周边概念也是一个内涵十分丰富的多样性的概念，这将有待于我们去认识和发掘；二是超越性。中国的多样性存在不受地理环境的束缚，具有超越地理环境的特点；三是边界趋弱性。环状式存在的中国，其各环之间呈现出边界递减趋弱的效应，也即越向外辐射边界感就越弱，最终边界消亡；四是非冲突性。中国由层层外推而形成的环状式网络结构，虽然覆盖面大，但无论在那个环节其与周边的关系都绝非冲突性的，而是处在一种相互包容、和平共存的状态之中；五是一体性。中心与最外缘共同构成中国的多元一体，且五环之间相互交织，有别于西方片块状的、彼此隔离的“周边”。

五、想象

“融”周边就是要学会处理好与周边国家的关系，使彼此关系融洽合一。而关系则有契约关系（制度），也有基于情感与伦理亲情纽带基础上的缘关系。前者以西方为主——重“法”；后者以东方为多——重“缘”，显示了不同的学理路径。

“缘”，作为东方“关系本位”的最高哲学范畴，最初是佛教的一个宗教概念，泛指人与人或人与事物之间发生联系的可能性，是人与人之间、人与事物之间命中注定的无形的连接或遇合的机会。缘是东方人际关系模式的总体原本，它不是一种制度安排和制度规定，是一种可以从根本上解释人际关系的“为什么”。“缘”的核心是指人与人，人与物彼此之间的一种特殊的关系和联系。这种关系和联系，是两个以上行为主体，在情利结合，以情为主的基础上，相互承认的，根据双方共同具有的特殊认同感而产生的、相对稳定的联系。正因为感情纽带是它主要的基础，因此“缘”具有特殊的认同感、亲近感、信任感和亲密感，它比契约关系内涵具有更丰富、更情感的含义。

基于缘的想象，可以塑造彼此，可以拓展空间，可以建构身份，可以构建共

---

① 武心波《王霸之辩与中国“软实力”的战略构想——从孙中山的“王道观”谈起》，《世界经济与政治论坛》，2008 年第 4 期，第 106—107 页。

同体。这与西方国际关系理论所强调的“民族”是一种想象的共同体（本尼迪克特·安德森），在某些方面具有重叠之意和异曲同工之妙。

缘是一种现实存在，源于最纯朴的血缘或亲缘，以及由此而递延的地缘、神缘、业缘、物缘等；缘是一种想象，以多缘为支点可以形成具有超越时空的强劲的关系纽带，和覆盖面巨大的网络；缘也是一种认同，基于缘而展开的想象，具有潜移默化的认同作用，可以赋予彼此以某种身份，形成以缘为基础和纽带的巨大认同，形成共同体意识。

中国与周边国家的物的往来首先是基于人的交往基础之上，经过漫长的历史变迁而衍生出的各种“缘脉”，早就把彼此紧紧地联系在了一起，而且五缘[①]之间彼此区别又互相关联，一人可以多缘身份出现，此消彼长，与其他主体发生交互的机会很多。所以五缘人文网络可以灵活地聚合各种人群，由近而远、有小而大推进社会的联合。[②]“缘”特有的情感性成为了两国人文交往交流的历史与文化依托的纽带，如何激活这些传统的资源，赋予其新的生命活力，让各国之间对彼此关系的过去、今天和未来充满想象和期待，应是周边学所要关注的重大课题之一。

结　语

中国学的本土视角可以赋予周边学研究新的概念、范畴和框架；中国学的逻辑体系，可以赋予周边学学科建设新的平台和依托。简言之，将周边学研究放到中国学的逻辑框架中加以淬火和锻打，可以使我们的周边学走出一条具有中国特色的学术道路。

然而，这是一个艰巨而漫长的过程，就中国内部而言，中国周边学的涵盖范

① 中国是一个多缘社会，古往今来关于缘的阐述林林总总，但作为对缘文化阐述得最得体和最到位，则是上海市社科院的林其锬教授，他是中国“五缘文化说”的创始人。1989 年 4 月 17 日至 20 日于福建省漳州市召开的“纪念吴本夲诞辰 1212 周年学术讨论会”上，林其锬先生在宣读《“五缘”文化与纪念天夲》一文时强调指出，“中国文化的本位是群体，强调的是家、族、宗、国，人际关系重伦理”，认为“中国伦理中心主义的文化，一个重要的突出点就是重视人际间的‘五缘’关系”。“五缘”最初指的是亲缘、地缘、神缘、文缘和物缘，后经深入探讨，林先生又将其调整为亲缘、地缘、神缘、业缘和物缘。之后在 1994 年出版的《五缘文化概论》一书中，对五缘文化理论进行了全面的阐述和论证。

② 林其锬：《五缘文化与全球化》，《海峡两岸五缘论——海峡两岸五缘关系学术研讨会论文集》，方志出版社，2003 年，第 18 页。

围、学科定位、战略定位等的问题亟需明确。就外部大环境而言，在西方主导的话语体系内打造符合中国国情、并能够按照自身话语体系来构建的中国周边学仍将是一项艰巨的任务。对此，不仅要树立足够的文化自信，更要有足够的耐心和恒心，在孜孜不倦的追求中，努力打造一个全新的中国周边学。

中国周边学与新时代中国周边外交研究

杨鲁慧　刘雨辰

【内容提要】中国周边学与中国周边外交研究是相辅相成的关系，新的时空环境影响着中国周边研究的进程、目标与方向。在新时代，我国周边地缘政治与海洋政治发生了重大变化，新时代中国周边外交研究的重点就是关注和追踪新变化，提出和回答我国大周边场域中地缘政治和海洋政治研究的命题。研究中国周边外交，重要任务是致力于理论化、时代化、立体化和特色化研究，丰富和发展中国周边学的内容体系。为了推动中国周边学的学科构建，中国周边外交研究应坚持辩证研究、协同研究和精准研究相结合的学术道路，为国家周边外交的战略布局提供智慧服务。

【关键词】中国周边学　新时代　周边外交

【项目信息】本文系教育部人文社科研究专项任务项目“新时代中国周边外交与命运共同体建设研究”（项目编号：18jf104）的阶段性成果。

【作者简介】杨鲁慧，山东大学亚太研究所所长、教授、博士生导师；刘雨辰，济南大学政法学院博士、国政系副主任。

周边国家和地区与我国地理相邻，命运相连，相互依赖，共同发展，形成了休戚相关的命运共同体，在中国外交中地位重要，意义重大。周边既是中国走向世界的桥梁，也是中国迈向世界大国的战略支撑，更是中国发展的资源供应通道。

因此，周边外交对中国的发展大局和外交大局具有非常重要的战略意义，它既是“中国整体外交中居于首要地位的一部分，同时又有其自身的基础体系和战略架构，并与大国外交、多边外交存在密切的互动关系”。[①] 当前中国已经进入了新时代，党中央和国家非常重视周边外交工作，提出“大国是关键，周边是首要，发展中国家是基础，多边是舞台”的总体外交战略布局。[②] 因此，做好周边外交工作既是中国特色大国外交的应有之义，也是构建新型国际关系、构建人类命运共同体的具体实践。

抓好周边外交工作，离不开周边外交研究的支持。在习近平新时代中国特色社会主义思想指导下，加强中国周边外交研究，是国家需要，时代呼唤，也是学界共识，民心所向。加强新时代中国周边外交研究，需要深刻理解周边外交研究的重点内容、基本目标和实现路径，努力把当代中国周边学推向新阶段，迈向新水平，更好服务于国家外交大局。

一、新时空场域中的中国周边研究

中国周边学与中国周边外交研究是相辅相成的关系，理解这种关系，可以从两个方面入手：一是中国周边学对周边外交研究的作用与意义；二是中国周边外交研究对中国周边学的反作用与影响。它们之间的逻辑关系可以见下图：

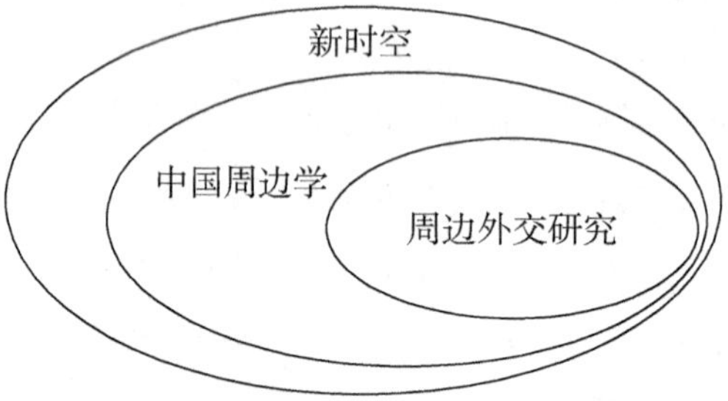

图 2　周边外交研究与中国周边学的关系

图表来源：作者自制

① 于向东：《习近平中国周边外交理念的丰富内涵》，《马克思主义与现实》，2016 年第 2 期。

② 杨洁勉：《改革开放 30 年对中国外交和理论创新》，《全球金融危机与中国外交》，世界知识出版社，2009 年版，第 86 页。

（一）新时空呼唤中国周边学

21 世纪第二个十年已经进入尾声，中国面临着国内和国际环境双重变化的新时空：从国内来看，在以习近平为核心的党中央坚强领导下，牢牢抓住战略机遇期，全面推进改革开放事业，保持了国内政局稳定、经济发展和社会和谐，由此我国进入了中国特色社会主义的新时代。中国正在发生着历史性变革，综合国力不断跃升，与美国的实力差距正在逐步缩小，国家从未如此强大，实现中华民族伟大复兴的中国梦从未如此接近。从国际来讲，世界也正在发生划时代的变革，大国在印太、中东等热点地区的战略性博弈更加紧张；作为战后世界自由主义秩序的缔造者，美国特朗普政府不断制造“退群”事件，① 正在亲手动摇世界秩序的规则根基；由此引发的国际权力转移速度空前加快，国际体系与秩序转型的进程加速。再者，逆全球化与贸易保护主义思潮有所抬头；恐怖主义等危害依然没有根除，网络主权的争夺更加激烈，气候、环境和发展问题更是任重道远，全球治理变革更加紧迫；以大数据、人工智能为核心的新一轮科技革命兴起，世界范围内出现以网络化、数字化和智能化为代表的社会信息化，新一轮经济全球化动力正在生成和壮大，② 对国际关系的影响比以往更加深远。总之，世界的不确定性比以往任何一个时代都更加明显和浓厚。新的时空环境深刻地影响着中国周边外交，影响着中国周边学和中国周边外交研究的方向与内容。

1. 构建中国周边学的紧迫性与必要性

对中国学界而言，构建周边学是一项越来越紧迫的学科建设任务，对此，有学者明确指出，构建中国周边学已经刻不容缓。③ 简言之，中国周边学是时代变化、国家需求、政策机遇共同作用的结果。

中国周边学是应时而生。时代的变化使我国周边国家和地区也在相应发生重大变化。周边地区在中国国家战略总体布局中地位日益重要，我国有 14 个陆上邻国，其中与 12 个划定了陆上边界，与印度和不丹尚存边界争端；同时拥有 300 多

---

① 美国“退群”是一种借用中国民间社交媒体微信中常用的说法，在此特指美国特朗普政府执政后，相继采取措施，单方面宣布从多边协议或者多边组织中退出的行为与政策，如美国退出 TPP，退出《巴黎气候变化框架协议》，退出联合国教科文组织，退出伊朗核协议，这些外交行为被视为“退群”。美国退群的实质是在“美国优先”旗号下的一种国家自利行为。

② 郑必坚：《新时代中国和新一轮经济全球化》，《人民日报》，2018 年 5 月 9 日第 7 版。

③ 石源华：《开展“中国周边学”研究刻不容缓》，《世界知识》，2018 年第 14 期。

万平方公里的海洋国土，与8个海上邻国存在各种各样的海洋争端。[①] 可以说，中国周边地区是大国云集的地区，同时也是世界上国家制度类型最多、文化差异最大、地缘矛盾最复杂、核力量分布最密集的地区。近邻地带关乎中国的安全、发展和稳定，既是我国安身立命之所，也是发展繁荣之基。周边国家和地区的复杂性可见一斑。近年来，在全球化的推动下，随着“一带一路”倡议的实施和推进，中国与周边地区和国家的联系日益紧密，相互依赖度日益加深。当前我周边地区保持总体稳定态势，但不稳定不确定因素也在增加，对我国带来的挑战日益增多，甚至影响到我国改革开放发展大计。中国有句老话，“周边不靖，国将不宁”。对此，重视周边研究，构建中国周边学，应该成为新时代中国学界的责任与使命。

中国周边学是应运而生。党中央和国家对周边工作非常重视，为中国周边学的诞生提供了良好的机遇。2013年10月，中央召开新中国成立以来首次周边外交工作座谈会，确定今后一个时期我国周边外交的战略目标、基本方针和总体布局，习近平总书记明确提出“亲、诚、惠、容”理念，[②] 对指导我国周边外交工作提供了指南。党中央和国家对周边的认知调整，突出了周边工作的重要性和艰巨性，对此国家投入巨大资源，整合国内研究力量，成立协同研究机构，着力推进周边研究的发展，为周边学的建立和发展提供了历史性契机。

中国周边学应需而生。周边已经不是传统意义上的物理边界，而是我国利益拓展的新边界，因此周边已经成为大周边，这一概念内涵的发展，对中国外交战略指导和布局的日臻完善，对保障我国战略安全、拓展战略空间、突破遏制我国的战略包围、维护海外利益都具有重大意义。总体来说，国家积极经略、塑造、稳定周边，持续提升对周边事务的影响力和引领力，将成为今后我国周边工作的重点和焦点。由此，需要对周边的了解和把握更加紧迫，国家急需熟悉周边，经略周边的专业人才和研究人才。中国周边学涉及面广，除了政治、经济和军事等重点领域之外，语言、文化、宗教、社会、环境、气候、能源等领域也包罗万象，可谓内容丰富，视角开阔，对此，为国家培养精通周边的专业人才成为中国周边学应运而生的重要动力。

---

① 张历历：《当代中国外交简史》，上海人民出版社，2015年版，第362页。

② 《习近平在周边外交工作座谈会上发表重要讲话》，2013年10月25日，http://www.xinhuanet.com/politics/2013-10/25/c_117878897.htm。

2. 复旦大学的探索与影响

复旦大学中国与周边国家关系研究中心石源华老师敏锐地把握了时代变化、国家需求和政策机遇，带领团队积极倡导、大力推动，在国内率先提出了中国周边学的新概念，可谓一项开创性工作。从目前的进程来看，复旦大学先后组织国内一批有影响的学者深入讨论中国周边学的建设问题，从各层面深化构建中国周边学，笔谈文章相继在《中国周边研究简报》上发表，迄今已推出40多篇文章，[①]形成了一个比较完整和内容全面的研究系列，国内媒体《世界知识》杂志和《中国社会科学报》都给予高度关注，[②]国内知名微信公号政治与国际关系论坛也转发相关文章，在国内产生了较大的影响力，可谓国内学界周边研究中有较大影响力的一次学术壮举。

随着我国周边日益重要，周边问题日益突出，周边对我国改革开放大局的影响日渐增大，关注周边、研究周边、经营周边和塑造周边就成为新时代我国周边研究的趋势。近年来我国高校纷纷加大了对周边研究的力度，先后投入了大量的资源与人力，成立了诸多的研究机构、中心和基地，如中国政法大学的“周边安全研究中心”、华东师范大学的“周边合作与发展协同创新中心”、华中师范大学“中国周边安全与合作中心”，云南大学“周边外交研究中心”、中国人民大学“中国周边外交与安全研究中心”、北京师范大学“中国周边地缘研究中心”、广东外语外贸大学“中国周边战略研究中心”、曲阜师范大学“中国南海与周边国家关系研究中心”、温州大学“中国及周边俗文化研究中心”等一大批有特色的学术机构。除了高校外，同时以察哈尔学会、盘古智库、丝绸之路经济带建设研究中心、海国图智研究院、知远战略与防务研究所、中国南海研究院等为代表的一批新型智库对周边研究也在日益加强，中国周边研究队伍不断充实和扩大，为周边学的诞生创造了必要的土壤条件，有力地促进了中国周边学的快速发展。

---

① 截至2018年5月19日，微信公号上已经陆续发表了45篇文章。参见复旦大学中国周边研究微信公号。

② 可以参见：石源华：《开展“中国周边学”研究刻不容缓》；李文：《学科定位、研究视角与重点领域》；周方银：《“中国周边学”的理论视角与理论意义》；赵明昊：《中国周边外交何以“特色”》；关培凤：《创建“中国周边学”的机遇与挑战》；钟飞腾：《“中国周边学”研究的新契机与新方向》，《世界知识》，2018年第8期；毛莉：《构建中国周边学正当其时》，中国社会科学网，2018年2月5日，http://www.cssn.cn/index/index_focus/201802/t20180205_3840892_2.shtml。

（二）中国周边学需要强化周边外交研究

周边外交研究是中国周边学的题中之意。周边外交是周边学的重要组成部分，也是最重要的部分。中国周边学涉及学科众多，范围很大，视野很宽，但是无庸讳言，周边外交研究确是重中之重，也是中国周边学重点建设和投入的领域。

加强周边外交研究，是周边学的学科增长点，将会推动中国周边学的形成，为其发展提供有力支撑和强劲动力。其一，周边外交研究的目标对象，大多是周边学的研究对象，无论是周边地缘政治还是周边海洋政治，周边外交研究始终是动态发展的，为周边学的生成与发展提供源源不断的基本素材。其二，周边外交研究的落脚点是国家利益的关切与关照，培育周边学的目的，显然也是为了在中国崛起进程中，能够更好地理解和认识周边，全方位地观察周边国家和地区，以便促进中国与周边国家和地区的互动，更好地维护、实现中国利益。

二、中国周边外交研究的重点内容

中国是海陆复合型国家，国家在发展路径上确定了“陆海统筹”的总体布局，为周边外交研究指明了思路与方向。在全球权力加速转移、国际秩序加快转变的背景下，新时代中国周边外交研究，要牢固树立大周边意识，[①]重点就是要密切关注周边战略环境与战略基础的变化，观察大周边国家和地区地缘政治和海洋政治的变动，为我国参与周边治理，扩大周边合作，应对周边事态，稳定周边秩序，重建周边体系，提供建设性意见和建议，为国家大周边外交决策和战略布局提供优质的智慧服务。

（一）中国周边外交研究的新议程

在地缘政治上，当今世界地缘政治有重新回归的态势，新时代周边外交研究要继续保持地缘政治敏锐度，关注21世纪地缘政治理论的最新发展，关注周边国家和区域地缘空间结构、地理环境、国家实力和政府特征的变化；总结中国与周

---

① 根据中国知网的检索，最早提出大周边概念的国内学者是中国国际问题研究院的阮宗泽，他于2001年就已经提出此概念。参见：阮宗泽：《构筑新世纪大周边外交》，《瞭望新闻周刊》，2001年第38期。

边国家和地区地缘经济互动的规律与特点，推进中巴、中蒙俄、孟中印缅、中国－中南半岛、中国－中亚－西亚经济走廊建设研究；[①] 判断周边地缘政治的未来趋势与走向，贯彻中国周边外交理念与政策的实施，营造和平友好的周边环境，为中国崛起提供地缘政治环境的分析与预测；密切关注地缘政治变动的外溢效应，深刻分析周边地缘政治变化对中国崛起进程产生的直接或间接影响，提出准确有效的应对路径。另外，做好地缘政治研究，还要强化中国构建周边战略信任网络研究，加强我国与周边国家人文交流，推进民心相通；重视周边地区的不稳定性和不确定性，做好跨界河流争端与危机管控研究；在新国家安全观指导下，加快构建中国与周边国家和区域安全合作机制；同时强化亚洲安全架构的理论瓶颈和实践难题研究，密切观察周边地区安全竞争对我国推进“一带一路”倡议的影响，坚持关系治理和规则治理并举，加强地缘风险控制，做好灵活应对预案，切实保护中国海外利益安全。

在海洋政治上，21 世纪是海洋世纪，海洋是人类社会可持续发展的未来资源库。我国是海洋大国，拥有 300 多万平方公里的海洋国土，正在实施海洋强国战略，与周边国家存在不少海洋争端。因此，周边外交研究更要重视海洋政治板块的运动规律。加强海洋政治研究，要努力追踪国际海洋政治理论的进展，研究主要海洋大国和强国的海洋战略，关注印太战略下海权战略生态变化，把握美、日、韩、澳等国海洋战略同盟的动向，探讨印度的战略自主性对印度与美国、日本、澳大利亚海洋战略合作的影响；深化对周边国家海洋战略文化研究，密切关注周边国家对“21 世纪海洋丝绸之路”倡议的反应与战略对接进展；做好海洋公共产品供给研究，促进印太各国在海上交通、海洋科学研究、海洋环境保护、海上反恐和打击海盗、海洋减灾救灾等多领域进行的国际合作；分析当前印太区域国际海洋制度建设的发展走势；关注中国周边海洋争端事态，切实做好我国对周边海洋争端的战略与政策调整研究；在国际法框架下，做好我国与周边国家海洋渔业争端、资源开发与执法合作研究；同时还要创新周边国家海洋安全合作与机制研究，建立和完善海洋危机管控机制，积极探讨海洋治理，开展跨国海洋合作，推动海洋外交，构建海洋安全，维护海洋秩序，为我国和平崛起创造良好的海洋环境。

---

① 中国周边的经济走廊是中国推进“一带一路”合作倡议的重要支点，也是中国与周边国家合作的新型平台。参见：国家发改委：《推动共建丝绸之路经济带与 21 世纪海上丝绸之路的愿景与行动》，2015 年 3 月 28 日，http://www.ndrc.gov.cn/xwzx/xwfb/201503/t20150328_669089.htm。

（二）中国周边外交研究的命题与解题

问题的存在往往是矛盾的体现，解决问题就是化解矛盾、不断前进的过程。无庸讳言，在我国大周边地带，存在着各种各样的问题与矛盾，最突出的就是信任赤字、治理赤字和安全赤字居高不下的问题，这是一个无法回避的地缘现实。因此，新时代中国周边外交研究，应该要正视和回答"三个赤字"如何解决的问题。这三个问题都是事关我国周边稳定与发展的重大现实问题，是要中国学界思考和回答的新命题，也是新时代中国周边外交的重大考验，需要学者们交出一份有说服力的、可信度高、有可操作性的时代答卷。

一是信任赤字的问题。信任赤字是指行为体在互动过程中由于主客观条件的限制，彼此之间的信任缺失，导致相互关系的紧张与冲突。中国周边地缘政治和海洋政治错综复杂，许多国家、特别是一些大国之间存在结构性矛盾，彼此之间互不信任，相互猜疑，特别是守成大国对新兴大国习惯于零和博弈思维，在中国周边运用联盟工具和制衡策略，企图获得战略优势，导致大国关系陷入了战略竞争和冲突加剧的态势。现在中美之间最主要的互不信任在于，美国担心中国的发展将损害它的利益，包括其在地区和全球的地位；中国担心美国将想方设法给中国制造麻烦，迟滞中国的发展。[①] 对此，中国能否跳出历史的"修昔底德陷阱"，开创不同于以往的大国崛起道路，就成为摆在中国学界的历史性命题。为了回答时代命题，习近平总书记高屋建瓴，科学判断，提出了"两个构建"的解题思路，即构建新型国际关系，构建人类命运共同体，"两个构建"是一个长期的外交新思维，有助于尝试破解我国周边国家"信任赤字"居高不下的难题。

二是治理赤字的问题。治理赤字是行为体在全球性或区域性问题的治理上，由于体制机制滞后、造成"善治"的缺失与缺位，使问题日益突出，影响到人类生存和发展的环境。治理赤字不仅在全球范围内普遍存在，而且在我国周边地区也广泛存在，日益增大。随着我国"走出去"步伐加快，我国在周边国家和地区的投资不断增多，中国利益扩展出现了海外化趋势。与此同时，要看到我国周边，包括气候变化、能源供给与运输、恐怖主义、贫困等各种发展型问题日益突出，传统安全与非传统安全威胁交织，如何治理这些问题就成为新时代我国周边环境

① 陶文钊：《对中美"信任赤字"的一些看法》，《现代国际关系》，2013年第1期。

稳定与否的重要命题。在不确定的时代和周边环境中，要保护好、维护好和实现好中国的海外利益，基本的解题思路是在大力提高各国治理能力的基础上，做好治理制度建设，推进有效治理，努力与周边国家和地区保持相互尊重、平等互利，建立伙伴关系网络，通过“共商、共建、共赢、共享”，为周边稳定与发展提供良好的治理环境。中国在解决赤字治理中的角色和作用有四个：参加者、改革者、建设者、协调者。[①] 如果这四大角色在相当程度上到位，相信治理赤字的状况将得到重大改善。

三是安全赤字的问题。安全赤字实际上就是安全困境，在中国周边地区，还存在着一系列的安全难题，给我国国家安全带来的现实压力。这些安全赤字主要表现在我国周边的不充分安全上：传统安全思维依然笼罩在我国周边，中国倡导的亚洲新型安全观和区域安全框架任重道远；我国周边地区分布着俄罗斯、巴基斯坦、印度、朝鲜等一批核国家，加上域外的美国，中国已经被核武器国家包围，核威慑和核讹诈的双重威胁没有消失；朝鲜半岛上“拥核”与“弃核”的张力在增大，地区安全机制尚未有效建立和运行；在“美国优先”的执政理念下，特朗普政府的亚太政策存在变数，[②] 未来半岛安全形势不确定性增大，消除冷战遗迹并不乐观；部分国家的逆裁军现象突出，军费增加，国家间军备竞赛日益升温；美国以“自由航行”为名，不断在南海周边进行军事化行动，纠集一些盟国对南海巡航，除了不断挑衅中国的领土主权与海洋权益、试图搅局南海的意图之外，还内含着美国重新界定全球和地区事务中的角色，以便实现美国的“再次伟大”；[③] 中国与印度、日本等国之间领土争端尚未解决，边界冲突不时发生，对双边关系造成冲击。要回答我国周边的安全难题，中国应该提高自身的安全能力建设，扩大国际安全公共产品供给，推动亚洲安全架构的形成，构建有效的安全机制，维护国家和区域的总体和平与发展。

---

① 庞中英：《全球治理赤字及其解决——中国在解决全球治理赤字中的作用》，《社会科学》，2016年第12期。

② 赵明昊：《美国优先与特朗普政府的亚太 政策取向》，《外交评论》，2017年第4期。

③ Jason A. Edward, Make America Great Again: Donald Trump and Redefining the U.S. Role in the World, *Communication Quarterly*, Vol.66, No.2, 2018, pp.176-195.

三、中国周边外交研究的基本目标

新时代加强中国周边外交研究，努力推动中国周边外交研究不断向理论化、时代化、特色化、立体化的目标迈进。

一是理论化。理论化就是把实践中的知识与经验通过系统、总结与抽象，形成完整的体系，并且能够对实践具有描述、解释、指导和预测的功能，这也是理论的使命。[①] 加强周边外交研究，应该努力构建周边外交理论体系。周边外交理论体系要形成中国特色的周边外交范式、理念与逻辑，丰富和发展中国周边外交的内涵、要素以及工具，形成中国周边外交的理论框架；同时理解新时代中国周边外交理念的新内涵，深化新型区域合作的战略定位，塑造集体认同的战略目标，担当大国责任的战略取向，发挥比较优势的战略思路。党和国家领导人毛泽东、邓小平、江泽民、胡锦涛和习近平都高度重视周边外交，提出了一系列周边外交重要战略思想和方针政策，成为我国外交工作极其宝贵的思想财富，全面总结领导人周边外交思想，加以理论化和系统化，提升科学性，形成理论体系，更好指导新时代中国周边外交崭新开局与周密布局，服从和服务于国家核心利益的维护和实现。

二是时代化。时代在变，国际环境在变，中国周边形势也在变。周边外交研究要与时俱进，牢牢抓住时代主题，切合时代发展，追随时代潮流，响应时代号召，关注周边国家和地区对我国外交、“一带一路”倡议和亚投行等政策与行动的认知与反应，关注周边国际组织的制度建设和国际合作，关注周边地区安全情势，关注周边国家的政治结构变动对我国的影响，关注极端势力对我国国家安全的挑战，关注能源安全走廊、六大经济走廊和海上咽喉要道的战略安全，贯彻落实“亲诚惠容”的周边外交理念，加强周边国家的对外援助管理，为我国努力营造友好稳定、互利合作的“环中国友好圈”，探讨构建周边命运共同体实现的路径与载体。

三是特色化，周边外交研究应该立足中国，着眼周边，面向世界，深度挖掘中国与周边国家和区域友好互动的历史联系；努力尝试把中国元素充分运用到研

① 章凯：《目标动力学：动机与人格的自组织原理》，社会科学文献出版社，2014 年版，第 5 页。

究实际，坚持中国理念，彰显中国特色。要把中国文化、中国智慧、中国方案运用到周边外交研究，把中国故事、中国奇迹、中国道路和中国梦向周边国家传播，增强周边国家对中国外交的深度认知、理解与接受，形成周边学研究的中国风格、中国气派，形成中国特色的周边外交理论，为中国发声，在国际关系理论中增强中国话语权。

四是立体化。新时代的周边外交研究，需要坚持全维度、跨领域的研究视野，从历史到现实，从政治到经济，从军事到文化，从硬实力到软实力，从战略到战术，从官方到民间，从单一到多元，从国别到区域，从传统安全到非传统安全，从陆权到海权，努力做到研究领域广泛，研究视野全面，研究内容立体，研究成果过硬。

四、中国周边外交研究的路径选择

实现上述目标，并非易事，前进道路上充满挑战。为了实现周边外交研究的目标，政府和学界应该齐心协力，加大资源投入，加强研究力度，拓展研究方向，开展研究合作，创新研究成果，力争把周边外交研究做深、做细、做扎实。在研究实践中，坚持走辩证研究、协同研究和精准研究的道路，既要出成果，也要出人才；既要兼顾长远，也要面对现实，不断开创中国周边外交研究的新局面。

其一，坚持辩证研究。唯物辩证法是马克思主义的基本方法论，它的哲学意涵在于能够全面客观的分析、处理问题与矛盾。在周边外交研究中，应该树立辩证思维，坚持“两点论”。努力坚持外交观念与外交方法的统一，坚持制度创新与实际国情的统一，坚持灵活性与原则性的统一，坚持局部与全局的统一，坚持国家与区域的统一，坚持大国与小国的统一，坚持竞争与合作的统一，坚持主要矛盾与次要矛盾的统一，坚持定量研究与定性研究的统一，努力做到全面、客观、科学、历史地认识问题、分析问题、解决问题。

其二，坚持协同研究。协同研究的主要内涵是合作团队、专业精神和多元价值。从合作角度看，周边外交研究是系统的工程，涉及面广，复杂性高，敏感性强，需要国内学界整合优势资源，通过强强联合，组建合作团队，吸引精英人才，充实研究队伍，建立协作机制，加强沟通协调，开展学术交流，保障研究工作有序进行，合作完成国家急需的重大研究任务。从专业角度看，周边外交研究不应一哄而上，不应该急功近利，不应该弄虚作假，不应该粗制滥造，而是研究人员要沉下心来，深耕细作，以专业精神，以严谨态度，以扎实学风，开展周边外交研究，深入做好基础性研究，做好对策性研究，保障研究工作的严肃性。从多元角度看，周边外交研究应该本着“多元统一，开放竞争”价值理念。在坚持百家争鸣、鼓励百舸争流、争取百花齐放的同时，最终要回归到国家中心的价值轨道上来，为国家服务，为外交护航，推出高质量成果，推动中国特色大国外交取得实效，赢得民心，走得更远。

其三，坚持精准研究。精准研究不仅是自然科学研究的基本要求，同时也是社会科学研究的内在要求。精致、精细和精确是精准研究的基本要义，坚持精准研究的目的就是要打造研究精品，多出研究精品。在周边外交研究中，应该运用科学方法，使用最新资料，细化研究方向，提高研究精度，对周边国家和区域的变化信息精致分析，提出精确对策，保障研究成果的可信度、可靠性，使研究成果能够成为精品，在实践中能够经得起时间和实践的双重检验，能够为国家外交战略决策提供优质服务。

结　语

中国周边学是一个新兴的概念，同时也被赋予了新兴学科建设的意蕴，一方面将是对我国国际关系学科理论与实践探索进行系统、科学的总结，另一方面也对我国国际政治、国际关系、外交学等专业建设和人才培养产生积极影响。当然，学界对中国周边学的提法有不同看法，反映了认知的多样化和差异性，是正常的现象。这些不同声音，对于促进中国周边学的发展或许会发挥完善和补充的功能，促使中国周边学科不断吸收学界思想精华，自觉完善和丰富，使中国周边衍生出学科群，催化出成熟的、科学的、系统的中国周边学。我们要用发展的眼光审视这门新学科，要认识到构建中国周边学的艰巨性、复杂性和长期性。未来，中国周边学学科建设的使命与任务任重道远。复旦大学的探索与尝试值得国内学界借鉴和重视。

客观地讲，中国周边外交研究是静态与动态、长远与短期、理论与实践的辩证统一，要把握新时代周边外交研究的内容、目标与路径，整合国内研究资源，建设研究平台，吸纳海内外精英，激发人才和思想活力，强化持续前进的动力，克服资源不足的阻力，继续对中国周边和平发展相关的重大理论和现实问题进行战略性、前瞻性研究，提升高等院校人才、学科、科研三位一体的周边研究创新能力，为国家的长远发展、核心利益和整体安全服务。相信在中国学界的共同努力下，未来周边外交研究将继续乘风破浪，大有可为，不仅有力促进中国周边学的不断发育和成熟，而且也将为开拓新时代中国特色大国外交事业新局面做出更大贡献！

“一带一路”与中国周边学建设的路径选择

马丽蓉

【内容提要】“一带一路”使中国与周边关系发生了历史性变化，亟待中国学界对此作出学理性诠释，故建设中国周边学，实为抓住“一带一路”所提供的这一重大学术机遇的“奋发有为”之举；中国周边学也只有从“理论研究和话语体系”建设入手来启动学科建设，才有可能助力“一带一路”软力量建设，真正实现中国周边研究质的飞跃，为新时代中国周边外交提供有力和有效的学术支撑；尽管“一带一路”为中国周边学的学科建设带来了重大现实机遇，但也使中国周边学建设面临诸多严峻挑战。其中，从学科定位、内涵、基础等切入来构建中国周边学，当是符合学科发展基本规律与因应现实重大诉求的路径选择。

【关键词】中国周边学　“一带一路”　学科建设路径

【作者简介】马丽蓉，上海外国语大学丝路战略研究所所长、教育部伊斯兰合作组织研究中心主任、《新丝路学刊》主编。

复旦大学中国与周边国家关系研究中心主任石源华教授团队，针对目前我国学界周边外交整体研究仍处于滞后和碎片化的现状，呼吁创建中国周边学，并提出中国周边学学科建设亟待解决的10个框架性问题，包括中国周边学的时代使命、中国周边学的学科建设、中国周边学的地理范围、中国周边学的战略定位、中国周边学的史料建设、中国周边学的新理念、中国周边学的新战略、中国周边学的新路径、中国周边学的新课题、中国周边学的分支学科和关联学科等，表明石源华教授团队切实有序地致力于学科建设与理论构建，彰显了新时代中国学界现实自省意识与理论自觉精神，中国知识精英面对新时代机遇与挑战时所迸发出的使命担当勇气更是深蕴其中。

尽管“一带一路”倡议为中国周边学的学科建设带来了重大现实机遇，但也使中国周边学建设面临诸多严峻挑战。其中，从学科定位、内涵、基础等切入来构建中国周边学，当是符合学科发展基本规律与因应现实重大诉求的路径选择。

一、中国周边学建设的重大机遇

2013 年 9 月 7 日，习近平主席在哈萨克斯坦发表演讲，呼吁“可以用创新的合作模式，共同建设‘丝绸之路经济带’。这是一项造福沿途各国人民的大事业”，强调从“五通”做起，“以点带面，从线到片，逐步形成区域的大合作”。

2013 年 10 月 3 日，习近平主席在印尼发表演讲，倡导“发展好海洋合作伙伴关系，共同建设 21 世纪‘海上丝绸之路’”，强调“中国—东盟命运共同体和东盟共同体、东亚共同体息息相关，应发挥各自优势，实现多元共生、包容共进，共同造福于本地区人民和世界各国人民”。

2013 年 10 月 24 日，中共中央召开了史无前例的“周边外交工作座谈会”，习主席强调，做好周边外交工作是实现“两个一百年”奋斗目标、实现中华民族伟大复兴的中国梦的需要，故“要更加奋发有为地推进周边外交，为我国发展争取良好的周边环境，使我国发展更多惠及周边国家，实现共同发展”。为此，他号召要“坚持与邻为善、以邻为伴，坚持睦邻、安邻、富邻，突出体现亲、诚、惠、容的理念。要同有关国家共同努力，加快基础设施互联互通，建设好丝绸之路经济带、21 世纪海上丝绸之路”，努力“把中国梦同周边各国人民过上美好生活的愿望、同地区发展前景对接起来，让命运共同体意识在周边国家落地生根”。

可以说，“一带一路”倡议的正式诞生与周边外交工作会议的召开，使周边外交的战略意义随之日渐凸显。在“一带一路”边倡导边实践中，周边地区不仅是我国实现从富起来到强起来历史性飞跃的地缘战略依托，还是“一带一路”建设的基础与抓手，更是“一带一路”软力量建设的示范与引领榜样。因为，周边是“一带一路”能够直接发挥影响力的地区，以中国与周边国家和地区双边、多边战略合作为基础，用区域合作带动世界合作，用周边合作带动全球合作，用周边外交引领中国特色的大国外交，力争在世界范围产生积极的辐射效应。2014年11月，中共中央举行全国外事工作会议，中国周边外交被赋予“重中之重”的战略新定位。党的十九大报告更加明确地指出，中国要“按照亲诚惠容理念和与邻为善、以邻为伴周边外交方针深化同周边国家关系”①，以实现“一带一路”倡议的“首要合作伙伴是周边国家，首要受益对象也是周边国家”。②事实上，我周边外交已然成为“一带一路”倡议付诸实践的重要抓手，唯有“一带”与“一路”落脚于“周边外交”，才有助于“一带一路”的行稳致远。

“一带一路”不仅助推了中国周边外交的实践进程，还使中国周边学的学科建设被提上了议事日程。在必须重估“中国与世界关系”的当下，也必须重估“中国与周边国家地区关系”，这就需要学界对我周边国家和地区“进行全方位、多学科、持续性、高质量的研究，系统深入地了解这些国家的历史、现状和发展趋势，掌握这些国家对与中国建立合作的真实态度”。③但现实情况却不尽如人意，目前中国学界尚未给中国周边学建设提供扎实的学理支撑，包括提供有分量的有关周边历史与现实研究的学术论著与智库报告，避免出现以政策解读代替学术研究、以区域宏论遮蔽国别研究、以西方理论淹没中国思想、以动态报告否认静态研究等不当之举，尤其不能以西方话语代替中国话语来开展中国的周边学研究。

总之，“一带一路”使中国与周边关系发生了历史性变化，亟待中国学界对此作出学理性诠释，尤其需要“中国视角”的全新阐释。建设中国周边学，实为抓住“一带一路”所提供的这一重大学术机遇的“奋发有为”之举。

---

① 《习近平：决胜全面建成小康社会夺取新时代中国特色社会主义伟大胜利——在中国共产党第十九次全国代表大会上的报告》，新华网，2017年10月27日，http://www.xinhuanet.com/2017-10/27/c_1121867529.htm。

② 《“一带一路”让周边国家先受益》，《人民日报海外版》，2017年6月19日第1版。

③ 王存刚：《“一带一路”呼唤深化国别研究》，中国社会科学网，2016年7月26日，http://ex.cssn.cn/zx/bwyc/201607/t20160726_3134879.shtml。

二、中国周边学建设的“重中之重”

2016年8月17日，习近平主席在“全国推进‘一带一路’建设工作座谈会”上强调，要“积极宣传‘一带一路’建设的实实在在成果，加强‘一带一路’建设学术研究、理论支撑、话语体系建设”。[①]2016年12月5日，中央全面深化改革领导小组第三十次会议通过了《关于加强“一带一路”软力量建设的指导意见》，强调软力量是“一带一路”建设的“重要助推器”，要“加强理论研究和话语体系建设，推进舆论宣传和舆论引导工作，加强国际传播能力建设，为‘一带一路’建设提供有力理论支撑、舆论支持、文化条件”。[②]亦即，“一带一路”建设亟待“中国学术”的强有力支撑，“中国方案”唯有“中国思想”的权威阐释才能使“一带一路”行稳致远。其中，中国特色的理论及其话语体系建设是“一带一路”软力量建设的两大核心目标，也是中国周边学学科建设的“重中之重”。

就“理论研究”而言，中国周边学理论构建涵盖面广、理论性强，并对实证研究与政策建言要求极高，需要中国学界从以下三方面着手努力：一是在理论建构方面，中国周边外交一直是中国外交传统理念及其实践的有机组成部分，其诸多政策性观念亟待上升到理性认识和理论高度予以总结和提炼，并从“中国视角”做出理论分析和判断。从郑和“宣德化、柔远人”的丝路外交、周恩来“睦邻友好”的人民外交到习近平主席“亲诚惠容”的大国外交，其所蕴含的由包容型的人文观、互惠型的经济观及合作型的安全观所构成的丝路精神，“和平共处五项原则”与结伴不结盟的新中国外交理念，以及“共商共建共享”的中国特色的全球治理观与构建“人类命运共同体”的中国特色大国外交等。应以进一步加强中国周边学的理论研究，故构建中国特色的周边学理论势在必行。二是在实证研究方面，应该对郑和的丝路外交与周恩来“人民外交”、习近平大国外交之同构性作案例研究、对海丝与陆丝之异同作案例研究、对朝贡制度与睦邻友好政策之关联性作断代研究、对伙伴关系作深度案例研究，以及对中巴经济走廊、中欧班列、中哈吉丝路申遗、中蒙俄经济走廊等一批“一带一路”的示范性项目予以深度案例研究，旨

---

① 《习近平在推进“一带一路”建设工作座谈会上发表重要讲话》，新华社，2016年8月17日。

② 《习近平主持召开中央全面深化改革领导小组第三十次会议》，新华社，2016年12月5日。

在对中国外交理念及其实践作出跨时空、多学科的深度案例分析，力求从辉煌于丝路的中国周边外交的产生与发展、特征与规律、内涵与外延、政策与制度、原则与立场等作追根溯源的实证性研究，为构建具有中国特色的周边外交理论提供历史经验与现实佐证。三是在对策建言方面，应在扎实的“一带一路”政策研究基础上积极为我国的周边外交建言献策。即，应将“三共”（共商、共建、共享）的全球治理观、“以合作共赢为核心的新型国际关系”理念、“三个超越”的文明交往观、“形成遍布全球的伙伴关系网络”这一目标，以及推进构建“人类命运共同体”的中国特色大国外交等，置于习近平新时代中国特色社会主义思想语境中予以学理性解读。进而对中巴经济走廊等“一带一路”项目建设中所面临的风险作出客观评估并提出有效对策，力争使“一带一路”的“政策宣示”能够真正具有现实和理论的双重指导意义，从政策实施、项目合作、风险评估到有效应对等全方位解读“一带一路”，以回应如何有力有节有序地将“一带一路”建成最具广泛影响力的国际合作新平台这一重大现实问题。

就“话语体系建设”而言，“一带一路”为中国周边学话语体系，尤其为包容性话语体系建设带来新机遇。如何在破立结合的思想指导下，尽快摆脱西化路径依赖的惯性思维，在摆脱“全盘西化”的理论迷障中，努力建设包容性话语体系，这是建设中国周边学的基础与前提。为此，应从以下三方面予以努力：

一是遵循破立结合原则，但绝不是简单的“破西立中”，既要逐步修正西方单一话语体系主导周边学研究的话语霸权现状，也要不断融入包括中国在内的非西方国家的、发展中国家尤其是“一带一路”沿线国家的多元话语体系，其中包括非西方国家“去西方化”的理论重构过程，也包括丝路沿线国家本土化的原创性话语体系建构过程。

二是从研究的对象、内涵、视角、概念、理论、方法、研究范式以及表达等诸要素入手开展包容性话语体系建设。即从重估“中国与周边国家地区关系”这一现实出发，确立包容性话语体系建设的逻辑起点，完成从西方看“中国与周边关系”到中国看“中国与周边关系”的视角转变、从“中国看周边”到“周边看中国”的认知变化、从西方化的关于中国周边关系研究的阐释框架到基于中国周边外交实践的内生性阐释框架的求同存异，力争在发掘新问题、丰富新内涵中首先形成中国周边学特有的核心概念阐释体系，进而形成由“三个超越”的文明交往观、“互利共赢的新型国际关系”理念以及“共商共建共享”的全球治理观等组成的中国特色的大国外交理论阐释体系，在“一带一路”伟大实践中建设中国周边学的包容性话语体系。

三是包容性话语体系建设是“一带一路”软力量建设的核心目标。自“一带一路”建设五年来，中国学界不仅出现“井喷”式的研究热，还出现构建“一带一路”学、中国周边学、中国边疆学等积极的倡议与切实的行动，表明中国学界现实自省意识与理论自觉精神的日益增强，不同程度地推进了“一带一路”的话语体系建设，中国周边学包容性话语体系建设成其重要组成部分，中国学者在竭力清除西方话语体系影响的实践中努力构建包容性话语体系，旨在实现“一带一路”建设的“学术对接”。包容性话语体系建设，既是学术问题，也是现实问题，实为“一带一路”软力量建设的核心目标。

总之，“历史是勇敢者创造的，抓住时代机遇，用中国自己的理论范式和话语体系影响世界，“一带一路”才有可能获得更多国际认可和支持”[①]，中国周边学也只有从“理论研究和话语体系”构建入手来启动学科建设，才有可能助力“一带一路”软力量建设，真正实现中国周边研究质的飞跃，为新时代中国周边外交提供有力和有效的学术支撑。

三、中国周边学建设的路径选择

中国周边学并非以追求普适性或规律性知识，而应以探究地方性、精细化知识为目标，亦即在深入研究周边国家地区的基础上为我国制定周边战略，开展周边外交，以及助力“一带一路”建设提供极具参考价值的对策建言。为此，中国周边学的建设应依循如下逻辑逐层深入：

首先，应深入研究“中国新疆周边地区与国家”，揭示丝绸之路之于“一带一路”、丝路外交之于中国特色大国外交、西域治理之于全球治理等一系列学术命题所具有的重大战略意涵，以彰显中国周边外交的重要战略地位，进而确立中国周边学应有的学科地位。

中国新疆周边地区（中亚、西亚、南亚）与国家（邻疆 8 国与土库曼斯坦、土耳其、乌兹别克斯坦、伊朗等），在历史上大致属于古丝路的西域地段亦即丝路

---

① 王文：《“一带一路”需要全面系统研究》，《人民日报》，2017 年 1 月 23 日，第 5 版。

腹地。历史上多元宗教与文化齐聚西域，使该区域对丝路文明的产生、丝路精神的形成、丝路公共产品的传播等均具有极为深刻的塑造意义，尤其在“一带一路”建设中，这些“丝路记忆”已转化为我与中国新疆周边国家开展经贸、安全与人文等领域合作的重要内驱力，丝绸之路已然成为“一带一路”建设中不可或缺的战略资源。

中国新疆周边地区与国家，既是“一带一路”的核心区，也是“一带一路”的交汇区与风险区，更是集“一带一路”重点地区、重点国家、重点项目于一体的示范区。其中，中国与中亚的互联互通、中国与西亚的能源产业合作、中国与南亚的安全合作机制建设等，既是“一带一路”核心区落实推进的重点项目，还是我西部外交在不同地区的工作重点。事实上，自张骞“凿空西域”到郑和“七下西洋”所践行的丝路外交对周恩来的人民外交与习近平的大国外交均产生了程度不同的现实影响，尤其是“‘一带一路’为构建外交上有价值的机构和人员间联系的遗产外交网络提供了动力”，共有丝路的“这种历史在创建今天的合作、信任和贸易形式上发挥着重要的政治作用”[①]，表明了丝路外交与中国特色大国外交间所具有的历史基因与现实逻辑。

“安史之乱”是唐王朝西域治理遇挫的标志性的政治事件，凸显了丝绸之路安全治理的重要性，尤其是丝路腹地的西域治理关乎丝路是否畅通的全局安危、关乎中国历代朝政的安危与国土安全，这是丝路历史的安全铁律。作为丝路腹地的中国新疆周边地区与国家，隶属“亚欧大陆心脏地带”，是全球分离主义最猖獗地带、全球能源储备最丰富地带、全球“失败国家”最集中地带、全球多股宗教极端组织的集结地带、国际体系转型中全球政治经济重心的转向地带，以及全球治理难题最集中地带等。其中，“疆独”问题的核心已由最初的“三股势力”分裂中国扩散为宗教极端主义渗入后对中国传统与非传统安全的威胁，并对中国周边外交形成重大冲击，关涉中美、中日等双边关系，中国与上合、东盟、海合会等区域和次区域国际组织间的多边关系等，随着“伊斯兰国”势力向中亚渗透、“基地”组织向印度次大陆的拓展，“东伊运”的活动也由陆丝向海丝发展，并殃及“一带一路”的建设和安全。因此，治疆问题，不仅关涉国家核心利益，还成为关乎中

---

① ［澳］蒂姆·温特：《“一带一路”一份遗产：文化外交和丝绸之路》，日本外交学者网站，2016年3月29日，http://www.huanqiu.com/r/MV8wXzg3OTMyMThfMTI1OV8xNDU5MzY4MDAw。

国参与全球治理的能力与信誉的大问题。作为中国特色全球治理方案的“一带一路”，在我西部周边国家和地区问题治理的成效，将有利于塑造中国负责任大国的形象，使得我国西部周边外交的战略地位大大提升。

总之，通过我西部周边外交的深度研究，旨在彰显中国周边外交的重要战略地位，进而确立中国周边学应有的学科地位。

其次，应深入研究“丝路伙伴关系”，揭示丝路文明的对话经验、丝路伙伴的相处之道、丝路精神的全球意义等一系列学术命题所具有的重要普世价值，以彰显中国周边外交在国际体系转型中发挥的建设性作用，进而丰富中国周边学的学科内涵。

“一带一路”建设五年来，以亚投行、丝路基金等为载体的金融合作不断深入，中巴经济走廊、中欧班列、中蒙俄经济走廊等一批有影响力的标志性项目正在逐步落实，“一带一路”建设从无到有、由点及面，建设进度和成果都远远超出了预期。但在“五通”的实施过程中，“一带一路”沿线出现了一些“民心难通”的现象，甚至“唱衰”噪音，如在日本、印度等我周边国家出现了质疑互联互通项目运作、炒作“一带一路威胁论”、诋毁中国是“债权帝国主义”，以及将中巴经济走廊项目政治化等噪音，再加上某些域外大国作推手的“钓鱼岛问题”“南海问题”“锐实力”等引发的“遏华”“反华”舆论的误导，使得中国周边出现了“近而不亲”的现象，对中国与周边国家人文外交造成了较大的冲击与掣肘。

自2013年以来，中国周边外交进入“一带一路”建设的历史新阶段，中国周边外交按照“亲诚惠容”理念和“与邻为善、以邻为伴”方针，与周边国家人民同心协力地“构建人类命运共同体”。为此，习近平总书记在党的十九大报告中特别强调“合作共赢，就是要倡导人类命运共同体意识，在追求本国利益时兼顾他国合理关切，在谋求本国发展中促进各国共同发展，建立更加平等均衡的新型全球发展伙伴关系，同舟共济，权责共担，增进人类共同利益”。这个思想不仅是未来世界新秩序的核心理念，也是中国处理与世界各国关系的指导思想，更成为“丝路天然伙伴关系”如何提升为“丝路战略合作伙伴”的行动指南。

事实上，从张骞两次出使西域寻求军事伙伴的“结伴”外交到开辟了中外经济、人文交流的大通道、从郑和七下西洋“宣德化、柔远人”的“交友”外交直至“朝贡之使相望于道”的成效，以及形成于汉、发展于唐、鼎盛于明的朝贡制度等，标志着由“结伴的机制（朝贡制度）”交友的政策（和平友好）“丝路意识（命运共同体)”所组成的丝路外交的正式诞生[①]，并对丝路文明的形成与发展贡献了求同存异、平等对话、和合与共等宝贵的“中国经验”。

身处丝路腹地的中国新疆周边地区，通过草原丝路地带、绿洲丝路地带以及陆海丝路交汇地带开展经贸往来与人文交流，形成了“地通、路联、人交往”的“丝路天然伙伴关系”，使得中亚、西亚、南亚三区在不同地缘环境的丝路地带间开展文明交往，依路共生的丝路伙伴在上千年和平共处中累积了丝路情谊、共就了丝路故事、共享了丝路记忆、共建了丝路认知，以及形成了丝路伙伴的相处之道，这些都成为“一带一路”框架下共建“丝路战略合作伙伴”的宝贵历史资源与现实动力。亦即，在“一带一路”框架下开展经济、安全、人文等战略合作，旨在借构建“丝路命运共同体”来助推“人类命运共同体”建设进程，以折射丝路精神的全球意义。

总之，“丝路天然伙伴”是打造“丝路战略合作伙伴”、构建“丝路命运共同体”乃至“人类命运共同体”的基础与前提，也是中国与周边国家伙伴关系发展与深化的关键所在，中国周边外交在国际体系转型中所发挥的建设性作用也由此得以显现，进而丰富了中国周边学的学科内涵。

在“一带一路”倡议的带动下，“中国学界体系化、理论化、学科化地研究‘一带一路’，进而引领全球‘一带一路’研究、推动中国与世界各国的思想交流与共享，这样的使命感、责任感，相比以往不是变轻了，而是变得更重了”。[②]其中，中国周边学的兴起与中国崛起密切相关。因为，在多数情况下，区域研究的发达程度既是国际关系史上大国兴衰在学术领域的投射，也是衡量权力转移发生状态的重要尺度，“历史上，一国地区研究的发展轨迹及其兴衰往往也是其大国地位起落的重要标志。”[③]

一般而言，“丝路学是一门20世纪才问世的新学问，也是一门涵盖了文化、历史、宗教、民族、考古等人文科学，以及地理、气象、地质、生物等自然科学的，汇聚了众多学科、综合研究多元文化的学问。丝路学来自丝绸之路这一历史性的

---

① 马丽蓉：《丝路学研究：基于中国人文外交的阐释框架》，时事出版社，2014年9月版，第22页。

② 王文：《“一带一路”需要全面系统研究》，《人民日报》，2017年1月23日。

③ 陈岳、莫盛凯：《以深化地区国别研究推动中国国际关系学科的发展》，《教学与研究》，2016年第7期，第36页。

文化概念的提出，并且最终得到了国际社会与学术界人士的共同认可。”[①]即，丝路学具有多学科交叉跨时空阐释的基本特征，以丝路沿线区域、国别问题等为研究对象，以丝路沿线及其辐射线上经济、安全及人文等领域不同行为主体间交往与合作为研究范畴，旨在揭示“国强、路畅、交往密、文明盛”的历史规律与“借路传道、依路共处”的行为逻辑，以及互惠、包容、合作的丝路精神，是对全球治理具有现实意义的一门学科。[②]

如果说中国周边学是关于“中国与周边国家关系”的学科的话，那么丝路学是关于“中国与世界关系”的百年显学，两者既有区别但有更多联系，且都存在因西方话语体系主导所致“中国缺席”的学术怪现象：一是中国已由“研究对象”衍化为“被叙述者”。作为研究对象的中国，因一直处于“被叙述”境遇而逐渐边缘化甚至“失语”，中国学者只得跟在西方国家后面亦步亦趋地“做学问”，中国对外关系史也因陷入西方叙述框架而变得面目全非，如西方学界肆意曲解“朝贡体系”、抹杀中国对丝路文明的历史贡献等即为明证。二是全盘西化的研究范式挤压了“中国思想”的表达。以美欧为主的国际主流学界多用由西方的概念、理论及“西方中心论”的阐释框架等组成的西化研究范式来开展丝路学研究。同样，长期以来我们总是以西方和日本的国际关系理论或区域理论审视周边事务，导致中国对周边事务的话语权被削弱、被淹没、甚至被解构，使得中国学界在“碎片化”守势中难以表达“中国思想”。三是中西研究队伍的力量悬殊造成了西强东弱的学术影响力。丝路学自李希霍芬等学术权威创建至今形成了由名家、名作、名刊、名智库所成就的“名人效应”，周边学亦如此，尤其是中国周边地区虽远离欧美，但就中国周边地区的研究水平而言，西方国家尤其是美国似乎更胜中国一筹。究其根源在于美欧甚至日本为扩大和维护自身利益而投入了大量学术资源，且用“名人效应”吸引更多学者与机构投身其中。与之形成鲜明对照的是，中国学界开展丝路学、周边学研究的队伍零散且不成形，远不及我国的美国研究与欧洲研究的庞大而强势的研究队伍，更无法与美欧日等专攻丝路学与周边学的权威机构及其团队相比。正是由于中西研究队伍的力量悬殊，结果造成了西强东弱的学术影响力。

---

① 沈福伟：“丝绸之路与丝路学研究”，《光明日报》，2009 年 12 月 30 日，第 12 版。

② 马丽蓉：“百年来国际丝路学研究的脉络及中国丝路学振兴”，《新疆师范大学学报（哲学社会科学版）》，2018 年第 2 期。

要想根除“中国缺席”的学术怪现象，最根本的还是要尽快确立中国学术的主体意识。为此，一是应树立中国特色大国外交的理论自信。中国学界应对“三个超越”的中国文明交往观、中国“互利共赢的新型国际关系”理念及“共商共建共享”的中国的全球治理观展开扎实深入的基础研究，以切实构建中国特色大国理论，在理论自信中抵御西方大国的“学术渗透”，这是振兴中国丝路学与构建中国周边学的前提与基础。二是应凸显基于“一带一路”伟大实践的问题意识。在必须重估“中国与世界关系”的当下，应立足于中国周边外交与“一带一路”建设的现实，在共商共建共享的全球治理理念指导下，与沿线各国尤其是中国周边国家开展经济、安全、人文等战略合作，并就贫困、减灾、暴恐、难民、海盗、走私、贩毒等开展合作治理，在难题治理中深化中国特色的大国外交理论。三是应进一步增强中国学者的理论自觉意识。中国的崛起倒逼着西方所主导的国际关系理论的变革，“一带一路”更需要中国学者的理论主体意识的适时跟进，中国学者必须持有包容的胸襟来统合国内外学术资源以履行新时代所赋予的学术使命与担当。因此，构建中国周边学与振兴中国丝路学，实为中国学者力求增强理论主体意识的努力之举。

总之，构建中国周边学是一个重要而基础的系统工程，在“一带一路”的带动下，中国周边乃至丝路沿线国家和地区的“命运共同体”建设，亟待需要中国学界从概念、理论、话语体系等做出具有中国特色的理论阐释，以彰显文化自信的“学术中国”。因此，从学科的定位、内涵、基础等逐层切入探索中国周边学的建设路径，实为符合学科发展一般规律与现实重大诉求的路径选择。

中国周边学的人类学民族学视角

纳日碧力戈

【内容提要】中国周边学应当是一门综合性学科，人类学民族学能够在其中起到不可替代的学理和民族支撑。中国不再限于研究边政学、边疆学，还要研究周边学，研究“一带一路”沿线国家，研究人类命运共同体。

【关键词】周边学　人类学　民族学　“一带一路”　人类命运共同体

【作者简介】纳日碧力戈，复旦大学民族研究中心主任，中国与周边国家关系研究创新团队成员、教授、长江学者。

一、中国周边学正逢其时

中国周边学的提出可谓正逢其时。中国的政治、经济空前强大，国际形象日益突出。中国高层领导人选择这个时机提出“一带一路”倡议，随后又发出构建人类命运共同体的号召。中国作为后发的强盛之邦，为了适应自己的全新角色，为了对世界和平有所贡献，要扩大视野，以自己的视角观察和阐释周边和世界，用自己的视野和理念丰富国际视野和理念，为建设人类命运共同体做出应有贡献。为了这个目标，首先需要全面而深入地认知周边国家，尤其是它们的语言文化、宗教信仰、地方知识、价值体系和宇宙观，进而全面了解这个互联的世界，准确把握时代脉搏。

中国一方面要避免走西方列强殖民扩张的老路，另一方面要创新性地开辟构建人类命运共同体的新路。目前，国内政界和学界缺乏对“一带一路”沿线国家的一手了解，对其语言文化、民间信仰、民俗传统等的实地调查研究和民族志“浓描”，远远不能满足新时代复杂现实的需要。中央高层提出的“一带一路”倡议和建设人类命运共同体的号召，充分彰显了这样一个道理：在建设“一带一路”的过程中，政治、经济不能和精神、伦理脱嵌，文化要素和非文化要素互为条件、互相推动。为了做好周边外交，民间智慧要和顶层设计相结合，“社会”要和“人文”相结合，政治学、经济学要和人类学、民族学相结合，地天通，冲气和。亨廷顿讲文明冲突，约瑟夫·奈讲软实力，他们看到了文化的重要性。文化是政治和外交的根基，不存在脱离文化的政治和外交，民心相通，文化勾连，只有这样才能把国家之间的政治和外交的事务处理好。中国周边学研究周边国家的内政外交，要联系那里的语言文化，联系那里的地理环境，联系那里的宗教信仰，研究那里的历史传统，研究那里的价值伦理。可持续的中国周边学研究要结合国内外人类学民族学的研究成果，把周边国家的政治、经济、外交、语言、文化、宗教等要素综合起来研究，整体加以探讨，努力取得接地气、有担当的研究成果。

二、人类学民族学的重要性

人类学民族学起源于西方列强的殖民扩张，自觉不自觉地为其所用，甚至成为种族主义的帮手[①]。他们虽然付出艰辛的劳动，孤旅探险，参与观察，学习语言，学习分类，浓描文化，终归要服务于列强的殖民事业。只是到了后来，学科自觉和反思开始出现，许多人类学民族学家成为反对殖民主义、反对种族主义的先锋。博厄斯（Franz Boas）用人体测量学证据驳斥种族主义[②]，他的学生阿什利·蒙太

① 1994年，理查德·赫恩斯坦（Richard Herrnstein）和查尔斯·默雷（Charles Murray）出版《金钟曲线》（*Bell Curve*）一书，追求标新立异，一鸣惊人，认为智商低下的人群带来社会问题，种族不同，智商也不同。他们用不可靠的数据证明黄种人最聪明，白种人智商其次，黑种人智商最低。这种族智商高低论附和了亚瑟·詹森（Arthur Jensen）的智商论：美国政府对弱势群体实行教育优惠政策，但收效甚微，这是因为他们属于弱智群体，黑人更是“烂泥扶不上墙”。参见：Arthur Jensen, “How Much Can We Boost IQ and Scholastic Achievement?”*Harvard Educational Review*, Vol. 39, No. 1, 1969, in Herrnstein, Richard J. and Charles Murray, *The Bell Curve: Intelligence and Class Structure in American Life*, New York: Free Press, 1994, p. 9。另参见 Arthur R. Jensen, “Paroxysms off Denial,” Russell Jacoby and Naomi Clauberman eds., *The Bell Curve Debate: History, Documents, Opinions,* Times Books, 1995, pp. 335-337。

② Franz Boas, “Changes in the bodily form of descendants of immigrants”, *American Anthropologist*, No. 14, 1912, pp. 530-562.

古（Ashley Montagu）在自己的名著《人类最危险的神话：种族的谬误》[①]中，用有力的生物学事实推翻了“种族”智力差别论。人类学家列维-斯特劳斯和他所敬重的博厄斯一样，反对西方种族中心主义，反对西方文化优越论。列维-斯特劳斯在1952年和1971年分别发表《种族与历史》和《种族与文化》，发展成为联合国教科文组织反种族主义的核心思想。[②]

社会文化人类学/民族学从文化的角度研究人类社会的各个方面，既研究人类及其文化的起源、发展变迁，研究世界各民族各地区文化的差异，也试图探索人类文化的基本性质和演变规律，因而它在中观层面强调相对性，在宏观层面强调普适性。广义人类学/民族学包括考古学、语言人类学和体质（生物）人类学。社会文化人类学对人类的社会组织、社会变迁、婚姻家庭、亲属关系、象征符号、宗教信仰、原始艺术等方面都有十分成熟的研究成果，可供周边学有选择地加以借鉴和吸收。格尔茨在二十世纪七十年代的一次讲座中强调他者文化的完美，指出所有人类生活都具有完整性和神圣性；他强调男女平等和阶级之间、族群之间、辈分之间的平等。地方知识告诉我们，拥有美德的群体和个人，包容他者的群体和个人，是最有尊严的群体和个人。[③]人类学民族学的这种包容思想类似于中国人“各美其美，美人之美，美美与共”的传统理念。

把人类学民族学作为中国周边学重要的知识和理念支撑之一，充分吸收比较民族志的丰硕成果，学会从本土人观点看问题，“进得去，也出得来”，就能为国家之间的顶级合作，为巩固中国和有关国家既有的双边和多边机制，进而建设和发展与沿线国家的经济合作伙伴关系，共同构建政治互信、经济融合、文化包容的利益共同体、责任共同体、命运共同体，奠定坚实的人文和理念的基础。

三、摆脱民族主义的困扰

盖尔纳（Ernest Gellner）对民族主义有一个经典定义：它是一种意识形态，要

① Ashley Montagu, *Man's Most Dangerous Myth: The Fallacy of Race*, Fifth Edition Revised and Enlarged, Oxford University Press, 1974.

② 参见 Claude Lévi-Strauss, *Race et histoire*, UNESCO Courier, 2001。

③ 纳日碧力戈：《格尔茨文化解释的解释》（代译序），[美]克利福德·格尔茨：《地方知识》，杨德睿译，商务印书馆，2016年版，第xxiv页。

求民族的边界和国家的边界一致，要求一个文化属于一个“政治屋顶”。自威斯特伐利亚条约签订以来，“一族一国”“同文同国”是建设现代国民国家的“标准型”和“理想型”。然而，时至今日，绝大多数国家是多民族和多族群的国家，各国的历史文化传统各有特色，很难形成事实上的“标准型”，国民国家的“理想型”也只能是“理想”而已。人类学民族学的常识告诉我们，民族边界和国家边界往往不一致，多族共生是现实，也是常态。我国有大量的跨境民族，他们由于语言文化上的共同性，彼此走访，互相交流，形成国界和族界不一致的复杂格局。不同民族和族群共同生活在一起，成为同一个国家的公民，这原本不是问题。但是在地缘政治格局的限制下，也出于国家安全的考虑，跨境民族尤其是跨境少数民族，容易被“问题化”。小民族是“有标记”①的民族，即个别成员的举动很容易被说成是整个群体的举动，这是因为大民族的成员会用“某族人”来指称这个成员，而不会直接说“某人”。相反，当某个大民族的成员做了什么事情，别人会说“张三或李四做了什么”，而不会说“某族人”做了什么。因此，大民族是“无标记民族”。其实，小民族成员热爱自己的民族与热爱自己的国家并不矛盾，爱民族和爱国家是递进关系，族和国分属不同层面，没有必要提出爱族和爱国孰为先的问题。爱国始于爱父母、爱家、爱族，无怪乎我们把自己的国家叫母国或“父国”②。爱国始于“父亲的草原，母亲的河”。

处理好跨境民族事务，不仅关系到国家稳定，涉及周边外交，也关系到“一带一路”和人类命运共同体的建设。为了把人类命运共同体建设好，就要克服“同文同种”的极端民族主义癫狂和同化主义的躁狂，以万象共生的理念，以多族和睦的追求，让各国各族的语言和文化“并育不悖”、千灯互照、光光交彻。

---

① “标记”概念来自语言学区别特征理论，由特鲁别茨科伊（Nikolai Sergeevich Trubetskoi）提出，“指处于有无对立中的两成分一方所独有的特征，只有这个特征可以把两成分区别开。如普通话的 [p]-[p‘] 对立，送气是标记；[i]-[y] 对立，圆唇是标记。其中有标记的一方称标记成分，没有标记的一方称无标记成分。如 [p‘]、[y] 是标记成分，[p]（原文作 [p‘]，应为印刷错误——引者）、[i] 是无标记成分”。参见《中国语言学大辞典》编委会：《中国语言学大辞典》，江西教育出版社，1991 年版，第 263 页“标记”条。

② 西方的 fatherland。

四、跨学科视野

虽然冷战时代国与国之间的关系已经发生重大变化，但潜在的老问题并没有得到彻底解决，新问题又大量出现。返观老问题，研究新问题，中国周边学有自己的优势：那就是它可以借助包括人类学民族学在内的多学科研究成果，形成跨学科和应用性的知识和学理的平台。拉铁摩尔（Owen Lattimore）在谈到亚洲腹地商路的时候，提出三个原动力：地理、社会、历史。[①] 同样，中国周边学除了考虑国际政治，也要考虑地理位置、人口迁移、文化交流这三个维度。拉铁摩尔还提出“内亚贮存地”的说法[②]：像成吉思汗、努尔哈赤这样的少数民族精英，自幼生长在一个少数民族文化和中原文化汇集的“过渡地带”，这使他们能够通晓双方的语言和文化，成为“经纪人”，知彼知己，百战不殆。可以说，周边国家是中外过渡带，跨界民族多，语言文化交叉混合，汉藏语系、阿尔泰语系、南亚语系、南岛语系和印欧语系彼此重叠，形成复杂的文化连续体。过渡带、混合带容易产生协商共赢、和平共处的智慧，容易在不经意间保持“文化亲昵”。也正是在周边学研究的过渡带和混合带，可以找到特殊与普遍得到统一的办法，发现重叠共识的途径。周边学可以充分吸收人类学民族学的正能量，不走殖民主义老路，不走我族中心主义的弯路。从长远看，周边外交也是文化外交，推动与周边国家的文化交流，培养出重叠共通的文化底蕴。如此，它就能迈出建设亚洲命运共同体的关键一步，也是建设人类命运共同体的一步。中国周边学要挖掘中国传统中“致中和”的智慧，在不同语言之间、不同文化之间、不同信仰之间致中和，拓宽互利共赢的视野，开辟和合共生的新路。

五、走向共生

生态人类学的视野有利于推动中国周边学建设。人类学家贝特森（Gregory

---

① 黄达远：《在古道上发现历史：拉铁摩尔的新疆史观述评》，黄达远、袁剑主编：《拉铁摩尔与边疆中国》，三联书店，2017 年版，第 217 页。

② ［美］拉铁摩尔：《中国的亚洲内陆边疆》，唐晓峰译，江苏人民出版社，2005 年版，第 161—164 页。

Bateson）提出万物关联的“元模式”，把人和自然万物联系在一起，[①]建筑学家黑川纪章的共生思想与之遥相呼应。[②]中国古代山水文化观也富有生态智慧，值得古为今用。例如《淮南子·齐俗训》说：“水处则渔，山处则木，谷处则牧，陆处则农，地宜其事”。又如《吴越春秋·阖闾内传》说：“夫筑城郭、立仓库，因地制宜，岂有天气之数以威邻国者乎？”在非生态思维中，人和自然对立，人被环境包围，不属于环境。不仅如此，根据这种思维，人有义务改造环境，改造自然，使之顺应人的要求，服从人的需要。同理，在非生态的周边思维中，我族和他族对立，我国和他国竞争，你就是你，我就是我，界限分明，忘记了彼此交融、互为环境、互利共生的传统智慧。

六、文化自觉和文化自信

费孝通教授20年前提出文化自觉的课题，人们要对自己的文化有“自知之明”，“明白它的来历、形成过程、所具有的特色和它的发展趋向，不带任何‘文化回归’的意思，不是要‘复古’，同时也不主张‘全盘西化’或‘全盘他化’”[③]；后来又提出从“科技兴国“到“文艺兴国”的问题[④]。近来，中央高层提出要制度自信、道路自信、文化自信。《论语·颜渊》有这么一段：“子贡问政。子曰足食，足兵，民信之矣。子贡曰，必不得已而去，于斯三者何先。曰，去兵。子贡曰，必不得已而去，于斯二者何先。曰，去食，自古皆有死，民无信不立。”兵、食、信，信为大。周边外交的核心是“信”，是沟通人心，争取人心。费孝通思考中国文化的特点和凝聚力所在，总结出四条：第一，通过家庭继承文化，“上有祖宗，下有子孙”；第二，“天人合一”的自然观；第三“和而不同”“多元互补”的包容性；第四“推己及人”的精神气质——由己出发，亲亲而仁民，仁民而爱物。祖孙承继、

---

① Gregory Bateson, 1980 [1979], *Mind and Nature: A Necessary Unity*, New York: Bantam Books.

② [日]黑川纪章：《新共生思想》，覃力等译，中国建筑工业出版社，2009年版。

③ 徐平等：《费孝通评传》，民族出版社，2009年版，第285页。

④ 费孝通先生认为，中国先以“科技兴国”，让人们富起来，接着要以“文艺兴国”，让百姓的精神生活和物质生活都富足起来。参见方李莉编著：《费孝通晚年思想录》，岳麓书社，2005年版，第10页。

天人合一、和而不同、仁民爱物。[①]这些都是值得新兴的中国周边学借鉴的重要理念。

人类学家格尔茨反对偏激的相对主义，也反对平庸的普世主义，强调民族志浓描的重要性，承认由巧入拙的必然性，读万卷书方知不足。他告诫后人，不要以为做了长期的田野民族志，甚至在调查地成家立业，就懂研究对象了——你最终还是你，人家最终是人家，但是你可以全力用自己的视角去记录和呈现所见所闻。人类学民族学的优势在于能够参与观察他者社会，从他者观点看问题，浓描厚描他者文化，思考他者思考，感觉他者感觉，把民族志作为无尽的过程，为政府良治、善治提供立体知识，避免自说自话的一厢情愿。

庄孔韶教授曾提出“不浪费的人类学”，得到普遍呼应，我愿意借用他的口号，提出“不浪费的周边学”，让人类学民族学丰富和加强周边学，让周边学成为一个跨学科、重应用的互联平台。在中国强大起来的今天，中央高层推出建设“一带一路”和构筑人类命运共同体的新思路。中国周边学的提出是一个重要标志：中国不再限于研究边政学、边疆学，还要研究周边学，研究“一带一路”沿线国家，研究人类命运共同体。

---

① 周飞舟：《从“志在富民”到“文化自觉”：费孝通先生晚年的思想转向》，《社会》，2017年第4期。

中日“周边观”的比较、变迁及对接

祝曙光

【内容提要】近代以前东亚国家形成了以儒家文化为主导的华夷秩序。尽管所秉持的原理、运行的机制与西方国际秩序不同，但华夷秩序在维护中国周边安全与繁荣方面发挥了积极作用。近代以来，日本奉行“脱亚入欧”政策，以把中国及中国周边国家纳入国际条约体系为名挑战中国权威并与中国展开权力竞逐。为了维持华夷秩序并调和西方国际条约体系与宗藩关系体系的矛盾、让两种不同的国际关系体系兼容并存，中国左支右绌，处境艰难。中国未能与时俱进，更新或提出中国周边学理论、原则和方法。相反，日本却提出了自己的周边学理论。中日关系是中国最重要的周边国家关系之一，日本学界、政界自近代以来一直关注东亚区域合作，从战前以日本为主导的不平等的周边区域合作理论到战后以中日为轴心的周边区域合作理论，其丰富的学术积累值得我们有选择性地加以借鉴。剔除日本周边观中的消极因素，可以与中国周边观进行对接，达成共识，其理论成果将惠及所有周边国家。

【关键词】中国　日本　周边观比较

【作者简介】祝曙光，苏州科技大学人文学院教授。

随着近年来中国经济与综合实力的不断提升，创建中国周边学的条件已经成熟。在国际关系研究领域长期占据主导话语权的西方国际关系理论日益遭遇人们的质疑，从现实层面来看，西方国际关系理论并不能有效解决现实国际问题。创建中国周边学不仅要明确其概念内涵和理论范式，而且要形成解决周边外交问题、管控周边外交危机的有效机制。中国周边学不是一个封闭的理论体系，而是一个实践舞台。

一、近代中日两国实力的逆转与华夷秩序的瓦解

东亚国家在历史上交往密切，形成了“儒家文化圈”“汉字文化圈”和“筷子文化圈”，在国际层面形成了以儒家文化为主导的华夷秩序。尽管所秉持的原理、运行的机制与西方国际秩序不同，但华夷秩序在维护中国周边安全与繁荣方面发挥了积极作用，为周边国家带来了实实在在的好处，以至于在一个时期内，周边国家竞相朝贡，“计其贡物，时直甚廉，给之太厚”。华夷秩序是一种不依靠武力，不干涉内政，而是以道德、文化和贸易处理周边事务和问题的国际关系。中国为维护周边国家繁荣和稳定耗费了大量资源，中国政府按亲疏远近对华夷秩序内的各国规定了不同的朝贡时间和朝贡规模，不追求无限制扩张华夷秩序，将经营重点局限于周边国家和地区，这是华夷秩序与西方国际秩序的本质区别。美国著名学者徐中约指出：西方国际社会的特点“在于它始终处于扩张态势。在扩张过程中，早期最为显著的例子是它分别于1721年和1783年吸纳了俄罗斯帝国（其前身为莫斯科公国）和美国。19世纪则见证了它如何闯入世界上非基督教地区，1856年的《巴黎条约》宣布接纳土耳其为其成员。当西方国际大家庭抵达远东世界时，它发现自身遭遇到另外一个由中国领导的国际大家庭。两个互不相容的体系于是发生了碰撞，最终处于扩张态势的西方国际大家庭的光芒盖过了对手”。[①] 日本曾加入华夷秩序。当明政府限制日本的朝贡规模和次数时，日本各地领主、土豪和寺院纷纷向幕府索要勘合，承办入贡事宜，甚至发生了宁波争贡事件。丰臣秀吉发动侵朝战争后，恶化了中日、日朝关系，破坏了东亚和平，被明政府逐出华夷秩序，使得日本不能享受华夷秩序内的贸易利益，成为“化外之国”和东亚“孤儿”。德川政权建立后，力图回归华夷秩序，但遭到明政府的冷遇，未取得实质性进展。清代明以后，德川幕府一方面对“以夷变夏”的清政府持轻蔑态度，颁布锁国令，不断强化锁国政策；另一方面模仿华夷秩序，构建以日本为中心的特殊的东亚国

① 徐中约：《中国进入国际大家庭：1858—1880年间的外交》，商务印书馆，2018年，2018年，第8—9页。

际秩序，即“大君外交体制”。但“大君外交体制”仅涵盖三个国家，即日本、朝鲜和琉球，不仅数量少，而且朝鲜与琉球同时还处于华夷国际秩序内。1609年，萨摩藩出兵征服琉球以后，不但不禁止琉球向明廷的朝贡，而且对琉球臣服日本之事“秘而不宣”，使琉球同时对日本和中国保持藩属关系的两属状态，谋求重新加入华夷秩序。

近代以来，日本奉行“脱亚入欧”政策，以把中国及中国周边国家纳入国际条约体系为名挑战中国权威并与中国展开权力竞逐。为了维持华夷秩序并调和西方国际条约体系与宗藩关系体系的矛盾、让两种不同的国际关系体系兼容并存，中国左支右绌，处境艰难。中国未能与时俱进，更新或提出中国周边学理论、原则和方法，而是固守传统的华夷秩序观。相反，日本却提出了自己的周边学理论，如“日清提携论”“大东合邦论”“东亚协同体论”乃至“大东亚共荣圈”等。日本周边学理论包含了殖民侵略野心和私利，自然不会获得周边国家和国际社会认可，最终随着日本帝国的覆灭而破产。

明治初期，强敌压境，日本面临严峻的外部环境，应该制订和实施什么样的国家安全保障政策是一个紧迫的课题。日本决策者曾提出“日清提携论”，即亚洲联合论，认为日清提携不失为抗衡西方列强的有效手段，使东西方力量对比保持某种平衡。早在幕末时期，会泽安、佐藤信渊、平野国臣等就主张日清提携论。1825年，会泽安在《新论》中指出：“若夫未尝沾染回回逻马之法（指伊斯兰教与基督教—引者）者，则神州（指日本）之外，独有满清。是以与神州相为唇齿者，清也。夫方今天下形势，大略如此焉。”[①]1849年，佐藤信渊在《存华挫夷论》中写道：“满清为当今世界之大邦，然不像蒙古忽必烈那样凌驾我邦。且近来侈然自大而不务外详攘之武事。故英夷侮之而率舟师来侵伐，战而屡屡大败，江南四省流血而满清不能自卫，只好割地赔款乞和。如此以往其国益式微之时，西夷贪得无厌之祸，将东渐而至本邦。故愚老欲盼满清君臣苦心积虑，赈贫吊死，上下同甘共苦练兵数年，乃起复仇之义兵，征伐英夷而大破之，收复失地，完全攘除于东洋，若此满清可永为本邦之西屏。”[②]平野国臣认为中日“两国相与合力，一其志，断然扫夷不予之以尺寸之地，逐诸洋外”。[③]胜海舟呼吁日中朝三国“合纵连

① 杨栋梁：《近代以来日本的中国观》第1卷，江苏人民出版社，2012年，第42—43页。
② 刘岳兵：《近代以来日本的中国观》第3卷，江苏人民出版社，2012年，第37页。
③ 杨栋梁：《近代以来日本的中国观》第1卷，江苏人民出版社，2012年，第44页。

横以共抗西洋”。幕末有识之士的主张一度为明治初期决策者所接纳。1875年3月，右大臣岩仓具视在《具视笔录外交之机务以供御览》的文件中指出：“清国占据亚细亚之大部分，土地辽阔，人口众多，无与伦比，与我邦为唇齿之邦，近来虽政纪废弛萎靡不振，但因与我国关系颇大，故加强和谊以建久远之基，应为今日所当务。窥其国势，应机而施经略，为他年之远略。”①克里米亚战争以后，俄国加紧向远东扩张，威胁到日本的国家安全。日本难以凭借一国之力抗衡俄国。当时中国的经济和军事实力远在日本之上，日清提携是抵挡俄国南下的一面有效盾牌。但是“日清提携论”夹杂了日本的私心，即由日清两国“劝告”朝鲜开国，将朝鲜纳入近代国际体系，割断中朝宗藩关系，形成日、清、朝三国区域合作，而日本则充当东洋盟主。“日清提携论”不仅没有增进中日关系，反而引起了中国的警觉。②

由于中国国力衰落，提供公共资源的能力不足，越来越难以维持传统的朝贡关系格局。1880年，驻英公使曾纪泽在致总署的信函中指出：“我朝绥驭属国，平时无所取利，遇有事故，则不惜内地之力，安辑而保字之，此如天如日之德，所以度越前古也。顾自西洋通商以来，吾华交涉强邻之务逐渐增多，属邦附庸之被侵侮者，尤为常有之事。我国家既守宽仁博大之成法，于朝贡效顺之国未尝夺其自主之权，彼之军国内政，从不牵掣而遥制之。至于救灾恤患，又复无可推诿，揆之事势，可谓千古之至难者矣。”③如何改变这种“千古之至难”的局面呢？早在1879年4月，曾纪泽在与日本驻英公使的谈话中就指出用西洋“公法”体制取代朝贡体制：“中华与日本皆在亚细亚洲，辅车依倚，唇齿毗连，中华之富庶，日本之自强，皆欧洲之所敬畏也。是宜官民辑睦，沆瀣一气，中华财产，足以沾润于东邻；日本兵力，足以屏蔽于东海。邦交既固，外患可泯，盖不独通商之利而已。”在谈及高丽、琉球问题时，曾纪泽说：“西洋各国以公法自相维制，保全小国附庸，俾皆有自立之权，此息兵安民最善之法。盖国之大小强弱，与时迁变，本无定局；大国不存吞噬之心，则六合长安，干戈可戢。吾亚细亚洲诸国，大小相介，强弱相错，亦宜以公法相待，俾弱小之邦，足以自立，则强大者，亦自暗

① 刘岳兵：《近代以来日本的中国观》第3卷，江苏人民出版社，2012年，第39页。
② [日]井上寿一：《日本外交史講義》，岩波書店，2003年，第20页。
③ 曾纪泽：《曾纪泽集》，岳麓书社，2008年，第170页。

受其利，不可恃兵力以陵人也。”[①] 问题在于用西方国际条约体系取代传统朝贡关系体系将改变东亚权力结构，危及中国国家安全，损害中国利益，所以曾纪泽又认为要“申明中国统属藩国之权”。

随着中日两国经济与军事实力逆转，日本抛弃了日清提携战略，加快了脱亚步伐。1876 年 2 月 26 日，日本迫使朝鲜签署《日鲜修好条规》（《江华条约》），规定“朝鲜国为自主之邦，保有与日本国平等之权”。结果中日两国对“自主之邦”一词的理解不同，引发了矛盾、冲突乃至战争。陆奥宗光指出：“牙山之战是如何发生的呢？表面上是我国政府受朝鲜政府的委托将清军从该国驱赶出去而引起的，而实际上，主要是日中两国对于中朝宗属关系的争议引起的，这是不争的事实。说起来，我国在最初接到中国政府向朝鲜出兵的外交照会的时候，就对于照会上有保护属邦这样的词语表述立即提出了争议。”[②]

随着朝鲜民族主义的萌发，一部分开化派知识分子对日本抱有不切实际的幻想，企图凭借日本的力量，彻底摆脱中朝宗藩关系，使朝鲜成为所谓完全“自主之国”。1884 年 12 月 4 日，朝鲜爆发“甲申政变”，加速了朝鲜内部的离心倾向，一些政界人士不仅凭借日本的力量，还企图依靠俄国的支持来摆脱与中国的宗藩关系。时任朝鲜外交顾问的德国人穆麟德乘机策划了“朝俄密约事件”。早在 1884 年初，高宗就秘密派官员金光训去南乌苏里。金光训向俄方表达了高宗的亲俄意图：朝鲜和俄国领土接壤，俄国“据天下形胜，为天下最强，为天下最畏”，朝鲜很想确立和俄国的友好关系，摆脱中国的控制。[③] 英国担心中朝宗藩关系的崩溃以及朝俄接近会刺激俄国南下，危及东亚和平，损害英国利益，于 1885 年 4 月 15 日，即《天津条约》签署前夕突然占领扼济州海峡要冲的巨文岛。英国一改以前拒不承认中国对朝宗主权政策，通过强化中国对朝宗主权来维持东亚局势的稳定。4 月 12 日，英国外交部副大臣庞斯弗德从巴黎写信说：占领之事已“经过皇家国防委员会充分考虑……中国对朝鲜的宗主权是一个迫切的问题。我们曾拒绝承认中国的权利，不过我现在了解，这种权利是很有道理的”。[④] 在回答中国驻英公使曾纪

① 曾纪泽：《出使英法俄国日记》，钟叔河编：《走向世界丛书》，岳麓书社，2008 年，第 1 辑第 185 页。

② 陆奥宗光：《蹇蹇录甲午战争秘录》，上海人民出版社，2015 年，第 78 页。

③ 潘晓伟：《俄国与朝鲜关系问题研究 1860—1910》，黑龙江大学出版社，2013 年，第 68—69 页。

④ 季南：《英国对华外交（1880–1885 年）》，商务印书馆，1985 年，第 194 页。

泽的质询时，英国外交部回答说："我们有意暂时占领巨文岛，但是我们不愿损害中国的威望，因此想同北京方面达成协议。"曾纪泽在强调中国宗主权的同时，也欢迎英国的保证，并询问英国打算提出什么条件。"英国外交部提供他一个草案，规定英国必须付给朝鲜租金，并扣除其中的一部分给中国，作为朝鲜名分上应纳给中国的贡礼。"①英国占领巨文岛以及中英在巨文岛事件上的合作，迫使日本不得不退却。尽管华夷国际秩序在日本的冲击下已支离破碎，但毕竟仍得到国际社会的承认，在维持东亚和平与稳定方面继续发挥积极作用，朝鲜半岛保持了短暂平静。

二、日本构建排他性东亚国际秩序及其失败

暂时的退却不等于日本放弃了废除华夷国际秩序的决心，通过甲午战争日本终于达到了目的。但是，日本并不能安然享受胜利果实，构筑周边安全环境。因为俄国通过三国干涉还辽登上了朝鲜这个国际政治舞台，企图构建以俄国为主导的东亚国际秩序。从甲午战争到华盛顿会议召开，各方势力围绕争夺东亚主导权展开了激烈博弈，对东亚国际关系产生了重要影响，并诞生了历史上独一无二的东西方结盟，即日英同盟。日英同盟的诞生直接促成了日俄战争的爆发。经过日俄战争，日本不仅巩固了在朝鲜的殖民利益，而且夺取了俄国在中国东北的权益，与英国在中国的势力范围直接接壤，引起了英国的不安。美国也对日本企图构建以日本为主导的东亚国际秩序感到焦虑。西奥多·罗斯福总统说："我过去偏袒日本，然而讲和会议（朴茨茅斯会议——引者）召开以后，我不偏袒日本了。"②"现在我的同情完全转移到了俄国方面。因为最大的竞争者日本的强大化，不符合美国的利益。"③第一次世界大战爆发后，日本趁西方列强无暇东顾的机会。加紧向中国扩张。1915年1月18日，日本向中国政府提出了范围广泛的"二十一条要求"。袁世凯指出："日本这次提出的觉书，意义很深，他们趁欧战方酣，各国无暇东顾，

---

① 季南：《英国对华外交（1880-1885年）》，商务印书馆，1985年，第194页。

② 日本国際政治学会：『太平洋战争への道·1·满洲事变前夜』，朝日新闻社，1963年，第11页。

③ 秦郁彦：《太平洋国际关系史——日米および日露危机の系谱1900—1935》，福村出版社，1972年，第64—65页。

见我国是已定，隐怀疑忌，故提出觉书，意在控制我国，不可轻视。至觉书第五项，竟以朝鲜视我国，万万不可与他商议。”[①]“二十一条要求”的实质就是要构建一个将中国置于日本控制下的排他性的东亚国际秩序。美英联合中国抵制日本的企图。中国为获得国际支持，不理会日本要求保密的要求，交涉期间，顾维钧在当天下午和第二天，面见美国驻华公使芮恩施和英国公使朱尔典，将谈判内容及时透露给美国和英国。芮恩施认为“中国保护自己的最好办法，就是将事情公开化，不然，日本人会三番五次提出无理要求，而对外则一概拒不承认。”[②]日本在交涉“二十一条要求”中所表现出来的虚伪、狡诈，使日本在中国和世界的形象大坏，“二十一条要求”并不包含什么新东西，“除满洲租借地的扩张外，它们也不意味日本在中国更有地位。”“二十一条”的提出，显示了日本外交的迟钝和愚笨，而提出最后通牒，更是“迟钝到了顶点。”“这份最后通牒并没有使日本有多少收获，但为每年5月25日成为国耻纪念日提供了象征”，激发了中国的民族主义。“二十一条使中国和美国大众如此激愤的原因是它们的不合时宜。它们是按照19世纪90年代帝国主义的掠夺精神炮制的，但晚了20年，在中华民国和美国的进步运动兴起之后。从任何意义上说，它对日本是一次得不偿失的胜利。”[③]日本构建以本国为主导的周边国际秩序的行动遭遇重大挫折。华盛顿会议后，日本出现了以“币原外交”为代表的协调外交。币原外交的理念可以归纳为：国际协调主义、不干涉内政主义、经济主义和合理主义。国际协调主义就是在对华政策上与欧美列强协调，避免出现与欧美列强的对立。不干涉内政主义就是反对公然出兵中国，停止对地方军阀的支持，率先承认中国关税自主权，并且以同情的态度面对中国的民族主义运动。他在华盛顿会议上强调要重视由中国民族主义激发的革命。经济主义就是不以武力威胁、侵略和扩大国家的权利，而是奉行以扩大外贸、投资等增进经济关系的互惠互利原则。合理主义就是在追求国家利益的外交价值与国际、国内环境之间保持适当的平衡，外交行动诉诸理性，反对采取情

① 曹汝霖：《曹汝霖一生之回忆》，中国大百科全书出版社，2009年版，第122—123页。

② 鲍威尔：《我在中国二十五年——（密勒氏评论报》主编鲍威尔回忆录》，上海书店出版社，2010年，第40页。

③ 费正清、费维恺编：《剑桥中华民国史》下卷，中国社会科学出版社，1993年，第113—117页。

绪化、非理性的行动。[①] 显然以“币原外交”为代表的协调外交是对日本以往周边外交观与外交实践的总结和反思。

从甲午战争到华盛顿会议召开，随着华夷国际秩序的崩溃，远东太平洋地区一直处于无序状态。由于中国拒签《凡尔赛条约》，而美国国会没有批准该条约，《凡尔赛条约》无法在远东发挥作用。为了防止日本继续构建排他性的东亚国际秩序，美国提议召开华盛顿会议。华盛顿会议是巴黎和会的继续，由《四国条约》《五国海军协定》和《九国公约》等条约构成的华盛顿体系是凡尔赛体系的补充，确立了第一次世界大战后远东太平洋地区的新的国际秩序。但是日本与美国主导的华盛顿体系始终格格不入，从未放弃构建以日本为中心的周边安全秩序的企图。1931 年 9 月，日本发动“九・一八事变”，公然挑战华盛顿体系。1933 年 3 月 6 日，日本宣布退出国联，华盛顿体系宣告破产。由此东亚进入了没有条约的动乱年代。与此同时，日本提出了一种以苏联为敌、分裂中国、将汉族排除在外的周边观。如任满铁嘱托的北川鹿藏鼓吹大通古斯民族论，声称东北亚是通古斯族的发源地，日、满、鲜同祖同血，黄河流域是南方的汉族和北方的通古斯族的地理界线。经济学博士野副重次则从空间经济学的角度，提倡图兰经济同盟，认为资源贫乏、人口过剩的日本应该向西伯利亚扩张，进入“图兰民族发源地”，将满、蒙、新疆、叶尼塞河以东的西伯利亚纳入日本的势力圈，建立自立自足的经济同盟。陆军大将林铣十郎认为日本的大陆政策不能局限于满蒙地区，应扩大到新疆乃至中亚，把满、鲜、日本视为同一民族，满蒙问题的解决与居住在欧亚大陆操突厥语系的信奉伊斯兰教诸民族独立有密切关系等。[②] 上述理论为 20 世纪 30—40 年代军部实施大陆政策和“欧亚大陆战略”提供了理论依据。

三、中国周边学的构建与中日关系

战后日本提出了外交三原则，其中之一就是“坚持作为亚洲一员的立场”，从“脱亚入欧”到回归亚洲。由于侵略战争的负面效应限制了日本对周边国家和地区

---

① 斎藤鎮男：『日本外交政策史論序説：外交教訓の史的研究』，新有堂，1981 年，第 43—45 页。

② レヴェントシナン：『戦前・戦中期における日本の「ユーラシア政策」―トゥーラン主義・「回教政策」・反ソ反共運動の視点から―』，早稲田大学博士论文，2014 年，第 118—130 页。

的影响力，也限制了日本政治家力图在东亚扮演领导者的意愿。战后日本外交面临的困境就是如何处理和平衡日美同盟与对华关系。随着中美关系改善，日本迅速恢复对华关系。田中角荣首相指出，“中日间是同文同种的关系”，中日人口占了全球人口的1/4，“如不解决中日关系，就不可能有日本的稳定”。日本的安全保障问题不仅要依靠日美安保条约，还要与中国结成友好关系。日本领导者意识到中日关系对日本安全与繁荣的重要性，中日区域合作具有历史文化基础，这为日本认同中国周边学提供了理论依据。中日恢复邦交至冷战结束，日本积极发展对华关系，面对中日关系中的问题也能以比较克制的方式加以处理，推动中国融入全球政治、经济体系以及构建以中日为核心的东亚区域合作。日本不参与中、美、苏三角博弈，愿意在全球和地区事务中处于较低位置。当谈判缔结《中日和平友好条约》、中日两国围绕对抗苏联的反霸条款发生激烈争执时，最终日本遵照中国的意愿写入了该条款。这是中日两国在周边事务上化解矛盾和分歧的典型案例，其经验值得总结。在美国扮演亚太合作的搅局者、日本又不可能充当主导者的情况下，不管从历史传统，还是现实层面，中国都要在亚太地区承担更大责任，建立中国周边学是大势所趋。

中日关系是最重要的周边国家关系之一，“大国外交是关键、周边外交是首要”，如何在构建中国周边学的过程中获得日本的理解和支持是必须认真考虑的问题。尽管近年来中日关系面临困境，但日本有识之士不断呼吁要超越对立与摩擦，发展具有建设性的中日关系，把中国崛起视为“机遇”而不是挑战，提出“建立以日中两国为轴心的东亚新体制”，认为东亚稳定与繁荣离不开中日合作，主张搁置争议，不断深化中日经济合作，以此作为构建东亚共同体的基础，在中日经济合作深化的条件下，强化两国在政治和安全领域的合作。20世纪80年代初，日本提出了“综合安全保障战略”。1997年，中国提出了“坚持相互信赖、互惠、平等、合作的新的安全保障观”。世纪之交，中国提出要成为“负责任大国”，而小泉纯一郎首相则强调日本“将在构建适应21世纪的国际体系中发挥主导性作用。”在两国日益显现的竞争性战略关系中都强调要加强合作。2002年9月22日，江泽民主席在纪念中日邦交正常化30周年友好交流大会上发表讲话，指出：“在充满希望的21世纪里，中日两国应该更好地和睦相处。中日两国人民毗邻而居，决定了我们必须加强友好。两国作为本地区的重要国家，应该为亚洲的振兴加强协调和合作。我们没有任何理由不友好、不合作”。[①]

基于东亚历史传统、以亲诚惠容周边外交思想为指导的中国周边学必将产生重要和积极的影响。中国周边学是一个开放的理论体系和建设平台，必将得到越来越多周边国家学者的赞同和支持，成为新的理论研究热点。近代以来，由于内忧外患，中国一直忙于国家重建、目光聚内，无暇顾及周边事务，对塑造周边国际秩序力不从心。中华人民共和国成立后，中国加入了冷战的一方，以社会制度和意识形态划分敌友，周边形势持续紧张，不断爆发冲突乃至战争。1978 年以来，为了给改革开放营造一个安定祥和的外部环境，中国积极发展与周边国家关系，与绝大多数周边国家划定了陆地疆界，积累了化解与周边国家矛盾的经验教训，但未能从理论上加以总结。而日本学界、政界自近代以来一直关注东亚区域合作，从战前以日本为主导的不平等的周边区域合作理论到战后以中日为轴心的周边区域合作理论，其丰富的学术积累值得我们有选择性地加以借鉴。剔除日本周边观中的消极因素，可以与中国周边观进行对接，达成共识，其理论成果将惠及所有周边国家。吸引日本学者和其他人士参与中国周边学构建，也为破解中日关系困局提供了一个渠道。我们可以做到以下几点：

第一，建立中国周边学双边论坛。中日两国在实施各自的周边外交或战略时，其实施和投射地区难免会发生重叠，导致激烈竞争。由于安倍内阁奉行所谓的“俯瞰地球仪外交”与“积极和平主义”，近年来日本的周边外交显得非常活跃。安倍内阁周边外交的重要组成部分就是“欧亚战略”，积极拓展日本的战略空间，重视与土耳其、俄罗斯、印度和蒙古的关系。置于安倍“欧亚战略”中的四个国家，有三个国家与中国接壤，也是中国实施周边外交及“一带一路”倡议的重要地区。2015 年 10 月，安倍出访塔吉克斯坦、乌兹别克斯坦、吉尔吉斯坦、土库曼斯坦和哈萨克斯坦等五个中亚国家，提出了日本对中亚外交的基本方针。日本对中亚的苦心经营并非始自安倍内阁。早在 1997 年 7 月，日本首相桥本龙太郎就提出了“欧亚大陆外交政策”。2004 年初，在哈萨克斯坦首都阿斯塔纳举行了首次“中亚国家＋日本”联合外长会议。这次会议可视为日本开展“丝绸之路外交”的起点。蒙古位于中俄两个大国之间，一方面在中俄之间维持平衡关系；另一方面积极寻

---

① 《中国共产党对外工作概况》编委会：《中国共产党对外工作概况 2003》，当代世界出版社，2004 年，第 74 页。

找第三邻国。为此，安倍积极深化与蒙古的关系。安倍内阁的“欧亚战略”牵制甚至遏制中国的意图相当明显，含有非常消极的因素，有可能引发冲突。一些日本学者为此感到忧虑。中日学者可借助中国周边学论坛，讨论如何改变“欧亚战略”中的消极因素，推动日本决策者响应和融入中国的“一带一路”倡议，利用日本与土耳其、印度等国的传统友好关系，共同维护欧亚大陆的和平发展，与中国携手共同开发第三方市场等。最近安倍内阁对中国“一带一路”倡议的态度发生了转变。

第二，不仅构建中国周边学的理论范式，而且要形成一整套解决中国与周边国家以及周边国家之间在历史认识、海洋划界、领土争端、政治矛盾、经济摩擦等问题的政策思想，为国际社会提供化解周边国家矛盾的案例。中日恢复邦交正常化以来，两国签署了四份政治文件，设置了多层次、多渠道的磋商对话机制，有效管控分歧和摩擦，使得中日关系在相当长时间内呈现“政冷经热”局面而没有走向破裂。但由于理论建设滞后以及缺乏合适的平台，未能对历史经验进行分析和提炼，如是否有规定中日关系基本框架的“72 年体制”、“72 年体制”是否可以超越以及如何超越、中日关系中的“政冷经热”局面何以长期存在。对这些问题进行探讨并完善中日关系的相关机制，不仅对中日双方，而且对国际社会也有启示意义。这就需要中日双方学者在中国周边学的理论框架内进行更深入、更广泛的交流与讨论。

第三，中国正在积极构建负责任大国的身份和形象，在许多周边事务和国际问题上成为“利益攸关方”。习近平总书记在庆祝中国共产党成立 95 周年大会上发表讲话，指出：“中国将积极参与全球治理体系建设，努力为完善全球治理贡献中国智慧．同世界各国人民一道，推动国际秩序和全球治理体系朝着更加公正合理方向发展。”“中国始终是世界和平的建设者、全球发展的贡献者、国际秩序的维护者，愿扩大同各国的利益交汇点，推动构建以合作共赢为核心的新型国际关系，推动形成人类命运共同体和利益共同体。”① 长期以来我们总是以西方和日本的国际关系理论或区域理论审视周边事务，导致中国对周边事务的话语权被削弱、被淹没、甚至被解构。中国周边学的产生符合“贡献中国智慧”的时代要求。从战前的“日清提携论”“大东合邦论”“东亚协同体论”“大东亚共荣圈”到战后

① 《共产党员》，2016 年第 20 期。

的“环太平洋连带构想”“东亚共同体”等理论均为日本所提出并为其周边战略服务，而具有中国特色和创新思维的中国周边学理论必将引起周边国家、特别是日本各界人士的高度关注，有助于破除长期以来西方和日本对中国周边事务的话语垄断权。

中国周边学与古代周边观的变迁与辨正

王明星

【内容提要】中国古代的周边观以及周边国家的中国观，均是建立在特定的地理学知识以及中国与周边国家和民族政权实力对比基础之上的。所谓夷夏之辨和宗藩体系仅适用于汉字文化圈，不适用于非汉字文化圈。中国并非一直以“中华”和“华夏”自居，有时周边国家也不以“华”或“华夏”称呼中国。随着地理学知识的发展以及中国与周边民族政权实力对比的变化，中国古代的周边观以及周边的中国观必然发生相应的演变。古代中国人的周边观以及周边国家和民族政权的中国观始终处在不断变化之中，一成不变的中国周边观以及周边国家和民族政权的中国观是不存在的。古代以中国为中心的东亚国际秩序自形成之日起，就不断遭遇来自周边国家和民族和政权的挑战，这个国际秩序正是在迎战各种挑战的过程中不断调整和发展的。

【关键词】中国周边学　古代周边观　变迁　辨正

【作者简介】王明星，烟台大学马克思主义学院教授，历史学博士，专业研究方向亚洲史。

古代周边观研究是构建中国周边学体系不可或缺的课题，学术界有关这个问题的研究已有不少成果问世，也提出了许多很有价值的观点。中国古代社会长达两千余年，在如此漫长的历史时段中，中国人的周边观随着国内及周边局势的变化而不断变迁。但是，迄今为止，学术界对此重视不够，公开发表的成果数量不多，有些观点有待辨正。

一、“盖天说”与中国古人的中国中心观

春秋战国前，受建立在“盖天说”基础之上的“天圆地方”地理观念的影响，中国人一度曾认为自己所生活的中原地区是宇宙的中心，并大力倡导建立以中原王朝为中心的世界秩序。

人们对自己所生活的周边世界的认识大致可以分为两种：一种是地理学意义上的周边观，另一种是文化学意义上的周边观。两者之间既有联系又有区别，前者是后者的基础，后者是对前者的理论升华；前者的变化必然对后者的发展产生影响，后者的发展演变以前者为科学依据。学术界传统的研究多集中于后者，相较而言对前者的研究重视不够，尤其是对前者对后者发展演变的影响方面研究不够。

从地理学意义上讲，中国人早期的周边观是奠基于“盖天说”基础之上的“天下观”。盖天说是原始人类对于其生存环境的一种直观、朴素的想象。在生活于内陆地区的人看来，苍天有如一口大锅，倒扣在平整的大地之上，而四周耸立的高山就像柱子一样支撑于天地之间，这种直观感觉就是盖天说，也可以称之为天圆地方说。

据考古材料推测，在中国“天圆地方”的观念至少在公元前四千年的新石器时代已经产生，而文献对此的记载和阐述则始见于汉代。据史籍记载：周初，周公向商高请教如何通过推算日月星辰之运行以定岁时节气的周天度数，商高回答道：“数之法，出于方圆。圆出于方，方出于矩，矩出于九九八十一。……方属地，圆属天，天圆地方。方数为典，以方出圆。笠以写天，天青黑，地黄赤。天数之为笠也，青黑为表，丹黄为里，以象天地之位。”[①] 一般认为，这是今天我们可知的有关“天圆地方”学说的最早记载。

对于“天圆地方”的确切涵义，人们的理解却大相径庭。“天圆地方”学说饱受质疑的就是，圆盖形的天如何与方形大地的边缘完全吻合。对此，《大戴礼记》有如下记载：“单居离问曾子曰：‘天员元（圆）而地方，诚有之乎？’曾子曰：‘如

---

① 《周髀算经·卷上·之一》。

诚天员（圆）而地方，则是四角之不揜也。’”①

于是，有学者认为，“天圆地方”的确切涵义并非说的是天地的形状，而是对天地运行规律的表述。对此，曾参赞同孔子的见解：“参尝闻之夫子曰：天道曰员，地道曰方。”②显然，在曾参看来圆形的天遮盖不住方形大地的四角；所以他认为所谓“天圆地方”，应该以孔子的解释更为合理：“天道圆，地道方。”有人则进一步论述了何为“天道为园，地道为方”：“何以说天道之圆也？精气一上一下，圆周复杂，无所稽留，故曰天道圆。何以说地道之方也？万物殊类殊形，皆有分职，不能相为，故曰地道方。”③也就是说，所谓“圆”是指天体循环运动的轨迹；“方”是指地上万物特性各异，各不相同。而东汉学者赵爽则认为：“物有圆方，数有奇偶。天动为圆，其数奇；地静为方，其数偶。此配阴阳之义，非实天地之体也。天不可穷而见，地不可尽而观，岂能定其方圆乎？”在赵爽看来，天地均是不可穷尽的，自然也是不可观见的。所谓“天圆地方”，应该是指“天动为圆，其数奇；地静为方，其数偶”。④

为解决“天圆地方”学说有关天地相接的难题，有人提出天并不与地直接相接，而是像一把大伞一样高悬大地之上，地的周边有八根柱子支撑着圆形的天，只是由于大力神共工盛怒之下的一头撞击，造成作为撑天柱之一的不周山发生严重倾斜，进而使得“天倾西北，故日月星辰移焉；地不满东南，故水潦尘埃归焉”。另外，还有人认为，天地均呈拱形状，大地像一个倒扣于下的盘子，天穹宛如一顶斗笠扣在这个盘子之上：“其言天似盖笠，地法覆盘，天地各中高外下。北极之下为天地之中，其地最高，而滂沲四，三光隐映，以为昼夜”。⑤

受盖天说的影响，生活于北半球内陆地区的人认为太阳每天早晨从东面的山上升起，傍晚从西面的山上落下。早晨太阳初升之地就是地球的最东端，而太阳每天傍晚下落之地就是地球的最西端。因此，信奉“盖天说”的中国古人的世界观又可以称之为天下观。

中国古人认为，居住于天下中央的是具有先进文化的中国人，中国又称“中

① 《大戴礼记·曾子·天员》。
② 《大戴礼记·曾子·天员》。
③ 《吕氏春秋·圆道》。
④ 《周髀算经》，赵爽注。
⑤ 《晋书·天文志》。

华”“华夏”，中华为“天下之共主”。居住于天下边远之地的则是文化落后的蛮夷之民，具体说来即南蛮、北狄、东夷、西戎：“凡居民材，必因天地寒煖燥湿。广谷大川异制，民生其间异俗，刚柔轻重，迟速异齐，五味异和，器械异制，衣服异宜。修其教不易其俗，齐其政不易其宜。中国戎蛮，五方之民，皆有其性也，不可推移。东方曰夷，被发文身，有不火食者矣。南方曰蛮，雕题交趾，有不火食者矣。西方曰戎，被发衣皮，有不粒食者矣。北方曰狄，衣羽毛穴居，有不粒食者矣。中国、夷、蛮、戎、狄，皆有安居，和味，宜服，利用，备器，五方之民，言语不通，嗜欲不同。”[①]蛮夷为中华之藩属。来自欧洲的传教士利玛窦对当时中国人的天下观做了如下阐述：“中国人认为天是圆的地是方的，他们深信他们的国家就在地的中央，他们不喜欢我们把中国推到东方一角上的地理概念。因为他们不知道地球的大小而又夜郎自大，所以中国人认为所有各国中只有中国值得称羡。”[②]

位居天下中心的华夏应该以天下为己任。为此，中国古人的人生志向就是修身、齐家、治国、平天下。为达天下大治，大禹在平服洪灾之后，划天下版图为九州，并根据各地社会发展情况的不同，实行五服制度，因地、因俗而治。对此，史籍有如下记载：“尧遭洪水，怀山襄陵，天下分绝，为十二州，使禹治之。水土既平，更制九州，列五服，任土作贡。”[③]五服制度始见于《国语·周语》：“夫先王之制，邦内甸服，邦外侯服，侯卫宾服，夷蛮要服，戎狄荒服。日祭、月祀、时享、岁贡、终王，先王之训也。有不祭则修意，有不祀则修言，有不享则修文，有不贡则修名，有不王则修德，序成有不至则修刑。于是乎有刑不祭，伐不祀，征不享，让不贡，告不王；于是乎有刑罚之辟，有攻伐之兵，有征讨之备，有威让之令，有文告之辞。布令陈辞而又不至，则增修于德而无勤民于远，是以近无不听，远无不服。”[④]《尚书》对此也有记载：“五百里甸服：百里赋纳总，二百里纳铚，三百里纳秸，服四百里粟，五百里米。五百里侯服：百里采，二百里男邦，三百里诸侯。五百里绥服：三百里揆文教，二百里奋武卫。五百里要服：三百里

① 《礼记·王制》。

② [意]利马窦·金尼阁著，何高济、王遵伸、李申等译：《中国札记》，中华书局1983年版，第180—181页。

③ 《汉书·地理志》。

④ 《国语·周语》。

夷，二百里祭。五百里荒服：三百里蛮，二百里流。”①五服体制的建立，奠定了后世东亚世界宗藩体制的基础。

二、大九州假说对中国古人世界观的影响

盖天说因其具有难以弥补的漏洞，汉代以后逐渐被“浑天说”所取代。在浑天说取代盖天说的过程中，战国时代齐国学者邹衍提出了大九州假说，从而改变了建立在盖天说基础之上的中国古人的宇宙观和世界观，从地理学上打破了中国为天下中心的传统理念。

早期人类对于他们生活于其中的时空环境——宇宙和地球的认识，因其所生存的地域不同而有显著的差别，因为生存地域不同决定了人们观测时空环境的观测点不同。正如有的学者所指出的：“北极圈因纽特人的传说，为太阳统治地位的普遍观念提供了一个有趣的变例。因为伊努伊特人（爱斯基摩人的一支）居住在如此遥远的极北之地，月亮在许多方面对他们来说更为重要。在北极圈的夏天，几乎没有黑夜，而在漫长的冬季，又几乎没有白昼。行星和恒星很少被关注——他们经常因为阳光、月光和恶劣天气而无法被看见，太阳经常缺席，是月光在漫长的冬季为因纽特人提供光亮，这是他们的宇宙学中最突出的一点。”②因此，在生活于极地的的早期人类中便形成了一种二元的天体崇拜——太阳和月亮崇拜。而“在热带，太阳和其他天体的升降几乎是垂直的，对居住在那里的人们来说，一年中太阳直接过天顶的两个时刻总是有着特殊意义。而在欧洲高纬度地区，天体则沿着倾斜的轨道升降，在南方上中天。③夏至这一天时白昼最长，但此后日出和日落的方向持续向南移动，白昼越来越短，天气则越来越冷”。④毫无疑问，在居住于北半球的内陆人看来，太阳每天都是从东面的山上升起来的，而在沿海居民的心目中，太阳每天都是从东面的海水中升起来的，而大海是无边无际的。因此，在内陆人看来，地球是有边的，而在沿海人眼中地球是无边无际的。不仅如此，长期的航海生活使沿海居民逐渐明白了一个道理——陆地处在海洋的包围之

① 《尚书·禹贡》。

② [英]米歇尔·霍斯金：《剑桥插图天文学史》，山东画报出版社，2003年版，第1页。

③ 在北半球，天体在正南方到达当地最大地平高度，称为上中天。

④ [英]米歇尔·霍斯金：《剑桥插图天文学史》，山东画报出版社，2003年版，第2页。

中，天外有天、海外有世界。于是，与内陆居民的盖天说不同，沿海居民则提出了浑天说。

浑天说认为地球不是孤零零地悬在空中的，而是浮在水上或者浮在气中。浑天说比盖天说的进步之处在于，浑天说认为天不是一个半球形，而是一整个圆球，地球像鸡蛋黄一样被包裹于大洋之中，而四周的海洋则恰似鸡蛋清。对此，《宋史》曾有经典的阐述："天地之体，状如鸟卵，天包地外，犹壳之裹黄也。周旋无端，其形浑浑然，故曰浑天也。"[①]更为重要的是，浑天说认为"天球"不是宇宙的界限，宇宙是无始无终、无边无际的。

浑天说在两汉时期日趋成熟，东汉学者张衡对此阐述如下："浑天如鸡子。天体圆如弹丸，地如鸡子中黄，孤居于天内，天大而地小。天表里有水，天之包地，犹壳之裹黄。天地各乘气而立，载水而浮。周天三百六十五度又四分度之一，又中分之，则半一百八十二度八分度之五覆地上，半绕地下，故二十八宿半见半隐。其两端谓之南北极。北极乃天之中也，在正北，出地上三十六度。然则北极上规径七十二度，常见不隐。南极天地之中也，在正南，入地三十六度。南规七十二度常伏不见。两极相去一百八十二度强半。天转如车毂之运也，周旋无端，其形浑浑，故曰浑天。"[②]

随着浑天说的出现，战国时期齐国学者邹衍提出了著名的大九州假说："儒者所谓中国者，于天下乃八十一分居其一分耳。中国名曰赤县九州，赤县九州内自有九州，禹之序九州是也，不得为州数。中国外如赤县九州者九，乃所谓九州也。于是有裨海环之，人民禽兽莫能相通者，如一区中者，乃为一州；如此者九，乃有大瀛海环其外，天地之际焉。"[③]

大九州假说的影响至汉代愈益广泛，有人不仅对大九州学说深信不疑，而且还根据相关记载和传说列出了的九州的名称："东南神州曰农土，正南次州曰沃土，西南戎州曰滔土，正西弇州曰并土，正中冀州曰中土，西北台州曰肥土，正北泲州曰成土，东北薄州曰隐土，正东阳州曰申土。"[④]有人则认为，大九州分别为："其一，东南神州曰晨土，正南昂州曰深土，西南戎州曰滔土，正西弇州曰开

① 《宋史·天文志》。

② 张衡：《浑天仪注》。

③ 司马迁：《史记·孟子荀卿列传》。

④ 《淮南子·坠形训》。

土，正中冀州曰白土，西北柱州曰肥土，北方玄州曰成土，东北咸州曰隐土，正东扬州曰信土。其二，昆仑之墟，下洞含右，赤县之州，是为中则。东南曰神州，正南曰昂州，西南曰戎州，正西曰拾州，中央曰冀州，西北曰柱州，正北曰齐州，东北曰薄州，正东曰阳州。”①

邹衍的大九州假说主要阐述了如下内容：第一，中国不等于天下，中国之外还有八大州，中国只是天下很少的一部分——八十一分之一，相对于“中国即天下”的传统观念来说，大九州学说所描述的实际上是一个无限大的世界。从而突破了“盖天说”的那种“不知天地之弘”“守一隅而欲知万方”的狭隘眼界和闭塞的观念。第二，盖天说认为，“溥天之下，莫非王土；率土之滨，莫非王臣”。②浑天说认为，陆地四周被海水包围着，所以中国又被称为“海内”，除中国之外的八大州统称之为“海外”，中国人的观念中首次有了“外国”的概念。随着浑天说和大九州假说的传播，华夏乃宇宙中心的传统观念也随之解体，宇宙观的演变意味着中国人再难以“天下中心”自居，中国的皇帝也不是“天下的共主”，所以自汉代以后中国人一般称“天下”为“海内”或“四海”。第三，“盖天说”认为世界是天圆地方的，中国就在这块方形土地的中心，四周都是夷狄，夷狄拱卫中央王室。而大九州学说则认为，“天下”无所谓“中心”，中国自然不是“天下”的中心。既然如此，建立在夏夷之别基础之上的华夷论，以及建立在华夷论基础之上的华夷秩序也就失去了其存在的地理学依据。第四，将九大州分隔开来的是“裨海”，而环绕在“裨海”之外的则是“大瀛海”。所谓“裨海”，今天我们称之为“近海”，而“大瀛海”则称之为“大洋”。由此可见，邹衍堪称中国最早的海洋学家，他提出的大九州假说事实上奠定了我国古代海洋学理论的基础。

毋庸置疑，随着邹衍大九州假说的提出，中国作为宇宙地理学意义上的中心的理念已经动摇。但是，中国人关于华夏乃宇宙礼乐文化中心及政治中心的自豪依然如故。这是因为：第一，受科学技术和生产力发展水平所限，人类的跨区域交往能力有限，中国人只知道中国乃宇宙之八十一分之一。但是，对于赤县九州以外区域的文化一无所知，更不知其他文化是否有值得中国人学习之处。第二，环视中国周边区域，许多民族和部落尚处在文明发展的蒙昧时期，在政治体制以

---

① 《河图括地象》。
② 《诗经·小雅·北山》。

及礼乐文明诸方面只能尾随在华夏身后亦步亦趋。第三，华夏作为“天下共主”的地位和影响力无人可及，甚至可以说是前无古人后无来者。所以，明知自己仅是偏居一隅的八十一分之一，依然以宇宙中心自居，怡然自得地自诩为天之骄子并号令天下。第四，长期以华夏自居的中国人，已经被“天下共主”的固有观念催眠了，陶醉于美梦之中不愿惊醒。正如西方学者所说：“秦汉统一以后，中华帝国确实仍被认为是‘天下’。但这主要是在政治领域中的一种习惯用语，旨在证明皇帝是天之子；它不能用来证明秦汉时期中国人仍然赞同中国包括整个世界的看法”。[①]

三、“丝绸之路”的开通对中国古人周边观的影响

在大九州假说的推动下，出于抗击匈奴入侵的战略需要，两汉时代的中国人突破了传统天下观的束缚走向了“海外世界”，从而使两汉对西域地区的治理政策取得了前所未有的突破，进而促使中国人的世界观和周边观均发生了前所未有的剧变。

有学者认为，古代中国人始终认为自己是世界文明唯一的中心，其他国家和地区皆是未开化的蛮荒之地。然而，我们在汉代经营西域的过程中看到，正是从西汉开始，创立于西天印度的佛教逐渐从西域传入中国，此后的数百年间，西天印度是中国人向往的取经圣地。

两汉时期，北方迅速崛起的匈奴对中原王朝的统治地位发起了有力挑战。为击败匈奴维护汉王朝的中原霸主地位，按照传统的“以夷制夷”战略，两汉王朝均选择西域各国作为联合打击匈奴的战略合作伙伴，并为此而进行了不懈的努力。如果说“大九州”假说的提出仅意味着中国人的思维触角已经伸出“海外”世界；那么，张骞凿空和甘英出使大秦则标志着中国人的脚步已经走出传统的“天下”，踏入了“海外”世界，两汉王朝这种史无前例的壮举必然导致传统世界观和周边观的剧变。

西汉建国时，北方面临一个强大的游牧民族的威胁。这个民族，曾以“獯

---

① [英]崔瑞德、[英]鲁惟一主编：《剑桥中国秦汉史》，杨品泉等译，中国社会科学出版社，1994年版，第407页。

鬻”“猃狁”“俨狁”“荤粥”“戎狄”等族名被载于史册，后被中原人称为“匈奴”。关于匈奴的由来，史籍记载：“匈奴，其先夏后氏之苗裔，曰淳维（獯鬻、熏育）。唐虞以上有山戎、猃允、熏粥，居于北边，随草畜牧而转移。”[①]《山海经》也认为：犬戎与夏人同祖，皆出于黄帝。[②] 中原秦汉王朝交替之际，匈奴乘机东破东胡，南并楼兰，西击月氏，北服丁零。活动范围以蒙古高原为中心，东至内蒙古东部南沿长城与秦汉相邻，西以阿尔泰山为界，北达贝加尔湖周边，史称“百蛮大国”。

汉初，匈奴强悍的骑兵经常南侵汉地，骚扰和掠夺中原居民。汉高祖七年（公元前200年）冬，匈奴冒顿单于率骑兵围攻晋阳（今山西太原）。汉高祖刘邦亲自率军迎战，刘邦及其所率汉军被匈奴围困于白登（今山西大同东）长达七日，无奈之下，只得遣人暗中纳贿冒顿夫人才得以解围。从此，汉朝不再轻易对匈奴用兵，转而对匈奴实行“和亲政策”。[③] 对此，史籍有如下记载：“于是汉患之，高帝乃使刘敬奉宗室女公主为单于阏氏，岁奉匈奴絮缯酒米食物各有数，约为昆弟以和亲，冒顿乃少止。”[④] 高祖驾崩，吕后摄政期间，面对匈奴的挑衅和侮辱，吕后不得不忍辱负重，继续执行与匈奴的和亲政策。[⑤]

值得指出的是，匈奴人对汉王朝的威胁不仅是不时南下侵扰，令汉王朝边无宁日，民不聊生，如下两点才是汉王朝不能容忍的：第一，据史记记载，匈奴源出华夏，周初曾入贡，为西周王朝的“荒服”之国。周穆王伐畎戎后，匈奴不复入贡。但是，自从匈奴与汉“约为昆弟以和亲”后，匈奴单于在外交上公然与汉朝皇帝分庭抗礼。据《史记》记载，匈奴冒顿单于致信汉朝皇帝自称“天所立匈奴大单于敬问皇帝无恙”，汉孝文帝致信匈奴单于时则称“皇帝敬问匈奴大单于无

---

① 司马迁：《史记·匈奴传》。

② 《山海经·大荒北经》。

③ “以长公主（高祖吕后女鲁元公主）妻之（冒顿），厚奉遗之，彼知汉女送厚，蛮夷必慕以为阏氏（单于正妻），生子必为太子，代单于。”与此同时：“（匈奴）贪汉重币，陛下以岁时汉所馀彼所鲜，数问遗，因使辩士风谕以礼节。”

④ 司马迁：《史记·匈奴传》。

⑤ 司马迁：《史记·匈奴传》：“孝惠、高后时，冒顿浸骄，乃为书，使使遗高后曰：‘孤偾之君，生于沮泽之中，长于平野牛马之域，数至边境，愿游中国。陛下独立，孤偾独居。两主不乐，无以自虞，愿以所有，易其所无。’高后大怒，召丞相平及樊哙、季布等，议斩其使者，发兵而击之……季布曰：‘夷狄譬如禽兽，得其善言不足喜，恶言不足怒也。’高后曰：‘善。’令大谒者张泽报书曰：‘单于不忘弊邑，赐之以书，弊邑恐惧。退而自图，年老气衰，发齿堕落，行步失度，单于过听，不足以自污。弊邑无罪，宜在见赦。窃有御车二乘，马二驷，以奉常驾。’冒顿得书，复使使来谢曰：‘未尝闻中国礼义，陛下幸而赦之。’因献马，遂和亲。”

恙”。[①] 华夏文明传统观点认为：“天无二日，地无二王”。显然，匈奴此举是在公然挑战汉王朝作为“天下共主”的独尊地位。第二，更为可怕的是，匈奴采取各种手段诱降汉朝边将，与之合谋侵掠汉地。对此，《史记》记载如下：“汉初定中国，徙韩王信于代，都马邑。匈奴大攻围马邑，韩王信降匈奴……是后韩王信为匈奴将，及赵利、王黄等数倍约，侵盗代、云中。居无几何，陈豨反，又与韩信合谋击代……是时匈奴以汉将众往降，故冒顿常往来侵盗代地。于是汉患之，高帝乃使刘敬奉宗室女公主为单于阏氏，岁奉匈奴絮缯酒米食物各有数，约为昆弟以和亲，冒顿乃少止。”[②] 任其发展，匈奴将取汉王朝而代之，构筑以匈奴为核心的“天下”秩序。

毫无疑问，匈奴对汉朝“天下共主”地位的公然挑战，是汉王朝的心腹大患。于是，击败匈奴，捍卫自己“天下共主”的统治地位，自然成为汉王朝的重要国策。总结多年与匈奴作战的经验，汉朝认为要彻底击败匈奴，必须联合匈奴西面的邻国对之形成夹击之势。恰巧此时汉朝从来降的匈奴人口中得知，大月氏与匈奴有世仇。于是，汉朝决定派张骞出使西域说服大月氏，联合攻击匈奴。

大月氏，中国古籍称之为“禺氏”，西方学者称之为“古提”或“吐火罗”。早年，月氏人游牧于河西走廊，曾拥有控弦之士十余万。强盛时期的大月氏曾攻占其邻国乌孙，失去家园的乌孙人归降了匈奴。后来，乌孙人在匈奴的帮助下击败大月氏，收复故园。大月氏王战败被杀，其颅骨被匈奴老单于作成了一只酒杯，亡国的大月氏遗民则被迫向西迁徙，投奔位于妫水（今阿姆河）流域的大夏国。于是，“月氏遁而怨匈奴，无与共击之。”[③]

汉武帝建元二年（公元前 139 年），张骞奉命率领一百多人，从陇西（今甘肃临洮）出发。然而，当张骞一行历尽艰难找到大月氏遗民后，此时他们已经无意攻击匈奴收复家园。在妫水流域呆了一年多，张骞见无法说服大月氏女王联合击败匈奴，只得怏怏东归。

尽管如此，在与乌孙国人的交谈中张骞得知，如今乌孙与匈奴之间不和，乌孙人“不肯复朝事匈奴。匈奴遣兵击之，不胜，益以为神而远之。”因此，张骞建议汉武帝：“今单于新困于汉，而昆莫地空。蛮夷恋故地，又贪汉物。诚以此时厚

---

① 司马迁：《史记·匈奴传》。
② 司马迁：《史记·匈奴传》。
③ 班固：《汉书·张骞传》。

赂乌孙，招以东居故地，汉遣公主为夫人，结昆弟，其势宜听，则是断匈奴右臂也。既连乌孙，自其西大夏之属皆可招来而为外臣。”“天子以为然，拜骞为中郎将，将三百人，马各二匹，牛羊以万数，赍金币帛直数千巨万，多持节副使，道可，便遣之旁国。”[①] 于是，元狩四年（公元前 119 年），张骞第二次奉派出使西域。尽管此次出使张骞顺利到达乌孙国，然而乌孙国无意于联合夹击匈奴。元鼎二年（公元前 115 年），再次无功而返。

尽管如此，张骞出使西域后，汉朝对西域地区的控制逐渐加强。然而，西汉与东汉交替之际，中原王朝对西域地区的控制再次中断。明帝年间，东汉王朝为彻底解决边患，出兵反击北匈奴，并派班超出使西域。明帝永平十六年（公元 73 年），班超奉命出使西域。章帝建初三年（公元 78 年），班超上疏请兵：“臣窃见先帝欲开西域，故北击匈奴，西使外国，鄯善、于阗，即时向化。今拘弥、莎车、疏勒、月氏、乌孙、康居复愿归附，欲共并力破灭龟兹，平通汉道。若得龟兹，则西域未服者百分之一耳。臣伏自惟念：卒伍小吏，实愿从谷吉效命绝域，庶几张骞弃身旷野。昔魏绛列国大夫，尚能和辑诸戎，况臣奉大汉之威，而无铅刀一割之用乎！前世议者皆曰：取三十六国，号为断匈奴右臂。今西域诸国，自日之所入，莫不向化，大小欣欣，贡奉不绝，唯焉耆、龟兹独未服从。臣前与官属三十六人奉使绝域，备遭艰厄；自孤守疏勒，于今五载；胡夷情数，臣颇识之。问其城廓小大，皆言倚汉与依天等。以是效之，则葱岭可通；葱岭通，则龟兹可伐。今宜拜龟兹侍子白霸为其国王，以步骑数百送之，与诸国连兵，岁月之间，龟兹可禽。以夷狄攻夷狄，计之善者也。”[②] 班超的建议得到章帝的支持。此后数年，班超先后降服莎车、月氏、龟兹、姑墨和温宿。永元三年，班超被任命为都护。永元六年（公元 94 年），班超“复击破焉耆，于是五十余国悉纳质内属”。[③]

在经营西域取得巨大胜利的同时，东汉王朝依然没有放弃与西域国家结成联盟，东西夹击匈奴的计划。因为西域在汉朝与匈奴的争霸中处于极其重要的地位，若匈奴控制西域，匈奴可免除东西两线作战之忧，集中全力对付东汉；若东汉控制西域，则可斩断匈奴右臂，在断绝其物资供给来源的同时，让匈奴陷入东西两作战的困境。同时还可以在东方联合乌桓、鲜卑，形成另一个夹攻匈奴的战略同

---

① 班固：《汉书 · 张骞传》。

② 范晔：《后汉书 · 班超传》，岳麓书社，1994 年版，第 1289—1290 页。

③ 范晔：《后汉书 · 西域传》。

盟，彻底解除其对东汉的威胁。

此次，东汉王朝选择的结盟目标是“海西大国”——大秦。因为，东汉人认为“大秦国，一名犁鞬，以在海西，亦云海西国。地方数千里，有四百余城，小国役属者数十”。[①]在东汉人的眼中，这个“海西大国”“其人民皆长大平正，有类中国，故谓之大秦”。[②]于是，和帝永元九年（公元97年），西域都护班超派遣副使甘英出使大秦。甘英途径十余国，往返三万八千多里，但因种种原因，未达目的，中途而反。

综观两汉王朝发展的历史，尽管没有实现对西域地区的中央集权统治，但是，却积累了与边地少数民族交往有益的经验教训，从而对后世产生了深远的影响，对此，《汉书》有如下记载：“故先王度土，中立封畿，分九州，列五服，物土贡，制外内，或修刑政，或昭文德，远近之势异也。是以《春秋》内诸夏而外夷狄。夷狄之人贪而好利，被发左衽，人面兽心，其与中国殊章服，异习俗，饮食不同，言语不通，辟居北垂，寒露之野，逐草随畜，射猎为生，隔以山谷，雍以沙幕，天地所以绝外内也。是故圣王禽兽畜之，不与约誓，不就攻伐；约之则费赂而见欺，攻之则劳师而招寇。其地不可耕而食也，其民不可臣而畜也，是以外而不内，疏而不戚，政教不及其人，正朔不加其国；来则惩而御之，去则备而守之。其慕义而贡献，则接之以礼让，羁靡不绝，使曲在彼，盖圣王制御蛮夷之常道也。”[③]此即所谓的“来而不拒，去而不追”。

中国历史上的五代十国至后来的宋、辽、金、元时期，是继魏晋南北朝之后又一次民族大融合的高潮。随着中原汉族封建王朝的衰落，原本居住在边远地区的少数民族政权迅速强大，建立起一个个强大的少数民族王朝。为了在封建割据中保存自己，中原割据政权常常屈膝求助于少数民族割据势力，以至于出现了“周齐抗衡，分割诸夏，突厥之虏，俱通二国。周人东虑，恐齐好之深；齐氏西虞，俱周齐之厚。各谓虏意轻重，国遂安危……竭民生之力，供其往来，倾府库之财，弃于沙漠”[④]的局面。所以，突厥陀钵可汗曾狂妄扬言：“但使我在南两个儿孝顺，

---

① 范晔：《后汉书·西域传》。

② 范晔：《后汉书·西域传》。

③ 班固：《汉书·匈奴传》。

④ 李延寿：《北史·突厥传》（第三册），中华书局，第3291页。

何忧无物耶！”[①]更有甚者，石敬瑭为求自保，甘愿做契丹人的“儿皇帝”。就连向来被人们视为正宗华夏大国的宋王朝，先是屈膝向契丹求和，后又被迫接受金国的册封。毫无疑问，周边少数民族的崛起和强大彻底打破了以中原王朝为“华夏”、以周边少数民族政权为“夷狄”的传统华夷观。

不仅如此，自公元10世纪开始，随着北方地区以契丹、女真为主体的少数民族政权的崛起，以汉族为主体的中原王朝的统治地位遭到了空前的挑战。面对如此局面，宋朝不仅与自己昔日的藩属国高丽建立了平等的“通信”关系；更有甚者，宋朝曾一度对金朝称臣纳贡。

由此可见，古代以中原王朝为中心的华夷秩序自建立之日起，就不断受到周边民族和国家政权的挑战，中原王朝并非一直令周边国家向自己称臣纳贡，有时中原王朝也会与周边国家和民族政权平等来往，甚至有时中原王朝也曾向周边国家和民族政权称臣纳贡。

四、“中华”和“华夏”并非自封

有学者认为，古代中国人一直以“中华”和“华夏”自居，视周边民族和政权为蛮夷，并以自己为核心构建起一个东亚国际关系体系；与此同时，周边其他民族和政权奉中国为“中华”，加入以中国为核心的藩属体系，并以自称为“小中华”而自豪。这里实际上涉及两个问题：第一，中国古人如何认识周边世界以及自己在其中的地位。第二，周边民族和政权如何认识以中国为核心的东亚世界以及自己在其中的地位。也就是说，“中华”和“华夏”的称号和地位并非是自封的。

讨论古代中国人的周边观必先弄清华夷之辨，华夷之辨又称夷夏之辨，它萌芽于上古三代，成型于春秋战国，强化于魏晋南北朝时代。内诸夏而外夷狄、尊夏贱夷、以夏变夷、华夷一统是夷夏观的主要内容。在中国古人看来，华夷之别是辩证的，夷狄可进而变华夏，华夏可退而变夷狄。华夷之别不取决于与生俱来的血统，而是由可以通过后天培养获得的文化礼仪所决定的。由此可见，内夏外夷和尊夏贱夷是前提，以夏变夷是手段，华夷一统是目的。也就是说，夷夏之辨的目的在于用先进的华夏文化改造落后的蛮夷文化，从而实现建立在中原礼乐文

① 李延寿：《北史·突厥传》(第三册)，中华书局，第3290页。

明基础之上的天下一统。

毫无疑问，实现建立在中原文明基础之上的天下一统是中国古人的美好愿望。至于能否实现华夷一统，这一方面取决于中原王朝的实力，同时也要看周边民族和政权是否有此意愿。因此，在长达两千余年的封建时代，中国人以及周边民族和政权的“中国观”和“华夏观”因时代不同而大不相同。

纵观中国古代史，每当中国处于一个大一统的中央王朝统治之下时，夷夏之辨的重点不在申明夷夏之别，而在强调“华夷一体”“四海一家”。对此，清朝雍正皇帝曾有经典表述：“本朝之为满洲，犹中国之有籍贯。舜为东夷之人，文王为西夷之人，曾何损于圣德乎？《诗》言‘戎狄是膺，荆舒是惩’者，以其僭王猾夏，不知君臣之大义，故声其罪而惩艾之，非以其为戎狄而外之也。若以戎狄而言，则孔子周游，不当至楚应昭王之聘。而秦穆之霸西戎，孔子删定之时，不应以其誓列于周书之后矣。……自古中国一统之世，幅员不能广远，其中有不向化者，则斥之为夷狄。如三代以上之有苗、荆楚、狁，即今湖南、湖北、山西之地也。在今日而目为夷狄可乎？至于汉、唐、宋全盛之时，北狄、西戎世为边患，从未能臣服而有其地。是以有此疆彼界之分。自我朝入主中土，君临天下，并蒙古极边诸部落，俱归版图，是中国之疆土开拓广远，乃中国臣民之大幸，何得尚有华夷中外之分论哉！”[①] 相反，每当中国处于分裂割据状态时，为争取舆论上的中心地位，甚至为避免在群雄逐鹿的的争霸中被边缘化，各割据政权尤其是地处中原的汉族政权，便会高举夷夏之辨的大旗，极力倡导严夷夏之辨，反对“以夷变夏”。正如雍正所言：“盖从来华夷之说，乃在晋宋六朝偏安之时，彼此地丑德齐，莫能相尚，是以北人诋南为岛夷，南人指北为索虏，在当日之人，不务修德行仁，而徒事口舌相讥，已为至卑至陋之见。”[②] 与此同时，崛起于边远地区的少数民族政权一般则主张华夷之辨不以地域和血统而论，能以华夏文化治天下者即为“中国”。关于这个问题，金代学者赵秉文曾有精辟论述：“《春秋》：‘诸侯用夷礼则夷之，夷而进于中国则中国之。’西蜀僻陋之国，先主武侯有公天下之心，宜称曰汉，汉者，公天之言也。自余则否。”[③] 毋容置疑，当中国处于割据状态，夷夏之辨的呼声就会空前高涨，而此时的华夏一般呈多元各表之态，也就是说此时割据的各政

① 雍正：《大义觉迷录》。

② 雍正：《大义觉迷录》。

③ 赵秉文：《闲闲老人滏水文集》卷 14，《蜀汉正名论》。

权均自封为“中国”，“华夷之辨”由一元独尊逐渐演变为多元共主。

另外，中国的周边观和周边的中国观研究中不可忽视的问题是，中国周边国家和民族有些处在汉字文化圈之内，有些国家和民族则处在汉字文化圈之外。所谓夷夏之辨和宗藩体系仅适用于汉字文化圈，不适用于非汉字文化圈。对于非汉字文化圈的民族和政权来说，他们对所谓的华夏和小中华不感兴趣，他们甚至没有“中国”的概念，他们早期对中国的称呼多以与他们接触最多，或者留下最深印象的王朝为主。例如：早在公元前3世纪，地处南亚次大陆的印度的古梵文中就已经有了Cīna一词，这个词音译为“支那”“脂那”或“至那”，据说今天世界许多文字中称呼中国的单词皆源于此。如波斯文的Chīn，阿拉伯文的Sīn，拉丁文的Sinae，英文的China，法文的Chine，德文的China，意大利文的Cina。古梵文称呼中国这个词的由来，唐代僧人玄奘的解释是“至那者，前王之国号；大唐者，我君之国称”。[①]玄奘所言的这个“前王之国”学界一般认为就是“秦国”。无独有偶，古代中国另一个非汉字文化圈的邻国俄罗斯则称中国为Китай，据说在俄语中这个单词的读音与“契丹”的读音十分相似。所以有学者认为，古代俄罗斯称中国为“契丹”。

事实上，中国人对外以“华夏”自居始自宋代。如上所述，早期周边民族和政权对中国的称呼是“秦”。汉朝代秦后，随着中原王朝与周边地区交往和交流的进一步发展，周边民族和国家对中原王朝的称呼又改为“汉”，在西北地区尤其如此。唐王朝建立后，周边民族和国家又称中原王朝为“唐”，在东南地区这种称呼最典型。宋朝实现的统一局面完全不能与汉、唐相比，屈于辽朝强大的军事压力，北宋不得不与辽朝平等交往，彼此以南北朝相称。时至南宋，中原地区的三分之二都在金朝的统治之下，绍兴十一年（公元1141年）宋金达成的和议，宋朝不得不承认金朝为“天下之主”，并对金称臣纳贡。

或许因为宋朝在国外的影响力难以与唐朝同日而语，直到唐朝灭亡数百年后，周边有的民族和国家在致北宋王朝的外交文书中依旧称之为“汉”或者“唐”。为此，宋朝不得不要求这些民族和国家在外交文书中改称“宋”。也正是从此时开始，或许是出于其“天下共主”地位危机感的使然，有官员认为让周边民族和国家称宋为“华”更好。对此，史籍有如下记载：“汉威令行于西北，故西北呼中国为汉；

---

① （唐）玄奘：《大唐西域记》，卷五。

唐威令行于东南，故蛮夷呼中国为唐。崇宁（宋徽宗年号，公元1102—1106年）间，臣僚上言：'边俗指中国为唐、汉，形于文书，乞并改为宋。谓如用唐装汉法之类。'诏从之。余窃谓未宜，不若改作华字。八荒荒之内，莫不臣妾，特有中外之异尔。"①与此同时，北宋官员和知识分子有时称尊奉中原文化的周边国家为"小中华"。"小中华"一词的提出，既是一种外交上的需要，也是中国人对外传播中华意识的文化炒作手法。由此可见，称中国为"华"或者"中华""华夏"是在自汉至唐中断几百年后，从宋代才又开始的。中国并非一直以"中华"和"华夏"自居，有时周边国家也不以"华"或"华夏"称呼中国。

总之，古代中国人的周边观以及周边国家和民族政权的中国观始终处在不断变化之中。一成不变的中国周边观以及周边民族和政权的中国观是不存在的。古代以中国为中心的东亚国际秩序自形成之日起，就不断遭遇来自周边民族和政权的挑战，这个国际秩序正是在迎战各种挑战的过程中不断调整和发展的。

① 朱彧：《萍洲可谈》卷二，中华书局，2007年版，第142页。

中国周边学的文化观构建：以礼乐文化的创新为例

陈康令

【内容提要】构建中国周边学新理论体系的进程，应和中华经典国际关系概念研究相结合，探讨如何创新发展以儒家思想为主要特征的文化观。传承发展中华优秀传统文化必须坚持“创造性转化、创新性发展”，取其精华、去其糟粕，扬弃继承、转化创新。在古代东亚国际关系中，中华传统礼乐文化较好地协调了中国与周边国家的政治、经济、文化关系，形成并发展出了克己复礼、礼尚往来等经典的思想内涵和文化意蕴。我们一方面要从理论高度创新礼乐文化，扩展出仁礼存心、明礼诚信、礼乐相成以及礼义生利、情礼兼备、礼利后嗣等新理念；一方面也应在“一带一路”实践中加强中外礼仪和音乐文化的交流互鉴，增进认同、消弭冲突，努力实现“礼之用，和为贵”的理想目标。

【关键词】中华优秀传统文化　“两创”　礼乐文化

【作者简介】陈康令，复旦大学中国研究院讲师，政治学博士。

石源华教授指出，中国周边学新理论体系并非恢复历史上的“封贡体系学”，而是在总结和吸取传统的中国儒家文化和东方国际关系理论合理成分的基础上，创建符合时代需求和民族特点的中国特色新理论。中共十八大以来，习近平总书记倡议“亲诚惠容”处理周边事务，形成中国周边学的新理念，其中的支柱之一，就是以儒家思想为主要特征的文化观。[①]

中国与周边国家有着和平友好、历史悠久、内容丰富的国际关系实践。在过去两千多年的古代东亚国际关系中，儒家思想等中华优秀传统文化在协调中国与周边国家关系的过程里，发挥了重要的促进作用。现在，越来越多的学者开始着眼于丰富的古代东亚国际关系实践，着手研究“势”“礼”“天下”“王道”等中华经典国际关系概念。[②]如能更好地从中吸取精华，将为建设中国周边学学科做出一定贡献。

一、传承发展中华优秀传统文化须坚持“两创”

2014年9月24日，习近平总书记在纪念孔子诞辰2565周年国际学术研讨会暨国际儒学联合会第五届会员大会开幕会上发表演讲并强调，从延续民族文化血脉中开拓前进，推进各种文明交流交融互学互鉴。习总书记列举了以儒家思想为代表的15个方面的中华哲学思想、人文精神、教化思想、道德理念，包括：

道法自然、天人合一；天下为公、大同世界；自强不息、厚德载物；以民为本、安民富民乐民；为政以德、政者正也；苟日新日日新又日新、革故鼎新、与时俱进；脚踏实地、实事求是；经世致用、知行合一、躬行实践；集思广益、博施众利、群策群力；仁者爱人、以德立人；以诚待人、讲信修睦；清廉从政、勤勉奉公；俭约自守、力戒奢华；中和、泰和、求同存异、和而不同、和谐相处；安不忘危、存不忘亡、治不忘乱、居安思危。

这些中国优秀传统文化中的精华思想，蕴藏着解决当代人类面临的难题的重要启示。一方面，我们要结合时代条件加以继承和发扬，在认识和改造世界的过程中，赋予其新的涵义；另一方面，中国和各国学者要相互交流、相互切磋，让

---

① 石源华：《开展“中国周边学”研究刻不容缓》，《世界知识》，2018年第8期，第14—16页。

② 例如潘忠岐：《从“随势”到“谋势”——有关中国进一步和平发展的战略思考》，《世界经济与政治》，2010年第2期，第4—18页；潘忠岐：《从“随势”到“谋势”——中国的国际取向与战略选择》，复旦大学出版社，2012年版。

中国优秀传统文化同世界各国优秀文化一道造福人类。①

习近平总书记提出的“创造性转化、创新性发展”，是指导传承发展中华优秀传统文化的重要方针。2017年1月25日，中共中央办公厅、国务院办公厅印发《关于实施中华优秀传统文化传承发展工程的意见》。这是我国第一次以中央文件形式专题阐述中华优秀传统文化传承发展工作。该意见指出，要坚持创造性转化和创新性发展，使中华民族最基本的文化基因与当代文化相适应、与现代社会相协调。坚持“两创”方针，关键是把握处理好继承和创新的关系，处理好传统文化与当今时代的关系，要解决今天中国的问题，要回应时代的需求和挑战。在方法上，要坚持辩证唯物主义和历史唯物主义，秉持客观、科学、礼敬的态度，取其精华、去其糟粕，扬弃继承、转化创新，不复古泥古，不简单否定，不断赋予新的时代内涵和现代表达形式。②

严复先生“绎新籀古，弘扬传统”的思想也带给我们颇多启迪。比如他在《致熊纯如》的信中就提到：“四书五经，故是最富矿藏，惟须改用新式机器发掘淘炼而已。”这个意思，还可以用另一句话来解释，就是《诗经·大雅》里说的“周虽旧邦，其命维新”，也就是用创新走向复兴。

中华文明拥有灿烂的物质文明、政治文明和精神文明，中华民族的创造力以及中华文明生生不息的过程举世瞩目。在相当长的一段历史时期内，礼乐文明是中国古典文明的核心标志，礼乐文化是中华优秀传统文化的典型代表。中华礼乐文明的形成和发展对整个中华文明乃至世界文明的形成和发展都产生了深远影响，也对于维护国际秩序发挥着显著影响和积极作用。

中华礼乐文化的形成，起源于先秦，也就是周公制礼作乐，在顶层设计方面，开天辟地。以至于在以后几千年里面，礼乐教化一直是维系国家统治、社会治理、人际关系的重要纽带。《礼记·乐记》中说：“乐者，天地之和也；礼者，天地之序也。”《国语·周语》中说：“夫政象乐，乐从和，和从平，声以和乐，律以平声。”《孟子·公孙丑上》有云：“见其礼而知其政，闻其乐而知其德。”《孝经》有云：“移

① 《习近平：在纪念孔子诞辰2565周年国际学术研讨会暨国际儒学联合会第五届会员大会开幕会上的讲话》，新华网，2014年9月24日，http://www.xinhuanet.com/politics/2014-09/24/c_1112612018.htm，最后访问日期：2018年7月27日。

② 《中共中央办公厅 国务院办公厅印发〈关于实施中华优秀传统文化传承发展工程的意见〉》，中国政府网，2017年1月，http://www.gov.cn/zhengce/2017-01/25/content_5163472.htm，最后访问日期：2018年7月27日。

风易俗，莫善于乐；安上治民，莫善于礼。”可见，传统文化视野下的礼乐之间的关系其实是相辅相成的。礼序乾坤，乐和天地。礼是天之经，地之义，是天地间最重要的秩序和仪则；乐是天地间的美妙声音，是道德的彰显。礼乐文明合起来就是一种和谐的状态，反过来就叫礼崩乐坏。

礼乐文化中所蕴含的秩序伦理与和谐理念，既有内在的源于自觉意识的道德规范，又有外在的带有约束性的行为规范。在建设和谐社会的当代中国，充分挖掘传统礼乐文化的当代价值与功能、创新传统文化的内涵与表现形式，对于加强基层社会治理，提升国家治理体系和治理能力现代化水平，以及促进全球治理水平的提升，都具有重要意义。正所谓“仓廪实而知礼节”，如今我们更应该去探索、创造和维护一种强大的先进文化。礼乐文化就是其中的代表，不仅要很高雅，也要很接地气，不仅要顺应国际时势，更要引领世界潮流。例如，薛力教授认为，中国可能将致力于建立“中华礼治秩序”，或叫“中华礼治体系”。其主要特点是：“礼”成为秩序（体系）的关键粘合剂；这是一种圈层结构；这个体系具有开放性，这种秩序既不是西方人搞了几百年的“基于权力的秩序”，也不是现在许多国家反复向中国推销的“基于规则的秩序”，而是一种基于中国传统、经过了现代性改造、以一些国家与中国的双边关系为导向、与现行国际体系兼容的新型国际体系。①

二、中华传统礼乐文化的国际影响

首先，是传统礼文化的国际影响。礼和法的关系，是严复先生十分关注的对象。尽管严复先生一生引进西学，批判旧制度，但他仍然非常重视中华传统价值理念的肯定。他在翻译孟德斯鸠《法意》，或者叫《论法的精神》时就指出，中国传统的“礼制”就相当于孟德斯鸠所说的“荣誉”原则。在中国，我们始终是待君子以礼，而威小人以刑，两种原则并存于中国的政治之中。所以，并不能把中国作为专制政体的样板。在过去的统治中，究竟是依赖恐怖手段，还是依赖礼制，这其实是因统治者和具体情况而定的。中国自汉代儒法合流以来，经过魏晋南北朝至隋唐，完成了引礼入法，礼法合一的过程，中国法律和政治的基本形态就是

---

① 薛力：《“中华礼治秩序”初探》，《世界知识》，2018 年第 5 期，第 73 页。

"外儒而内法""出礼而入于刑",体现了中国古代制度具有相当程度的包容性。[①]延展到国际舞台,对应西方国际法概念,建构出了一个东方的"天下礼"的概念。国际法成为欧洲国际秩序的统合性的原则和规范,是从1648年威斯特伐利亚体系建立的时候开始的。1648年之前的国际关系,以及西方之外的世界的国际秩序,最典型的就是传统东亚国际秩序,或者说古代中国与周边国家的关系,是否也有和国际法相似的基本原则和规范?

事实上是有的。根据《周礼》记载,先秦时期最早的较为成型的礼仪制度共有五类,即吉礼、凶礼、军礼、宾礼、嘉礼。这"五礼"中的宾礼是指诸侯见天子,以及诸侯国之间相互交往时的礼节,属于早期国际关系礼仪的范畴,即所谓"以宾礼亲邦国"(《周礼·春官·大宗伯》),其内容主要包括朝、聘、盟、会、遇、觐、问、视、誓、同、锡命等。[②]此后,经过汉、唐、宋、元、明、清等朝代的进一步发展和变革,更广阔范围内的天下礼逐步成型。天下礼既存在于我们的思想观念中,包括克己复礼、礼尚往来、失礼入刑等等基本礼治原则;也存在于中国历朝历代根本典章或者独立的礼典之中,包括《唐会要》《宋会要》《元经世大典》《明会典》《清会典》《大唐开元礼》《政和五礼新仪》《大金集礼》《明集礼》《大清通礼》,甚至于周边国家如朝鲜王朝的《国朝五礼仪》等。天下礼的实践尤其存在于古代中国与周边国家长期互动的经验中,包括"五礼"中的宾礼(中国历朝对朝贡国家的贡期、贡道、贡物、朝贡规模等都有明确规定),政府机构中的鸿胪寺、礼部、理藩院以及主客司、行人司、会同馆、四夷馆、市舶司等,还有册封、贡赐、和亲等一系列国际制度(可以称为"天下礼制")。

从抽象化的角度看,在传统东亚国际秩序中,权力(遵循礼仪逻辑实现的权力资源运用)、利益(礼仪化的国际制度,也叫天下礼制)、观念(国际关系中的传统礼治原则)之间可以实现一种相互依赖、辩证统一的关系:第一,传统礼治原则需要通过权力资源运用才能在现实中得以推行,同时又在实践中指导着权力资源运用遵循礼仪逻辑。第二,礼仪逻辑下的权力资源运用为天下礼制的普遍实施提供了权威支持,天下礼制的广泛开展又为礼仪逻辑下的权力资源运用提供了广泛的制度保障。第三,传统礼治原则是天下礼制长久实施的根本依据,天下礼

① 《"法意"百年——孟德斯鸠、严复与我们的时代》,《法制日报》,2009年10月22日。
② 朱筱新:《中国古代的礼仪制度》,商务印书馆,1997,第65—86页。

制的丰富和发展则为传统礼治原则不断延续提供了丰富的实践依据。当理、力、利三者处于一种相互配合和彼此适应的情境之下，便能在“礼”的统合下，实现一种理想的长期稳定秩序状态，由此可以提炼出一种“4Li稳定模型”（理、力、利、礼的拼音都是“li”）。这是对古代中国周边实现长稳定的一种理想化的解释（如下图所示）。①

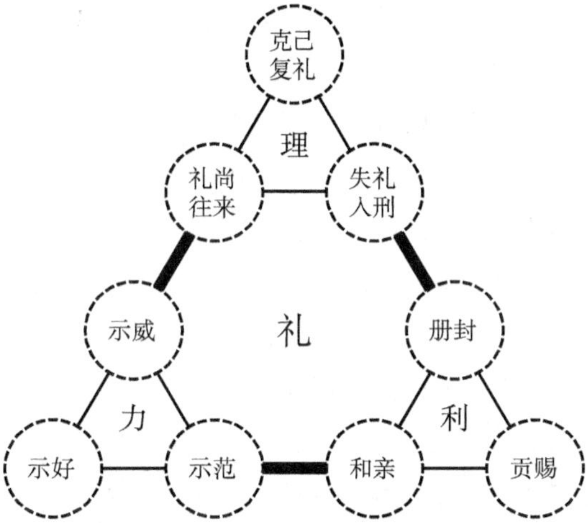

图1 4Li稳定模型

其次，是传统乐文化的国际影响。早在周朝，中外音乐文化已有交流，周王对于外邦音乐采取的政策是将他们放入自己的祭祀和燕飨仪节中，以此来夸耀自己政治势力之大。由秦至汉，大一统的中国开始形成，汉文化成为主流文化。在和周边异族互动的过程中，不仅有与北方匈奴之间的频繁战争，也有为和平而生的许许多多的交流往来。西汉张骞凿空西域和丝绸之路的开辟，促进了华夏音乐与西域音乐之间的交流与融合，使这一时期的音乐文化开始呈现出多民族、多元化的局面。

到了隋唐时期，中国政权的再次统一和国力空前强盛，大大促进了经济的发展，为乐文化的发展奠定了良好的基础。唐代音乐在当时的世界居于先进地位，唐都长安也成为了国际性的音乐城市，许多亚洲国家派人至唐来学习中国的音乐

① 陈康令：《礼和天下：传统东亚秩序的长稳定》，复旦大学出版社，2017年版，第二章。

文化。同时，唐人对于外来的音乐和音乐家也极为尊重和欢迎，胸怀宽广、海纳百川，积极吸取外来音乐，由此形成了唐朝音乐特有的民族风格。唐朝繁荣的音乐文化交流与统治者开明包容的思想密切相关，既有“引进来”，又有“走出去”。历史上最著名的歌舞大曲《霓裳羽衣曲》正是由少数民族音乐素材和汉族先进艺术形式结合而成的杰作。唐玄宗在创作这部曲时，刚巧河西节度使进献了《婆罗门曲》，于是他便加用了《婆罗门曲》的声腔，写成了全曲。同时，隋唐燕乐（宫廷音乐、民间音乐和外来音乐结合的产物）对东亚国家的影响巨大。日本派来中国的“遣隋使”和“遣唐使”，除了学习政治、经济、文学、美术、建筑等，有一些是专门来学习音乐或注意音乐的。[①] 日本对唐朝传去的乐书、乐器、乐曲，十分重视，世世代代保存了下来。中国音乐文化对朝鲜也产生了很大的影响，朝鲜派遣来唐求学的留学生络绎不绝，其乐部之一“唐乐”的乐器，大多为中国之制。

这种传统一直流传到明清时期。14 世纪末，朝鲜与我国音乐交流仍相当频繁，明朝先后多次派遣使者送乐器到当时李氏朝鲜，朝鲜也派遣使者到中国来考察雅乐和唐乐，并绘制了各种中国乐器的图样返国。不仅中国的乐器对朝鲜本土乐器的制造发挥了积极作用，在音律、记谱法上也对朝鲜的音乐产生了巨大影响。同时，朝鲜的乐舞也活跃在明清两朝的宫廷乐舞中。当时，传入琉球的中国乐器三弦，经过日本化，逐步成为如今日本传统器乐中最重要的乐器三味线。明朝末年，许多人为了躲避战乱来到日本，带去了明朝音乐。据《魏氏乐器图》记载，仅魏氏传入日本的明朝乐器就有包括管乐器、弦乐器和打击乐器共十一种。[②] 此后，大量的乐器、乐谱、乐书在日本传播开来。

此后，随着西方航海业的发展，一批批传教士踏上了中国这块古老的土地，他们将西方的音乐传入中国，也将中国的音乐传播进西方。明朝时期，意大利籍传教士利玛窦向明朝皇帝进贡了一架西琴（古钢琴），他在向中国输入西方音乐的同时，也将中国的各类音乐包括歌曲、器乐音乐、戏曲等内容撰写进《中国札记》，使得西方可以更好得了解中国音乐。清朝康熙与乾隆年间，中西音乐交流得到了长足发展。乾隆年间，中国的皇宫中已有西方合唱队、管弦乐队，并曾上演过西方歌剧。著名的马嘎尔尼使团成员巴罗在 1804 年出版的《中国游记》一书中，还

---

① 杨荫浏：《中国古代音乐史稿》（上册），中国人民音乐出版社，2017 年版，第 225 页。

② 陈应时、陈聆群：《中国音乐简史》，高等教育出版社，2013 年版，第 194 页。

收录了中国民歌《茉莉花》。

三、中华传统礼乐文化的再解读

中华传统礼乐文化的内涵十分丰富，我们可以将其中的主要思想内涵和文化意蕴归纳为以下三种：

首先，是克己复礼。礼是节制人性和实现仁爱的重要途径，这同样可以推广到国际政治领域，强调的是国家的“自律”与“互爱”。国家的克己复礼，是指各个国家对自身行为要节制，既不能肆意妄为、贪小失大，也要对自身迈向更高文明程度和缔造更稳定和谐的国际秩序有所追求、有所贡献。大国的克己复礼是指避免对于权力的滥用、不轻易使用武力和减少对小国的威胁，小国的克己复礼是指避免不顾全大局的骚扰和挑起不必要纷争。国与国之间要实现互爱，不仅要通过节制的方式实现仁爱，还要互相尊敬、有所谦让，想他国之所想、急他国之所急，这是实现仁爱的积极选择。明朝建立初期，汲取了元朝扩张失败的教训，将“不征”作为对外关系的基本国策。明太祖朱元璋在洪武二十八年（1395 年）刊布《皇明祖训》，明确将周边 15 个国家列为“不征之国”，并要求后世继承者予以遵守，这是“克己复礼”的典型案例。

其次，是礼尚往来。礼能达到整合社会与实现行为体之间互惠互利的功能，推广到国际关系领域来看的话，通过实现交礼双方之间的互动与回报，来实现各国之间的彼此依赖、互利共赢。在“大国—小国”和“主国—宾国”这两对情境下，国家之间要进行互通有无的政治、经济、文化往来，这些往来要符合国家自身的身份和地位，也要满足彼此各自的利益诉求。据《仪礼・聘礼》记载，早在先秦时期，各个国家便普遍地将“礼尚往来”的原则贯彻在国家间交往中。主国对于千里迢迢派遣使节前来的聘国（宾国），逐步形成了礼遇有加、薄来厚往的待客之道。随着“宾礼”的成型，中国历朝历代也是通过丝绸之路等通道，与周边国家维系着友好互惠的贡赐贸易。

最后，是失礼入刑。如果国家违背上述两个礼仪原则向他国发动侵犯甚至侵略，并且不尊重甚至不承认中央国家权威，甚至要对传统东亚秩序的稳定发起挑战时，中央国家便要行使维系国际秩序的义务，轻则对失礼的行为加以斥责、训诫并敦促他国纠正错误行为，重则出兵征伐作为惩罚的手段，使得他国从偏离良善和正义轨道上重新返回，其核心是用道德与武力的合力促使相应国家“复礼”，以此来维系秩序稳定。失礼入刑的目标是以战止战、为了和平而战，在操作过程中讲究“先礼后兵”，其原则是“贵在中和，不争之争”，最终指向是“去刑归礼”。在克己复礼和礼尚往来精神的指导下，古代东亚主要国家之间的和平程度相当高，国际战争数量较少、频率较低、烈度较小。“失礼入刑”最典型的例子是发生在四百多年前、万历年间明朝援朝抗日的朝鲜壬辰卫国战争。

正所谓“礼之用，和为贵”，“独乐乐不如众乐乐”。自古以来，中国在国际交往中就有“尚和合、求大同”的传统。在当今国际舞台上，中国努力促进“和而不同，兼收并蓄”的文明交流互鉴，倡议适应“合作共赢、和平发展”的历史潮流。正因为有了这股致力于弥合分歧、对抗与冲突的“清流”，中国的“朋友圈”扩大了不少，世界也更加期待中国的表现与担当。在国际政治、经济、文化等领域中国努力践行礼乐之道，不断为全球治理增添“和”“合”的内涵和意蕴。

首先，是政治领域的仁礼存心。“君子以仁存心，以礼存心”。中国不趋附于弱肉强食、丛林法则，也不追求某些大国一贯的穷兵黩武、强权独霸。每个国家，特别是大国、强国，尤其要注意对自身行为的约束，有所节制、有的放矢，避免对他国行为做出过度反应。正如习近平总书记所倡导的，“国家不论大小、强弱、贫富，都应该平等相待”。有了这样的基础，才能以诚、以礼相待“近邻远亲”，做到亲诚惠容。

其次，是经济领域的礼尚往来。中国从不把发展红利“藏着掖着”，始终愿意与各国互利互惠，共赢共享。无论是同沿线国家携手共建“一带一路”，还是出资设立丝路基金、倡导成立亚洲基础设施投资银行，中国希望广大发达国家和发展中国家一起，在新的合作机制、框架下实现共同发展，同时也欢迎所有国家搭乘中国发展的“快车”和“便车”。“计利当计天下利”，礼尚往来讲求持续地互动与回报的良性循环，指向的正是各国一道实现长远利益。

最后，是文化领域的礼乐相成。西子湖畔，《春江花月夜》与《月光》合奏，《高山流水》共《天鹅湖》起舞，精美、绝妙的中西方文化完美融合，充分展现了优雅、高贵的待客之礼。从北京奥运会到G20杭州峰会，中国文化一次次“惊艳”世界。“全球治理也需要文化艺术的滋养。”支撑起一座座沟通心灵的桥梁，促进和推动不同文明间的对话，中国正不断挖掘传统文化的现实意义，以柔性力量让全世界人民的心相连、情相通。

平等、互惠、体面的中国之“礼”，饱含着东方古国的浓浓情义，凸显了现代中国的活力与自信。“中国很远，却又如此之近”，开放、博大、包容的中国气度，必将持续造福世界，为推动全球发展创造更多新机遇，提供更多新贡献。①

四、在中国周边学研究中创新礼乐文化

尽管中华传统礼乐文化对古代中国处理与周边国家关系以及塑造传统东亚稳定、和平的国际秩序起到一定的推动和促进作用，但也必须认识到，在传统礼乐文化基础上建立的册封、贡赐、和亲等国际制度有其历史局限性，并不适用于当今国际社会。自鸦片战争和甲午战争之后，古代中国在国际层面倡导和推动的许多做法，都不再具备强大的实力和自信的观念做后盾，也失去了在周边重新“复活”的土壤。

从国际比较和历史比较的视角看，中国与周边国家之间的文化纽带和精神纽带始终是十分紧密，甚至可以说水乳交融。从教育层面的汉字、儒学、佛教，到艺术层面的诗词、音乐、书法，从朝夕相伴的服饰、饮食、医药，到代代相传的历法、生肖、节日，中华优秀传统文化的国际印记可谓俯拾即是，其背后是源远流长的中华哲学思想、人文精神、教化思想、道德理念的强大生命力、吸引力和感召力。以此为基础，中国周边学研究须创新性地构建礼乐文化等文化观，尤其是将礼仪精神等的内涵进行创造性转化和创新性发展，既可以对现有的逐步失去正义性、公平性、和平性的国际法理念和实践提供必要补充，也可以充分满足周边国家和人民对更加繁荣、公正的国际秩序的追求和向往。

例如，可以进一步将政治领域克己复礼的礼仪观扩展为仁礼存心、明礼诚信、礼乐相成这三大理念，突出仁爱、诚信、和谐的价值和意义，将经济领域礼尚往来的礼仪观扩展为礼义生利、情礼兼备、礼利后代这三大理念，强调获得利益的道义性、互利性、可持续性。事实上，这些礼仪观所倡导的包容、谦和、大度的价值内涵，正是中国在全球治理中所积极推动和推广的，与习近平总书记倡导的“亲诚惠容”处理周边事务的新理念，欢迎周边国家搭乘中国快速发展列车的义利

---

① 陈康令：《在全球治理中传递中国之“礼”》，《人民日报》，2016年9月27日，第5版。

观，“睦邻友好，守望相助”的友邻观，反对“国强必霸”的和平观等，都有密切联系。

在中国周边学研究中创新礼乐文化，不仅要从国际关系理论的高度去思考理念阐释，还应当考虑如何在中外人员交往的具体实践中如何落实，努力在各国和各国人民之间增进认同、消弭冲突。“国之交在于民相亲”，在与周边国家交往的过程中，一是应当在重大节庆和外事活动中体现仪式感、庄重感、荣誉感，彰显中华传统礼仪文化的时代价值，树立文明古国、礼仪之邦的良好形象；二是需要加强中外礼仪文化的交流互鉴，在讲好中国故事、传播好中国声音、阐释好中国特色、展示好中国形象的同时，充分尊重周边国家行之有效的礼仪、礼节、礼貌规范；三是应当加强国民礼仪教育，尤其是加大对国家和国际重要礼仪的普及教育与宣传力度，在国际舞台推动形成礼让宽容的社会风尚；四是应当培养一批具有不同学科和语言背景的高层次人才，研究提出承接传统习俗、彰显文化自信的国际礼仪、服装服饰、文明用语规范等。

中国还应该利用好“一带一路”的广阔平台，为世界传递和共享中国之“乐”。中国外交部长王毅曾形象地打过一个比方：“‘一带一路’的理念是共同发展，目标是合作共赢。它不是中方一家的‘独奏曲’，而是各方共同参与的‘交响乐’”。[①]事实上，音乐文化交流作为“一带一路”沿线各国文化交流中的重要组成部分和精神纽带，有利于增进沿线各国文化间共通性的认同感，更能够利于展现独具魅力的亚洲风采。古丝绸之路横亘千年之久，绵延万里之长，积淀形成了和平共荣、包容互促的丝路精神，是人类文明的宝贵遗产。上海音乐学院创作的多媒体交响剧场《丝路追梦》，传达了“一带一路”的壮美画卷与自然之音。中央民族乐团的大型民族器乐剧《玄奘西行》，将舞台表演和乐器演奏有机结合融合，通过“音乐”和“语言”的双重表述，共谱耳目一新的华美乐章。在世界音乐文化交流融合的大环境下，中国音乐独特的当代文化意义不可或缺，并应当结合外国受众熟识的方式，介绍和传播具有包容性、时代性的中国音乐文化，辅以现代科技加强音乐对外传播的效果。世界音乐文化各元素间共存共荣，通过不断地接触、交流、对

---

① 《王毅：一带一路不是中国独奏曲　而是各方参与交响乐》，中国新闻网，2015年3月，http://www.chinanews.com/gn/2015/03-08/7110383.shtml，最后访问日期：2018年7月27日。

话来建立共识，以达到“和”的最终目的，实现理想中的“各美其美，美人之美，美美与共，天下大同”。[①]

① 陈康令、陈素天：《创新礼乐文明：助力构建人类命运共同体》，《环球市场》，2018 年第 7 期，第 170—171 页。

中国周边学与“人类命运共同体”构建

仇发华

【内容提要】党的十九大将构建“人类命运共同体”作为新时代党和国家的历史使命及外交目标。“人类命运共同体”与中国周边学学科建设存在密切的相关性。“命运共同体”概念是在中国周边外交中提出的，其内涵与中国周边外交理念相互包含。构建“人类命运共同体”应从中国周边起步，“周边国家命运共同体”应该成为中国周边学研究的核心命题。构建“人类命运共同体”与中国周边学应同步并举。在“人类命运共同体”目标引领之下，中国周边学的学科建设不仅必要，而且应具独特学科特色。

【关键词】中国周边学　人类命运共同体　周边命运共同体

【基金项目】本文获上海理工大学2017年人文社科攀登计划（SK17PA03）支持。

【作者简介】仇发华，上海理工大学马克思主义学院、中国近现代国情研究中心、政治与法治研究中心副教授。

2017年，党的十九大明确将构建“人类命运共同体”作为中国共产党在新时代的重要使命，作为我国新时代外交工作的目标和方向。如何构建“人类命运共同体”成为学术界需要研究的重大命题。目前关于“人类命运共同体”的研究成果，多分布在马克思主义、哲学、国际政治等学科领域，研究内容以阐释“人类命运共同体”的内涵和“人类命运共同体”建设的重要意义为主。结合目前我国外交工作实践，构建“人类命运共同体”宜从周边地区起步。如何在周边外交工作中推进“命运共同体”建设，需要学术界进行深入系统地研究。因此，融合政治、经济、人文、传播等学科的中国周边学呼之欲出，成为当务之急。

一、构建“人类命运共同体”与建立中国周边学的时代背景

2008年全球金融危机以来，全球治理陷入失序状态：世界经济复苏乏力，国际机制失灵，债务危机此起彼伏，“人类命运共同体”是应对这些全球性问题的中国方案。同时，2010年以来，南海危机、东海危机等中国周边外交热点问题频频出现，这些外交难题亟需一个专门学科进行深入研究，为外交实务建言献策，中国周边学应运而生。无论“人类命运共同体”还是中国周边学都是新时代全球治理及我国周边外交发展的产物。

（一）全球治理失序催生“人类命运共同体”理论

2008年由美国次贷危机引发的全球金融危机成为西方主导全球治理体系的一个拐点。次贷危机、金融危机、债务危机在全球各地频频出现，严重影响了世界经济的发展。同时，伊朗核问题、叙利亚危机、朝核危机等地区热点问题使世界和平受到严重威胁。基地组织及“伊斯兰国”等国际恐怖势力、跨国犯罪、全球气候问题等全球性问题使西方现有的治理体系无力应对。不仅如此，在金融危机下，美国一改自由贸易秩序的主导者形象，扛起“逆全球化”“贸易保护主义”的大旗，“美国优先”“加征关税”等贸易壁垒政策愈演愈烈，而在欧盟债务危机居高不下的形势下，英国“脱欧”从提出很快变为现实。全球各国面临的发展赤字、地区和平赤字、文明之间冲突加剧，这些态势充分说明当前西方发达国家主导下的全球治理体系失灵，亟须修改相关不合理、不公平的国际治理规则。在发达国家集体表现不佳的情况下，发展中国家及新兴工业国家表现不凡。据统计，2016年，新兴工业国家对世界经济的贡献率达56%，仅金砖国家就贡献率高达51%。立足于这些现实问题，习近平总书记提出“人类命运共同体”应对这些全球性问题，涉及政治、经济、安全、文明及生态等方面，是解决当前全球性问题的全方位方案。

人类命运共同体理念展现了中国对于国际关系本质的最新思考，是中国为解

决全球性问题所提供的具有“中国智慧”的应对方案。[①]“人类命运共同体”思想既是世界观，又是方法论；既是远景目标、规划纲要，更是解决办法。“人类命运共同体”意识的生成确立，是合乎政治伦理规律和当前情势演进的逻辑必然，构成认识论、逻辑学、辩证法“三位一体”机理素养与“有职有责、有位有为”的价值操守有机衔接、和谐统一的格局，因而达到理论和实践兼顾、新意和深度俱佳的层次与高度。[②]“人类命运共同体”既是全球治理失序催生的中国智慧，更展现了中国在推进全球治理体系改革的大国责任与担当。

（二）中国周边外交实践催生中国周边学

自2010年以来，中国周边安全环境发生变化，热点问题不断凸显。从实践需要、外交战略布局、中国未来走向看，都亟需建立中国周边学。

首先，中国周边热点问题亟需中国周边学研究从学理上提供解决之道。中国面临的周边环境不仅仅涉及我国与周边邻国的国际关系，也不仅仅限于领土领海主权争议，隐于其后的是国际格局转型下美国霸权体系对中国的遏制，是话语权和生存权的争夺。无论是东海“钓鱼岛主权争议”还是南海岛礁主权争议，都给中国周边外交带来极大压力。从学术界现有研究看，在应对这些热点问题上，学术界的研究呈现出各自为营、相对分散的状况。譬如南海主权争议成为热点后，相关各方各执一词，我国学术界的研究并不能给世界一个有信服力的研究成果，法学界从国际法角度进行论证，而历史学又专注于从历史文献中寻找学理支撑。因此，复杂多变的周边环境和不断迭起的周边热点问题，既需要中国周边学提供学理上的理论指导，而周边外交工作在解决这些问题中的应对经验又成为中国周边学学科建立的实践基础。

其次，中国周边外交在整个中国外交战略布局中的地位大大提升，建立中国周边学恰逢其时。自新中国成立以来，周边外交一直是中国倚重的外交基础，我国长期推行睦邻友好政策。改革开放后，为打造利于国内经济发展的周边安全环境，“睦邻、安邻、富邻”的“好邻居政策”成为冷战后中国周边外交的主旨。

① 任晶晶：《构建人类命运共同体与当代中国外交的创新性发展》，《中国特色社会主义研究》，2017年第6期，第49页。

② 丁工：《人类命运共同体的时间路径和中国角色试析》，《当代世界与社会主义》，2017年第4期，第183页。

2006年以来，官方、媒体和学界讲到中国外交时，普遍使用“大国是关键、周边是首要”的说法，以此描述中国对外政策重点的排序。对中国崛起而言，争取众多周边国家的支持，比防范美国一国更为重要。[①]自十八大以来，随着周边热点问题频出，中共中央对于周边外交的重视程度不断提升。2013年10月，首次中央周边外交工作座谈会在习总书记主持下召开，会议将周边外交提升至“实现‘两个一百年’奋斗目标、实现中华民族伟大复兴的中国梦的需要”的高度。中国周边外交在整个外交战略布局中的提升，使构建中国周边学遇到最好机会。这不仅是国家外交战略所需，更是服务于中国民族复兴大业的力举。在这一趋势下，构建“中国外交学”容易并应该受到教育部和学术界的支持。

作为当前全球性问题和地区热点问题的治理方案，习近平提出“人类命运共同体”理论，从宏观视野来化解全球治理中各国的矛盾，从这个意义上讲，“人类命运共同体”是立意长远的顶层设计，是高屋建瓴的总方针。但在推进“人类命运共同体”建设中出现的新问题，则需要中国周边学进行较为系统、综合的研究，尤其构建“人类命运共同体”应从打造“周边国家命运共同体”开始，更需要中国周边学系统深入的研究和探索。

二、“人类命运共同体”与中国周边学的相关性

“人类命运共同体”与中国周边学存在紧密的相关性。不仅“命运共同体”概念从提出到实践，都与中国的周边外交相关，而且“命运共同体”的内涵与周边外交理念相互包含，而构建“人类命运共同体”的实践最大可能性也从建立“周边命运共同体”开始。

（一）“人类命运共同体”从概念提出到共识形成

“人类命运共同体”从提出倡议到取得国际共识经历了6年时间。2011年《中国的和平发展》白皮书提出，要以“命运共同体”的新视角，寻求人类共同利益

① 阎学通：《整体的“周边”比美国更重要》，人民网，《环球时报》，2015年1月13日，http://opinion.people.com.cn/n/2015/0113/c1003-26374420.html，访问日期：2018年6月10日。

和共同价值的新内涵。[①]2012年，十八大报告中再次“倡导人类命运共同体意识，在追求本国利益时兼顾他国合理关切，在谋求本国发展中促进各国共同发展，建立更加平衡均衡的新型全球发展伙伴关系，同舟共济，权责共担，增进人类共同利益”。[②]此后，“命运共同体”多次出现在习近平主席的演讲中，并被赋予丰富内涵。2013年3月，习近平在莫斯科国际关系学院发表演讲称：“人类生活在同一个地球村里，生活在历史和现实交汇的同一时空里，越来越成为你中有我、我中有你的命运共同体。”[③]2015年，习主席在联大一般性辩论的讲话中强调，“当今世界，各国相互依存、休戚与共，要继承和弘扬联合国宪章宗旨和原则，构建以合作共赢为核心的新型国际关系，打造人类命运共同体”。[④]2016年，习近平在出席G20开幕式的主旨演讲中再次呼吁“我们应该促进不同国家、不同文化和历史背景的人们深入交流，增进彼此理解，携手构建人类命运共同体”。[⑤]2017年，习近平在参观联合国日内瓦总部时，从“政治、经济、文明、生态”四个层面系统阐述了“人类命运共同体”。[⑥]2017年10月27日，习近平在十九大报告系统阐述这一概念，再次“呼吁各国人民同心协力，构建人类命运共同体，建设持久和平、普遍安全、共同繁荣、开放包容、清洁美丽的世界”。[⑦]习近平通过这些讲话比较系统地阐述了“人类命运共同体”的概念和内涵。同时，2017年2月开始，“人类命运共同体”屡次被载入联合国相关决议中。2017年2月10日，联合国社会发展委员会第55届会议通过“非洲发展新伙伴关系的社会层面”决议，“构建人类命运共同体”理念首次被写入联合国决议。2017年3月17日，联合国安理会通过

---

① 《中国的和平发展白皮书》，2011年9月7日，http://www.fmprc.gov.cn/ce/cedk/chn/xwdt/t856978.htm，访问日期：2018年6月5日。

② 《胡锦涛在中国共产党第十八次全国代表大会上的报告》，《人民日报》，2012年11月18日。

③ 《国家主席习近平在莫斯科国际关系学院的演讲》，中央政府门户网站，2013年3月24日，http://www.gov.cn/ldhd/2013-03/24/content_2360829.htm，访问日期：2018年5月15日。

④ 《携手构建合作共赢新伙伴　同心打造人类命运共同体》，新华网，2015年9月29日，http://www.xinhuanet.com/world/2015-09/29/c_1116703634.htm，访问日期：2018年5月15日。

⑤ 习近平在G20杭州峰会开幕式上的主旨演讲，人民网，2016年9月3日，http://politics.people.com.cn/n1/2016/0903/c1001-28689034.html，访问日期：2018年5月15日。

⑥ 《共同构建人类命运共同体——在联合国日内瓦总部的演讲》，新华网，2017年1月19日，http://www.xinhuanet.com/world/2017-01/19/c_1120340081.htm，访问日期：2018年6月5日。

⑦ 《决胜全面建成小康社会　夺取新时代中国特色社会主义伟大胜利——在中国共产党第十九次全国代表大会上的报告》，新华社，2017年10月27日，http://www.guancha.cn/politics/2017_10_27_432557_5.shtml，访问日期：2018年6月5日。

关于阿富汗问题的第2344号决议，“构建人类命运共同体”理念首次载入安理会决议。2017年3月23日，联合国人权理事会第34次会议通过关于“经济、社会、文化权利”和“粮食权”两个决议，“构建人类命运共同体”理念首次载入联合国人权理事会决议。不仅如此，经过习近平主席在多个国际机制、国际舞台上的阐述，“人类命运共同体”也得到国际社会各国政要的认同，他们表示认同“人类命运共同体”主张，并应该共同为此而努力。[①]从概念提出到国际共识形成，“人类命运共同体”成为中国向世界贡献的治理智慧。

（二）“人类命运共同体”的思想内涵与周边外交理念相辅相成

从一定程度上讲，“人类命运共同体”概念是在中国周边外交实践中提出的，其内涵与中国的周边外交理念相辅相成。

2013年，习近平出访俄罗斯，在莫斯科国际关系学院演讲中首次提到“命运共同体”，强调“命运共同体”是全球化下国家之间、人类之间日益紧密的相互依赖关系。2013年10月3日，习近平在印度尼西亚国会发表重要演讲，提出建设“中国—东盟命运共同体”的五个举措，即坚持讲信修睦、合作共赢、守望相助、心心相印、开放包容。[②]此次演讲把“命运共同体”理念首次落实到中国和东盟的关系上。2013年10月24日，习近平在周边外交工作座谈会上的讲话中，指出中国周边外交的基本方针，就是坚持与邻为善、以邻为伴，坚持睦邻、安邻、富邻，突出亲、诚、惠、容的理念，强调加强中国对周边国家的开放，使中国的发展更多的惠及周边国家，让命运共同体意识在周边国家落地生根。[③]2014年11月28日，习近平在中央外事会议上强调要切实抓好周边外交工作，打造周边命运共同体，秉持“亲、诚、惠、容”的周边外交理念，坚持与邻为善、以邻为伴，坚持睦邻、

---

① 《代表时代发展趋势　体现世界追求目标——国际社会高度评价习近平主席在联合国系列峰会提出的政策主张》，新华网，2015年9月29日，http://www.xinhuanet.com/world/2015-09/29/c_1116716389.htm，访问日期：2018年6月5日。

② 习近平，携手建设中国—东盟命运共同体——在印度尼西亚国会的演讲》，中央政府门户网站，2013年10月3日，http://www.gov.cn/ldhd/2013-10/03/content_2500118.htm，访问日期：2018年6月6日。

③ 习近平在周边外交工作座谈会上的讲话，新华网，2013年10月24日，http://www.xinhuanet.com/politics/2013-10/25/c_117878897.htm，访问日期：2018年6月6日。

安邻、富邻，深化同周边国家的互利合作和互联互通。[①]2015 年 5 月，外交部、商务部、发改委发布《推进构建丝绸之路经济带和 21 世纪海上丝绸之路的愿景和行动》，阐述和平合作、开放包容、互学互鉴、互利共赢的理念，全方位推进务实合作，打造政治互信、经济融合、文化包容的利益共同体、命运共同体和责任共同体。[②]

十九大报告对“人类命运共同体”的内涵进行系统界定，即构建人类命运共同体，建设持久和平、普遍安全、共同繁荣、开放包容、清洁美丽的世界。这一内涵所蕴含的相互尊重、平等协商的新外交观，共同、综合、合作、可持续的新安全观，开放、包容、互惠、平衡、共赢的新发展观，尊重世界文明多样性的新文明观和合作治理环境的新生态观。[③]习近平在周边外交工作的会议讲话中，将“人类命运共同体”的构建和周边外交工作相结合，使“周边命运共同体”在中国周边地区落地生根，这表明“人类命运共同体”的指导思想率先辐射到中国周边地区。这一理论的价值基础在于在追求本国利益时兼顾他国合理关切，在谋求本国发展中促进各国共同发展，价值目标则是合作共赢，利益共享，这与习近平书提出的“亲、诚、惠、容”周边外交理念有共同的价值基础和价值目标。从外交实务来看，将“命运共同体”与周边外交结合，打造“周边命运共同体”成为周边外交工作的首要目标。“命运共同体”是新时期我国面临的新使命，没有既定的经验可资借鉴，也无成熟的理论基础，因此，亟需一个相关学科对此进行深入研究，中国周边学呼之欲出。

三、“周边命运共同体”聚焦中国周边学研究议题

十九大报告中，构建“人类命运共同体”确立为中国共产党新时代的历史使命，然而这一使命非短期能实现，是一项任重道远的任务。从整个人类发展的宏观愿景看，“人类命运共同体”是大势所趋，但实现的困难较大。在推进“人类命运共

① 习近平在中央外事工作会议上的讲话，新华网，2014 年 11 月 29，http://www.xinhuanet.com/politics/2014-11/29/c_1113457723.htm，访问日期：2018 年 6 月 9 日。

② 商务部：《推进共建丝绸之路经济带和 21 世纪海上丝绸之路的愿景与行动》，商务部网站，2015 年 3 月 30 日，http://zhs.mofcom.gov.cn/article/xxfb/201503/20150300926644.shtml，访问日期：2018 年 6 月 9 日。

③ 赵可金：《构建人类命运共同体》，中国网，2017 年 10 月 25 日。

同体”建设进程中，适宜在中国休戚相关的周边地区建设“命运共同体”，将成熟的次区域合作机制不断升级、发展成为“周边国家命运共同体”。

“周边国家命运共同体”是一个较为笼统的概念，几次出现在习近平总书记在周边外交会议、外事会议的讲话以及党的文件中，其意思表达的主要是中国与周边国家要建立“命运共同体”。近年来，我国在打造周边命运共同体方面蹄疾步稳，美好设想正在逐渐变为现实。比如，中国—巴基斯坦，“打造成为中国同周边国家构建命运共同体的典范”；中国—老挝，“携手打造牢不可破的中老命运共同体”；中国—柬埔寨，“继续做高度互信的好朋友、肝胆相照的好伙伴、休戚相关的命运共同体”。① 除了同以上国家建构的双边“命运共同体”外，“中国—东盟命运共同体”“澜湄国家命运共同体”“东亚国家命运共同体”等概念也被广泛探讨。“中国—东盟国家命运共同体”是2013年10月习近平主席在印尼国会的演讲郑重提出的倡议。2016年李克强总理在参加万象对话会上指出，中方愿与东盟国家共同努力，进一步加强战略沟通，深入推进落实“2＋7合作框架”，大力加强人文交流，不断为双方合作注入新动力，共同建设更为紧密的中国—东盟命运共同体。② “澜湄国家命运共同体”则是在澜湄合作机制基础上提出的。2015年4月6日，在北京举行了题为“六个国家，一个命运共同体：建立澜沧江—湄公河对话合作机制，促进次区域合作发展”的高层官方会议，这是第一个旨在打造“周边命运共同体”的次区域合作机制。澜湄国家命运共同体是人类命运共同体建设的关键一步。以澜湄次区域为起点与试点，从我国西南周边推进人类命运共同体建设，将为我国周边外交工作提供理论参考和经验借鉴，增强与其他国家的合作信心，为我国后续推动“中国—东盟命运共同体”、亚洲命运共同体、人类命运共同体的建设奠定坚实的基础。③ “东亚国家命运共同体”是基于东亚共同体的概念产生，因涉及国家较多，面临的现实困难较大，因此，作为一个推动东亚一体化发展的愿景，还是非常值得期待的。学术界在探讨“东亚命运共同体”时，往往选择与欧盟作为参照。建立“东亚命运共同体”现实问题虽然较多，但学术界对

① 许利平:《让命运共同体意识在周边国家落地生根》，人民网-人民日报，2017年7月11日，http://theory.people.com.cn/n1/2017/0711/c40531-29396097.html，访问日期：2018年6月9日。

② 《风雨同舟，迈向更加紧密的中国—东盟命运共同体》，新华社，2016年9月7日，http://www.xinhuanet.com/world/2016-09/07/c_1119528086.htm，访问日期：2018年6月9日。

③ 卢光盛，黎亚洲：《从周边起步推动人类命运共同体建设》，《学习时报》，2017年12月18日，http://theory.people.com.cn/n1/2017/1218/c40531-29713165.html，访问日期：2018年6月9日。

此仍是乐观的。这种乐观心态主要基于对东亚地区演进历史的判断，即当东亚逐渐从各种中心论的帝国秩序剥离出来，意识到自己东亚同一个命运共同体的时候，那么，东亚将会向似乎是可望不可即的乌托邦梦想一步步接近。[①]随着各种类型的“周边国家命运共同体”的实践探索，这些“周边命运共同体”建设经验可以在中国周边学学科建设中提供个案材料，学术界应从中探索其特殊性和普遍性，从学理上探索构建“人类命运共同体”的现实性条件。

由上述梳理可见，“周边国家命运共同体”概念，既有只停留在概念层面的，也有在实践中取得极大进展的，如“中国—东盟国家命运共同体”“澜湄国家命运共同体”。应该说，不管发展到何种程度，“人类命运共同体”建设是一个系统工程，原来“头疼医头、脚疼医脚”的应对性政策研究显然是不够的，亟需一门综合政治、经济、贸易、环境等多学科交叉的新学科对实践中出现的新问题进行综合研究，这一系统工程所涉及的方方面面应该成为中国周边学的主要研究议题。如果说“人类命运共同体”是中国共产党人关乎未来人类命运的顶层设计，那么，“周边命运共同体”则是通往这一未来愿景的阶段性目标。新形势下，我们要坚持“人类命运共同体”的顶层设计和战略规划，在“周边命运共同体”建设上不断取得实实在在的进展。在这一实践过程中，建设“周边命运共同体”塑造的成功案例及其经验都是中国周边学学科建设的研究素材。这些实践探索和经验积累对于中国周边学的学科建立、研究方向的凝聚极有裨益。

四、“人类命运共同体”构建与中国周边学建设同步并举

诚然，中国周边学的研究范畴并不仅仅限于“人类命运共同体”本身，还包含了更加开放的内容体系。从目前党和国家的目标来看，“命运共同体”这一系统工程决定了中国周边学研究范畴的综合性。中国周边学将结合政治、经济、文化、哲学、环境等学科进行交叉学科的塑造，组织研究团队，搭建研究平台，凝练研究主题，确定研究对象，探索研究方法，以求真务实的研究结论对构建“人类命运共同体”的外交实践提供理论支撑。因此，构建“人类命运共同体”与中国周

---

① 许纪霖：《一种新东亚秩序的想象：欧盟式的命运共同体》，《开放时代》，2017年第2期。

边学的学科建设应同步并举，相互支撑。

（一）构建“人类命运共同体”是中国周边学学科发展的目标导向

任何一门学科的建立和发展都有其精准的学科定位与目标导向。中国周边学学科归属应该从属于政治学及其下属的国际关系学，是为解决周边外交中出现的新问题所设，但其学科定位又不仅仅限于政治学和国际关系学。“命运共同体”所涉及的内容包罗万象，涉及的学科也复杂多样，这种研究体系的复杂性和特殊性，对中国周边学的未来提供了更广阔的发展空间。同时，由于“人类命运共同体”作为新时代中国共产党的历史使命和外交工作的目标，因此，构建“人类命运共同体”也是中国周边学学科发展的目标导向。这一目标导向将使中国周边学在学科建设和学科发展中表现出与政治学及其下属的国际关系学等学科所不同的学科特色。

（二）“人类命运共同体”决定中国周边学学科建设的综合性

无论是学科平台，还是学科队伍建设，中国周边学都应该体现出“命运共同体”所要求的综合性。在学科队伍建设上，中国周边学应创设较为宽容的学科研究平台，吸纳来自政治、哲学、历史、经济、地理、人类学等不同学科背景的人才，体现中国周边学的“杂”；在高层次人才培养上，基于建设“人类命运共同体”的实际需要，在人才培养上注重“广博”与“专深”兼顾，培养兼顾不同专业的“通才”。在学科议题设置上，以“人类命运共同体”为核心，在构建“人类命运共同体”的现实条件、历史经验以及实现路径上凝聚议题，拓展研究视域的“广度”。在学科成果上，中国周边学的研究成果应该跨越某一个学科的狭隘性和封闭性，体现出兼容性和开放性的特色。因此，在学科发展中，中国周边学应该体现出学科的“杂”“通”“广”“开放”等特色，应区别于政治学、国际关系学等其他学科。

（三）中国周边学的建设与构建“人类命运共同体”应同步发展

无论是“人类命运共同体”，还是中国周边学都是应时而生的新鲜事物。二者虽然都具有一定的理论基础，但都没有相关的实践经验，因此，二者的构建与发展都是“摸着石头过河”。打造中国周边学以“人类命运共同体”思想为理论基础，以建成“人类命运共同体”为目标导向。“人类命运共同体”的外交实践则为中国周边学的学科建立提供实践基础，同时也需要中国周边学的最新研究成果提供理论支撑。二者在历史的发展进程中互为支撑，相互成就。

结　语

党的十九大将构建“人类命运共同体”作为新时代党和国家的历史使命和外交目标。如何构建“人类命运共同体”成为各学科亟需研究的重要命题。中国周边学应运而生，不仅为中国周边外交热点问题建言献策，更为构建“人类命运共同体”提供学理支持。从某种程度来讲，“人类命运共同体”与中国周边学学科建设相辅相成。“命运共同体”概念是在中国周边外交中提出的，其内涵与中国周边外交理念相互包含，理论基础和价值目标都高度一致。构建“人类命运共同体”应从中国周边起步，因此，“周边国家命运共同体”应该成为中国周边学研究的核心命题。构建“人类命运共同体”与中国周边学应同步并举。在“人类命运共同体”目标引领之下，中国周边学的学科建设不仅具有必要性，而且应具独特的学科特色。

中国周边学与建设周边命运共同体的共构

郭　锐　王彩霞

【内容提要】推动中国周边学发展具有鲜明的时代指向，切合中国坚持和平发展道路、推动构建人类命运共同体、建设新型国际关系等重大战略诉求，突出体现在建设周边命运共同体的新实践和新探索之上。由此，中国周边学发展与建设周边命运共同体形成了互相促进和共同发展的“共构”关系，其共构路径包括外交、经贸、人文、学术四个方向，四者的互动深刻影响着这一共构过程及实际效果。当务之急是，一要避免中国周边学发展由热点问题研究主导和引导的情况；二要努力做好周边问题的基础研究，包括形成方法论和建设数据库；三要通过完善科学化的动态观察模型，做到前瞻性地把握周边地区全局和研判周边局势变化及走势。

【关键词】中国周边学　周边命运共同体　学科发展　共构路径

【作者简介】郭锐，吉林大学行政学院国际政治系教授，博士生导师，法学博士，理论经济学博士后；王彩霞，吉林大学行政学院国际政治系博士生。

学科发展与现实需要紧密相联，两者之间是一种共构①的关系。这不仅体现在学科的初创阶段，也贯穿于社会实践与操作的整个过程。“人与社会的共构行为可以创造历史”②。作为新兴学科的中国周边学③发展正处于初步的奠基阶段，而建设周边命运共同体作为中国大力倡导的新理念和新主张，也处在学理论证和实践探索的重要时期。在这种情况下，如何借力于学科发展成果来指导和推动建设周边命运共同体，以及如何在实践中不断丰实中国周边学的学科发展，引起多方关注。由此，从学理体系、战略决策、政策运行、绩效评估等多个维度，推进和加强中国周边学发展与建设周边命运共同体的深层次共构，成为新时期具有创见性、探索性和现实性的重大课题之一。

一、中国周边学发展与建设周边命运共同体的时代指向

新时期中国周边学发展具有鲜明的时代指向，切合中国坚持和平发展道路、推动构建人类命运共同体、建设新型国际关系的重大战略诉求，突出体现在建设周边命运共同体的新实践和新探索之上。得益于国家发展战略对接、各类伙伴关系建设、跨境公共产品供给、区域性基础设施联动、密集的人文交流等繁荣态势，目前中国周边地区已经具备了建设命运共同体的良好基础和现实条件。中国坚持和平发展道路的不懈探索和实践成果，为周边地区的稳定久安与发展繁荣提供了条件保障和极好示范，而将这些成功经验和成熟做法推升到学理层次及理论高度，从周边学的新理路新维度加以审视和思考，则十分迫切和必要。

---

① 共构（Co-construction），在语言学上释意为“语形、解释、立场、行动、活动、认同、机构、技能、情感或其他具有文化意义的现实的共同创造”。参见：Sally Jacoby and Elinor Ochs, *Co-Construction: An Introduction, Research on Language and Social Interaction*, Vol.28, No.3, 1995, p.171. 另外，在教育学中也有关于共构过程（Co-constructing) 的大量文献，如 Sue Roffey, *The Home-school Interface for Behaviour: A Conceptual Framework for Co-constructing Reality, Educational and Child Psychology*,Vol.21, No.4, 2004. 有鉴于此，本文从“过程”的视角，对周边学的学科发展与构建周边命运共同体之间的互动关系进行探讨，强调两者在共同的建构过程中所产生的交集。

② Nicholas Greenwood Onuf, *World of Our Making:Rules and Rule in the Social Theory and International Relations*, Routledge, 2012, p.42.

③ 本文对“周边”的概念，倾向于地理层面的距离相近性。中国周边学并不是以中国为中心，但应以中国为本位。因此，中国与周边国家关系不是以中国为中心向外辐射的状况，而是彼此存在一定的需求关联。

（一）合作发展是大势所趋

当前，人类社会对发展的关注度超过了历史上任何时期，经济在世界发展中占据首要地位。随着国家间相互依赖的不断加深，合作发展成为世界各国谋求进一步发展不可或缺的前提，也成为世界发展整体的形势要求。当然，在这一趋势下面临着很多的不确定性和不可控性，尤其是体现在全球贸易形势上。据国际货币基金组织（IMF）2017 年度报告显示，1960—2008 年贸易在商品与服务中的年均增长率达 6% 左右，这相当于同时期 GDP 增长率的两倍。不过，一个不容忽视的事实是，从 21 世纪初起，在人类 20 世纪发展中发挥工具性作用的贸易，其发展步调开始减缓。[①]

在此背景下，以合作为主要特征的多边贸易的巨大作用变得更为突出。世界贸易组织（WTO）总干事罗伯托·阿泽维多（Roberto Azevedo）指出，多边贸易体制的失效会导致全球经济下降 2.4%，60% 的全球贸易也会随之消失。尽管合作发展已成为世界各国共同面对的理性选择，但是，在全球发展面临多重挑战的严峻情况下，国家间合作的意愿存在较大不足。2017 年 10 月 24 日，联合国秘书长古特雷斯（Antonio Guterres）发表谈话时称，在应对发展的挑战上，当前缺失的是意愿而非工具和资金。实际上，如何在合作的趋势下切实提高世界各国应对发展挑战的意愿已成为时代性问题。中国周边学致力于中国与周边国家合作的系统研究，能够为推动世界范围的发展战略对接和实现共同发展，奠定学理基础，搭建学科平台，提供实践借鉴，这表明中国周边学发展具有鲜明的时代前沿性和学科引领性。

（二）地缘关系是重中之重

地缘因素的独特地位和重要影响，为中国周边学发展提供了条件与场域。从地理距离的临近性来看，与中国相邻的国家达数十个，且“近一半的邻国同中国有主权纠纷”[②]，这在世界地缘政治史上十分罕见，也为当代大国的周边关系研究提供了素材。中国的周边关系具有独特性：“一是邻国情况复杂；二是遗留争端复

① IMF Annual Report 2017, http://www.imf.org/external/pubs/ft/ar/2017/eng/spotlight.htm#prod。

② 王逸舟：《国际格局的新趋势与中国周边的复杂挑战》，《外交评论》，2004 年第 4 期，第 45 页。

杂多样；三是局势随中国兴衰而动”。[①] 就中国而言，以中国周边为地理范围的区域内部不同主体间关系的研究，为中国周边学发展提供了新鲜的案例和独特的视角。从这个意义来说，中国周边学符合地区发展的客观要求。

中国是一个快速崛起的大国，良好的周边环境是保障其实现可持续发展的必要条件。以中国的和平发展保障本地区的稳定与繁荣，这实际上是中国长期以来为周边国家提供的地区性公共物品。但是，中国的周边地区与世界历史上其他大国在崛起过程中面临的问题有所差别，这主要表现在三个方面。其一，中国的邻国众多，且有相当一部分国家在历史上归属于中国主导下的朝贡体系。这种状况既为中国与上述国家的现代交往创造了历史共识性的有利条件，也使一些邻国产生了极大的心理负担。其二，中国在周边地区面临的主权挑战较多，这些涉及主权与领土完整的地区范围内的双边争端，直接影响着中国的和平发展以及中国与周边国家关系。其三，与中国相邻的部分国家与周边地区外的其他大国建有同盟关系，大国竞争、域外干涉成为长期性的影响因素。从这个意义来说，中国周边学发展的时代性需要，在于维护和增进中国的核心利益。

（三）文明复兴是时代要求

民族复兴“中国梦”是中国当前及较长时期内的首要任务，中国周边学发展与建设周边命运共同体无疑十分切合文明复兴[②] 的客观需要。在当前的时空条件下，以武力手段来实现国家复兴及发展的最高目标已不符合时代潮流和世界发展趋势。中国作为有着五千年悠久历史的文明古国，其优秀的传统文化基因仍蕴含着引导和改善世界文明状况的能力。可以说，推动构建人类命运共同体等新理念、新主张，正是中国优秀传统文化基因在当代的延伸，具有丰实厚重的东方文明的意涵。诸如“天人合一”“天下为公”“和而不同”等中国传统文化理念，均旨在诠释不同地区、国家与民族发展的统一性与融合性，至今仍具有重要的时代价值。实际上，从理念本身出发来理解周边命运共同体，无处不体现着这种情况。比如：“中国与周边国家存在大量的共有文化、价值和理念，具有构建命运共同体的先天

---

① 张蕴岭：《把握周边环境新变化的大局》，《国际经济评论》，2012 年第 1 期，第 9 页。

② 文明复兴可作多重理解。郑永年认为，中国缺少一个能够向外在世界解释自己的知识体系，因此，成为大国、实现文明复兴的关键在于中国知识分子建立自身的知识体系。参见郑永年：《通往大国之路：中国的知识重建和文明复兴》，东方出版社，2012 年版。

基础”。[①]

在全球化时代，文化不仅是一国的国魂所在，也彰显着一国的内在本质。在中国文明崛起的新进程中，“力量增长意味着责任承担，崛起中的中国不可避免地需要承担起相应的国际责任，这既是外部社会对中国的集体期望，也是中国实现自身利益的必然选择”[②]。以中国智慧化解冲突矛盾，以中国担当践行大国责任，以中国方案实现长效解决，这些既是考验中国文明崛起成败的必要条件，也决定了中国周边学及其发展势必具有“文明复兴”的内在特质。

（四）学术研究是理论保障

研究中国周边问题的学术成果，实际上都是在为中国周边学发展服务。未来一个时期，中美两国在距离中国较近的周边地区如何实现兼存共容，这是推动建设周边命运共同体的首要考量因素之一。毋庸置疑，建设周边命运共同体是新时期中国周边外交的重要方向之一，是中国完善外交战略布局的重要组成部分。“无论是建设新型大国关系，还是实施‘一带一路’的新‘丝绸之路’，中国外交战略的核心便是周边外交”。[③] 在更加开放的条件下推动建设周边命运共同体，应以安全稳定为前提、互利合作为路径、和平发展为依归，同时也离不开中国周边学的新发展和大繁荣。由于中国与周边地区均在不断变化且具有一定的前沿性，因此有必要站在学科的新高度，对其进行综合性、系统化的深入研究。从这个意义来说，中国周边学发展旨在把国别研究、地区研究和问题研究融合化、贯通化，以开创立体的研究框架和超地缘态势的研究视角。

中国周边学是具有高度综合性的交叉学科，在学科分工日趋精细化的当下进行不同学科间的聚拢与融合，既是解决重大现实问题的迫切需要，也是创新学科发展的现实要求。因循中国周边学发展的时代性指向，推动中国周边学发展的重要目标之一是深入挖掘中国与周边国家的交往资源，准确把脉中国周边地区的动态情势，实施可行性的长远战略和科学性的周边政策，促进和实现中国的长期稳定发展、海外利益保障和国际地位提升。既提供宏观视角和战略视野以审视重大

---

① 王俊生：《中国周边命运共同体构建：概念、内涵、路径》，《国际关系研究》，2016年第6期，第56页。

② 金灿荣等：《大国的责任》，中国人民大学出版社，2010年版，第186页。

③ 郑永年等：《中国崛起不可承受之错》，中信出版社，2016年版，第151页。

现实问题，还可以在中观层面、微观层面上做好不同国家国情与国家间关系发展的基础研究，为中国的和平发展、建设周边命运共同体、构建新型周边关系等重大议题，提供有力的学科支撑和充足的学理支持。

二、中国周边学与建设周边命运共同体的共构路径

中国周边学发展与建设周边命运共同体的共构，是互相促进、共同发展的过程。如前所述，两者所具有的时代指向高度契合，均是当今时代条件下中国与周边地区甚至于整个世界所要思考的重大问题，既有特殊性，也有普世意义。比如：如何发挥大国与周边地区的协力作用，以提升周边及全球治理的成效。中国周边学发展与建设周边命运共同体的共构操作，为新时期中国与周边国家关系互动指明了方向。两者的共构路径主要包括外交、经贸、人文与学术四个方向，这四条路径的有机结合深刻影响着两者共构的实际进程及效果。

（一）外交路径

当前中国所面临的外交局面是中国与周边国家均前所未有的状况，中国在国家实力处于上升的阶段中面临着多样化的周边邻国、多重性的主权争端和多方面的发展挑战与压力，而周边国家则更近距离地面对着一个快速崛起的世界大国——中国。对中国发展存在长期担忧的国家主要集中在周边地区，周边国家也是生成和扩散“中国威胁论”的关键主体，因此，建设周边命运共同体成为推动构建人类命运共同体的题中之义和必要之举。自“人类命运共同体”理念提出后，中国高度重视“人类命运共同体”的实践探索工作，党的十九大报告将推动构建人类命运共同体作为推进中国特色大国外交的重要途径之一，十三届全国人大一次会议将推动构建人类命运共同体写入新修正的宪法并表决通过。可以说，“周边是命运共同体建设的关键地区”。[①] 中国与周边国家的互动过程，将对中国周边学发展与建设周边命运共同体的共构形成直接影响，并明显作用到中国周边学的学科发展上。

---

① 石源华：《构建周边命运共同体的历史使命与现实意义》，《东北亚论坛》，2018 年第 4 期，第 12 页。

推动构建人类命运共同体是一项长久工程，需要连贯性的投入和从周边地区起步。以“一带一路”建设为例，实现“一带一路”对中国周边地区的全面分层覆盖，不仅涵盖及辐射了中国境内的东北、西北、西南、东南四个沿边区域，还在合作领域与具体项目上分清了主次轻重、做到了适度取舍。在历史上，中国与周边国家存在着长期的密切联系，周边国家对中国的重要战略价值不言而喻，而中国对周边国家的示范带动作用也不容小觑。有鉴于此，建设周边命运共同体不仅关系到中国与周边地区的共生问题，更关乎到中国与周边国家的共同发展。建设新型国际关系中包含有对中国与周边国家关系的调整，而中国对周边国家秉承新型义利观则有效避免了彼此之间陷入利益交换的怪圈。

无论是推动构建人类命运共同体和建设新型国际关系，还是落实“一带一路”倡议，均离不开周边外交这一中国外交战略的核心方面。夯实中国与周边国家的关系基础，构建周边国家伙伴关系网络，需要多层次、多领域、多维度的交往渠道。通过官方、学界和民间的共同努力及谋划，由此真正实现战略方向上的齐头并进。伴随着中国持续崛起势头，其国际责任及大国担当也相应增加，这既是国际社会尤其是周边国家对中国的集体期待，也是中国提升国际地位、维护国家利益、践行和平发展新理念的必然选择。中国在周边环境塑造和周边关系构建上仍有很大的提升空间，这从一定程度上反映了中国外交资源在周边地区存在分配不协调等突出问题，亟待更加明晰化的目标设定、战略规划和统筹协调。

（二）经贸路径

中国与周边国家的经贸往来，为中国周边学发展与建设周边命运共同体提供了良好的经济基础和资金保障。周边地区在中国的海外利益布局中占有重要地位，但中国在周边地区的国家利益分布具有非均衡性。近年来，伴随着“一带一路”建设的持续推进，中国对沿线国家的年均投资额均超过 140 亿美元，投资对象国的数量在 40–60 个之间，但其主要资金流向是与中国距离较近的国家，如新加坡、老挝、印度尼西亚等。这表明中国在对外发展的战略布局上对周边地区临近国家的经贸往来更为重视，而周边利益在中国的海外利益占比中则开始呈现快速增长的新趋势。

不过，不容忽视的一个问题是中国与周边国家经贸关系具有非均衡性。周边国家对华出口依赖性存在很大差异，且这一差异性不因地理距离为变化条件。比如：蒙古国、土库曼斯坦、澳大利亚、尼泊尔四国对华出口额分别占其全球出口总额的 90.4%、67.7%、36.1%、4.9%，但不能据此标准来确定周边国家对华经济依赖程度。坚持和平发展道路与构建周边伙伴关系网络，加强中国与周边国家发展战略对接，提升区域经济与次区域经济合作水平，借力“一带一路”建设推进中国与周边国家经济深度融合，这些重大战略布局意味着要从整体性的周边观的新视角来认识和推进新时期中国与周边国家的经贸关系发展，从而为建设周边命运共同体夯实物质基础和提供必要保障。

（三）人文路径

中国与周边国家交往有着丰厚的人文基础和广泛的社会资源，如何利用这些有利条件是要认真思考并潜心研究的重大问题，这关系到中国的文明复兴，影响着中国周边学发展与建设周边命运共同体的共构成效。以建设周边命运共同体为实践导向，中国周边学发展不仅要构建体系化和开放化的理论范式、形成跨学科交融的学说观点，还要为创建新型周边关系、促进周边地区和平发展、妥善解决重大现实问题、提升中国的周边形象与周边话语权，贡献智慧和提供方案。据统计，截至 2017 年 12 月 31 日，中国在世界范围内的 146 个国家（地区）建立了 525 所孔子学院，其中在亚洲的 33 个国家（地区）建立了 118 所孔子学院，占全球孔子学院总数的 22.48%[①]。新时期充分发挥孔子学院、孔子课堂在对外文化传播与提升中国软实力上的独特作用，有助于深化中国与周边国家在建设周边命运共同体上的价值认同。

基于某些历史因素与错综复杂的地缘政治考虑，中国与周边国家的人文往来不可避免地受到一定程度的制约。以中国国际文化传播中心网站公布的国际访问新闻为例，从 2011 年 9 月 19 日的“中国国际文化传播中心工作代表团访问联合国”到 2018 年 5 月 14 日的“中国国际文化传播中心文化交流活动走进芬兰”为止，共计 72 条新闻推送。其中，中国与周边国家的人文交流共计 25 条，涵盖泰国、韩国、尼泊尔、朝鲜、日本等国家，且与泰国的往来最为频繁。[②] 这从一个侧面显

---

① “孔子学院 / 学堂简介”，http://www.hanban.edu.cn/confuciousinstitutes/node_10961.htm，访问时间：2018 年 4 月 25 日。

② 中国国际文化传播中心，国际访问，http://www.ciccc.org.cn/intersat/index_2.html，访问时间：2018 年 7 月 25 日。

示出中国与周边国家人文交流存在不足，不仅表现在交往方式单一和双方人文互动欠缺上，还表现为交往国家数量偏少。因此，要进一步丰富和拓展中国与周边国家的人文交往项目，切实增强周边国家民众对建设周边命运共同体的理解与认同，这恰恰为中国周边学发展提供了丰富的素材和极好的例证。

（四）学术路径

中国周边学发展与建设周边命运共同体的共构离不开扎实的理论准备，而学术路径则是中国周边学进一步完善学科体系的关键渠道。一般来说，新学科的逐步完善要包含两个基本条件。一是现实需要，主要是国家发展的迫切要求，即如何最大努力地争取和平发展局面和最大限度地在较长时间保障国家总体安全，中国与周边国家关系、周边地区稳定、周边国家对中国的认知及态度等直接关系到建设周边命运共同体的实践成效。二是学科自身发展及走向，从近期涌现的周边学人对该学科发展的推动效应，到与周边学和命运共同体相关的学术成果的显著增长，中国周边学发展与建设周边命运共同体得到了越来越多的关注和重视。

打造周边学术共同体是形成中国自身知识体系的一条重要途径，推动中国周边学发展与建设周边命运共同体，既具有迫切的现实性，又具有长远的战略性，同时也体现了鲜明的时代性。而如何统筹学术资源与外交资源则显得尤为重要，这就要开辟一条具有中国特色的周边学发展与建设周边命运共同体实践相结合的新路。在中国周边学发展中，要做好学科建设的层次划分和战略规划，将基础研究与应用研究相结合，做到教学成果与科研产出相得益彰和相互促进，要从打造高端智库的战略高度不断推动中国周边学建设。

三、学科建设与重大诉求共构中的研究议题

在中国与周边国家关系上，中国周边学的学科范畴与建设周边命运共同体的对象之间是否要人为化地划定界限，这直接关系到两者在共构过程中的重合度问题。在此议题下，还有一些具体化问题值得深思。比如：持续强劲崛起的中国在周边地区究竟要扮演何种角色，即中国在周边地区的身份定位是什么？中国如何在周边地区运行战略风险管控机制及实现国际合作以应对突发事件？如何达成对中国周边地区形势分析的多维度、科学化的研判？等等。由于中国周边地区具有

邻国关系复杂微妙、遗留争端问题突出多样、局势变化与中国兴衰相关联等特点，因此不能简单地把热点问题变化作为判断中国周边地区形势走向的衡量标准。有鉴于此，要避免中国周边学发展由热点问题研究主导和引导的情况；要努力做好周边问题的基础研究包括形成方法论和建设数据库；要通过完善科学化的动态观察模型，做到前瞻性地把握周边地区全局和研判周边局势变化及走势。

（一）和平发展

在全球经贸关系的总体趋势下，中国周边学发展与建设周边命运共同体的首要的共构路径之一是经贸路径。可以说，实现发展仍是当务之急和优先选项。当前围绕中国的大政时事研究，在很大程度上都是为了确保中国当前和未来的和平与发展。2011 年，国务院新闻办发布的《中国和平发展白皮书》指出，“中国和平发展的不懈追求是，对内求发展、求和谐，对外求合作、求和平”。[①] 伴随着世界发展形势的新变化，中国在经贸领域对世界的影响力不断增大，并将在未来发挥更大的作用力。中国能否把自身的和平发展与改革开放的成功经验自信地推广开来，能否把周边地区打造成持久和平与共同发展的标识地区，已经被赋予了新的内涵和意义，并形成了内在的辩证关系。即周边环境的稳定是中国实现和平发展的必要条件，而持续地和平发展则能够进一步促进和保障周边环境的稳定。换言之，发展与稳定的关系可以从国内层面延伸到国家之间及地区层面，一国的和平发展有助于促进其周边环境的稳定，而周边环境的稳定则离不开域内国家对和平发展的坚持。其实，中国与周边国家在谋和平、促发展上，存在广泛的共同利益。

中国的和平发展离不开稳定的周边环境，这已是国内学术界的共识。但是，这类定断隐含着一个基本倾向，即中国的和平发展以稳定的周边环境为必要前提，这多少具有了一种主观性。即便当前中国经济实力已位居世界次席，也要意识到现阶段中国在周边地区的影响力发挥与其国家能力应用上始终存有一定的局限性。有鉴于此，在遭遇不可控的外力因素介入而要面对周边地区形势突变时，中国对和平发展态势的护持就成为一个问题。实际上，中国的和平发展与稳定的周边环境之间的双向互动关系，在学理上并未完全理清，也缺少充分的理论阐释。此外，

---

① 《中国的和平发展》，http://www.scio.gov.cn/zfbps/ndhf/2011/Document/1000032/1000032.htm，访问时间：2018 年 7 月 25 日。

如何为稳定的或不稳定的周边环境划定一条界限，怎样设定具有科学衡量意义的临界线？如何量化评估中国与周边国家关系的变化态势及走向？中国在周边地区的外交能力成长及其弹性运作的可行性举措有哪些？等等，这些都是值得深入思考、需要系统理论阐释和创新研究方法介入的重大议题。

（二）周边定位

中国的周边定位亟待明确且十分紧迫。周边地区对中国而言是重中之重，这决定了周边外交在中国整体外交布局中的首要地位，但在主权争端出现间歇性突发的状态下，周边环境变化考验着中国的战略应对智慧，也直接影响着中国的外交政策走向。周边地区在中国对外战略中所处位置，关系到中国对周边地区的重视程度和投入力度。近年来，中国将国家利益作为构建外交体系的核心话语，强调中国对自身国家利益的坚定捍卫和全力保障，但在具体地区、不同层面的国家利益界定上不太明晰。如此一来，对国家利益的排序成为中国在明确周边定位时要深入思考的现实问题，影响到中国的外交资源分配与国家总体目标的实现。

对中国来说，周边地区究竟是“战略前沿”还是“战略缓冲”，这其实既表明了周边地区变化的复杂性及对中国和平发展所构成的多方面挑战，也对中国周边战略构建提出了方向性的新要求。即新时期中国周边战略是守成性的、还是开拓性的，是被动应对型的、还是主动进取型的，是排他式的、还是开放式的。无论应对怎样的周边环境状况和周边形势变化，中国都需要镇定自若的合理调度各方面资源。换言之，仅为追求稳定的周边环境或针对周边热点问题解决而进行的周边议题研究具有一种狭隘性，同时还要认识到中国在其周边事务中发挥的作用不是无限的。

（三）决策体系

中国周边学的发展与建设周边命运共同体的共构，其最终的落脚点还是在政策层面。中国自有一套外交决策体系，但涉及具体政策的制定过程鲜为外界了解。哪些部门或职位在外交决策中发挥怎样的作用，考虑到中国的国情、政情与民情，这些均有一定的非公开性。这样的决策流程有体制内决策的特点：以最终出台的政策为导向，理念先行，解读跟进。先有国家高层的理念或提法，再有大量的意义性解读、理论性构建与实践性分析，最后落实到政策或举措上。实际上，“我们有必要突破传统的国际政治研究路径的局限，把对国内问题的研究和跨境问题的研究结合起来”[①]。这样会使以中国周边学为理论支撑和建设周边命运共同体为导向的决策体系，更具针对性和规范化。

在周边政策中，如何协调学术研究与政策制定的关系，不仅关系到政策的可行性、有效性与合理性，也影响着学科自身发展。只能在特定条件下解释部分实践而不能经受实践检验的研究如昙花一现，美则美矣，实用性差，生命周期也短暂。实际上，政策评估是评判决策体系合理度与科学性的关键指标，政策执行的成效及政策执行过程中的状况应对都关系到整个决策的后续改进与调整，这一切所基于的前提是决策目标的设定。无论是中国周边学发展，还是建设周边命运共同体，当前中国战略决策所面临的首要问题是如何确保和平发展具有宽松的国际环境和充足的时间保障，这关系到周边事态，也影响着文明复兴。

结　语

中国周边学的发展与建设周边命运共同体的共构，本质上属于理论与实践的关系。在实践中产生理论，理论可以指导实践。在理论指导实践的过程中，实践更具科学性，理论也会进行调整。这一共构过程的影响因素主要包括：世界发展形势的变化及走向，以经济为主要内容；地区环境态势及变化，要认识到的是中国与周边国家关系既具有共性也具有特性；中国进入新时期也在进行新调整，尤其是更加侧重文化层面和软实力建设。

未来一个时期，中国周边学发展与建设周边命运共同体的共构，可以遵循四条路径。外交路径针对的是中国所面临的周边形势；经贸路径针对的是世界经济发展趋势；文化路径针对的是中国自身，其如何积极争取周边话语权；学科路径针对的是学术层面的理论准备与政策研究，尤其是突破理论研究遇冷和政策解读过热的瓶颈。此外，大国协调和国际协作只是突出了大国对其他非大国（中等国家或小国）的影响。实际上，非大国在世界经济发展中的影响力不容小觑。从这个意义来说，中国对周边地区的国际传播立场与态度要进行调整，即关注中国与

① 查道炯：《中国周边关系中的非政府因素与中国学者研究方法的转变》，《当代亚太》，2009 年第 1 期，第 29 页。

周边国家的发展性问题，并将在发展中解决问题的重点放在经济层面，面向共同发展的未来，而非单方面侧重中国发展对周边地区的贡献度。

政策可以具有单向性，而研究必须具有双向性甚至是多向性。可以做好研究的准备而没有政策的需要，但不应出现有政策的需要而无研究准备的尴尬情况。持续稳定和发展繁荣的周边环境建设，有赖于命运共同体意识在中国周边地区的落地生根和枝繁叶茂，只有不断加深周边国家的集体认同和共同体意识，才能在周边地区消解分歧、聚合众力、共谋发展，才能实现超地缘态势的新跨越和新发展。这些为”中国周边学”发展与建设周边命运共同体的共构，指明了方向，明确了议题，拓清了思路。

中国周边学与跨境区域合作研究

李　峰　郑先武

【内容提要】周边研究的价值与地位在“一带一路”倡议提出以及中国共产党“十九大”召开后有了新的提升。在建构中国周边学的进程中，如何有效地将国内发展与国际合作，即国内层次与国家间层次相联系、相衔接既是学科建设的难点，也是重点。本文从区域合作视角审视跨境合作，通过对跨境区域合作的分析，一方面揭示了跨境经济合作对跨境安全合作的全面作用，另一方面将跨境层次视为联接国内与国际层次的有效纽带。以期推动周边学建构中“周边”层次的顺畅建立，并为周边学建构提供区域主义这一分析工具。

【关键词】周边学　跨境合作　跨境区域　区域合作

【作者简介】李峰，南京大学国际关系研究院国际关系专业博士研究生；郑先武，南京大学国际关系研究院教授、南京大学边政研究所副所长。

近年来，“周边”在中国外交中的地位得到显著提升，石源华教授指出，“十九大以后相当长的一个历史时期内，周边外交仍将处于中国外交全局的首要地位”。在此背景下，周边研究正以周边学这一系统的研究方式兴起。[①] 与此同时，中国的周边外交又与中国的地区（区域）外交又存在明显交集。苗吉与李福建将中国的地区思维的核心概括为“以地区视角考察问题，以地区思维分析问题，以地区方

① 毛莉：《构建中国周边学正当其时》，《中国社会科学报》，2018年2月5日，第3版。

式解决问题。”从某种意义上说，周边外交即地区外交。① 因此，周边外交既具有国际性，也具有区域性。本文在此基础上进一步指出，当前周边学的建构在地理维度上既涉及地方为主的国内层次，也涉及跨境为代表的国际层次。事实上，当前“跨境”及“跨境互动”所具有的内涵已同时涵盖了国内与国际这两个层次，② 这种内涵尤为明显地体现为，跨境互动正建构一种国家内部地方层次的新型区域——跨境区域。跨境区域合作与国际区域合作同属区域合作，跨境区域合作既是国内边疆研究与国际区域合作研究的中间地带，也是联接二者的纽带。从这个意义上讲，跨境区域是中国最近的周边或周边区域。因此，建构周边学须立足中国周边跨境区域合作研究之上。

一、中国周边跨境区域合作的现实

跨境合作是一种普遍的国际政治现象，现代意义上的跨境区域合作肇始于20

① 苗吉、李福建：《中国与亚洲地区主义》，《国外理论动态》，2015年第2期，第97页。

② 国内外代表性研究有吴世韶：《中国与东南亚国家间次区域经济合作研究》，华中师范大学博士学位论文，2011年9月；张玉新、李天籽：《跨境次区域经济合作中我国沿边地方政府行为分析》，《东北亚论坛》，2012年第4期，第77—84页；雷小华：《中国——东盟跨境经济合作区发展研究》，《亚太经济》，2013年第3期，第112—117页；柳思思：《“一带一路”：跨境次区域合作理论研究的新进路》，《南亚研究》，2014年第2期，第1—11页；刘盈、邵建平：《中国河口—越南老街跨境经济合作区建设的SWOT分析》，《东南亚纵横》，2014年第5期，第14—17页；肖洋：《跨境次区域合作与丝绸之路经济带——基于地缘经济学的视角》，《和平与发展》，2014年第4期，第22—32页；李晨阳：《跨境经济合作区建设：以中缅的瑞丽—木姐为例》，《世界知识》，2015年第14期，第73页；张继业、钮菊生：《试析安倍政府的湄公河次区域开发援助战略》，《现代国际关系》，2016年第3期，第31—39、55页；郑先武、李峰：《东南亚微区域合作与跨境安全》，《南洋问题研究》，2016年第3期；第1—11页。国外代表性研究成果有：Mohd Yusof Kasim and Mohd Shukri Hajinoor, “Sub-regionalism in the ASEAN Countries: The Case of Indonesia, Malaysia, and Thailand Growth Triangle (IMT-GT)”, *paper for CSGR 3rd Annual Conference of the Centre for the Study of Globalisation and Regionalisation.* Scarman House, *After the Global Crisis: What Next for Regionalism?*, University of Warwick, pp.16-18, Sep, 1999. Jörn Dosch and OliverL Hensengerth, “Sub-Regional Cooperation in Southeast Asia: The Mekong Basin”, *EJEAS*,Vol.4, No.2, 2005, pp.263-287. Edward K.Y. Chen and C.H. Kwan eds., *Asia's borderless economy: the emergence of subregional economic zones,* Allen & Unwin, 1997. Shaun Breslin, Glenn D. Hook eds., *Microregionalism and World Order*, Palgrave Macmillan, 2002. Katsuhiro Sasuga, *Microregionalism and Governance in East Asia*, Routledge, 2004. Mary Farrell, Björn Hettne, and Luk Van Langenhove eds., *Global Politics of Regionalism: Theory and Practice*, Pluto Press, 2005. Martin Gainsborough ed., *On The Borders of State Power: Frontiers in the Greater Mekong Sub-Region*, Routledge, 2009; Oliver Hensengerth, *Regionalism in China-Vietnam Relations: Institution-building in the Greater Mekong Subregion*, Routledge, 2010。

世纪70年代中后期，在全球化、新区域主义的驱动下，国家间的边界逐渐由封闭的壁垒、冲突的前沿转变为开放和合作的场所，在欧洲、亚洲、非洲及北美洲，跨境合作纷纷兴起。在这种国际背景与趋势下，随着中国改革开放政策的提出，中国周边的跨境合作逐渐兴起，并且，这种合作的区域性也逐渐凸显，即在跨境层次形成了一个相对独立的次级体系。当前，"一带一路"倡议的提出为深化中国周边跨境区域合作提供了新的强大动力，梳理中国周边跨境区域合作的起源与发展，既是建构周边学的前提，也是实践层次推动国内发展与国际合作对接的基础。

第一，就中国周边跨境区域合作的产生与发展而言，此类合作的兴起是在中国国内改革开放背景下，国内开放与周边区域合作相衔接、与全球一体化相适应的结果。当前，中国周边跨境区域合作面临新的发展契机，这一新契机的主要动力来源是"一带一路"倡议的提出与实践。"一带一路"建设始于中国的边境地区，具体以"跨境经济合作区"（跨合区）、边境经济合作区、"经济走廊"等为建设起点。因此，中国周边跨境区域合作是国内与国际环境共同作用、彼此互动的结果。中国周边学的建构也因此具有坚实的实践基础，而已有的中国参与的跨境区域合作、中国未参与但位于中国周边的众多跨境区域合作，无疑为建构中国周边学提供了较为坚实的现实支柱。此外，当前中国周边学的建构与存在相对长时间的跨境区域合作也具有共通的内外政策背景。

第二，就中国周边跨境区域合作的特性而言，"跨境"与"区域"是此类合作的基本特征，即在地理上跨越中国与邻国间的国家间边界；在参与行为体与议题上分别以中国中央政府、各部委、地方政府、跨国公司、国际组织等为主要参与者，以跨境经济、文化、环境等为主要议题。[①] 此外，中国周边跨境区域的产生还具有鲜明的问题导向，涉及邻国边境和政府间的发展、资源、环境、犯罪、边界冲突等具体问题，如跨境水资源、跨国环境污染、跨境毒品犯罪、走私、不同边境地方省份间的发展不均等问题。因此，周边学的建构在行为体、议题等学科基础上需遵循当前中国周边跨境区域合作的基本特征。

第三，就中国周边跨境区域合作的现实而言，实现上述行为体与议题特征下的跨境合作的主要方式之一是协调基础上的合作。即以特定中央部委间、地方

---

① 李峰：《微区域安全及其治理的逻辑——以"一带一路"倡议下的"大湄公河微区域"为例》，《当代亚太》，2019年第1期，第91—127页。

职能部门间的对接合作，主要涉及上述议题中的经济合作、发展合作、环境合作等，此类合作具有鲜明的经济合作导向，在合作方式上又以协商、协调为主要方式，如东盟国家间的“增长三角”（自然经济区）、“下湄公河盆地开发”等。此外，中国周边跨境区域合作的主要方式之二是协作过程中的综合治理，即国家部委、边境地方政府与跨国公司、国际组织共同参与的多元治理，此类合作方式相比于前者更具有开放性，主要源于跨境合作产生过程中受到区域合作参与主体多样性的影响，而囊括国家、次国家与非国家等多种行为体，这一方式以多元治理为主要特征。在现实中，这种治理导向的跨境区域合作的典型是“大湄公河次区域合作”“澜湄合作”等。因此，中国周边学的建构在合作方式上应考虑、借鉴并发展上述协作与治理等方式。

综上所述，在国际背景变化与国内政策导向的共同驱动下，跨境层次的“区域合作”的兴起成为联系中国国内发展与周边国家、周边区域的纽带。建构中国周边学无论是在理论层面，还是实践层面都不能忽视这种跨境区域合作的存在，同时后者也是使前者超越传统意义上的区域国别研究的关键。此外，由于跨境区域合作是一种世界现象，东南亚、东北亚及中亚都普遍存在这种合作现象，因此，融入跨境区域合作的中国周边学也是将中国的周边外交与全球外交相联系的纽带。

二、中国周边跨境区域合作的研究

中国参与的跨境合作与跨境议题由来已久，对此，相关学术研究既较为充分，也不乏显著疏漏。一方面，已有研究在视角上以对跨境区域合作的经济及其他功能性议题研究为主，主要从“跨境经济”或“次区域经济”的视角分析跨境区域合作，相较而言，已有研究对相关传统安全议题研究及非传统安全研究较少。另一方面，这种重经济、轻安全的研究在研究路径上具有单一化的弊端，本部分即在梳理主要研究视角及其研究路径特征的基础上，提出深化跨境区域合作研究的主要突破方向，以期在深化对跨境区域合作的时间与空间基础的认知上，从区域视角与综合方法认知中国周边学建构进程中的跨境区域合作。

（一）跨境区域合作研究的基本视角

首先，“跨境经济”是中国周边跨境区域合作的第一种主要研究视角。随着

2006年《中国凭祥—越南同登跨境经济合作区可行性研究》的通过，以对西南边境地区为主，逐步涵盖西北边境、东北边境的跨境经济研究蔚然兴起。李晨阳研究员在《跨境经济合作区建设：以中缅的瑞丽—木姐为例》中总结道，“跨境经济合作区是指相邻两国按照达成的合作协议，在彼此接壤的边境地区各划出一定数量的领土，并将其整合成一个封闭的空间，在其中实行特殊的产业发展、仓储物流、财政税收等方面的优惠政策，以改变边疆地区的落后状态，或实现该区域和周边地区的快速发展。跨境经济合作区是次区域合作的一种特殊形式。”①

其次，“次区域视角”是对已有跨境区域合作研究的第二种主要视角。对此，柳思思副教授在《“一带一路”：跨境次区域合作理论研究的新进路》中指出，“跨境次区域经济合作是指若干国家接壤地区之间跨国界的经济人或法人，基于平等互利的原则通过各种生产要素的流动而实施的较长时期的经济协作活动，其本质是使生产要素在跨境次区域这一地域范围内达到自由流通，从而带来生产资源的有效配置与生产效率的提升”。②吴世韶副教授在《中国与东南亚国家间次区域经济合作研究》中亦指出，“次区域”是相对于“区域”的概念，由于区域这一参照系的变动，最后导致几乎任何一个地区都可以在不同的语境中被定义为“次区域”。③

最后，近两年来，亦有少数国内学者从另一种区域视角去分析此类现象，即“微区域视角”。郑先武、李峰在《东南亚微区域合作与跨境安全》中指出，跨境合作并非国家间层次的合作，而主要是边境政府为代表的次国家层次间的合作，这种“次区域”合作与通常意义上的国家间“次区域”合作存在本质差异。他们以区域研究中业已存在的“微区域”概念界定此类合作，所谓微区域指的是由一个或几个民族国家边界中的集体、社会和个人行为单元构成、介于民族国家和地方权威之间的次国家或跨境形态；④以微区域界定此类现象既可以体现跨境区域合作在经济与安全领域及议题上的综合性，又可以与国家间次区域合作区别又联系

---

① 李晨阳：《跨境经济合作区建设：以中缅的瑞丽—木姐为例》，《世界知识》，2015年第14期，第73页。

② 柳思思：《“一带一路”：跨境次区域合作理论研究的新进路》，《南亚研究》，2014年第2期，第2—6页。

③ 吴世韶：《中国与东南亚国家间次区域经济合作研究》，华中师范大学博士学位论文，2011年9月，第3—4页。

④ 详见郑先武、李峰：《东南亚微区域合作与跨境安全》，《南洋问题研究》，2016年第3期，第2—5页。

起来。

（二）跨境区域合作研究的缺陷与突破

承上所述，一方面，已有研究在路径上体现出单一学科、单一领域、单一层次、单一行为体、现实动态和政策研究为主的研究特征，相对而言，历史、理论和现实结合的综合研究和制度导向的规范研究是欠缺的。首先，这种单一学科与单元领域的研究特征主要源于跨学科交流、跨学科研究的欠缺，而跨境区域合作的现状表明，其议题并不限于经济领域。其次，单一层次与单一行为体的研究特征主要源于层次与行为体间的互构，即单一的跨境层次凸显了地方政府的角色，而强调地方政府角色的分析使得跨境层次的合作难以同国家间外交有效结合。[①] 最后，相关研究的政策导向与政策影响尤为明显，忽视了对相关政策背后的现象的相似性、共同性的分析，忽视了中国参与的边境地区跨境经济合作的共同性，全球各种跨境区域合作的相似性与共同性。

另一方面，针对上述研究特征与缺陷，跨境区域合作研究在趋向上应以综合化、制度化及概念化为着力点。其中，“综合化”是指研究应着力于跨学科、跨领域、多层次、多行为体的研究。首先，经济学、国际政治与国际关系、外交学、民族学、社会学等多种学科应有效参与其中并展开协同研究。此外，鉴于边疆安全的敏感性与特殊性，军地协同的研究亦有其必要性。其次，跨境经济合作的实践特征与参与特征表明，高等院校、地方科研机构等相关研究机构需与地方政府、企事业单位、国际组织、民间组织等实践主体间建立直接的联系。最后，跨境区域合作的研究需兼顾对国家内部政策与对外战略的关注与分析。因此，相关研究不仅要立足地方层次、跨境层次，还要统筹次国家与国家间层次的关系，建立涵盖次国家、国际、次区域、区域、跨区域等多层次，囊括次国家行为体、国家行为体、非国家行为体的综合性分析，尤其要重视国际关系、区域关系中的跨境合作因素，重视跨境合作对国家间外交与区域合作的影响。

“制度化”是指以经验为基础的规范研究。跨境区域合作的产生背景表明，对这种全球现象的分析既要立足中国周边，也要放眼全球，毕竟跨境区域合作是全

---

① 李峰、郑先武：《中国—东南亚微区域合作：理解跨境安全》，《第七届国际政治经济学论坛会议论文集》，2016 年 8 月，第 302—309 页。

球化、区域化背景下的产物，这一现象也是一种全球现象。因此，中国周边学建构与研究中的历史与理论分析、规范研究的价值得以凸显。这种制度化的研究需以制度设计、演进及其动力、规范框架为重点，强调历史、理论和现实结合的综合研究以及制度导向的规范研究。其中，制度设计、演进及其动力、规范框架建构与分析的关键在于从跨境区域视角审视中国参与的所有周边跨境合作，分析其实践共性与共同问题，同时将中国参与的跨境区域合作同全球跨境区域合作相联系，以一种综合的、普遍的、共同的视角分析此类现象。进而在此基础上分析不同国家或不同区域的跨境区域合作面临的不同发展现状与困境。

"概念化"是指重视跨境研究中的基础概念的建构。跨境区域合作的核心是跨境与区域，其中区域的界定与建构是难点，当前次区域、微区域等的界定都是这种概念建构的有益尝试。此外，凸显跨境、跨境区域的综合性内涵需以对跨境安全的重视为突破点，以突破当前跨境区域与次区域研究均普遍强调经济的不足，建立内涵综合的跨境安全概念。在这方面，卢光盛、谢贵平、郑先武和李峰在《南洋问题研究》2016 年第 1 期开设的"微区域合作与跨境安全治理"专栏中集中进行了初步的理论与典型案例探讨。[①] 鉴于当前跨境区域合作、跨境安全威胁的现状，这种跨境安全概念的建构一方面要强调已有跨境安全现状与研究基础上的安全治理，即立足于跨境安全治理，另一方面要强调领域的综合性与互通性，即重视跨境经济合作对跨境安全的（积极与消极）"外溢"，在跨境经济与跨境安全间建立有效、充分的概念联系。

三、中国周边跨境区域合作与跨境经济安全

本文从区域合作视角审视了跨境合作，就区域主义理论分析而言，安全与经济是区域主义的基本分析领域。与此同时，对中国参与的跨境合作的研究中存在着重经济、轻安全的弊端，并且相关分析呈现出跨境经济合作可以促进或实现跨境安全的认知。跨境经济与跨境安全是一种互构的关系，其中，就跨境经济对跨

---

① 参见郑先武、李峰：《东南亚微区域合作与跨境安全》，《南洋问题研究》，2016 年第 1 期，第 1—11 页；卢光盛、张励：《澜沧江—湄公河合作机制与跨境安全治理》，《南洋问题研究》，2016 年第 1 期，第 12—22 页；谢贵平：《"中巴经济走廊"建设及其跨境非传统安全治理》，《南洋问题研究》，2016 年第 1 期，第 23—37 页。

境安全的作用而言，其并非必然是积极的。认识跨境经济对跨境安全的消极影响，勾勒全面的跨境经济对跨境安全的作用是认知跨境经济与跨境安全互构关系的前提，本部分即以对跨境经济作用跨境安全的分析为重点，区分了跨境经济影响跨境安全的两种主要路径。

一方面，跨境区域合作具有双重扩散效应，这一效应融积极与消极于一体。经济要素是跨境合作的初始及当前重点领域，同时，跨境经济无论在操作层面还是效果层面，均与跨境安全乃至国家间安全存在直接的联系，这种联系集积极与消极于一体，从而形成了双重扩散效应。区域研究学者戴维·A. 莱克（David A. Lake）将安全复合体内国家间的安全相互影响视为一种“安全外部性”（security externality），这种安全外部性又分为积极与消极两种，前者能带来收益，而后者会付出损耗。[①] 正是通过这种“跨境作用”，各个相邻国家的积极或消极安全外部性构建了一个竞争与共同利益并存的安全复合体。[②]

跨境经济合作对跨境安全的积极外部性主要体现在有助于强化良性的安全相互依赖，这种相互依赖既寓于跨国的地方间，也寓于国际间，具体又可分为“发展促安全”，即贸易和平；“交流促安全”，即共同体和平；“机制促安全”，即制度和平。需要强调的是，跨境经济合作并不必然促进跨境、国际安全建设，相反，跨境经济合作同样会带来“不安全相互依赖”，即强化恶性相互依赖；以及“发展促不安全”，即滋生安全问题。这主要源于发展的相对收益差距，相对收益弱方内部的地方政府与中央政府间的矛盾可能由此凸显，同时不同边境省份间的相对收益差距会导致彼此之间，乃至国家之间的潜在竞争及矛盾。[③]

比如，从历史及自然条件看，中缅边境居住有傣族、掸族等多个少数民族，其“大杂居小聚居”的特点使中缅边境具有民族成分的多元性与民族文化的多样性，从而增加了边境安全的复杂性；[④] 同时，由于中缅双方在边境贸易、边民往来及能

---

① David A. Lake, “Regional Security Complexes: A Systems Approach,” in David A. Lake and Patrick M. Morgan, eds., *Regional Orders: Building Security in a New World*, Pennsylvania: The Pennsylvania State University Press, 1997, pp. 45-67.

② 封顺、郑先武：《中缅跨境安全复合体及其治理》，《国际安全研究》，2016 年第 5 期，第 126 页。

③ 郑先武：《中越微区域合作与跨境安全》，《云南省在中越政治经贸关系发展中的机遇和挑战》专家论坛发言，2016 年 10 月。

④ 寸晓红、李宁：《中缅边境跨境民族的认同研究》，《人民论坛 · 学术前沿》，2010 年第 6 期，第 192—193 页。

源上愈发紧密的合作，中缅两国在边境安全上呈现出相互影响的态势；除此之外，近年来缅方境内民族地方武装与缅甸政府军的武装冲突也常常影响到边境地区中方边民的人身及财产安全。可见，中缅边境的国—族关系与接壤性特征，使其边境安全外部性愈发呈现出外溢（两国边民的跨国流动）与内隐（两国边民的国家认同）两种实现途径的跨境特征。[①]

另一方面，就跨境经济对跨境安全的消极外部性而言，这一消极性主要体现在以下三个方面。其一是作为“安全问题”的跨境经济安全。在影响、诱发跨境安全威胁之外，跨境经济本身亦是安全威胁的主体，即跨境经济本身即是一项安全议题。这种“安全问题”特征首先表现在跨境经济中包含了次生经济安全问题，即市场安全，此类安全威胁主要源于经济自由、经济失败、发展不均衡、规则及惯例差异等引发的市场秩序问题。其次，跨境经济会衍生经济安全问题，即非法经济，主要体现在贩毒、走私、洗钱、网络犯罪、贩卖人口等跨国有组织犯罪上。

其二是作为“安全问题根源”的跨境经济安全。跨境经济在“外溢”效应外，还会直接引起军事、政治、社会、环境等一系列其他领域的安全威胁，由此，跨境经济成为“安全问题的根源”。在军事安全上，跨境经济要素的流动可为边境冲突提供武器、兵员、财源等。在政治安全上，跨境经济要素可为恐怖主义、民族分离主义和宗教极端主义等提供财源、人员等。在社会安全上：跨境经济要素可因人口增加（如人口增长、移民、难民等）或文化及信仰差异（如价值观冲突、宗教信仰不同等）引发集体认同问题。在环境安全上，跨境经济要素内含的物质稀缺会引发资源安全、能源安全、环境污染及食品安全等一系列问题。

其三是作为“安全工具”的跨境经济安全。由于跨境合作主体的多元性，跨境经济合作产生的政策导向性，跨境经济合作本身会带有鲜明的工具性，这种工具性也体现在安全目的上。首先，跨境经济合作被赋予“安全促进工具”的职能，即为相关边境省份、相关国家、相关区域提供经济、技术援助、贸易优惠、多边机制等跨国公共产品。其次，跨境经济合作被赋予“安全保障工具”的职能，即受国家间关系影响，跨境经济合作成为经济制裁、贸易制裁、旅游制裁等的工具。

---

① 余潇枫，徐黎丽等：《边疆安全学引论》，中国社会科学出版社，2013年版，第9—15页。

结　论

综上所述，本文分析了居于国内层次与国际层次之间的跨境层次的区域合作现象，一方面阐释和建构了跨境区域合作，另一方面分析了跨境区域合作中跨境经济对跨境安全的综合性作用关系。这一分析对于建构周边学的意义体现在，首先就学理研究层面而言，跨境区域合作是联接周边研究、地区研究与跨境研究的中介及纽带，建构周边学可以国内、跨境、国际为基本分析维度，其中，跨境区域研究可以弱化甚至突破区域国别研究中区域与国别部分相互重叠的困境。其次就实践与政策层面而言，“一带一路”倡议是对改革开放政策的深化，其中周边具有优先性、基础性，跨境区域合作研究是边境、边疆、跨境等已有研究所认为研究的“一带一路”建设起点的有效工具，亦可为中国周边学建构提供有效的分析工具，这一工具可将跨境合作与传统的区域合作相联系，以一种涵盖跨境区域、次区域、区域与跨区域的综合区域观审视中国的周边外交。

中国周边学语境下的边海问题研究

关培凤

【内容提要】自 2018 年初以来，构建中国周边学问题在学界引发了热烈的讨论。本文认为当前条件下倡导构建中国周边学是应时应运之举，尽管面临着不容回避的现实挑战，但不管从学术研究，还是国家现实来看，都是合乎逻辑的发展。在中国周边学语境下开展边海问题研究，必须更新对于“边界”的传统认知，坚持将边海问题置于双边关系或多边关系的整体框架下进行研究，并以服务现实为出发点和落脚点。同时，在多学科或跨学科研究方法指导下，扩大边海问题研究的内容和范围。

【关键词】中国周边学　边界与海洋问题

【作者简介】关培凤，武汉大学中国边界与海洋研究院、国家领土主权与海洋权益协同创新中心教授、博士生导师。

自 2018 年初以来，复旦大学中国周边研究中心积极倡导构建中国周边学，在学界引发了热烈的讨论。学者们围绕构建中国周边学的必要性、中国周边学研究所应涵盖的内容、中国周边学的学科归属、中国周边学语境下的区域关系等主题进行了全方位、多角度的讨论[①]。本文旨在阐明个人对构建中国周边学所面临的机遇和挑战的一点浅见，在此基础上，重点谈谈个人对中国周边学语境下的边海问

① 详细内容可参阅“复旦中国周边研究”微信公号，“中国周边学”专栏。

题研究的思考。

一、构建中国周边学的机遇和挑战

在中国外交战略布局中，“周边是首要”。数十年来，周边问题尤其是中国的周边外交始终是学术研究重点关注的领域，但中国周边学概念却从未被提出过。复旦大学中国周边中心首倡中国周边学是应时应运之举，然而，它所面临的现实挑战也不容回避。

（一）构建中国周边学的机遇

首先，国家从战略层面对“周边”的高度重视，为中国周边学概念的提出和实践提供了机遇。中华人民共和国成立迄今，历来高度重视“周边”。自 20 世纪 50 年代开始，中国以“和平共处五项原则”为指导，与一批周边国家建立了外交关系。期间虽受“文革”影响有所偏离，但总体上执行了与周边国家和平共处的外交战略。改革开放以来，中国重新确立了和平共处外交战略的指导地位，“周边”一词也从 20 世纪 80 年代开始出现在中国外交和安全战略研究的文献之中。据学者研究，“周边”一词于 1988 年首次出现在政府工作报告中。此后除个别年份外，“周边”二字在历年政府工作报告中都占据重要地位。[①]1992 年，中共十四大报告正式明确提出了“周边国家”概念，与之相伴随，中国与周边国家的关系也从政治为主，转向政治与经济并重，“经济外交”在中国与周边国家关系中的比重不断上升。进入 21 世纪以来，周边在中国外交战略布局中的地位进一步得到加强，“周边”被提升到“首要”的重要地位。据统计，2013 年至 2015 年间，有关周边外交工作部分的文字阐述在当年政府工作报告中所占百分比都超过了 20%[②]。2013 年 10 月，中央召开了新中国成立以来第一次周边外交工作座谈会。会议确定了一段时期内中国周边外交工作的战略目标、基本方针、总体布局，明确了解决周边外交面临的重大问题的工作思路和实施方案。这一重大战略统筹和部署进一步凸显

---

① 陈瑞欣：《从政府工作报告（1978—2015）看中国周边外交政策的发展变化》，《国际观察》，2016 年第 1 期。

② 陈瑞欣：《从政府工作报告（1978—2015）看中国周边外交政策的发展变化》，《国际观察》，2016 年第 1 期。

了“周边”之于中国的重要地位，也为构建中国周边学提供了时代契机。

其次，新时期的国家实践为构建中国周边学，开展周边研究提供了素材。习近平在周边外交工作会上强调，思考周边问题、开展周边外交要有立体、多元、跨越时空的视角，这意味着开展周边工作不仅不能局限于政治、经济和外交等传统领域，更加不能局限于地理上的接壤，而应该是整个亚洲太平洋地区构成的“大周边”。在这种“大周边”布局下，传统的内涵和外延相对较为单一的周边外交研究不再能满足国家发展和学术研究的需要。十八大以来，“大周边”概念的提出及近年来的国家实践，大大丰富了中国周边工作的内容，为构建中国周边学和开拓中国周边学的研究领域提供了丰富的素材。

（二）构建中国周边学面临的挑战

尽管存在上述机遇，但当前构建中国周边学也面临着不容回避的现实挑战。

首先，准确界定中国周边学的概念及其研究对象面临较大困难。长期以来，谈到“周边”，总是与“外交”联系在一起，“周边”研究往往突出表现为“周边外交”研究。尽管“周边外交”历来是动态的，不断发展演变的，但周边学却是一个全新的、且与“大周边”相依共生的学术概念，而“大周边”究竟要“大”到什么程度合适，迄今仍然不能说已经达成普遍共识。相应地，中国周边学的研究对象究竟应覆盖哪些国家和地区，包含哪些领域，其内涵和外延如何，也是见仁见智。如卢光盛教授在关于构建中国周边学的讨论中就不无担忧地对中国周边学概念的科学性与合理性、中国周边学的设立目的、“中国周边”的涵义和范围，以及中国周边学与国际政治、国际关系、中国外交等相关学科的边界区分等问题表示了担忧①。因此，完整准确地界定中国周边学的概念，明确其研究领域，限定其内涵外延，并使其广为学术界接纳非朝夕可成。

其次，在中国周边学语境下定位中国与周边关系难度较大。历史上中国与周边国家的关系不是一成不变的，而是经历了古代以中国为中心的朝贡模式、近代以西方列强殖民侵略为中心的模式和二战后以美苏冷战对立为中心的模式②。进入

---

① 卢光盛：《“中国周边学”还是“区域与国别研究”》，“复旦中国周边研究”微信公号推送《中国周边学研究简报》，第30期，2018年5月2日。

② 此处分类借鉴张小明教授观点。见张小明：《中国与周边国家关系的历史演变：模式与过程》，《国际政治研究》，2006年第1期。

新世纪以来，随着中国的和平崛起，中国与周边的关系也相应地发生了变化。在中国的“大周边”布局中，中国与周边大国和小国的关系、中国与接壤国和非接壤国的关系，中国与陆上邻国和海上邻国的关系，中国与传统周边国家和非传统周边国家的关系等，既有共性特征，更有个性特征；中国对周边的认知、期待和定位，与周边对中国的认知、期待和定位并不总是吻合的，甚至在某些方面、某种程度上是存在巨大的分歧和差异的。因此，在中国周边学语境下客观准确地定位中国与周边的关系模式，力求达到双向对接和充分认可并非易事。这不仅需要一种全新的理论框架从宏观上进行规范，还需要根据不断发展的新的国家实践作出调适和补充。

无论如何，随着中国国家力量的增长和国家利益的扩展，中国的“周边”必定不会是一个静态的概念，“周边”之于中国的作用只会增加不会减弱。因此构建中国周边学不管从学术研究，还是国家现实来看，都是合乎逻辑的发展。

二、中国周边学语境下边海研究的前提、原则和方法

按照现有的一般理解和实践，中国的边界与海洋问题指的是中国与周边陆地邻国和海上邻国之间存在的各种争议与问题及其解决和管控。但在“大周边”语境下，边界与海洋问题显然并不局限于陆地接壤或海上相邻或相向国家间存在的问题，而有更大的纵深。因此，中国周边学语境下的边海研究必须做出新的调整以适应形势的发展。

（一）更新对于“边界”的认知[①]是在中国周边学语境下开展边海研究的前提

一般认为，“边界”是随着欧洲近代民族国家的形成而产生的一个概念。远至

① 严格来讲，“边界”和“边疆”是两个不同的概念，前者强调分割相邻两个国家主权管辖范围的界线；后者强调该界线向内的一定宽度的地区。但在实际使用中，无论是国内还是国外，往往并不严格区分二者。澳大利亚著名的政治地理学家 J.R.V.Prescott 甚至认为，“自 20 世纪以来，边疆逐渐消失，其名称逐渐被线性的‘边界’所取代”。见 J.R.V.Prescott, *Political Frontiers and Boundaries*, p.1。为了行文的方便，本文也没有严格区分“边界”和“边疆”的内涵。

17世纪前半叶，欧洲国家间签订的大部分条约中还几乎没有任何关于划界的明确条款。“1659年的《比利牛斯和约》为西班牙和法国之间的冲突划上了句号，随后设立了一个联合委员会，负责勘定两国之间的确切边境，这是一件被视为‘开创最早的现代意义上的正式边界’的大事件。”[①]18世纪中期，欧洲国家间的条约中才开始提及负责在地面上划定边界的“特派员”。[②]第一次工业革命后，随着欧洲国家在全世界范围内进行殖民扩张，“主权国家间边界”这样一个纯西方的概念，逐步进入亚非拉并渐渐被接受。曾担任英印总督的寇松在1907年的罗曼尼斯讲座中曾对这一历史事实进行了确认。他指出，“要不是欧洲施加的压力和欧洲代理人的介入，分界这种事情在亚洲国家之间绝不会发生。”[③]

寇松的判断同样适用于中国。众所周知，传统中国有疆无界。1689年中俄《尼布楚条约》所确定的中俄东段边界是中国最早的近代意义上的边界，但该条约对边界走向的规定极其模糊，反映在地图上则缺乏精确的经纬度坐标限定。而且从此后一个多世纪的历史来看，条约所体现的近代“边界”概念并没有对中华帝国产生重大影响。或者说，直到19世纪70年代边疆危机频发，以及随之而来被迫与大量侵吞中国领土的俄国和殖民周边国家的英国、法国、日本进行边界谈判及实地勘界，“边界”概念才逐渐在中国落地生根。中国政府和民众在旧中国的一系列屈辱实践中深刻体会到，边界不但是将两个国家分开的政治界线，其划分和勘定往往反映着当事双方彼时的实力对比，“使臣口舌笔墨之功，不过可得十之二三。”[④]

从国际法角度而言，“国家边界的作用在于确定各国之间的领土范围。它是一条划分一国领土与他国领土或与国家管辖范围之外区域的界线”。[⑤]换言之，边界就是确定每个国家主权和权力的界限，是表明一国主权终止和另一国主权开始的地方。因此，传统意义上的边界包括两重意思：第一，就一国而言，它指该国

---

① [英]斯图尔特·埃尔登著：《领土论》，冬初阳译，时代文艺出版社，2017年5月第1版，第341页。

② [印度]兰吉特·辛格·卡拉著：《印中边界问题：寻求解决之道》(内部参考)，裔传萍译，世界知识出版社，2017年9月。

③ 兰吉特·辛格·卡拉著：《印中边界问题：寻求解决之道》(内部参考)，裔传萍译，世界知识出版社，2017年9月，第10页。

④ 薛福成：《滇缅划界图说》，成文出版社，1974年版，“五论滇缅界务书”，第81—82页。

⑤ 王铁崖：《国际法》，法律出版社，1995年版，第243页。

所辖领土的范围；第二，就相邻国家而言，它是区分两国领土范围的界限。因此，传统意义上的边界往往指的是一个国家的四周（飞地除外）。[①] 受相邻国家间政治关系的影响，边界线所分开的两个国家可能是彼此敌对的，也可能是相互友好的。但从国家安全角度看，传统边界主要强调的是“硬边界”，即边界的屏障和藩篱作用。

随着时代的发展和科技的进步，边界的桥梁和沟通作用越来越受到重视。不同于近代社会，现当代的边界逐渐演变为一个包括陆地边界、海上边界、空中边界、外太空边界甚至网络空间边界在内的多维立体概念。而且，经济全球化和区域贸易自由化的加深所带来的货物、资金、人员、服务等生产要素的跨境自由流动，客观上要求国家在一定程度上软化彼此之间的边界，使边界实现从藩篱到桥梁的转变；全球治理问题的凸显，甚至要求国家在一定程度上有超越边界的胸襟和抱负。

在这种时代背景下应运而生的中国周边学，所涉地理范围绝不止于传统的中国周边国家和地区，而是一个“大周边”的概念。在“大周边”语境下，按照传统的概念去界定边界、处理边界问题，既不符合学术研究的需要，也不能满足国家发展的需要。必须根据国家和国际发展的现实，培育“软边界”意识，充分认识到除了固定的边界线这样传统的“硬边界”之外，还有随着随国际交往和国家利益的扩大不断延展的“软边界”，即利益边界。正如学者所言，对“边疆和边界的认识从传统的、有形的地理疆域拓展到无形的利益边疆，这是一个不可逆转的事实”，“从国家安全的角度来看，使自身的‘利益边疆’远远大于‘地理边疆’更为有利”[②]。因此，以“软边界”认知来取代传统的“硬边界”认知，以合作共赢理念取代竞争对抗思维，是历史发展的必然，也是在中国周边学语境下开展边海研究的前提。

（二）在中国周边学语境下开展边海研究的原则

边海问题的研究具有独特性，既是历史的，也是现实的。它涵盖了历史和现

① 刘远图：《边界：建立睦邻友好国家关系的纽带和桥梁》，《中国边疆史地研究》，2003年第1期。

② 于沛：《从地理边疆到“利益边疆”——冷战结束以来西方边疆理论的演变》，《中国边疆史地研究》，2005年第2期。

实中的政治、经济、军事、外交、法律、民族、文化，宗教等众多领域，甚至与国际关系和国际格局紧密联系。换言之，边海问题与历史和现实的联系都很密切，在时间上具有纵深性，在空间上具有宽广性。正是缘于边海研究的这种独特性，历史学、历史地理学和外交学中都将其作为重要的研究部分。但在周边学语境下，开展边海研究至少应坚持两条原则：

首先，要将边海问题置于双边关系或多边关系的整体框架下进行研究，从整体考察局部。以往研究的重点突出表现在两大领域，一是面的研究，即边疆和海疆问题研究；二是点的研究，即具体的边界或海洋争端问题的研究。从研究视阈来说，是以局部（特定的边疆或海疆）为中心的研究，同时涉及局部边疆或海疆与周边部分或整体的关系。在周边学语境下，不仅要从局部对局部、局部对整体的视角进行研究，更要从双边或多边关系的整体视角出发，在对宏观问题进行全面准确把握的前提下研究具体问题。

其次，对边海问题的研究应以服务现实为出发点和落脚点。在周边学语境下研究现实的边海问题时，不仅要厘清边海问题产生发展的历史脉络，对历史时期中国和周边国家关系的特点、演变及影响，近代以来西方“民族国家”理念对中国和东方国家间关系的影响等加以研究；更重要的是在厘清历史事实的基础上，总结过往处理边海问题的成功经验和失败教训，提炼出适合中国国情和中国与周边关系的、可以有效解决或管控当前边界与海洋争端的原则、方法和路径，并加以传播和推广，使其达到对外平息纷争，对内安定民心的功效。

（三）在中国周边学语境下开展边海研究的方法

就研究方法而言，刘远图先生曾提出三种最基本的方法，即考证、实地考察和比较研究。他认为考证对于边界问题研究具有普遍的使用价值；实地考察是获得感性认识和可靠第一手资料的必要途径；而比较研究则重在探究边界问题的个性和共性，以期论证严密、结论全面、研究深入、领域拓展。[①] 这三种传统的研究方法在当前仍然具有普遍适用性，但边海问题的研究涉及历史、政治、外交、法律、民族、宗教、文化、技术等相当广泛的领域，单一学科的研究视角和研究方

---

① 刘远图：《边界：建立睦邻友好国家关系的纽带和桥梁》，《中国边疆史地研究》，2003年第1期。

法已经远远不能满足现实需要。从学科构成的角度看，国内外学者对边海问题的多学科和跨学科研究倾向越来越突出，不同学科的传统研究方法在边海问题研究中的交叉和渗透倾向也在不断加强。

除此之外，一些全新的研究方法也可以引入到边海问题研究中来。比如数字人文（digital humanities）的研究方法。边界与海洋研究面临的一个重要问题和难题是众多的地名、山川、河流、岛礁、领海、基点、基线、专属经济区、大陆架等复杂的地质地理名词，特别是陆地边界很多地名往往古今不同。如果将大数据引入边海研究中，当我们研读一段边海历史或某一边界或海洋事件时，这种地名的演变或时空的转化能够清晰地在地图上动态体现出来，边海问题研究的便利度和纵深度也会大大加强。

三、中国周边学语境下边海研究的内容

传统意义上，边界研究的内容一般会包括边界形成史（边界形成和变化过程的综合研究）、边界划定（对划界条约的订立与划界条约的研究）、边界勘定（对勘界过程、勘界协议和界标的研究）、边界变化（对边界的破坏和重定以及由此产生的新的边界界点和走向的研究，对出现的边界问题的研究）、边界划分和勘定中的相关法律问题研究，以及边界理论研究①。目前我们国内对边海问题，特别是陆地边界问题的研究基本上还是以传统研究对象为主，包括边海问题的形成历史、边界谈判、边海争端相关法律问题等，但国外从人类学、社会学等学科视角研究边海问题的学者和成果也都不在少数。如在中印边界问题的研究中，印度就有一些学者从人种、族裔、民族文化传统等角度来论证“麦克马洪线”是一条“族裔

---

① 刘远图：《边界：建立睦邻友好国家关系的纽带和桥梁》，《中国边疆史地研究》，2003年第1期，第2—3页。刘远图先生在该文中还系统阐述了边界研究的特点、边界研究同边疆学、同对外关系学和对外关系史学、同历史学和历史地理学、同民族学和民族史学的关系。他同时就边界研究的意义、过去边界问题研究的教训等做了精辟的概括。

边界”，以此论证印度主张的“合法性”。[①]一部分国外学者在涉及边界问题研究时，较多关注边界移民、跨界族群等问题。这些研究动向启示我们，要扩大边海问题研究的内容，扩展边海问题研究的范围。在中国周边学语境下，边海研究的内容，除了以上内容外，还应包括：

第一，全面搜集中外各国有关中国陆海边界问题的档案、政府文件、具有档案性质的文献，参与一线边界工作的当事人的回忆录（包括口述资料），甚至欧洲殖民侵略时期一些探险家的考察报告等。无论在什么时期，采用什么方法，陆海问题的研究都必须建立在扎实可靠的档案文献基础之上。由于许多边界问题（包括部分海上争端问题）是帝国主义的直接侵略（包括侵略中国和侵略中国的邻国）或间接参与侵略造成的，这在客观上导致前殖民侵略国保存了大量有关中国边海问题的档案文献。当前我国各级档案馆涉边涉海问题的档案开放非常有限，已开放档案较为零散，不成系统，晚清时期的开放档案又常常受困于少数民族语言而难以利用。国外档案开放度相对较高，但受客观条件限制，目前学界的利用程度还处在较低水平。档案文献的缺乏或有限利用极大地限制了对边海问题研究的深度与广度。当前加强边海问题的研究必须首先花大力气做好档案文献的搜集，特别是加强对国外保存的相关档案的收集。在此基础上，组织力量对相关档案文献进行系统整理和研究。重点研究那些尚未解决的、或已经解决，但有潜在争端可能的，或解决不完整的边界问题。

第二，对边海问题和边海政策的理论解释。建国之初，迫于国内外形势和中央对边界情况及国际上处理边界问题的惯例和原则的不了解，我国并未将边界问题提上外交日程，而是采取了“暂维现状”和积极准备两条方针[②]。前者是对我国旧政权同外国签订的有关边界问题的各种条约和协定“既不承认，也不否认”，暂

---

① ［印度］潘达：《印度东北边界的帝国动力》（Srinibash Panda, *Imperial Dynamics in India's North East Frontier: A Case Study of Arunachal Pradsh*），VDM出版社，2010年版，第371、378页；［印度］莫汉·古鲁斯瓦米：《从历史的角度认识印中边界》（Mohan Guruswamy, India-China Border Learning from History, *Economic and Political Weekly*），Vol.38, Issue 39, 2003, pp.4101-4103；［印度］萨利：《中印边界争端：以东段作为个案研究》（M. L.Sali, *India-China Border Dispute: A Case Study of the Eastern Sector*），A.P.H. 出版集团，1998 年。转引自戴超武：《中印边界问题学术史述评 1956—2013》，《史学月刊》，2014 年第 10 期。

② 参见《中共中央关于中缅边界问题的指示》，1956 年 10 月 31 日。转引自廖心文：《二十世纪五六十年代中共中央解决边界问题的原则和办法——老一辈革命家与边界问题研究之一》，《党的文献》，2013 年第 4 期，第 79 页。

时维持边界现状的一种“权宜措施”。后者则是要求有关部门抓紧时间研究问题，积极做好解决边界问题的准备。自20世纪50年代中期以来，我国经历了解决陆地边界问题的两个高峰期。从1956年中缅开始进行边界谈判到1963年，我国先后与缅甸、尼泊尔、朝鲜、蒙古、巴基斯坦、阿富汗六个陆地邻国签订了边界条约或临时协定。与六国划定的边界线总长度约10326公里，占我国陆地边界总长度的47%。这不仅是我国解决陆地边界问题的第一个高峰期，也是我国边界政策的形成期。其基本特点是：坚持和平协商解决争端的方式；奉行互谅互让、相互调整的原则；强调维护国家主权、睦邻安邻的政策目标。[①]此外，在具体实践中，还坚持历史与现实相结合、按照国际法的一般原则对待旧界约的原则。以此为指导，20世纪90年代至21世纪初，我国又先后与俄罗斯、老挝、哈萨克斯坦、吉尔吉斯斯坦、塔吉克斯坦和越南六个陆地邻国通过和平谈判达成了一致，签订了边界条约。这是我国解决陆地边界问题的第二个高峰期。经过这两次高峰期后，我国与邻国划定的陆地边界线总长度达到约2万公里，约占我国陆地边界线总长度的90%。

然而，关于我国在两次边界问题解决高峰期中的得失，无论是在学术界，还是普通民众中都不乏批评之声，不少人以历史上的中原王朝及传统史家承认的地区性政权为历史上的中国，[②]认为我国对邻国做了大量的领土让步。事实上，领土和边界是事关国家主权的核心问题。通过签订边界条约和实地勘界明确边界的位置和走向是最大限度地有效捍卫国家领土主权的前提。然而，边界条约的达成和边界的勘定，离不开谈判双方的相互妥协。妥协让步的程度既与争端问题的历史及其发展演变相关，更与谈判时各自所面临的国际、国内环境以及谈判双方的战略考量密切相关。因此，必须重视从理论层面对边海问题和边海政策进行阐释，既要解释清以往边海问题的发生、发展及解决在周边外交中的地位和作用，也要

---

① 关培凤、胡德坤：《新中国边界政策：从陆地到海洋》，《现代国际关系》，2009年第10期。

② 20世纪50年代末编撰《中国历史地图集》时就确定历史上的中国的范围所遵循的原则是：“十八世纪五十年代清朝完成统一之后、十九世纪四十年代帝国主义入侵以前的中国版图，是几千年来历史发展所形成的中国的范围。历史时期所有在这个范围之内活动的民族，都是中国史上的民族，他们所建立的政权，都是历史上中国的一部分”。同时确定：“有些政权的辖境可能在有些时期一部分在这个范围以内，一部分在这个范围以外，那就以它的政治中心为转移，中心在范围内则作中国政权处理，在范围外则作邻国处理。”《中国历史地图集·总编例》，《中国历史地图集》第一册，地图出版社，1987年版。

从周边外交和地区乃至全球国际关系的角度解释当前的边海问题现状和现行政策的合理性。还要探讨边海问题变化的规律及其与周边形势、与本国及周边国家的战略平衡之间的关联性。

第三，加强对涉边涉海条约法律效力和证据分量的研究。以往有关陆地边界问题的研究，往往侧重于阐明事实，揭示真相，较少从国际法角度来分析边界条约的法律效力和证据分量。除了有部分围绕中俄边界条约的研究成果外[①]，在针对中国与其他国家的边界问题进行的研究中，极少围绕边界条约本身作专门研究，聚焦相关界约或与边界问题相关的条款之法律效力研究的成果则更少。事实上，由于 20 世纪 80 年代以来，相当多的领土争端或海上划界争端案被提交到国际法院裁决，国际法院在审理和裁决这些争端时就证据的效力形成了一套等级体系，其由高到低的排列顺序是：（1）条约；（2）标有条约中指出的地理界标的地图；（3）与显示双方意图的简略的地图相关的条约解释[②]。尽管包括中印边界争端在内的中国与邻国的陆海争端提交国际法院审理的可能性非常之小，但国际法院在实践中发展起来的这种证据效力排位在很大程度上反映了一种国际共识，即对条约优先地位的认可。这种认可已经在争端的政治外交解决中反映出来，并将继续得到增强。因此，必须着力加强对相关边海条约法律效力和证据分量的研究，尤其要加强对于尚未解决的边海争端中所涉及的条约的法理研究，以便在未来通过和平谈判解决争端时，不仅有充足的历史依据，还有可靠的法律依据支撑相关的主权主张。

第四，对边界争端管控、解决机制和模式的研究。英国著名的国际法学者伊恩·布朗利曾从国际法角度断言，“在大多数情况下，边界争端要么与法律权利本

---

① 如薛衔天：《霸权主义的王法——关于〈中俄北京条约〉西部边界条款的几个问题》，《中俄关系史论文集》；步平：《〈瑷珲条约〉有效性的几项形式条件的分析》，《黑河学刊》，1984 年第 3 期；李之勤：《略谈〈中俄喀什噶尔界约〉》，《西北历史资料》，1981 年第 2 期；《略论〈中俄伊犁条约〉关于西疆分界的条款》，《西北历史资料》，1983 年第 1 期；《论 1882 年的〈中俄伊犁界约〉》，《中国边疆史地论文集》；《论〈中俄塔尔巴哈台西南界约〉》，《中国边疆史地研究报告》1991 年 1—2 期；沈传经《评〈中俄续勘喀什噶尔界约〉》，《新疆大学学报》，1980 年第 3 期；苏北海：《1884〈中俄续勘喀什噶尔界约〉的签订及其勘界问题》，《新疆师范大学学报》，1983 年第 2 期等。参阅马大正：《1978 年以来中国近代边疆问题研究述评》(上)，《中国边疆史地研究》，1994 年第 3 期，第 105—106 页。

② Joel H.Samuels, “Redrawing the Map: Lessons of Post-colonial Boundary Dispute Resolution in Africa”, In Jeremy I Levitt, ed., *Africa: Mapping New Boundaries in International Law*, Oxford and Portland, Oregon, Hart Publishing,. 2008, p.236.

身相关，要么与原则或条约条款在事实上的适用有关，要么与事实本身有关”[①]。即便这种分类是准确的，但理论层面的明晰划分，并不必然能带来实践中的顺利解决。对任何国家来说，边界和领土问题都是核心利益。因此，即便是围绕相当小的领土而引发的争端都可能很难处理，稍有不慎就会引发蓬勃的民族情绪，对政府和政治家来说也极具风险。此外，争端双方往往都有捍卫权利的强烈感情，在解释事实和分析相关法律问题时也不可避免地带有倾向性和选择性。因此，通过外交谈判来解决边海争端往往是“持久战”。即便是事实清楚且具有法律特征的争端被提交到国际法院，法院裁决的终局性也极有可能流于形式，现实中依然会有很多遗留问题或纠纷。柬埔寨和泰国关于柏威夏寺及其周围地区归属的争端即是此类典型。国际法院虽然早在 1962 年就判定柏威夏寺主权属于柬埔寨，却没有明确该寺“周边地区”到底是哪里，导致双方对此有不同的理解。两国为此不仅引发过严重的外交危机，而且在2009年至2011年间多次发生军事对峙和交火事件。因此，很难期望有任何解决边界争端的完美方案，对于那些长期悬而未决的争端来说更是如此。

与 20 世纪 60 年代的第一次边界争端解决高潮中相对较快地解决了与部分邻国的边界问题不同，当前我国与周边国家间悬而未决的陆海争端具有长期性，其解决进度很难预期，某些争端有可能会伴随我国和平崛起的整个进程。因此，在周边学语境下探讨边海争端的管控和解决，尤其是争端的管控机制和管控模式，具有现实紧迫性。从国内现有研究来看，学者们对边海问题的研究重点：一是阐明历史的来龙去脉，力图揭示其真相；二是从国际法角度阐释争端所涉及的相关法律问题（这突出体现在对海洋争端问题的研究中）；三是论述争端所涉及的国家间关系。其中所涉及的学科领域主要是历史、国际法、国际政治和国际关系。相比之下，对于争端管控和解决机制的探讨则非常有限。[②]这种研究现状与争端长期存在的前景难以适应。一方面，要直接探讨我国与周边国家之间陆海争端的管控机制和管控模式；另一方面也要研究国际上其他国家间管控和解决争端的机制与模式，加以参考和借鉴。早在 20 世纪 70 年代末，伊恩·布朗利就提出应更多关

---

① Ian Brownlie, *African Boundaries: A Legal and Diplomatic Encyclopaedia*, C. Hurst and Co. (Publishers) Ltd.,1979. Introduction, p.18.

② 本判断主要源于对中国知网就“边界争端”“争端解决”“争端管控”等关键词搜索结果的总结。

注“无损害”制度，即“在相关地区内缺乏主权分配协定的情况下，允许有序管理和共享资源的法律安排”。他同时指出，“如果能就争议地区的重要资源管控缔结单独的协定，那么主权分配问题就会大大减少。允许共享资源的制度模式特别适合于那些因环境恶劣、无法持久生存、人口缺乏、证据稀少而使得‘领土边界分配’方法难以实现的地区”。[①]法国国家科学研究中心达尼埃尔·诺尔曼教授于2004年在中国边疆史地研究中心所作的关于法国边界形成的讲座中指出，在16—19世纪的法国边界形成过程中，包括历史证据在内的多种方式最终被地理方面的妥协所取代，“这种演变是根本性的，旨在以地理上妥协的努力，以及用共处、分享和睦邻的意愿，即保障和平的原则，来取代关于历史权利的争论”。[②]时至今日，这些判断仍然具有合理性和适用性，伊恩·布朗利的论断尤其是在处理海上争端方面，对学者们进行边界争端管控、解决机制和模式的研究具有启发性，而达尼埃尔·诺尔曼教授所指出的“地理上的妥协”“共处、分享和睦邻的意愿”则对国际社会管控和解决陆海问题引发的争端有普遍意义。

第五，加强边界（边境）管理问题研究。边防安全管理历来是边界管理的核心内容之一。边防安全管理的初衷是采取措施，使边境地区免受外敌的入侵，或将外敌入侵可能造成的危害降到最低[③]。然而，随着国家间的交流与合作的深入推进，妥善应对非法移民、跨境犯罪、走私及恐怖主义问题，确保跨境交流与合作的开展成为边防安全管理的主要内容。当前，中国与周边国家关系不断发展，中外人员、货物、文化、宗教等往来快速增加，对边防安全管理的研究，不仅要包括传统的对有形边界标志物的位置、竖立、变迁等的研究，以及对出入境安全管理的研究，还需要关注对边防安全管理主体变化的研究，即从强调一国单方面的边防安全管理到强调相邻国家在边防安全管理方面有效合作的研究，加强对边境地区应对和防御紧急突发事件和跨境违法犯罪能力的研究，加强对边境地区相邻国家间联防联控机制的研究。

边境贸易是边界管理的重要内容，它不仅与边境地区的经济社会发展问题密

---

① Ian Brownlie, *African Boundaries: A Legal and Diplomatic Encyclopaedia*, C. Hurst and Co. (Publishers) Ltd.,1979. Introduction, p.21.

② 孙宏年：《中外学者共同探讨边疆理论》，《中国社会科学院院报》，2004年11月2日第1版。

③ 王亚宁：《欧盟边防管理研究——以欧盟申根区为主》，外交学院2017届博士论文，第37页。

切相关，而且关系到边境地区的稳定与安全。我国 9 个陆地边境省区构成的东北、西北和西南三大边境贸易区，是我国面向东南亚、南亚、中亚及东北亚开放的重要门户。[①]20 世纪 90 年代以来，随着中国与周边大多数陆地邻国划定边界，我国的沿边开放由点到线逐步展开，边境贸易对我国边境地区的社会经济发展和安边稳边发挥着越来越重要的作用。进入 21 世纪以来，我国边境地区与邻国合作交流的机制逐步建立，边境口岸得到了极大发展，并成为边境地区兴边富民、安边稳边的重要平台。在积极推进边境贸易发展的同时，必须对边境贸易尤其是跨境经济区建立和发展过程中产生或可能产生的一些问题予以充分重视和有效治理，如资源的不合理开发、环境的污染及破坏、边境地区在“引进来”和“走出去”中可能产生的制度认同和国家认同问题，以及邻国政局和政策动荡的影响等。

跨界水问题在边界管理中的重要性也越来越突出。我国是世界上跨界水资源，特别是国际河流拥有量最丰富的国家之一，国际河流的流域面积约占全国陆地面积的 21%，界河长度约占全国陆地边界的 1/3，出境和流入界河的年均水量占全国总水量的 26%。[②] 此外，我国还是几乎所有国际河流的上游国。随着 20 世纪 90 年代以来，全球水资源的日益稀缺和水资源污染问题的不断加剧，跨界水资源的开发、利用和保护问题越来越受到国际社会的重视。我国对国际河流的开发利用也由此成为边界事务的核心问题之一，它不仅与边疆地区的国计民生息息相关，而且是关系到中国与周边邻国的睦邻友好甚至区域内的安全与稳定的重大问题。因此，从中国与周边关系稳定、友好、可持续发展的大局出发，平衡跨界水所涉及的主权原则和共享原则之间的关系是边界管理研究必须探讨和重视的问题。

第六，加强对边界地区（尤其是边界线两侧）的民族、宗教、文化等问题的研究。“民族问题实质上就是民族间的差别而产生的矛盾问题；宗教问题同样如此。我国民族的宗教性和宗教的民族性，导致民族问题和宗教问题常常交织在一起，呈现出异常复杂的格局。”[③] 对边界地区民族问题的研究一方面要从维护中华民族多元一体特性的高度出发，结合当前中国与周边国家关系发展的现状，从政治、经济和文化多个视角加强对边界少数民族的民族认同与国家认同问题的研究，

---

① 李青：《我国边境贸易的历史回顾与“十三五”发展的新特征》，《区域就经济评论》，2015 年第 2 期。

② 何艳梅：《国际水法与我国跨界水资源的利用和保护》，《水利发展研究》，2013 年第 11 期。

③ 马大正：《当代中国边疆研究 1949—2014》，中国社会科学出版社，2016 年，第 487 页。

因为这是关系到民族团结、边疆稳定和国家安全的重要课题。另一方面，要加强对跨界（或跨境）民族[①]及其宗教问题的研究。中国与邻国的边界地区存在不少地跨两国、甚至两国以上的民族，他们对中国和周边国家边境地区的社会稳定、经济建设、国防建设和对外经济文化交流都有很大的影响。[②]这种影响既有正面的积极影响，也有消极的负面影响。

一方面，跨界民族之间的经贸联系和文化交流有助于促进跨境经贸合作与发展，改善边疆地区的经济发展状况；另一方面，族源、民族文化和宗教信仰相同的跨界民族往往容易成为境外宗教渗透和扩展的主要对象与载体，对国家的统一和安全造成严重威胁。跨界民族地区宗教的多样性和同一跨界民族宗教的一致性极大地便利了境外势力进行非法的宗教渗透，加之“跨界民族地区的宗教，往往与本民族传统文化习俗和伦理道德融合，除了作为一种观念体系而存在，更作为一种实践体系存在于民族的日常生活和生产之中”，[③]这就使得跨界民族地区的宗教安全面临严峻的挑战，甚至出现了宗教渗透向内地蔓延的趋势。此外，跨界民族还常常卷入走私、贩毒等非传统安全问题中。“由于传统习俗，跨界民族对毒品认识模糊，不自觉地参与吸毒、贩毒”，与此相伴随的是贩卖武器、拐卖人口、艾滋病等严重威胁边界地区稳定与发展的重大问题。

随着沿边地区对外开放的广度和深度的不断加强，跨界民族在中国与周边关系发展中的这种双重作用将越来越显著。因此，在中国周边学语境下加强对跨界民族相关问题的研究具有强烈的现实意义。如果考虑到学术界对跨界民族问题的研究虽自 20 世纪 80 年代已经起步，但直到进入 21 世纪尤其是从 2007 年开始，该问题才真正成为学界研究的重点议题这一研究现状，[④]加强对跨界民族理论体系、跨界民族形成的历史与现状、跨界民族与周边安全、跨界民族与边疆治理、跨界民族与国家认同、跨界民族的宗教安全、跨界婚姻等问题的研究就显得尤为迫切了。

---

① “跨界民族”“跨境民族”，或是“跨国民族”，学界对这三个各有侧重的概念的使用，尚未达成一致。

② 孙宏年：《中国边疆与周边地区关系史研究 60 年》，《中国边疆史地研究》，2009 年第 3 期。

③ 张金平：《云南跨界民族的宗教安全问题探析》，《云南民族大学学报（哲学社会科学版）》，2010 年第 4 期。

④ 李聪、王军：《国内跨界民族问题研究述评》，《黑龙江民族丛刊》，2014 年第 1 期。从已发表成果来看，对跨界民族问题的研究涉及跨界民族的概念与类型、跨界民族与周边外交、跨界民族与非传统安全以及边民主义、地区主义与跨界民族主义等主题，但现有研究还远远不够。

余　论

曾担任过英印政府总督的寇松勋爵在1907年的罗曼尼斯讲座中指出，“边境是真正的剃刀边缘，悬系着现代的战争与和平，以及国家间的生死存亡问题”。[①]就以往历史而言，无论是中国的历史，还是世界其他国家和地区的历史，都反复证明着寇松的判断。仅以二战后历史为例，中华人民共和国政府成立以来与邻国间屈指可数的几次战争，除朝鲜战争外，几乎都是由边海争端引发的；非洲国家间自独立以来围绕边海争端爆发过多次战争或武装冲突，最激烈的如索马里与埃塞俄比亚两次边界战争；中东地区的边界和领土争端也常常引发战争，阿以问题的核心之一即是领土问题。在亚洲，除了中国与邻国之间的几次边界战争外，印度和巴基斯坦之间的几次战争也与边界和领土争端直接相关。历史充分表明，尽管“禁止使用武力或以武力相威胁”自二战结束以来已经成为一项国际法基本准则，写入《联合国宪章》，但边界和领土问题仍然是最易引发战争或武装冲突的因素。

历史同样表明，依靠武力根本无法彻底解决国家间复杂的边海争端。当前，中国与印度和不丹两个陆地邻国存在争端和未定边界；同越南、菲律宾、马来西亚等八个海上邻国存在岛屿主权归属或海上划界争端。这些问题最终只能通过和平方式来加以解决。习近平在2013年10月24—25日举行的周边外交工作座谈会上曾指出，“我国周边外交的战略目标，要服从和服务于实现两个一百年的奋斗目标，实现中华民族伟大复兴，全面发展同周边国家的关系，巩固睦邻友好，深化互利合作，维护和用好我国发展的重要战略机遇期，维护国家主权、安全、发展利益，努力使周边同我国政治关系更加友好、经济纽带更加牢固、安全合作更加深化、人文联系更加紧密”。[②]简言之，我国需要的是一个和平、稳定、友好、合作的周边，这既是构建中国周边学的基础和宗旨，也是在周边学语境下进行边海问题研究的基础和宗旨。

---

① “*Text of the 1907 Romanes Lecture on the subject of FRONTIERS by Lord Curzon of Kedleston*”, https://multithinker.wordpress.com/2012/10/06/lord-curzon-once-said-frontiers-are-indeed-the-razors-edge-on-which-hang-suspended-the-modern-issues-of-war-or-peace-of-life-or-death-to-nations/.

② “习近平在周边外交工作座谈会上发表重要讲话”，http://news.cntv.cn/2013/10/25/VIDE1382700366688436.shtml。

因此，必须始终清醒地认识到，边界和海洋都是联系双边、多边国家关系的桥梁和纽带，而非藩篱和障碍。在此基础上进行的边海研究，既要坚持客观、科学、求实的原则，又必须有服务现实的自觉。一方面，要为政治家、外交家和军事家的决策提供扎实、可靠的研究成果，另一方面要以服务于发展国家间政治、经济、文化合作，传播互信、互利、平等、协作的新型国际观、安全观为出发点和落脚点。边海问题的研究要以中国与周边国家的友好关系为主轴或分析基础，不仅要着眼于有利于本国的和平与发展，还要落脚于有利于发展双边和多边关系，有利于实现双边或多边的长期稳定及互利合作。换言之，不仅要进行基于"'自卫'需要的边界问题研究，还要注意增加或加强'互利'成分的研究"。[①] 这尤其体现在探索边海问题的解决路径或解决方案中，只有充分照顾到双方利益和需要的方案，才有可能作为讨论和妥协的基础。

① 刘远图：《边界：建立睦邻友好国家关系的纽带和桥梁》，《中国边疆史地研究》，2003年第1期，第7页。

军事合作视阈下的中国周边学研究

张　芳

【内容提要】随着“大周边”概念的脱颖而出，中国周边学研究在获得更加广阔的研究空间的同时，也亟需将新时空带来的新安全议题以命运共同体的理念为牵引，运用新思维、新方法耕耘出国家由大向强发展关键时期需要的理论成果。当前，美国战略重心持续东移引发地区动荡、美国密织印太地区的军事关系网络，同时，一些地区国家不断加码与美军事合作力度，这些日益严峻的挑战为军事合作视阈下的中国周边学研究提出了现实而紧迫的课题。作者提出，当前，军事合作视阈下的中国周边学研究需要特别关注如何传播我军先进价值理念、建构区域安全“命运共同体”、创新思维模式和研究范式、加强军事影响力研究、聚焦周边研究中的“大三角”军事合作机制研究等。

【关键词】国际军事合作　中国周边学

【基金项目】本文系军队研究生课题“中国现当代军事安全合作思想研究”阶段成果。

【作者简介】张芳，国防大学政治学院副教授。

中国周边，是世界上最为复杂的地缘话语表达。陆上，中国与14个国家接壤；海上与6个国家隔海相望。在“亲、诚、惠、容”的周边外交理念牵引下，中国周边，又必将成为世界上最为特别的地缘话语表达。周边学研究，脱胎于地缘政治的话语概念，因国家与生俱来的生存与发展需求，从未允许安全议题的缺席。一则，军事与地理是天然的近亲，空间与时间永远是牵扯军人神经中最为敏感的两大军事要素；二则，中国传统地缘观念中关于远和近、交和伐的运筹，周边安全问题始终是其首要考量；三则，当前的周边概念今非昔比，大周边的概念已经脱颖而出，在为周边学研究提供更加广阔的研究空间的同时，也亟需将新时空带来的新安全议题以命运共同体的理念为牵引，运用新思维、新方法耕耘出国家由大向强发展关键时期需要的理论成果。

一、中国周边安全的严峻挑战为中国周边学提出了现实而紧迫的课题

一直以来，周边国际军事合作始终是我军事外交布局的重点。中国坚持与邻为善、以邻为伴，倡导并践行共同、综合、合作、可持续的亚洲安全观，探讨构建平等、互信、包容、共赢的安全合作架构，深耕细植与周边国家军事关系，坚持因国施策，通过高层交往、深化联演联训、人员培训、能力建设等军事外交模式，不断丰富中国与周边国家军事合作的内涵和外延。总体上，我周边国际军事合作呈现高层交往深化战略互信，对话磋商突出安全关切，人员培训厚植文脉影响，联演联训拉紧安全纽带的特点。

与此同时，中国周边安全所面临的日益严峻的挑战，又为军事合作视阈下的中国周边学研究提出了现实而紧迫的课题。尤其是近年来，随着美国战略焦虑感的不断攀升，特朗普政府通过《国家安全战略报告》、《美国国防战略概要》及新版《核态势审议报告》，赋予了未来对华关系以“长期战略竞争”的主色调，且将这种战略竞争几乎覆盖了所有的领域。

应当清醒地认识到，美国战略具有持续性和稳定性的显著特点，美国对华战略的调整并非一朝一夕之役，而是自 20 世纪末以来美国各方力量持续已久的战略研判和评估的结果。美国新安全战略表达出的世界观和总基调对中美关系产生了直接的不良影响。至此，美国对华战略调整动作已经完成，可以预见，未来很长时期这一战略主基调不会发生轻易发生调整，对美抱任何的幻想都无异于与虎谋皮。

早在 2013 年，美国的智库、战略家们就要求美国政府修订对华大战略，核心理念是调集美国一切实力，以保持东亚的主导地位。智库专家们分析认为，21 世纪，只有俄罗斯、未来的中国，还有潜在的日本才拥有扩张的基础：他们共同的

特点是可以在一年以内的时间里承受一场常规战争，与世界上最强大的国家进行一场战斗；同时，这个国家不仅要有令人生畏的常规力量，还要有能够承受其他国家核打击的核威慑力量。智库专家们认为，美国一定要汲取2008年和2010年之间的教训——中国没有动手，但美国已经失去太平了：2008年，中国举办奥运会获得了成功；也恰在这一年，美国爆发了金融危机；2009年，鸠山由纪夫政府作为民主党上台，欲排除美国，搞东亚经济体计划，同时要求美军撤离冲绳；韩国提出美韩司令部分家，要建立独立的韩军司令部；2010年，中国宣示南海是其国家核心利益——这些都极大地动摇了美国太平洋的领导权和美国盟友们对美国领导地位的认同，导致美中关系的保守派、自由派和知华派们在“中国威胁论”上取得了高度一致。2014年，中国国际问题研究院对美国知华派调查，对其中158名中国问题专家在2003年到2013年的十年期间关于中国战略问题、中国军力问题、中美经贸问题和海洋争端问题、全球治理问题，共13个议题中的观点统一进行整理和统计。评估后发现，有六成的专家认为，中美之间已经不可能再有一个和谐的局面。他们一致认为，中国威胁美国已经成为既定的事实。

对于中国的军事实力，美国的智库也做出了预判。在习近平主席2016年9月访美之前，美国著名智库兰德公司推出一份新的中美军力对比报告，反映了对未来中美军力对抗的新认知。这份名为《中美军事记分牌：军力、地理和发展的力量平衡》的报告在对比了1996、2003、2010和2017年四个不同时期的中美军事能力后，得出的结论是，在接下来的5到15年，如果中美军力仍按现在的轨迹发展，亚洲将见证美国前沿存在的力量衰减。中国军队将越来越有可能夺取短期内冲突中战区内的空中和海上优势，这将使得中国有能力在无须彻底打败美军的情况下，也能实现其有限目的。不过，尽管美国可能在2017年后的冲突中面临中短期内受挫的现实，却仍将在一场长期化的军事对抗中依靠深厚积累以及在网络战、太空战等领域的变招扭转局势。报告给出的政策建议是，接下来美军相关建设中最优先的应当是强调基地的抗打击冗余度和生存性；装备更多的远程武器、隐身战斗机和轰炸机、改进型潜艇和反潜战能力，制定抗打击能力更强的太空系统和太空战计划。而与之相反的是，美国军队应当迅速削减传统的战斗力量，并降低对大型航空母舰的依赖程度。

在这些预判的基础之上，美国做出了战略反应。在2015年奥巴马政府发布的第二份《国家军事战略》报告中，删除了2011年版的美国《国家军事战略》报告中“在相互依存的世界里，美国的持久利益正在与世界其他国家和非国家行为体的利益联系日益紧密”[①]的看法。取而代之的是，在威胁对手上，美国面临两类并行威胁：“修正主义国家”和暴力极端组织。正是在这份报告中，对所谓的“修正主义国家”做出了定义：“试图修改国际秩序的关键领域”“以某种方式威胁美国国家安全利益”的国家[②]。报告指明4个“修正主义国家”分别是俄罗斯、伊朗、朝鲜和中国。也正是在这份报告中，奥巴马政府已然将“修正主义国家”对美国的威胁排到了暴力极端组织之前。这是冷战结束后，美国第一次提出同时面对两种威胁的认知。从时间轴上看，所谓的“逢奥必反”并不真实客观，战略威胁判断作为界定战略目标的重要前提，特朗普政府继承并延续了奥巴马政府后期的战略判断，无论这个战略叫什么名字，也无非是换个“马甲”而已。

美国对中国发展形势的研判每天都在进行，而美国对中国实质性战略遏制已早在特朗普政府宣布对华战略竞争之前就已然开始运作。这些战略运作对中国周边安全的影响不言而喻：

（一）美国战略重心持续东移，引发地区动荡

美国试图通过海上围堵把中国塑造为亚太公敌，通过对地区安全的反设计引发地区性的军备竞赛，制造地区安全上的“囚徒困境”，引起地缘板块的动荡，由此进一步控制日本和东盟，刺激东海和南海的冲突相互震荡。其具体军事部署集中表现为美军日益强化在太平洋的三线部署态势。

1. 优化驻日、韩美军前沿配置，扩大东南亚军事存在，提升一线应急作战能力。美国从2012年开始实行“亚太再平衡”战略以来，其在西太平洋的东亚战略部署就在发生变化。第一岛链，即从日本到菲律宾到琉球群岛再到新加坡。八年前，美国在日本驻军有约五万人，韩国近三万人。但到2015年，美国租用了菲律宾的四个空军基地、一个陆军基地。美国在新加坡设置的联合后勤支援中心，同样给美国的导弹驱逐舰和濒海战斗舰提供补给支持。这些基地和补给形式为美国在南海提供了一种现实的军事存在，使其不仅控制了南海的南端，而且控制了马六甲海峡的东端。

---

① “The National Military Strategy of the United States of America ——2011 Redefining Amercia’s Military Leadership”, Introduction, p.1.

② *The National Military Strategy of the United States of America*, 2015, Chairman’s Foreword.

2. 扩建关岛基地，打造战略枢纽，提升二线力量投送能力。美军的二线布署主要是指从关岛到澳大利亚的弧形地带。目前，关岛已被美军打造成美国干预亚太的重要基地。以其轰炸机部署来看，2016 年 8 月，美国首次在关岛同时部署现役三种主力轰炸机。2018年年初，美军太平洋司令部实施“轰炸机持久存在”行动，再次出现三种战略轰炸机齐集亚太的罕见局面，意在确保美国对地区局势的掌控，让盟友放心，表示其可为盟友提供可靠的战略力量平台。美国在全球范畴内移动轰炸机，不仅影响到其地区盟友，更影响到太平洋地区的联盟结构。达尔文港是澳大利亚通往东南亚及南海的门户，地处交通要冲，且军事设施相对完善，海军驻泊条件和基地面积得天独厚。2010 年之前，作为美国盟友的澳大利亚从未让美军驻军，但自 2011 年起情况发生变化——美澳达成为期 25 年的军事协议，美国使用达尔文港对海军陆战队进行轮训。尽管 2017 年初，美国总统特朗普在与澳大利亚总理特恩布尔通电话时，对奥巴马执政时期与澳大利亚达成的难民接收承诺大发雷霆，并直接挂断电话，引发美澳外交风波。此外，2017 年 1 月 30 日特朗普退出 TPP 的决定，也让澳大利亚深感不满。但这些并没有影响美澳军事协作的深化。据美国广播公司新闻网 2017 年 2 月 12 日报道，部署在达尔文港的美国海军陆战队员在接下来数年将会翻倍，到 2020 年之前将会达到 2500 人。①

3. 建设夏威夷和阿拉斯加的联合基地，部署后备力量，提升三线立体支援能力。依照“平时广域分散、战时快速集中”的“弹性聚合”理念，美军提出到 2020 年，将海军力量的 60%、海外空军力量的 60% 部署到亚太地区，将太平洋舰队所辖部队的 60% 部署到东亚 / 西太平洋地区。美军最终的计划是把 11 艘航母中的 6 艘，73 艘核动力潜艇中的 42 艘，以及空军海外力量的 60%，包括全部 185 架 F-22 型战斗机中的三分之一都部署到亚太地区。西太平洋地区已经出现第三舰队与第七舰队“双舰队”共存的局面。

（二）美国密织印太地区的军事关系网络

通过“2+2”对话机制巩固地区联盟体系，将日本打造成太平洋地区的干预中心，在亚太安全事务中充当“北锚”。2006 年以来，日美加强以“西南诸岛”作

① 《美澳政治疏离军事紧密：F-22 进入达尔文港，继续重返亚太》，澎湃新闻，2017 年 2 月 15 日，http://www.thepaper.cn/newsDetail_forward_1618952，最后访问日期：2018 年 5 月 16 日。

战为背景的各项军事训练与演习，提高部队夺岛作战能力；让澳大利亚充当“南锚”角色；在韩国部署“萨德”，无限期推迟战时作战指挥权；令菲律宾充当马前卒；与泰国通过“金色眼镜蛇”演习，令其发挥更大作用；美国在新加坡外海部署濒海战斗舰，新加坡为美国提供樟宜海军基地，骨子里借美国平衡中国的意图深刻。据不完全统计，仅美海军太平洋舰队在亚洲地区每年就有上百场军事演习，还不包括阿拉斯加“北方红旗”，朝鲜半岛的“关键决心”等军演。其中仅第七舰队和陆战队举办或参加的军事演习每年就有 125 场，而美海军全球军事演习总共不到 200 场，其中一半以上都在亚太，足以见得对亚太的重视程度；另外，美军举行的军演中超过 90% 都是跨国演习，除了常规跟日、韩等盟友的，就是拉拢其他东南亚国家的，这既是美军熟悉亚洲战场的过程，也是加深对这些国家了解的程度；从演习的协同级别上来看，美国海军把海上多国演习各国协作的紧密度由浅到深分为 5 个级别，目前美军与孟加拉、文莱、柬埔寨、印尼、马来西亚、东帝汶等国的军事演习达到 2 级，跟印度等国家的军演达到 3 级，跟新、澳、泰、菲等盟友 / 准盟友则达到 4 级，与日、韩等则达到 5 级。①

（三）一些地区国家不断加大与美国军事合作力度

美国不断加码与印太地区部分国家军事合作力度，有美国战略上的主动，但也不乏地区国家深刻的双边诉求和内在的驱动因素。一种是通过联合军演等方式提升军事合作密切度，譬如，美日联合军演已经向着美日南海联合外交与安全战略方向发展。另一种是通过达成防务协议，促进军事合作机制化。美印先后签署了《美印防务合作框架协议》和《后勤保障协议》，美承诺帮助印度研发航母弹射技术和飞机发动机，允许使用对方的军事基地进行补给。此前，只有美国的盟国才可以互相使用军事基地进行补给。与特朗普提出的“印太”概念相呼应，印度借主办“瑞辛纳对话会”之机，促进美、澳、日、印四国形成潜在的对华统一战线，复兴 QUAD 的概念。近年来，美越军事合作不断升温，2018 年，美航空母舰在 1975 年越南战争结束 43 年后首度造访越南岘港。此前，2016 年，美越签署了 2018 至 2020 年阶段防务合作行动计划，并于当年宣布全面取消对越南的武器出口

① 《大盘点：美国海军每年在中国周边的 100 场演习》，搜狐网，2017 年 6 月 23 日，http://www.sohu.com/a/151418098_628941，最后访问日期：2018 年 5 月 26 日。

限制；2017 年，越南国家主席陈大光出访美国，成为特朗普上台之后第一位正式到访白宫的外国元首。

二、中国周边学研究需要关注的几个问题

亚洲命运共同体昭示着亚洲是亚洲人的亚洲，亚洲的安全需要亚洲人自己共同维护；基于对地区公共安全产品的共同需求，从军事合作的视角研究中国周边关系，既是周边学研究的理论必然，也是现实问题的解答之钥。美国通过特朗普政府《国家安全战略报告》得以向世人展示了他们眼中这个充满丛林法则、零和博弈和权力争夺的世界。在奥巴马的“亚太再平衡”战略基础之上，特朗普将自己带到了离中美两个大国合作机会窗口更远的地方。有学者曾经指出，今天的中美又站在了世纪的十字路口。此话不确：又站在十字路口的是美国，而非中国。此前的历史中，中国是无以选择的，因而无所谓十字路口；而今天的中国坚定地秉承“人类命运共同体”理念沿着和平发展的道路向前挺进，因而也无所谓十字路口。在今天美国抛弃其在立国之时曾提出的价值观外交之时，中国以“人类命运共同体”理念进行价值观外交，可谓是正当其时。但理论的探讨和准备仍是必要且紧迫的。

（一）传播世界一流军队的价值理念，建构区域安全的“命运共同体”

习近平主席在十九大报告中擘画了到 21 世纪中叶把人民军队全面建成世界一流军队的战略蓝图，这一战略目标同样引领着我军以先进的外交理念探索区域性军事合作模式的步伐。什么是世界一流军队？世界上是否曾经有过世界一流军队？从硬实力上来说，世界一流军队未必是世界实力第一的军队，但应具有维护国家领土安全和主权完整的能力，具有慑强敌于第二岛链之外的区域拒止和反进入能力，具有相应的保护海外国家利益的能力。从软实力上看，习主席所说的这个世界一流军队在人类历史上未曾出现过，当下各个国家也未曾建立过。因为，这个世界一流军队拥有引领世界爱好和平国家的国际观、和平观、安全观以及由此而积淀出的深厚的道义感召力，从这个意义上来看，世界一流军队并非只是单纯强调军事实力强大，它必须有着努力带着爱好和平的人们走出丛林法则、零和博弈的强大理念、行动影响和责任担当，有着超越单边主义、霸权行径，堪为世界各

支优秀军队表率的一流的优良作风。在此基础上，才能开世界军事合作模式之先河，创造性地推进中国与周边国家军事合作。对此，当前在建构世界一流军队的外部形象塑造上，还需要缩小亚洲命运共同体和对外阐释的距离、缩小亚洲命运共同体与周边军事合作的距离、缩小中国周边老朋友和新朋友之间理解程度的距离。这些都有赖于我方加强对周边国家军事历史、军队建设和军事文化的国别研究，并在此基础上打造融通中外的新概念、新范畴和新表述，讲好中国故事，提供中国方案；需要加强因国制宜经略周边安全合作的策略研究，为中国承担地区安全责任，当好地区安全合作的推动者、公域安全的维护者和公共安全产品的提供者给予充分的理论支持。

（二）创新思维模式和研究范式

作为世界性大国，中国复杂而独特的周边安全环境使其难以对地球上的任何一个大国处理周边安全关系进行学习和借鉴，中国成功处理周边安全问题本身就会成就一种研究范式——这是一种大国与小国之间的、非对称力量之间的安全合作模式。更何况因为各方都会参与到博弈与磨合当中，而这一地区又缺乏一个类似欧盟的地区机制，要形成全新的稳定的各方均能接受的关系将受多重因素的影响和考验。历史上，世界性大国崛起路径中的“胡萝卜加大棒”的美国模式，或者是在扩张中让欧亚大陆上的诸多国家从地图永远消失的俄国模式，都违背了中国今天所倡导的命运共同体理念。中国所寻求的合作模式需要军事合作视阈下的周边学研究超越传统的或军事结盟或军事对抗的思维模式，探索出一条经济上合作共赢、安全上互信团结、民心上相互融通的地区安全合作模式；在策略上坚持深耕内线与经营外线的统一，把握合与斗的辩证统一，保持主动有利的战略态势为地区共同体提供更多地区公共安全产品。

（三）做好周边国家军事关系紧密度的动态评估

关系，一种互动的过程与结果的反映，是行为体的相互映射。基于“印太”概念下愈益复杂多维的军事关系，有必要对地区国家间军事关系紧密度进行量化分析与评估，将定性与定量研究相结合。做好长期跟踪性研究和大数据收集的工作，在对包括各自盟友或伙伴的优势、劣势及其面临的机遇与挑战在内进行总体比较的基础上，去除同类项从而获得对核心要素的评估，探究激发周边国家军事关系变动的驱动性因素。这一军事关系的强弱变化是动态的，而非僵硬的、凝固的，需要将情景分析与模型模拟工具引入动态评估之中，为破解亚太安全困境提供贴近客观实际的直观预测、动态跟踪和想定作业。

（四）加强军事影响力研究

国家间的博弈胜出与否，与军事影响力的升降、国际安全话语权的掌控本质相关。军事影响力是国家以安全战略意图为出发点运用其军事力量而产生的外部性反应，表现为不通过强力说服他国、使其顺从要求的能力。需要强调的是“不通过强力”，即不通过军事力量的战争运用而使他国顺从要求的能力。因此，排除了对外战争中的军事力量运用，将主要聚焦的是军事交往的方式。人类既往历史中曙光乍现的短暂和平岁月无一不在告诫人们：军事与政治内在而紧密地关联着——如果不愿意使用“最后手段”诉诸战争，就需要深入挖掘和最大化地运用军事影响力以保持和平。这在新全球化时代是一个重要课题。一些问题需要解答：军事影响力是由哪些要素构成？这些要素如何相互关联并发挥作用？如何通过函数折射出它们的运行机理，通过指标量化与运算，演绎出主权国家或组织的军事影响力的计算，并能够预测其未来发展趋势。譬如，通过中、美、俄在亚太地区的军事合作宽度、高度和深度的“测量”从而换算出对外军事影响力的指数情况。对外军事交往的宽度、广度和深度这三个维度共同构建了一国对外军事交往的规模体量。还应包括一个因子，即对外军事传播能力。该因子对一国对外军事交往产生的外部效应具有放大作用，运用得好必然成为其军事影响力的倍增器。其指标建构如下表所示：

<table>
<tr><td>一级指标</td><td>二级指标</td></tr>
<tr><td rowspan="4">对外军事交往宽度（width）：
对（某一个）国家或组织的军事合作种类，即合作面相的宽度，是否是全部、部分或者较少选项次数、等级。</td><td>军事交往</td></tr>
<tr><td>军事合作</td></tr>
<tr><td>军事谈判与交涉</td></tr>
<tr><td>涉外军事行动</td></tr>
<tr><td>对外军事交往广度（breadth）：</td><td>面向国际的各国交往数量</td></tr>
</table>

（续表）

对外军事交往深度（depth）:	结盟或伙伴数量
	盟友牢固性
	伙伴亲密度
	以共同安全为目标的友好国家
	政策明确的敌对国家
对外军事话语传播能力（influence）:	对外传播平台
	话语主导情况
	军队形象外部评价

（五）聚焦周边研究中的“大三角”军事合作机制研究

一方面，美国密织亚太军事关系网络，着力强势打造“美 +1+N”的军事关系；另一方面，中美军事关系亦往往受到“第三方”因素掣肘。从历史上看，被“第三方”因素绑架的大国关系从来没有向积极的方向发展，往往成为危机冲突或战争之源。因此，中美双方在安全领域处理好“第三方”因素的作用亦是中美军事关系的题中之义。这里的“第三方”多处于中国周边敏感地带，有的与中国存在领土争端，有的与中国有深厚友好关系，有的是美国的盟国。基于美国在亚太地区双边军事联盟扩大化的现状，为更好地发挥中国等新兴大国的地区性重要影响和作用，在军事安全领域，需要探讨地区范围内新兴力量的军事合作机制，切实共同塑造地区安全态势，加强现实需求为牵引的机制建设研究，如何在地区安全规则制定中发挥主导作用，积极引领安全规则、灵活把握规则，塑造制度安排和舆论氛围。正如罗伯特·基欧汉和约瑟夫·奈所指出的那样：“世界政治中的相互依赖，指的是以国家之间或不同国家行为体之间相互影响为特征的情形。”[①]“当交往产生需要有关各方付出代价的相互影响时（这些影响并不必然是对等的），相互依赖便出现了。如果交往并没有带来显著的需要各方都付出代价的结果，则它不过是相互联系而已。这种区别对我们理解相互信赖的政治至关重要。”[②]今天，中国与区域国家间的共赢领域同样也深刻地体现在安全领域，需要积极探索建构

① [美]罗伯特·基欧汉、约瑟夫·奈：《权力与相互依赖》，门洪华译，北京大学出版社，2002年，第9页。

② [美]罗伯特·基欧汉、约瑟夫·奈：《权力与相互依赖》，门洪华译，北京大学出版社，2002年，第10页。

“中美 +1”“中俄 +1”“中印 +1”“中日 +1”的中国主导的军事合作机制，形成双边或多边军事合作的多元格局，从而建立符合地区国家共同利益、代表亚太最广大国家需求的地区安全关系网络。

中国周边学与海防问题研究

高新生　刘伊培

【内容提要】海防问题应是中国周边学研究的重要内容，不涉及海防问题研究的中国周边学则是不完整的。传统海防和现代海防有着本质的差别。现代海防关乎国家海洋方向的安全和发展利益，并有特殊的防卫空间、特殊的兵力建设和运用理论及其规律。海防问题研究涉及周边国家海洋形势、海洋战略的运用和实施、海上权益斗争与合作、海防地理、海防战略、海防力量构成、国民海防意识、海防文化、法律法规等，这些都应该成为中国周边学关注的重点。

【关键词】海防　周边　安全　海洋

【基金项目】本文系2016年度国家社会科学基金重点项目“习近平总书记海防思想研究”（16ADJ002）阶段性研究成果。

【作者简介】高新生，中国人民解放军陆军炮兵防空兵学院士官学校基础部副教授；刘伊培，中国人民解放军陆军炮兵防空兵学院指挥通信教研室助教。

新时代，中国周边学正以傲视群雄的姿态展现在人们面前。中国加快建设海洋强国，海洋在国家安全与发展中的作用愈发重要，在维护国家主权、安全、发展利益中的地位突出，在经济、军事、科技竞争中的战略地位上升。海防问题是中国复杂海洋问题中的一个重要方面，虽然海防的军事属性相对突出一些，但海防问题又不仅仅只具有军事属性，还与涉海国家政治、经济、文化、历史、地理、外交、法律等领域密不可分，中国周边学在关注周边政治、经济、军事、文化、法律等问题的同时，还应关注与周边问题息息相关的海防问题。

一、海防问题是中国周边学研究的重要内容

中国是一个陆地大国，也是一个海洋大国。中国周边学以中国周边国家与地区为特定研究对象，中国与周边涉海国家在海洋领土、海洋权益方面存在诸多争端，短时期内很难得到有效解决。形势逼人，挑战逼人，使命逼人，因此，维护国家海防安全问题应是中国周边学研究的重要内容，不涉及海防问题研究的中国周边学则是不完整的。

（一）关于海防的认识

海防从属于总体国家安全，同时也涉及周边问题，它关乎国家海洋方向的安全和发展利益，并有特殊的防卫空间、特殊的兵力建设和运用理论及其规律。

1. 澄清几种错误认识

海防就是“以陆制海”吗?

早期人类社会生活的人们已经把海洋当作维护沿海陆地安全的屏障。随着海上安全问题不断出现，才开始考虑在沿海设防，并把海防看作陆上防御的延伸。明代郑若曾在《筹海图编》中认为“防海之制谓之海防，则必宜防之于海”。把海防释义为“防海”，突出了一个“防”字，包含了守土防御、海岸防御、防民出海等防御思想，虽然郑氏把海防看成“防海之制”，并使之作为岸防、陆防或近岸防御的补充而存在，但最难能可贵的却是“防之于海”的思想。长期以来，我们恰恰忽略或基本丢失了如何“防之于海”。中国从明朝中后期就面临一次比一次更严重的海防危机，特别是在鸦片战争之后，帝国主义列强依仗其船坚炮利，打开中国海防的大门。甲午战争后，仍有人主张放弃海洋，放弃海口，甚至要求放弃海岸和海岛，退入内河，退入陆地，退入乡村，利用有利的地形，动员国土防御作战。这种从海口向内河和内陆撤退的主张在当时技术落后、海上力量薄弱的情况下是合理的，它是弱国被侵略时期的一种无奈选择，但不应成为和平时期一个国家海防建设的战略方针和目标。这种“以陆制海”“守土防海”的惨痛教训值得深刻反思。

海防是否早已经过时?

世上没有亘古不变的事物，任何一种概念都会随着人类社会的发展变化而变

化，海防也是辩证发展的，传统的岸防或海防观念，以及海岸架设大炮，依靠大炮射程维护海防安全的时代已经一去不复返了，如果我们还停留在“火炮射程”的观点上考虑海防问题，那是因循守旧，很显然是过时的。

在这个不断变化发展的时代，发达国家为保护本国利益不断将海上安全防卫的范围扩大到边界线以外的重要利益区域，按照“海上利益论”者的观点来说，美国为了维护美国超级大国地位、防备某些大国挑战美国战略地位而进行的全球性活动。美国国家利益在哪里，美国维护安全的措施和行动就出现在哪里。日本自卫队的作战前沿也不仅限于200海里，而是扩大到保卫其1000海里的海上交通线，这也是为了更好地维护日本国土的安全。当前，海洋国土新概念使得海防概念有了新的变化，濒海国家的海上安全变得相当复杂，在建设海洋强国战略目标的过程中，必须树立现代海防观。

边防涉及海防，为什么还要单独谈海防？

对于一个纯陆地国家来说，因为只有陆地边界，所以也就只要陆地边防；对于一个孤立海洋上的国家来说，因为只有海洋边界，那就只有海防，海防强大到一定程度就是海权。对于一个既有陆地边界又有海洋边界的国家来说，那就应该既有边防也有海防。中国是一个陆海兼备的国家。中国除了维护陆地边防安全外，还要维护现代海防的安全，中国海防除了要维护领海主权安全外，还要保卫毗连区、大陆架、专属经济区、海上战略通道的安全以及沿海、沿岸地区政治、经济的稳定。

传统观念上，海防包含在边防中，人们习惯于在边防里面谈海防，其实，海防与边防是两种截然不同的“防”，需要运用不同方式和手段达到“防”的目的。一定时期内，陆地边界基本上是固定、分割式的，没有国与国之间的战争，边界发生变动的可能性几乎没有，但是，海是流动的，是多维立体的，是“面”，运用陆地防御的形式或手段来处理海上问题，就会“水土不服”，甚至会造成政策上的被动或失误。晚清用大陆观“防海”，这本身就犯了致命的错误，忽略了海防流动、一体性的特点和规律，用一种固守、分割的大陆方式对待海防注定埋下失败的种子。陆地是人类的基本生存场所，所以生活在大陆的人们更多对于陆地有更深的认识，让生活在陆地上人们考虑海上问题似乎不是一件十分容易的事情。

海防就是海军吗？

有人认为海防就是海军，其实，海军主要是在“海洋遂行作战任务”，海防离不开海军，海军是海防力量的主体，但并不是海防的全部。这里所说的海防力量包括海防武装力量和海防非武装力量两大部分。沿海陆海空三军部队是海防武装力量的支柱。在这一支柱中，海军是海上反侵略、“御海洋”的主力；陆军海防部队，是抗登陆、“固海岸”“严城守”的骨干；沿海空军，是打击空中袭扰之敌、支援海上、地面作战的空中堡垒；沿海武装警察部队，是打击沿海和海上不法集团或分子的破坏活动，保卫海疆安全的一支劲旅；沿海民兵和预备役部队，是海防常备部队的后备力量。除此，地方各级边海防部门和执法机构力量是维护国家海防安全和稳定发展的重要力量。

建设强大海防就必然“称霸”海上吗?

在世界人类史上，很多海洋国家或陆海兼备的国家都是从海防发展到海权国家的。日本在明治维新前也是一个封闭落后的国家，执行的政策也是以海防为主；美国在建国初期，把军队称为“大陆军”，国防建设发展也是以维护陆地安全为主的，但是，后来出现的马汉“海权论”是以夺取海上霸权为根本目标。但是，中国不会也不可能走海上“霸权”“强权”的发展道路。在现阶段，中国是一个尚未完全实现统一的国家，而这些尚未统一的地区又位于东部和南部中国海区，中国海洋部分领土至今还在部分周边国家手里，岛屿被侵占、海域被分割、资源被掠夺的局面在短时间内还很难打破，在这种情况下，中国发展海权，也只是“有限海权”，是隶属于中国主权的海洋权利而非海洋权力，这种“有限海权”其实就是中国特色的和平发展道路，这与传统的海权国家争霸海洋的道路有着截然区别和本质不同。

2. 现代海防

当前，海洋国土新概念使得海防概念有了新的变化，濒海国家的现代海防变得相当复杂。现代海防的范围不仅要保卫沿海的陆地国土，而且还要保卫广阔的领海、领空和专属经济区、大陆架。现代海防不仅包括岸上防御、海上防御，还应包括远海防卫。其中，岸上防御是国家防御战略的重要组成，海上防御纵深却与国家安全、国家经济发展、外交、地缘政治等问题息息相关。

过去海防保卫沿海陆地和领海离岸较近区域，海水较浅，相对容易；现在是在海洋国土外侧线防御，离海岸线较远，海水较深，海情、气象以及周围情况特别复杂，这里的防卫必然是全方位的、远距离的、天上与水面以及水下和海底的多维防御。由于海岛的新价值诱发了某些周边邻国“占岛夺海”“以岩礁为岛”的新威胁，国家对于海岛尤其是边缘的岛、礁、暗滩、暗沙，都必须加强防卫和管控。

现代海防与一个国家的政治、经济、军事、文化、外交、历史、地理、法律等方面的紧密联系已经超过了以往的任何时代，现代海防“至少是在海上防卫敌国对周边海域的侵犯，而不是单纯的防御敌国从海上对陆地的进犯”。所以说，海防的概念不仅仅局限于对边界的军事防卫，还应包括在陆、海、空等海域范围为保卫国家“政治和经济利益”所采取的“一整套措施”。

2014 年 6 月 27 日，习近平总书记在参加第五次全国边海防工作会议上，强调新时代要“努力建设强大稳定的现代边海防”，现代海防概念由此进入学术界。现代海防是辩证发展的，是新时代海防观，是总体国家安全观的重要内容。现代海防是指国家为保卫领土完整、主权安全和发展利益，防备外敌入侵，维护海洋权益，保持沿海地区和海疆正常秩序，在沿海地区、领海、管辖海域以及国家利益所及的范围内进行的一切防卫管控措施和行动。

（二）当前海防形势

中国拥有漫长海岸线，拥有众多岛屿和广阔海域，周边与多个国家海域相连，按照《联合国海洋法公约》规定，拥有 300 多万平方公里管辖海域。新形势下，我国海上安全环境严峻复杂，海上方向的威胁已经成为我国安全的主要挑战，我国安全威胁主要来自海上。当前，海防安全形势总体特点为：形势复杂多变，争夺态势加剧，任务日益繁重，地位逐步凸显。“海洋关系国家长治久安和可持续发展。必须突破重陆轻海的传统思维，高度重视经略海洋、维护海权。”[①] 当前，“个别海上邻国在涉及中国领土主权和海洋权益问题上采取挑衅性举动，在非法‘占据’的中方岛礁上加强军事存在。一些域外国家也极力插手南海事务，个别国家对华保持高频度海空抵近侦察，海上方向维权斗争将长期存在”。“随着国家利益不断拓展……海外能源资源、战略通道安全以及海外机构、人员和资产安全等海外利益安全问题凸显”。[②] 党的十九大明确提出“加快建设海洋强国”的战略任务，中国要实现富强，必然要走向海洋；走向海洋，就必须有强大的海防提供安全保障。

---

① 中华人民共和国国务院新闻办公室：《中国的军事战略》，人民出版社，2015 年版，第 14 页。

② 中华人民共和国国务院新闻办公室：《中国的军事战略》，人民出版社，2015 年版，第 4 页。

现代海防的前线不是在海岸线，也不是在领海外侧线，而是在大陆海岸与岛屿海岸的领海基线以外200海里的专属经济区外侧以至350海里的“外大陆架”外侧线海底区域的广阔空间的外沿上，是在更广阔的空间最大程度地保护国家的海上利益和安全。维护我国海洋空间发展利益面临着十分复杂的安全形势，任务相当艰巨。在当今海洋经济发展竞争的时代，如果不能有效维护我国海洋安全利益，我们的国家利益就会受到巨大的损失，国家的发展就会受到极大的制约。因此，捍卫国家的海洋权益，维护海上安全，为建设海洋强国和实现中华民族的伟大复兴创造一个良好的周边安全环境，是新时代国家战略在海洋上的安全需求。

（三）关于周边涉海国家相关问题研究

周边是一个大概念，周边是相对中央而言，这个周边除了陆地“周边”之外，还包括海洋“周边”，此外，还有天空“周边”、太空“周边”、信息网络“周边”、文化“周边”等。中国周边学不仅仅是地理空间的周边，还包括多维空间的“周边”。海防事务主要活动范围就是周边，传统意义上的陆地大国海防就是“以陆制海”，因为海上力量弱小的不值一提，甚至长期以来以“黄水海军”为建设方向，更谈不上“防之于海”，大多数人的观念也只是用陆地防御的方式方法来运用于海上防御，执行的核心任务就是岸防，现代条件下的局部冲突和海上战争，很难运用单一力量取胜，需要运用综合的防卫力量，发挥各自优势，争取行动效能的最大化，所以，应该考虑海防力量整体防卫管控能力的提高，不能单打独斗，片面依赖于某一种力量以期赢得最后的胜利。海防问题研究涉及周边国家海洋形势、海洋战略的运用和实施、海上权利斗争与合作、海防地理、海防战略、海防力量构成、国民海防意识、海防文化、法律法规、海防学科理论体系构建等等，这些都应该成为中国周边学关注的重点。

二、海防问题研究应坚持的基本原则

海防问题事关国家领土主权安全，事关国家战略利益拓展，事关周边国家和平稳定发展。党的十九大报告提出“建设强大稳固的现代边海空防”，中国周边学关于海防问题研究主要应坚持以下基本原则：

（一）坚持以积极防御的国防政策为依据

党的十九大报告指出，“中国奉行防御性的国防政策。中国发展不对任何国家构成威胁。中国无论发展到什么程度，永远不称霸，永远不搞扩张”。[①] 中国明确奉行防御性的国防政策，旨在维护国家安全统一，确保经济建设顺利进行。在一定意义上，对一个从事积极防御国防政策的国家来说，中国的海防发展，更多地是为争取和实现合法海洋权益。西方以霸权为目的的海权不适合中国国情，中国骨子里不具备称霸的因子。中国周边学海防问题研究要体现中国积极防御的国防政策，研究中国从古至今海防一词的变化发展，揭示其中国特色话语体系的特质，坚决反对把西方观念或思想嫁接于学术研究之中。

早在20世纪70年代后期，邓小平同志对我国海上防卫政策的性质做出了明确阐述。他强调指出：“我们的战略始终是防御，20年后也是战略防御。就是将来现代化了，也还是战略防御。”在中国共产党成立95周年纪念大会上，习总书记指出：“中国奉行积极防御的军事战略方针，不会动辄以武力相威胁，也不会动不动到别人家门口炫耀武力。”[②] 积极防御是我国海上防卫政策的实质。这一性质，规定着我国建设和运用海上力量的根本目的只是为了有效遏制和抵御来自海上对我国的武装入侵，保卫国家领土主权完整，维护国家海洋权益，保护对外海上通商，维护专属经济区、大陆架等管辖海域，捍卫国家应有的尊严，为国家发展战略顺利实施提供可靠的安全保证。同时，作为一个大国负有维护海洋和平稳定的国际责任，而不是为了谋求海洋霸权，侵犯别国利益。在长期历史发展中，中国一直就是一个热爱和平追求和谐发展的国家，特别是近代历史以来，虽然接连不断受到列强欺侮，但从来没有把对外侵略和扩张作为国家走向强大的工具，中国建设海洋强国不是以夺占不属于自己主权和扩大部分海域范围和利益为目的，其根本目标就是为了维护一个国家长期建设和发展的国内和国外安全环境。建设海洋强国，必须始终坚持积极防御的国防政策。中国建设航空母舰，形成航母编队，

---

① 习近平：《决胜全面建成小康社会夺取新时代中国特色社会主义伟大胜利》，人民出版社，2017年，第57页。

② 习近平：《在庆祝中国共产党成立95周年大会上的讲话》，人民出版社，2016年，第25页。

中国也绝不会以武力侵略或威胁任何和平国家，更不会谋求建立扩张为目的的军事基地。

（二）坚持为维护国家核心利益出谋划策

领土和主权是国家利益的核心。任何政党、团体和个人都必须无条件地服从国家利益，维护国家主权和领土的完整。坚决保卫我国辽阔海疆上的每一座岛礁、每一方水域、底土、海床和上空，对那些侵犯我国海洋权益，掠夺我国海洋资源，威胁我国海疆安全的行为，无论来自哪个国家和哪个方向，也不论其规模大小，采取何种手段，我们都要奋起自卫，坚决反击。习总书记多次强调指出："在事关中国主权和领土完整的重大原则问题上，我们不惹事，但也不怕事，坚决捍卫中国的正当合法权益。"在党的十九大报告中，习总书记指出："中国不觊觎他国权益，不嫉妒他国发展，但决不放弃我们的正当权益。中国人民不信邪也不怕邪，不惹事也不怕事，任何外国不要指望我们会拿自己的核心利益做交易，不要指望我们会吞下损害我国主权、安全、发展利益的苦果。"[①]"我们绝不允许任何人、任何组织、任何政党、在任何时候、以任何形式、把任何一块中国领土从中国分裂出去！"[②]六个"任何"说明习近平总书记在涉及国家领土主权上态度坚决绝不动摇的意志和信念。"面对新形势新挑战，要发扬斗争精神，既要敢于斗争，又要善于斗争，在事关中国中国特色社会主义前途命运的大是大非问题上坚定不移，在改革发展稳定工作中敢于碰硬，在全面从严治党上敢于动硬，在维护国家核心利益上敢于针锋相对，不在困难面前低头，不在挑战面前退缩，不拿原则做交易，不在任何压力下吞下损害中华民族根本利益的苦果。"[③]直言斗争，说明当前形势的严峻和复杂，必须运用斗争这把利剑迎接各种挑战，绝不退缩，坚决"御敌于国门之外"。这就是中国作为一个大国维护自身利益的根本立场。我们要按照习总书记的要求，坚决维护核心，牢固树立"守海有责、守海负责、守海尽责"的现代海防观，坚定捍卫国家领土主权安全和海洋权益。

---

① 习近平：《在庆祝中国共产党成立95周年大会上的讲话》，人民出版社，2016年，第21页。

② 习近平：《决胜全面建成小康社会夺取新时代中国特色社会主义伟大胜利——在中国共产党第十九次全国代表大会上的报告》，第57页。

③ 《中共中央政治局召开民主生活会习近平主持会议并发表重要讲话》，《人民日报》，2016年12月28日，第1版。

坚持国家核心利益不动摇就是要坚决捍卫国家主权、领土完整和海洋权益，防范和遏制入侵、挑衅、蚕食、侵略等行为，其根本必然是国家主权权益至上，国家领土和主权神圣不可侵犯。我国是海洋大国，拥有广泛的海洋战略利益，这是历史形成的疆域，是中华民族生存和发展极其宝贵的历史遗产，“一寸也不能丢”！必须用坚强的意志、决胜的力量和无畏的决心来捍卫国家神圣的领土主权和权益。面对周边海洋形势，中国周边学对于海防问题研究要认清形势，缜密思考，胸怀大局，大胆考证，用雄辩说理和战略思维捍卫国家领土主权安全和海洋权益。

（三）坚持以和平发展道路为指导

一直以来，中国坚持与周边相关国家启动双边海洋法磋商机制，主要就海域划界和海上合作问题交换意见，签订一系列海上划界、联合巡逻协定或海上合作谅解备忘录。中国周边学海防问题要研究周边国家海上分歧管控，为缓解周边海域紧张局势出谋划策，寻求和平方式解决争端方式方法。

和平发展道路是新中国以来长期坚持的既定方针，是实现中华民族伟大复兴中国梦的必然选择，这一道路是由社会主义的本质和中国国情决定的，中国坚持走和平发展道路毫不动摇，这是一个崛起大国向世人的郑重承诺，更是一个追求和平、珍爱和平的中华民族承担的责任和义务。习总书记指出，“我们坚决摒弃落后于时代发展潮流的思想观念和陈旧的方式方法，努力为解决老问题寻找新答案，为应对新问题寻找好答案，不断破解人类面临的发展难题和安全困境。中国致力于在尊重历史事实和国际法的基础上，通过当事方直接对话谈判来解决双边的海洋争端和纠纷。”“我们致力于维护南海和平稳定，坚持通过对话管控争议，坚持通过谈判协商和平解决争议，积极探索通过合作实现互利共赢，坚持尊重和维护各国依据国际法享有的南海航行和飞越自由。中国在南沙群岛的有关建设活动不针对、不影响任何国家，也无意搞军事化。”①

自20世纪末以来，中国与相关国家启动双边海洋法磋商机制，使得周边海域的紧张局势得以缓解，走上正确的外交通道，共同磋商，寻求和平方式解决争端。即便是在日本政府“购岛”上演闹剧以及黄岩岛对峙事件发生后，中国从维

① 《进一步关心海洋认识海洋经略海洋推动海洋强国建设不断取得新成就》，《解放军报》，2013年7月31日，第1版。

护东海南海和平稳定出发，保持了高度克制，继续坚持和平解决有关争议的原则，并为此作出不懈努力。中国就管控海上分歧以及推动海上务实合作等与相关国家进行多次磋商，双方通过谈判解决有关争议，妥善管控有关分歧并达成重要共识。2013年1月，菲律宾政府违背通过谈判协商解决有关争议达成的共识和2002年签署的《南海各方行为宣言》中就通过谈判协商解决有关争议作出的郑重承诺，单方面提起南海仲裁案，妄图借此否定中国在南海的领土主权和海洋权益。“菲律宾此举不是为了解决与中国的争议，而是企图借此否定中国在南海的领土主权和海洋权益。菲律宾的行为是恶意的。”[①]临时仲裁庭所谓裁决结果是非法的、无效的，改变不了南海诸岛是中国固有领土这一事实，否定不了中国在南海的领土主权和海洋权益，中国维护国家领土主权和海洋权益的决心和意志坚如磐石。2016年7月12日，中华人民共和国外交部郑重声明，该裁决是无效的，没有拘束力，中国不接受、不承认。中国“坚持通过谈判协商解决争议，坚持通过规则机制管控分歧，坚持通过互利合作实现共赢，致力于把南海建设成和平之海、友谊之海和合作之海”。[②]

（四）坚持以互利、互信、平等、协作的新安全观为出发点

新形势下，我们“摒弃一切形式的冷战思维，树立共同、综合、合作、可持续安全的新观念。通过和平解决争端和强制性行动双轨并举，化干戈为玉帛”。[③]提出建设“丝绸之路经济带”“21世纪海上丝绸之路”，加快与周边国家和地区的互联互通，创造性地运用主权属我、搁置争议、共同开发策略方针，运用新思路新对策，努力倡导构建新型海上合作机制，只有坚持和平解决海上岛屿归属和海域划界争端，才能赢得政治上的主动，通过大力加强双边友好与加强陆海大区域合作，为解决争端问题创造条件。

我国与不同社会制度、不同经济状况、不同政治态度、不同利益关系的周边邻国建立和发展睦邻关系，坚持走依海富国、以海强国、人海和谐、合作共赢的

---

① 中华人民共和国国务院新闻办公室：《中国坚持通过谈判解决中国与菲律宾在南海的有关争议》（2016年7月），人民出版社，2016年，第38页。

② 中华人民共和国国务院新闻办公室：《中国坚持通过谈判解决中国与菲律宾在南海的有关争议》（2016年7月），人民出版社，2016年，第43页。

③ 王恬，牟宗琮，张梦旭：《同心打造人类命运共同体——以习近平同志为总书记的党中央创新外交理念与实践述评》，《人民日报》，2016年1月27日，第1版。

发展道路，通过和平、发展、合作、共赢方式，增进同海上国家合作，积极探索通过合作实现互利共赢，打造命运共同体，努力维护和平稳定。中国周边学海防问题研究要坚持睦邻、安邻、富邻的外交方针，结合“一带一路”倡议，研究周边海域划分、岛屿主权归属和海洋权益争端等问题，重点分析构建新型海上合作机制和实现互利共赢的措施途径，为打造人类命运共同体争得话语权。

三、中国周边学及海防问题研究方法

中国周边学的研究方法，就是以历史唯物主义、唯物辩证法为根本方法，以新时代中国特色社会主义思想为指导，并从其他人文学科和自然学科中吸收有益的研究方法，力求通过方法创新，推进具有中国特色周边学学科理论的健康发展。

（一）坚持历史唯物主义和辩证法研究方法

通过运用历史唯物主义研究方法，从客观事实出发，对不同时期不同国家涉海海防问题联系起来进行科学分析研究，揭示现象背后的本质，理清其发展轨迹。唯物主义研究方法要求我们对于海防历史中的任何现象，都应当根据产生这一现象的具体历史情况去进行分析，要看到它与其他现象的相互联系和相互依赖性，而不能孤立地看待。没有具体的、历史的观点，就不可能有对海防历史的正确认识。海防问题不是局部问题，而是属于战略层面，没有全局的视野、长远的眼光，就无法从整体上把握海防的发展趋向，更无法处理好全局与局部的关系；坚持具体问题具体分析，以联系的、发展的观点综合考虑涉及海防问题的各方面因素，把握其关联性、协调性；还要善于抓住海防演变发展的规律。

（二）坚持理论与实践相结合

这是中国周边学基本研究方法，紧密联系海防实践的诸因素、诸条件和全过程，研究和揭示海防产生、发展及其主客观条件的内在联系，从而丰富和发展周边学理论。近年来，我国国防实力和影响力彰显，国防科技和武器装备建设加快，由跟跑并跑向并跑领跑转变，我国自主设计建造的航空母舰出坞下水，一大批先进武器装备列装部队，一大批关键技术实现重大突破；中国积极推进与周边涉海国家海上维权合作，实现重点海域常态化巡航，加强海上联合防卫管控，与周边国家共建“21世纪海上丝绸之路”等，有效维护了国家主权、安全、发展利益，提振了国威军威，这些实践经验值得深入研究和总结。

（三）坚持多学科交叉综合研究方法

中国周边学属于社会科学范畴，研究者在掌握大量具体情况和资料的基础上，结合历史学、政治学、经济学、外交学、国际关系学、海洋学、地质学、地理学、军事学、边疆学、边防学、社会学、哲学、法学等多学科研究方法进行综合研究。不熟悉利用这些相关学科研究成果和方法，建设中国周边学，难免只是一句空话。

国情研究是中国周边学的重中之重

张慧智　王箫轲

【内容提要】加强对周边国家的国情研究是构建中国周边学和提升中国周边外交研究质量的重要内容。中国的周边研究原本就落后于大国研究，还存在“热点研究多，基础研究少，关系研究多、国情研究少”的问题，并受到现有学科体系的显著制约。加强对周边国家的国情研究，需要加大对其国内问题的研究，注重进行综合性的交叉学科研究，还要重视对冷门国家、冷门问题的研究。为此，有关方面应当加快对现有高校学科体系的改革创新，并努力打破一些不合理的学术限制，研究人员也要勇于承担时代使命，努力提高研究能力，共同推进对周边国家、周边问题的高质量、精细化研究。

【关键词】国情研究　精细化　交叉学科　高校改革

【作者简介】张慧智，吉林大学东北亚研究院教授；王箫轲，吉林大学东北亚研究院副教授。

长期以来，中国外交倡导“大国是关键，周边是首要”。这种界定让人很难确定，“首要”和“关键”哪个在中国外交中的重要性更大。自 2013 年以来，周边外交的重要性开始更加凸显。从国际形势来看，中国与世界主要大国的利益交织点集中在周边地区，如南海、钓鱼岛、朝鲜半岛。美日等国也将相当一部分对华政策的重点放在中国周边的热点问题上。从国家的政策走向上看，2013 年召开了新中国成立以来的首次周边外交工作会议。“一带一路”“人类命运共同体”等重大战略构想的实践，也都是从周边起步。因此，倡导对周边国家、周边问题进行综合性深入研究的中国周边学具有重要的战略意义。在推进中国周边学建设当中，对于周边国家国情的研究尤其应当引起重视。

一、传统周边外交研究存在的问题

周边外交虽然居于“首要”地位多年，但对周边问题研究却长期、明显落后于大国研究。即便是俄罗斯、日本这两个既是大国又是周边的国家，国内的研究也远远落后于对美国的研究。这其中的原因，主要是因为在改革开放之后相当长的时间里，我国外交始终以美国及以美国为中心的英语圈发达国家为重点，引领了国际问题研究对美国的重视，大量的经费也涌入了美国研究、欧洲研究等领域，对周边国家尤其是数量众多的中小国家的研究经费投入严重不足，造成对这些国家语言、政治、经济、文化等各领域整体研究滞后。

对非英语国家的重视不足，还造成了中学阶段非英语外语教育的衰落，进一步削弱了对小语种国家研究的人才储备。中国的高考外语语种可以选择英语、西班牙语、俄语、日语、德语 5 种语言，一些省份由于历史和地缘的因素，曾经存在一些外语教育以小语种为主的中学，如黑龙江省一些中学以俄语为主，吉林省的一些中学以日语为主，但近些年来非英语语种高考人数持续下降。以黑龙江为例，参加高考的俄语考生逐年下降，2007 年还有 5700 人，到 2016 年仅有 2150 人。[①] 俄罗斯、日本还属于比较重要的大国，中国周边的小国语言更是罕有人涉及，仅有少量外国语学校及部队院校出于翻译工作的需要在培养人才。这必然造成对周边外交的研究，尤其是对周边中小国家的研究严重滞后。教育部门也意识到了这种情况，根据教育部最新的普通高中课程方案，从 2018 年秋季开始，西班牙语、法语和德语三种语言正式被列入高中外语教学目录，教育部有关专家还表示以后

---

① 孙超、高伟、冯雅菲:《黑龙江省中学俄语教育现状及对策》,《黑龙江教育(理论与实践)》, 2016 年第 11 期，第 46—47 页。

还将会根据实际情况增加语种。[①]

在既有的周边外交研究中，也存在着显著的问题，其中最明显的就是——热点研究多，基础研究少；关系研究多，国情研究少。长期以来，除了少数几个大国，中国的国际问题研究对于对象国的国内政治、经济、社会等领域的研究向来薄弱。这其中的原因，既有外语语种的限制，也有重热点、轻基础这一研究弊端的因素。热点问题引人注目，容易出成果，也能快速满足国家的政策需求。但是，从研究的深度和决策的科学性来看，如果没有对于对象国国情的深入了解，仅限于就热点谈热点的话，不仅出不了有深度的学术成果，也难以保证政策咨询的科学性，最多只能起到战术性应对的效果，而无法提供战略性的剖析和前瞻。在这方面，日本对中国的研究值得我们学习。日本对我国研究的范围之广、问题之细、挖掘程度之深，已经到了用显微镜看的地步。当然，中国的周边国家数量众多、国情迥异，也在客观上增加了对周边国家国情研究的难度。

周边外交研究还存在着综合性研究的需求不断增加与学科划分的制约日益明显、两者矛盾逐渐突出的问题。早在20世纪60年代，我国就加大了对国际问题的研究力度。1963年，周恩来总理主持召开“如何加强研究外国工作问题”座淡会，毛泽东对会议形成的报告进行了审阅并批示。随后中共中央下发文件，要求“在有条件的高等学校内建立研究外国的机构”。[②]根据这个文件精神，1964年全国设立了一批实体性国别研究机构，其中相当一部分从事周边国家研究，包括中国人民大学的苏联东欧研究室、吉林大学的日本研究室与朝鲜研究室、厦门大学的南洋研究所等，独立于教学院系，在隶属关系上属于国家外事部门和高校共建共管。在这些国别研究机构成立初期，因为没有基础，所以研究人员大都来自历史、经济、语言等不同学科和单位。这种安排虽然是无奈之举，但在客观上增加了研究的广度和深度，不同的学科背景加深了对研究对象国更为全面、系统的认识。

但是，随着我国高校系统学科建设的日益规范和体系化，原有的跨学科国别研究机构纷纷被架空，在引进人才、经费调拨上丧失了话语权，这种情况既严重制约了对周边国家国情研究的开展，也造成了缺少从交叉学科角度对周边国情的

---

① “教育部基础教育课程教材专家工作委员会主任委员王湛：普通高中课程修订后的主要变化”，http://www.moe.gov.cn/jyb_xwfb/xw_fbh/moe_2069/xwfbh_2018n/xwfb_20180116/sfcl/201801/t20180116_324664.html。

② 杨灿明主编：《高等教育评论》，社会科学文献出版社，2015年版，第33页。

研究，导致难以全面深刻地了解对象国事务。而缺少交叉学科的背景知识就很难对问题作出全面、准确的判断。比如中韩两国经济依存度如此之高，韩国对华贸易额相当于其对整个西方国家的贸易总额，从经济学的角度看，韩国没有理由在“萨德”问题上与中国翻脸，但事实上韩国确实这么做了。这背后就存在着政治和文化的因素，韩国对华的抵触、对美的依赖都应该考虑在内。再如，为什么韩国保守势力常常攻击对华友好为“事大主义”，却从不以为亲美行为是“事大主义”？韩国政府在“萨德”问题上的政策，与李氏朝鲜时期的“北拓”政策，行为逻辑上是不是存在一致性？为什么自诩为民主国家的韩国，在总统就任时，知识分子的贺诗中还普遍出现“受命于天”“女君”“女帝”这样的称呼？这些问题的解读都需要有着跨学科的背景，才能深刻地理解和解释。

二、中国周边学要重点推进周边国情的系统研究

中国周边学致力于整合周边国家、周边问题的跨学科研究，是一个宏大的工程，其学科内涵、理论范式的构建都需要学界的共同努力。从周边学兴起的时代背景看，随着中国的和平崛起，世界第二大经济体的地位已经确立，军事力量也取得了长足进展，周边地区的政治、经济及安全结构发生重大变化。同时，“一带一路”倡议的推进也始于周边、立足周边。这就使得对周边国家国情的了解和对周边国家与我国关系的把握，成为中国周边学研究的重点。其中周边国家的国情研究是把控周边国家与我国关系的前提，应当引起格外的重视。

首先，需要加大对周边国家国内问题的研究力度。

国际问题是国内问题的延伸，而对象国的国内问题一直是我国国际问题研究领域的短板。近年来，我国对一些周边国家的内政外交走向以及对华政策的研判出现多次失误。究其原因，就在于我们对于周边国家的政治、经济逻辑和思维方式缺乏深刻的理解，尤其是一些非正式的“从业者”（这些人大都未经过系统学习与训练、也非在科研院所从事研究工作）抓住热点制造噱头，经媒体传播后反而产生了较大的影响。这其中也包括近年来一些所谓的“民间智库”，为了快速出业绩、提高知名度，不是认认真真地搞研究和踏踏实实地做调查，而是靠拍脑门或根据道听途说的蛛丝马迹，或直接翻译外媒的报道，来炮制问题、夸大问题，产

出了大量不负责任的“研究成果”。而一些专业的研究人员也存在着对对象国国内情况了解不够深入、全面，而采用“中国式思维”、“美国式思维”或者僵化的运用国际关系理论去分析，甚至是带着偏见和强烈的主观色彩去看问题，往往无法得出正确的结果。[①]

对周边国家的国内问题进行研究，属于精细化的地区和国别研究，它致力于揭示和描述各个国家、地区详尽的个性特征，追求的是获取细致的具体知识，以及在此基础上得出对具体对象的深刻的经验性总结和抽象的规律性认识，最终“为国家制定更为精细的对外战略与策略、开展更具针对性和舒适度的外交政策，并对外交行为提供经世致用的现实指导。[②] 发达国家尤其是世界性强国都格外重视对其他国家国内事务的研究，美国学者曾指出“美国作为一个全球力量的崛起并不仅仅只是经济和军事优势的产物，真正体现其霸权的地方在于他所拥有的对于隐藏于其他国家内部的语言与文化、历史与政治体系、地方经济与人文地理所具备的无可匹敌的知识和了解”。[③] 而我国目前在这方面所做的存在明显不足，大部分研究机构做不到如此精细的研究，每年出版的一些关于国别研究的系列“皮书”，大都是综述性质的论文集，深入研究尚亟待进一步开展。因此，我国非常有必要加强对周边国家尤其是具有战略支点意义的国家国内问题的研究。

其次，对周边国家的国情研究需要加强交叉学科研究。

国情研究应当是是综合性的，不能局限于单一学科，而是需要多学科的交叉与融合。对于周边国家的国情就而言，深入的研究是一个“浸润而后突破”（soaking and poking）[④] 的过程，即需要学会所研究国家或地区的语言、深入了解当地社区的生活、弄明白复杂的历史与文化。在理解周边国家与中国的关系时，也需要知道大部分政治、经济问题都有深刻的历史根源和社会文化背景。因此，没有跨学

---

① 采用科学的方法也可能产生不正确的研究成果，但这与不重视背景知识、采取错误的思维方式去研究问题是两回事。

② 陈岳、莫盛凯：《以深化地区国别研究推动中国国际关系学科的发展》，《教学与研究》，2016 年第 7 期，第 36 页。

③ Charles King, “The Decline of International Studies Why Flying Blind Is Dangerous,” *Foreign Affairs*, Vol.94, No.4, 2015, p.90.

④ FENNO, RICHARD F., JR. (Social Science), http://what-when-how.com/social-sciences/fenno-richard-f-jr-social-science/.

科的背景知识和研究团队，不仅难以进行深入研究，甚至都做不到科学研究。这也要求我们在对周边国家国情进行研究，要摆脱单一学科的视角，不仅要关注对象国与中国在国际关系层面的政治经济交往，更要对对象国深层次的历史文化、社会习俗、民族心理、宗教认同等基础知识进行深入地挖掘，因为这些背景知识很大程度上影响着周边国家的行事逻辑。

目前，国际政治学是进行国际问题研究的主要学科，世界经济、世界历史等学科也扮演了重要角色，少量外语专业也参与了相关的研究，但能够组织人力资源进行交叉研究的机构并不多。这就要求注重培养跨学科的复合型人才，更重要的是要使跨学科的研究人员有具体的平台来进行交叉研究，共同提高研究的质量。而这种交叉学科的研究能够深入揭示不同国家的文化背景、实践经验和思维方式，能够为中国国际关系理论研究、比较政治学研究等进一步发展、创新提供多元主义的知识积累和经验素材，从而使这些学科的发展、创新不再单一依赖西方的“普遍性知识”和“普世价值”，并能够真正在中国学派和中国周边学的研究道路上取得进展。

最后，国情研究也要重视对周边“冷门”国家和问题的研究。

“一带一路”倡议的提出和落实使得我国对周边“冷门”国家、“冷门”问题的研究短板充分暴露，许多实务部门纷纷抱怨在推进外交关系和进行经济合作时从学界获益甚少。对发展中国家、对小国的尊重是我国外交的优良传统，但对周边小国、“冷门”国家的研究却存在着明显的滞后。还有学者指出，我们对世界特别是第三世界的认识过多的依赖于西方的英语学术世界，缺乏客观和以我为主的认识体系，存在被误导的风险。[①] 当然，其主要原因在于这些国家与中国的交集少，研究成果的应用性有限。尤其是在国家科研经费不足的时期，忽视这些领域的研究也在所难免。一些高校和其他科研机构的管理部门过于重视成果，对科研成果进行量化评估，要求教师和研究人员每年都要发表若干篇成果，这种做法严重妨碍了基础性研究的进行，也更没有人愿意去研究冷门国家、冷门问题。

但是，中国要成为世界性强国、实现民族复兴，必须对外部世界尤其是周边

---

① 苏长和:《国际问题区域研究有待深入》,《中国社会科学报》, 2010 年 10 月 21 日。

国家有深刻的理解和充足的知识储备。对冷门国家的研究是世界强国的专利，因为这是一项成本高昂的长期投资，需要持续、长久的经费投入，其逻辑类似于“养兵千日用兵一时”。没有人确切地知道下一场危机会在哪里爆发，时刻保证一支广泛而能干的专家储备队伍就成为大国与这个世界打交道的必要资源。[①] 中国周边地区各种类型的国家林立，对日本、俄罗斯两个大国的研究力量相对还算充足（在经济、历史方面也存在短板），但作为“一带一路”主要沿线的东南亚和中亚地区诸多国家的研究就很薄弱，即便是对作为中国“铁哥们”的巴基斯坦，也缺乏足够深入的研究。更重要的是，一些过去的冷门正在变成热门，现在冷门也可能是将来的热门。周边的冷门国家、小国有时候在重要问题上产生重要的支点作用，如中印朗洞对峙时尼泊尔的角色。还有一些现在的冷门问题将来存在“引爆”的可能，如曾被我国单方面搁置的高句丽问题。因此，在当前国家经济条件允许、科研经费相对充足的情况下，对于周边这一范围还不算太大的区域当中的冷门国家、冷门问题进行必要的基础性研究和知识积累是十分必要的。

三、周边国家国情研究亟须破解的几个问题

中国快速发展的过程，也是国家治理体制不断改革创新的过程，对于周边外交的深入研究，应是和这一过程同步的。中国的和平崛起需要加强对周边国家的国情研究，对周边国家国情研究的深入也需要在学科设置上、管理制度上作出适应时代需求的改革创新，也需要从事周边外交研究的学术群体勇于担当起时代使命，积极主动地克服各种困难，努力提升周边外交的研究水平。

（一）应积极探索高校学科设置的改革创新

美国乔治敦大学教授查尔斯·金（Charles King）曾撰文指出，二战后美国区域国别研究的兴起，得益于“高等教育伟大创新的支持”，使得知识体系逐渐繁荣。[②] 事实上，正是由于 1958 年的《国防教育法案》和 1965 年的《高等教育法案》，美

① 陈岳、莫盛凯：《以深化地区国别研究推动中国国际关系学科的发展》，《教学与研究》，2016 年第 7 期，第 37 页。

② Charles King, “The Decline of International Studies Why Flying Blind Is Dangerous,” *Foreign Affairs*, Vol.94, No.4, 2015, p.92.

国高校形成了以研究项目带动对区域国别综合性研究的基本格局，再加上比较灵活的教学与学科安排，美国国务院、国防部及私人基金会的专项资金支持，促成了冷战时期美国区域国别研究的繁荣。以东亚研究为例，美国不少高校都设置有东亚系，而东亚系的课程内容非常广泛，国别上涉及到中国、日本、韩国、蒙古等，领域上涉及东亚的语言、政治、经济、外交、社会以及文化等各个方面。在招生上也非常灵活，既有本科生，也有专门的硕士生和博士生。其中，美国“国家安全教育计划”项目提供专项奖学金，接受资助的学生则需要在学业完成时进入美国外交、安全及情报部门以实习生的身份服务至少 1 年。这种学以致用的人才流转模式，使得美国的区域国别研究直接服务政府部门，为美国全球战略储备了大量的人力资源。另外，英国也很早就开始了对国际问题复合型人才的培养，伦敦大学的亚非学院就以创新和跨学科学习享誉世界。

反观目前我国的高等教育学科设置和培养体制，依旧是按照前苏联的模式，过于偏重学科的单一模式和向度，缺乏学科间组织、复合型组织的理念和框架。① 俄罗斯都已经开始改革高校的学科体制。目前，教育部和部分高校已经开始探索在国际问题尤其是区域国别研究方面的学科改革尝试。清华大学启动了“发展中国家研究博士项目”，博士生要到对象国学习 1 年甚至更长时间；北京语言大学、上海外国语大学等高校设置了“区域国别研究”的二级学科；北京大学也于 2017 年进行了区域国别研究的全校性规划，突出“学科调整和学科交叉”。这些都是一些有益的尝试，笔者认为可以根据各个高校的实际情况探索不同的发展模式。但总体而言，根据不同的区域和国别设置二级学科并不太现实，会造成管理上的混乱。学习国外一些高校以项目的形式进行招生和科研，整合既有的科研、教学力量是一个比较符合实际的方式。如在一些周边研究具有比较好基础，同时又具有学科完备优势的综合性大学，可以尝试以特定研究项目的方式招收学生、汇集科研人员，学生可以在全校范围内选择外语、国际政治、世界史等学科的课程。但涉及到复杂的人事、财务、学位授予等问题，这种设想能否实现，依然有待于教育部和高校本身超越“学科孤立主义”，进行大胆的改革创新。

---

① 安刚：《对中国区域国别研究的几点思考——访北京大学副教授牛可、云南大学教授卢光盛》，《世界知识》，2018 年第 12 期，第 65 页。

（二）要努力打破不合理的学术限制

推动周边国家的国情研究，还需要有关部门和研究者共同努力，打破对学术研究的各种不合理的限制，包括研究禁区的限制、外事交流管理的限制、经费使用及评价体系的限制等，为周边国家国情研究创造更好的研究环境。绝大多数研究者都明白“研究无禁区，宣传有纪律”的原则，都能够对一些敏感性问题进行较好的把握。对于适合公开发表的论文公开发表，不适合的则作为研究报告提交给有关部门。但“研究无禁区，宣传有纪律”的原则仍有落实不到位的情况，有关出版和宣传的主管政府部门禁止一些其实并不敏感、并不涉密的正常学术研究成果的发表，一些科研主管部门甚至不批准敏感问题的立项，这些措施对周边国家的国情研究造成了一定阻碍。例如高句丽问题，国内曾在数年内禁止研究、禁止发表研究成果，阻碍了我国在此问题上的基础研究和资料积累，导致一批专家被迫转移研究领域。又如 2017 年“萨德”问题，有关韩国研究的论文和书籍都被暂缓出版，这一现象也值得有关部门的注意。

周边国家相当一部分都与我国在历史上存在着各种各样的联系，一些历史问题也存在着争议。现如今，中国与周边国家的联系更加密切，不仅有合作，也有纷争。但无论历史矛盾还是现实纷争，都不应该妨碍正常学术研究的展开。相反，有关部门应当为周边国家的国情研究创造更有利的环境，减少对于正常科研活动的干扰和阻碍，给学术研究更自由的空间。除了学术禁区的限制，现有的外事交流管理制度也有着极大的制约性。涉及科研经费使用，尽管国家提出了便利化使用的方针，但目前落实的情况并不理想，尤其是人文社会科学研究经费的使用规定仍然陈旧，报销流程繁琐。据笔者了解，这种现象在国内是普遍存在的。而一些机构的评价体系也极为不合理，许多研究人员不重视基础研究的重要原因也在于此，苛刻的量化评价体系导致科研人员根本没有可能去做那些长期的、“浸润而后突破”的研究。因此，加强对周边国家的国情研究，亟需打破这些人为的、不合理的障碍。

（三）要主动提高研究者的学术素养

高水平的周边外交研究，需要一支兼具熟练掌握对象国语言、长期深入体验经历、丰富历史文化知识、高度的问题敏感性以及浓厚知识兴趣的学者群体。尽管客观上存在着这样那样的问题，作为周边外交的研究人员应当充分发挥自己的主观能动性，承担起时代赋予的历史使命，为构建中国周边学、繁荣中国周边外交研究做出自己的贡献。这要求研究者们努力突破过去重热点轻基础、重关系轻国情等研究方式，加大对于周边国家国情的基础性和跨学科研究。这样，国情研究才能够使得中国周边学饱满充实，才能为国家周边外交提供科学的、战略性的智力支持。

对于进行周边问题研究的人员自身来说，已经开始从事研究的人员需要不断提高自身的科研能力，政治、经济、历史等学科出身的要重视语言能力的学习，尤其是要重视英语之外的小语种的掌握，学语言出身的也需要弥补相应的不足，提高研究者的综合素质。对于即将进入或有志进入科研行列的研究生而言，应当从学生阶段就有意识地塑造跨学科的知识储备的能力培养，尽量争取相关的资助，前往拟研究的对象国进行“浸入式”的学习和体验，以及必要的田野调查工作。在这方面，国家和学校应该给予更多的支持，给青年学者和广大研究生更宽松的科研空间和更充裕的经费支持。而高水平研究队伍和高质量研究机构的培育，必然也会吸引周边国家的学生、学者前来，从而使整个周边研究形成良性的互动。

结　语

中国的经济规模已经雄踞世界第二，常规军事力量也超越了俄罗斯仅次于美国。但是，我们还没有建立起与经济、军事实力相匹配的国际问题研究能力。而周边外交的“首要”地位随着“一带一路”倡议的推进日益凸显，周边地区作为我国成为世界性一流强国的起跳板地位日渐突出。在此背景下，更加重视中国周边学的研究已经刻不容缓，重视周边国家的国情研究也是提高周边研究质量的必经之路。正如美国学者所言，世界上许多国家可以布防导弹、派出驱逐舰，而只有少数国家可以成立布鲁金斯学会（Brookings Institution）或查塔姆研究所[①]（Chatham House）。从这个意义上讲，推进对包括周边事务在内的国际事务的高质量、精细化研究，助推中国周边学的研究和学术建设，本身也是中国崛起的一部分。

---

① 又称英国皇家国际事务研究所。

中国周边学与周边国家国情研究

陈妙玲

【内容提要】十九大以来，中国周边外交进入了新的历史机遇期。随着“一带一路”的推进，周边外交在整个外交战略布局的地位显著提升，涉周边外交问题研究蓬勃发展。中国周边学的提出旨在解决当前周边外交研究中面临理论基础缺失、研究范式单一、学科视角零散等问题；并从宏观学理的角度，系统地解答中国将如何应对和处理崛起背景下与周边国家的关系。作为中国周边学的核心研究客体之一，周边国家国情研究对于中国周边学的构建起到奠基石的作用，亦是中国在外交实践中把握周边国家动态的认识工具。因受到政策导向、学科体制、发展动力等因素影响，当前周边国家国情研究仍存在进一步发展的广阔空间，故需从研究范式、核心内容和研究能力三个方面进一步加强和革新周边国家国情研究。

【关键词】中国周边学　国情研究　周边外交

【作者简介】陈妙玲，复旦大学国际关系与公共事务学院外交学专业博士研究生。

一、周边国家国情是中国周边学核心研究客体

中共十九大报告提出以“构建新型国际关系”，“构建人类命运共同体”的总目标指导中共今后的外交工作。具体到处理周边外交，则强调以“亲诚惠容”的理念为指导，“与邻为善、以邻为伴”深化周边关系。十九大后，习近平主席出访

首选越南和老挝，周边外交在中国外交战略布局的“首要地位”更趋显著。鉴于中国对周边外交的重视提升，涉周边问题的研究方兴未艾。

长期以来，基于西方政治和经济的强势地位支撑，以欧美为核心的国际关系理论占据国际问题研究的主导控制权。[①]随着国际关系重心东移，传统的西方国际关系理论并没有将东方思维、东方想法纳入。因此，解释当前复杂多变的国际局势显得苍白无力。当前中国的周边外交研究分析高度依赖西方的区域研究理论，尚未形成以中国特色国际关系理论为基础的完整学科体系架构，理论基础缺失、研究范式单一、学科视角零散等问题突出。中国周边外交研究迫切需要构建自我研究的新路径。由复旦大学中国与周边国家关系研究中心提出的中国周边学研讨，亦是因应当前周边研究存在的问题而产生。中国周边学提出的双重意义在于：一方面，整合现有零散的周边外交研究成果，从核心概念、理论基础、研究范式等方面科学地构建中国周边外交研究学科体系；另一方面，中国周边学将系统地解答中国将如何应对和处理崛起背景下的周边关系。中国周边学的学科建设强调既要继续借鉴西方国际关系理论的精华，同时又要实质性地突破西方国际关系理论的局限，用中国特色的理论框架和思想去深入研究中国周边外交问题。中国周边学以中国的周边外交政策与周边国家国情为两个核心研究客体，强调建立具有中国特色的周边外交理论体系，运用跨学科的方法综合研究周边外交问题。

作为中国周边学的研究客体之一，研究周边国家国情对于中国周边学的构建将起到奠基石的作用，亦是中国在外交实践中把握周边国家动态的认识工具和基本功底。中国周边学是对中国周边区域国家研究的系统概括，涵盖了周边区域国别研究的概念，中国周边学的构建与加强周边国家国情研究相互关联，后者为前者提供基础支撑。

周边国家国情研究（Study on Neighboring Countries’ National Conditions）主要围绕周边国家的地理自然概况、政治、经济、军事、文化、外交（特别是对华外交）等方面进行综合性研究，既强调国家的特色，也横向对比国家间差异，同时又关注地区间国家的共通性。周边国家外交政策制定的现实需求决定加强周边国情研究的重要性。重要性主要体现两个方面：（一）周边国家的战略地位。大国在崛起

① Barry Buzan, Amitav Achary, *Non-Western International Relations Theory: Perspectives on and Beyond Asia*, Routledge, 2010, pp.259-265.

时会基于营造良好的周边环境目的，将周边国家作为自身和平崛起的重要支撑点和战略依托地带。[①] 主要体现在周边国家在影响中心国的国家利益、安全和经济发展发挥重要作用。（二）制定周边外交政策的现实需求。周边外交政策需要依据周边国家的现实状况和发展趋势进行不断的调整和修正，周边外交政策的内在逻辑是以周边国家的基本情况为参考依据。对周边国家有效信息资料的收集和研究，准确研判周边形势走向，既能提供地缘的安全保障，又能带来市场、资源等收益。

二、周边国家国情研究回溯

回顾建国以来国内学界对周边国家国情研究，研究关注的焦点由苏联为中心转变至美国为中心，再到现在的多元中心视角；问题领域从探讨对象国的政治制度发展到对经济、文化、社会等全方位的研究；研究范式从传统的历史哲学方法向多学科综合分析演进。[②] 周边国家国情研究的演变历程与中国的周边外交发展呈现基本一致。受到国际局势和国内因素的叠加影响，中国与周边国家关系历尽曲折和反复，以外交理念的转变和重要历史转折为划分，大致呈现以十年为周期的阶段性变化特征。[③]

建国初期的十年，中国迎来对外建交的第一个高潮，建交对象主要是苏联、朝鲜等社会主义国家，执行对苏联“一边倒”的外交战略。在政府外交政策和周边战略布局的需求推动下，为避免对国际形势的误判，以中国科学院国际关系研究所（现“中国国际问题研究院”）为代表的国际问题研究机构相继成立。研究成果多以内参报告为主，公开发表的论文和学术著作较少，公开发表的专著集中

---

① 于洪君：《中国和平崛起要营造良好的周边环境》，《人民论坛·学术前沿》，2018年第4期，第61页。

② 金灿荣主编：《中国高校哲学社会科学发展报告 1978–2008（国际问题研究）》，广西师范大学出版社，2008年11月，第109页。

③ 中国周边以十年为划分周期参见：石源华：《中国周边外交十四讲》，社科文献出版社，第185—204页；唐希忠、刘少华、陈本红著：《中国与周边国家关系（1949—2002）》，中国社会科学出版社，第7—14页；刘德斌、杨军主编：《大国风范—中华人民共和国外交历程》，世界知识出版社，第2—4页。

在宣传社会主义的优越性和苏联建设的经验。[①]相对于全面学习苏联的高涨情绪，美日等其他周边国家的研究则比较零散并以揭露资本主义黑暗面为主，代表著作有《腐烂的美国》《美国掠夺下的日本》等。[②]当时中国的国际关系研究尚没有很强的学科体系意识，加之社会主义阵营的划分和马克思主义意识形态的强势主导，使得当时的周边国家国情研究主观偏好的痕迹明显。[③]同时，受制于资料获取的渠道和时效性致使研究中加入很多臆测成分，研究方法也单一地限制在历史分析法、阶级分析法等马克思主义经典研究方法上。[④]

20世纪60年代，中苏之间因历史和现实问题产生分歧，中国开始修正对苏联“一边倒”的外交政策。虽然中美敌对冲突并未因中苏关系恶化而发生改变，中国开始与其他西方阵营的国家接触，中日关系在这一时期实现由“民间往来”到“半官方往来”的实质性突破。[⑤]1963年由中央外事工作小组撰写、毛泽东主席亲自批准的《关于加强研究外国工作报告》出台，该报告指出当时中国在国际问题研究上缺乏顶层设计和战略布局，专业研究机构和研究团队缺乏。鉴于最高领导层的指示以及相关配套制度建设和经费的支持，学界突破专注苏联研究的局限，开始尝试性研究其他周边国家，云南社会科学院印巴研究室、暨南大学东南亚研究所等一些系列区域国别研究机构在这一时期成立。这些研究机构最初以“国别研究、各国区域的解放运动、土地运动等议题研究为主”，研究方法由过去的主观偏好判断向开始重视田野调查转向。[⑥]《亚洲不发达独立国家的土地农民问题：印度、缅甸、印度尼西亚》《战后民族解放运动史》《美国对越南南方的干涉和侵略政策》《越南南方工人运动》等专著的出版亦映证当时的周边国家国情研究特点。

---

① 王军、但兴悟：《中国国际关系研究四十年》，中央编译出版社，2008年1月，第12页。这一时期，苏联研究的相关著作：主要有《苏联共产党是怎样建设的》（中苏友好协会总会编）、苏联的社会主义政治制度及其和平政策》（匡亚明著）、《苏联社会主义建设的伟大成就》（龙潜著）、《苏联农村改造的理论与实践》（吴藻溪著）等。

② 陈迎春：《建国初期的中国国际问题研究（1949—1956年）》，《国际关系学院学报》，2012年第3期。王青编：《腐烂的美国》（1950年9月，劳动出版社出版）；陈肇斌著：《美国掠夺下的日本》，世界知识出版社，1952年版。

③ 李琮、刘国平、谭秀英：《中国国际问题研究五十年》，《世界经济与政治》，1999年第12期；

④ 陈迎春：《建国初期的中国国际问题研究（1949—1956年）》，《国际关系学院学报》，2012年第3期。

⑤ 石源华：《中国周边外交十四讲》，社科文献出版社，2016年版，第192页。

⑥ 王军、但兴悟：《中国国际关系研究四十年》，中央编译出版社，2008年版，第14页。

20世纪60年代末到70年代中期，随着中苏关系破裂，中国在“联美抗苏”的斗争中，与邻国关系实现实质转变，中泰关系、中马关系等相继实现关系正常化。[①] 周边外交形势的积极好转，并未带动周边国家国情研究的发展。受到国内文化大革命和“极左”思潮影响，原本尚处于起步阶段的周边国家国情研究在这一时期基本处于停滞状态。进入70年代，大部分国际问题研究的教学、研究机构被裁撤、解散，《国际问题研究》《东南亚研究》(原名为《东南亚经济资料汇编》、《东南亚研究资料》)等学术期刊杂志停刊，当时周边国家国情研究工作基本上是由政府职能部门完成(主要是外交部和情报部门)。[②]。虽然遭受到国内政治斗争运动的打击，但这一时期的“国别研究与专题研究和教学中增加了对世界经济发展史、第三世界问题、资本主义危机等课题的探索”，出版了以《国际事务概览丛书》《世界史资料丛刊》为代表的译著以及《世界知识丛书》系列、列国志。[③] 总体而言，这一时期的周边国家国情研究处于低迷状态，内容和方法更多是前期的延续，革命语言与反帝语言成为话语的主基调，研究恢复了浓厚的意识形态色彩。[④]

1978年的十一届三中全会标志着我国发展的重心转移到经济建设，周边外交在这一时期对内服务于经济建设大局，对外奉行独立自主的“不结盟”外交新战略，初步形成相对安定友好的周边环境。[⑤] 改革开放以后，国内部分国际问题研究机构相继得到恢复与重建，按照地理区域划分，依托不同研究机构形成具有地域特色的地区研究分布模式，如吉林大学东北亚研究中心和厦门大学南洋研究所。[⑥] 出版政策的放开，为《俄罗斯中亚东欧研究》(原名《苏联东欧问题》)、《东欧中亚研究》)、《日本学刊》等专业性学术期刊的创办提供便利条件，思想交流的平台由此拓宽。同时，以《在国际舞台上》《当代美国国际关系流派文选》为代表的一系列学术著作在这一时期将西方的国际关系理论引入中国学界，改变以往对欧美国

---

① 张蕴岭、周方银：《中国与邻国的关系》，载王逸舟主编：《中国对外关系转型30年》，社会科学文献出版社，2008年版，第27页。

② 唐世平、张洁、曹筱阳主编：《冷战后近邻国家对华政策研究》，世界知识出版社，2005年版，第286页。

③ 王逸舟：《过渡中的中国国际关系学》，《世界政治与经济》，2006年第4期，第4页；王军、但兴悟：《中国国际关系研究四十年》，中央编译出版社，2008年版，第41页。

④ 王军、但兴悟：《中国国际关系研究四十年》，中央编译出版社，2008年版，第38页。

⑤ 石源华：《中国周边外交十四讲》，社科文献出版社，2016年版，第197页；刘德斌、杨军主编：《大国风范——中华人民共和国外交历程》，世界知识出版社，2013年版第3页。

⑥ 王栋、贾子方：《论中国外交研究的三大传统》，《外交评论》，2010年第4期，第9页。

际问题研究作品的漠视态度。[①] 这一时期，由于西方理论研究的传播拓展学界研究视角，周边国家国情研究逐步脱离原有单一的“历史解读”，逐渐发展成学术研究和现实关注并重的形势；从原来普遍重视宏观层面研究，转向关注中观层面和微观层面，但主流仍然以国家中心为视角进行研究。

20 世纪 90 年代两极格局对峙局面结束，第三世界的崛起、多边主义以及国际组织快速发展，中国与周边国家关系进入良性发展轨道。中共十四大报告将“周边国家”从“第三世界”概念中划出单列，整体周边外交概念逐步形成。1999 年以来，教育部确定了 9 个国际问题研究重点基地，包括复旦大学美国研究中心、吉林大学东北亚研究中心、华东师范大学俄罗斯研究中心等，为中国的周边国家国情研究提供平台和资源支撑[②]。面向具体实际问题的研究逐步取代以国别区域的整体性研究，开始关注地区国家的热点和现状问题，研究多元化和多样化的事实已形成。[③] 以韩国国情问题研究为例，随着中韩在 1992 年正式建交，韩国国情研究的内容从以往主要围绕抗美援朝战争等历史题材转向探究韩国经济发展的内外因并在 90 年代初形成了一个高潮。[④] 韩国问题研究机构也应中韩关系改善在全国范围内兴建，打破了原有多集中于东北一地的局面，复旦大学、浙江大学、南京大学等高校相继成立韩国研究所（中心），开展的研究工作各具特色。这一时期，在西学东渐的形势下，中国的周边国家国情研究方法尝试依靠西方国际关系理论与方法实现“理论转向”的转变。另一方面，全球化的发展促使国家以外的行为主体陆续登上国际舞台，多元化的国际行为体出现无形中分散了研究者对国家这一行为主体的关注度。[⑤]

十八大开启了中国周边外交的新时期。2013 年，周边外交工作座谈会进一步

---

① 倪世雄、许嘉：《中国国际关系理论研究——历史回顾与思考》，《欧洲》，1997 年。

② 门洪华：《关于中国国际关系研究现状的评估报告》，《欧洲研究》，2002 年第 3 期，第 93 页。

③ 王军、但兴悟：《中国国际关系研究四十年》，中央编译出版社，2008 年版，第 38 页。

④ 石源华：《中国韩国学研究的回顾与展望》，《当代韩国》，2002 年第 1 期，第 75 页；郑成宏：《当代中国的韩国学研究现状与趋势》，《中国社会科学院研究生院学报》，2003 年第 1 期，第 89 页。这一时期关注韩国经济的代表专（译）著有：《南朝鲜经济开发战略和展望》（张世和著）、《南朝鲜经济的崛起》、（傅德棣著）《南朝鲜经济发展战略演变》（刘永焯著）、《韩国经济腾飞的奥秘：“汉江奇迹”与朴正熙》（金正濂著，张可喜译）等。

⑤ 汪卫华：《学科研究与区域研究如何共容》，http://www.aiweibang.com/yuedu/94820386.html，访问时间：2018 年 6 月 1 日。

明确周边外交在我国外交布局中的首要地位。响应中国周边外交战略调整的需要，国别研究、国情研究再度兴起。作为影响“一带一路”倡议纵深推进的重要因素，周边国家的对华政策与其政治体制、历史渊源和经济发展情况等国内因素有密切联系。因此，丰富对周边国家的细节认识，为中国外交政策提供实证支撑，成为众多学者关注的焦点。与此同时，国家从政策引领、学科培育、资金扶持、人才培养等方面对国别研究予以支持。教育部于2015年公布《国别和区域研究基地培育和建设暂行办法》，鼓励高校培育和建设“教育部国别和区域研究基地”。[①]2016年，首批37个区域和国别研究培育基地批准立项，由教育部宏观统筹指导并给予经费支持。从现有的研究成果分析，周边国家国情研究的视角收缩，重点转向丰富和发展关于某一特定国家的知识结构体系，以更为立体的多视角呈现周边国家的情况。[②]据不完全统计，目前共设有500多个关于全球地区国别研究机构，其中涉及周边国家和地区有300多个，从周边区域整体到具体国别的研究均有涉猎，基本将中国的“周边国家”研究实现覆盖。[③]

历尽近七十年发展的周边国家国情研究在研究方法、跨学科理论等方面取得不俗成绩，但受到政策导向、学科体制、发展动力等因素影响，存在的问题也不容忽视。首先，政策和社会的强势主导影响研究的均衡发展。基于米歇尔·福柯（Michael Foucault）的“权力－知识”理论，中国周边外交政策的调整直接主导对周边国家的认知和范围划分，影响周边国家国情研究的演进。[④]周边外交政策引领

---

① “教育部发布国别和区域研究基地培育和建设办法”，人民网，http://edu.people.com.cn/n/2015/0210/c1053-26540129.html，访问时间：2018年6月12日。

② 王存刚：“一带一路”呼唤深化国别研究，中国社会科学网，http://ex.cssn.cn/zx/bwyc/201607/t20160726_3134879_1.shtml，访问时间：2018年5月13日。这一时期的学术成果不仅是对周边国家某一具体问题的深入研究，同时大量介绍周边国家情况的国外译著翻译：《日本政治文化与选举制度：以政治家后援会为中心的研究》（朱晓琦著）、《韩国经济转型的逻辑：一个新兴经济体的改革与突破》（李天国著）、《柬埔寨经济社会地理》（毕世鸿著）、《韩国社交媒体文化：SNS的发展与韩国社会》（（韩）金银美著，邢丽菊，刘英涛（译））、《文化中行“一带一路”国别文化手册》（社科文献出版社主编）等。

③ “中国区域国别研究单位及机构榜单全整理”，搜狐网，http://www.sohu.com/a/167268851_618422，访问时间：2018年4月24日。主要涉及周边研究的学术机构有：中国社会科学院亚太与全球战略研究院中国周边研究室、华东师范大学周边合作与发展协同创新中心、云南大学周边外交研究中心、广东外语外贸大学中国周边战略研究中心以及复旦大学中国与周边国家关系研究中心等。

④ Michael Foucault, *Power/Knowledge: Selected Interviews and other Writings 1972-1977*, Cornell University Press, 1983. p187.

研究者的关注点——区域内的中小国家常被忽视，研究成果主要集中在周边大国；产出的研究成果也更多地是为了满足国家外交政策需求的咨政建议，缺少全局性的中长期跟踪研究，学术性研究相对弱化。这种优先秩序的设定带来的连锁反应是削弱了那些经济欠发达国家、国家实力较弱的国家的人才培养和研究资金投入。另外，大众传媒、公众消费需求也加剧了这一研究不平衡现象，削弱了研究的多样性，导致当前的研究太过于集中在热点问题和大国研究上（特别是对美俄日印关注更多）。①

其次，周边国家国情研究与现行学术体制产生的矛盾。回顾中国的周边国家国情研究发展，本质上是一个不同学科不断融合和分化的过程，以跨学科方法研究为标志性特点。由于学科的专业化和课题要求的精细化，不同学科之间的交叉研究存在困境。② 学科化一方面推进了周边国家国情研究在单一学科领域的深入，同时也导致周边国家国情研究存在研究内容差距大，缺乏学科之间的联动协调研究。较为分散的学术力量并未实现研究的整合，导致研究碎片化现象明显。“部分选题细碎、分化、过于零散的状况，以致形成了研究越来越缺乏面对时代演变的重大命题时，缺乏直接的担当国家发展、民族复兴、时代使命的倾向。”③

最后，学科发展内在动力不足和研究困境。由于中国国内的国别研究理论尚未形成，从研究范式到核心概念大多借鉴西方的理论，尤其是美国的地区研究理论（area study）。随着“人类命运共同体”“互联互通”“共商共建共享”等具有中国特色的国际关系理念提出，传统西方国际关系理论的“零和博弈”“冷战思维”对当前国际局势的解释乏力，建设有中国特色的国际关系理论和大国外交研究体系提上议事日程。如何将构建中国特色的国际关系理论融入周边国家国情研究，仍处在探索阶段。除此之外，现有的国情研究成果多数集中在简单的国家情况记述，缺少深入、系统分析，学理研究与事实陈述缺乏适当的结合。④ 描述性思维传统占据主流，缺乏问题反思，现实问题与历史背景探究缺乏有效结合，例如在东

---

① 唐世平、张洁、曹筱阳主编：《冷战后近邻国家对华政策研究》，世界知识出版社，2005年12月，第293页。

② Alann P. Bedford, https://note.youdao.com/share/mobile.html?id=c28c702cc76c60fe4ef635953258090b&type=note#/，访问时间：2018年5月10日。

③ 刘鸿武：《打破现有学科分界是人文学科的发展之路》，中国社会科学网，http://www.cssn.cn/gd/gd_rwhd/gd_mzgz_1653/201406/t20140624_1225205.shtml，访问时间：2018年7月16日。

④ 于铁军：《中国国际关系研究的问题与反思》，《教学与研究》，2005年第11期，第51页。

南亚华人华侨研究中，通常只是记叙反华事件发生的过程，很少联系族群冲突背后的的社会根源，将事件置于历史情景当中分析。①

三、加强周边国情研究为当务之急

作为当前服务于中国外交战略的核心手段，“一带一路”倡议的提出旨在带动中国西部地区快速发展，推动中国与沿线国家共同发展。作为一个具有开放包容性质的倡议，“一带一路”倡议综合反映中国在处理与周边国家关系追求的是利益共享的平衡，并非一种对立的、排他性的结盟。

随着“一带一路”的推进，中国正逐步走进世界舞台的中央，打开了全面开放的外交新格局。②从中国实力现状和发展路径的选择分析，相较于多边主义属性，“一带一路”的区域主义属性特征更加突出，集中精力解决周边国家事务才是当务之急。③中国外交开始深耕周边国家和地区，“周边国家”的定义突破传统地理范围界定的海陆接壤邻国的概念。中国作为世界上陆地邻国最多、拥有最长陆地边境线的国家，其周边国家呈现出国家实力差距大、社会文化多元化的特点，周边国家之间异质性大于趋同性。④虽然中华人民共和国历届政府对于周边外交有不同的定位和发展方向，但始终致力于营造一个稳定、合作与繁荣的周边环境。

在“一带一路”的带动下，中国与周边国家的政治、经贸等往来日益密切，构建“人类命运共同体”的目标同时加速了中国与周边国家利益共享、风险共担的关系共建。然而，周边国家对中国快速发展和“一带一路”推进的疑虑渐涨，冲突和摩擦不断。这种反差实质上揭示了中国快速发展给现行周边地区秩序带来了震荡，中国的周边外交政策正受到认知惯性、政治文化差异与社会心理失衡等方面的国际社会压力。这些冲突和摩擦的产生很大程度上源于对周边国家缺乏深入了解，外交政策与当地实际情况不匹配。中国与周边国家互动过程产生的现实问题，亦催生加快周边国家国情研究的需求。除此之外，民心相通作为“一带一路”

① 黄明翰、赖洪毅：《中国东南亚研究面临的学术挑战》，张鹏译，《东南亚研究》，2006年第4期，第21页。

② 高飞：《改革开放40年中国外交的历程与启示》，《当代世界》，2018年第5期。

③ 李向阳：《“一带一路”：区域主义还是多边主义？》，《世界经济与政治》，2018年第3期。

④ 张蕴岭、周方银：《中国与邻国的关系》，《中国对外关系转型30年》，社会科学文献出版社，第23页。

的根本归宿，强调中国在对外交往中需要加强民众共识和互动，民众互信任建立在对该国充分了解的基础之上。[①] 为破解周边外交期待收效与现状相背离的困境，中国需加强对周边国家的细节深化认识，弥补周边国家认知与其发展现状之间的差异。新形势下周边国家国情研究被赋予了新的要求，"一带一路"的推进促使国别研究重回研究者的视线，深度思考沿线国家的发展情况以及对华政策。中国国家利益的外溢效应推动周边国家国情研究，而扎实的周边国家国情研究又会进一步促进中国周边外交的扩展。[②] 中国周边外交政策与周边国家国情研究具有双向互动的效应。

除了中国自身周边外交的发展对加强周边国家国情研究提出需求，纵观世界大国崛起的历程，出于政策和现实需求，都有加强对周边国家国情研究的历史先例，美国的区域国别研究最具代表。区域国别研究作为美国二战后加强同世界联系的产物，助推美国的全球战略布局。[③] 作为美国的近邻，拉丁美洲一直是美国重点关注对象，美国从政治、经济、文化、历史等各方面对拉丁美洲国家进行全景式综合研究，同时也强调运用跨学科的方法对个案细节进行研究。以密歇根大学为代表的研究机构以地理信息系统（GIS）为依托，整合自然科学、社会科学和综合史学的资料，实现跨学科的数据资料利用和对比，支持综合性地区研究。[④] 早在1928年美国拉美史学家就成立了拉丁美洲历史大会。[⑤] 据不完全统计统计，美国大学成立了一百多个拉丁美洲研究中心或项目机构，研究领域从传统拉丁美洲历史、政治延伸到公民社会建立、种族问题复兴等新问题。[⑥] 同时洛克菲勒基金会和卡内基基金会等予以资金上的大力支持。美国的拉丁美洲国家研究，除了服务于美国国际战略，同时还向美国企业界提供拉美国经济和商业分析，充分利用拉丁美洲

---

① 李自国：《"一带一路"愿景下民心相通的交融点》，《新疆师范大学学报（哲学社会科学版）》，2016年第37期第三版。

② Michael D. Swaine, "Chinese View and Commentary on Periphery Diplomacy", *China Leadership Monitor*, July 28, 2014, p.9.

③ Lelie B. Rout and John F. Bratzel, *The Shadow War: German Espionage and United States Counterespionage in Latin America During World War II*, University Publications of America, 1986;梁志：《美国"地区研究"兴起的历史考察》，《世界历史》，2010年第1期，第32页。

④ 何培忠主编：《当代国外中国学研究》，商务印书馆，2006年版，第84页。

⑤ 梁志，《知识与政治：冷战时期美国的拉丁美洲研究》，《社会科学战线》，2012年第6期，第93页。

⑥ 韩琦：《美国高校拉丁美洲研究与教学的经验：一个区域研究的范例》，《历史教学问题》，2014年第4期，第113页。

国家资源服务美国建设，例如密歇根州立大学的拉美和加勒比研究中心与本校工商学院合作，为当地的工商企业提供有关拉美经济和当地投资情况的信息。[①]美国的拉美研究成为配套性综合研究，以高校和研究机构为依托，对内为美国政府的拉美政策和国家发展提供信息支撑，也向社会和大众普及相关知识；对外则加强美国与拉美国家的合作和交流，成功地扩散和支撑美国的国际软实力。美国拉美研究的有益经验值得中国在加强周边国家国情研究中学习和实践。

四、推进周边国家国情研究的对策建议

为解决中国周边外交的现实问题，同时反思当前中国国情研究的存在的问题，中国周边学应从研究方法创新、研究内容转变以及研究能力提升三个方面推动周边国家国情的研究。

一是研究方法的创新。周边国家国情研究不是某一学科独有因素，而是若干学科的共有现象。因此，单一学科的研究方法，不可能从国情总体的角度揭示国家发展的内在规律和本质，国情是整体性和多样性的统一。[②]周边国家国情研究需要综合的研究分析方法，以实地调查和文献研究为基础，结合历史发展的眼光，既需要从纵向发展演绎的视角研究具体国别的发展脉络，同时也需要运用横向对比研究的方法剖析周边国家的差异性。首先是对有效信息的收集、整理和利用。研究资料的丰富程度直接决定研究内容的深度和广度，既要有史料档案、信息情报资料的收集，同时还需要全面地梳理、归纳、分析，客观呈现周边国家的基本情况。相对于美国在国别研究强调跨学科并重和系统化理论支撑的发展趋势，日本以实证研究见长，其在中国研究问题上丰富且翔实的资料收集值得借鉴。日本论说资料保存会刊行的《中国关系论说资料》自 1964 年创刊以来，收集日本以及海外研究中国问题的重要研究论文，为全方位且持续深入开展中国问题研究提供翔实的资料。[③]除此之外，东洋文库、京都大学人文科学研究所等机构保存和挖掘了大量在中国本土所缺失的文献信息资料，为日本成为中国问题研究的重地奠定

① Thomas E. Skidmore Source, “Studying the History of Latin America: A Case of Hemispheric Convergence,”*Latin American Research Review*, Vol. 33, No.1, 1998, p.119.

② 吴泽、朱贤枚主编：《中国国情学》，中央广播电视大学出版社，1990 年版，第 2 页。

③ 何培忠主编：《当代国外中国学研究》，商务印书馆，2006 年版，第 127 页。

基础。针对周边国家的实际情况，研究者利用田野调查系统地收集信息资料，再通过实地调研的成果反思和“击破”思维定势，将学理性的研究置于周边国家的实际发展现状当中，弥合学科研究和国情研究相互割裂的局面。其次，方法论需要摒弃“中国中心主义”的范式和过度强调中国本位，锐意探索具有启示性的周边国家国情研究方法。[①]周边国家的国情研究需要超越历史上朝贡制度遗留下来的“中国中心论”的认知逻辑和思维方式，摒弃以中国自身的经验来审视、预判在周边国家的基本情况。在研究周边国家国情时，要摆脱“国家情结”对其他国家臆断，否则容易陷入以“他者”角度进入研究的身份困境，对问题的理解和深入将有所欠缺。由于我国对美欧日等大国的研究相对比较成熟，所以“中国式思维”在大国研究中相对少一些，但在周边中小国家研究中则相当普遍。[②]最后，摆脱原有的孤立的国别研究和西方二元对立的研究模式，逐步融入跨学科的研究方法，加强周边外交工作的针对性、有效性和主动性。依据旧有的西方国际关系理论，国际社会依靠均势维持秩序，一旦其中一国崛起导致平衡打破到控制力式微，最终又将回归到多元的平行状态。用这种模式来解读中国与周边国家关系难免会陷入二元对立的对抗性思维。中国与周边国家关系并非竞争排斥，而是追求良性互动下的利益共享。周边国情研究需要强调理论的多元性，从认识上跳出原有“西方”的“世界”观念，推行和倡导的“跨文化理解”和“文化相对主义”，扩展到更为广大的真正意义上的全球范围。[③]

二是研究内容的转变。随着中国周边外交战略的调整，周边国家国情研究内容也应映外交转型而不断发展。国别研究要改变当前以问题研究为主的局面，从问题研究逐步转向理论研究，进而再上升到学科研究，从细化研究内容上提升研究质量，改变当前大量单一重复研究的现状。[④]多数国家只研究某地区或某国的语言、文学、历史、宗教等属于人文学科的问题以及政治、经济、军事、外交等属于社会科学的问题，日本的国情研究更精细化，把某个地区或国家的土壤、农业、医学甚至海洋等内容纳入其中。[⑤]周边国家国情的多维性决定除了对基本的自然地

---

① 唐世平、张洁、曹筱阳主编：《冷战后近邻国家对华政策研究》，世界知识出版社，2005年版，第286页。

② 李晨阳：《区域国别研究中的“中国式思维”》，《世界知识》，2017年第22期。

③ 牛可：《美国地区研究创生期的思想史》，《国际政治研究》，2016年第6期，第9页。

④ 高歌：《站在学科高度进行国别和地区研究》，《俄罗斯学刊》，2015年第2期，第11页。

⑤ 李晨阳：《区域国别研究的学科化》，《世界知识》，2018年第7期，第73页。

理信息、政治制度、经济发展现状等宏观信息掌控，当前研究以概述性的宏观问题研究为主。未来的研究需要由核心要素拓展到边缘，对周边国家形成全方位的了解和精准研究，深入到对象国的内部细节，包括社会结构分层、政治生态、民众心理等，为中国周边外交的政策制定和落实，提供更加翔实的依据。由于政策的时效性较强，导致当前依靠短期调研产出的国情研究报告比比皆是，但是这些研究成果的内在细节经不起推敲和深究，国家内部情况各要素割裂分析，周边国家国情研究更强调的是长期的跟踪关注。[①] 由此，在对周边国家国情研究时必须建立起一个长期的分析框架，不能被短期变化或者突发事件所影响，要充分把握国家发展的内生继承性。

同时，周边国家国情研究要统筹兼顾、突出重点，在研究对象的选取上需要全面，不能狭隘地局限于周边大国的研究而忽视对于中小国家的研究。受实用主义思维制约，当前周边外交研究存在顾此失彼的现象，大国研究占据主流优势地位，中小国家研究边缘化，相关专业人才短缺。[②] 中小国家的国情研究对于中国周边外交布局同样具有战略价值，也契合构建“人类命运共同体”对相关国家予以合理关切的要义。如之前南海仲裁案时中菲之间的剑拔弩张到杜特尔特上台中菲关系的转圜，菲律宾全力支持“一带一路”和“亚投行”，其对中国周边外交在东南亚产生的积极推动不言而喻。周边国家国情研究既尊重国家个体的差异性，又重视相互之间关联性，兼顾同质性和异质性。[③] 中国才能具体地、有区别地、有层次地针对不同国家制订相适应的外交政策，开展不同层次的工作，实现各种形式不同的“合作共赢”和构建方式各异的“命运共同体”。

三是制度性安排完善。周边国家国情研究机构历经了以国别为分类标准到以政治、经济、社会文化等问题领域为线索的发展轨迹。[④] 研究机构数量的增加和研究队伍的扩容并不意味着高质量的国情研究成果产出，目前有积累、有特色的国别研究机构主要集中在少数几个单位。[⑤] 除了政策引领和资金扶持制度，研究机构

---

① William G.Moseley, “Area Studies in a Global Context”, *The Chronicle Review*, p.3.

② 韦民：《小国与国际关系》，北京大学出版社，2014 年版，第 51 页。

③ “乔治·卡欣：在地区研究和冷战之间”，文汇报，http://share.iclient.ifeng.com/lady/vnzq/shareNews?cid=0&aid=127470585，访问时间：2018 年 5 月 21 日。

④ 王军、但兴悟：《中国国际关系研究四十年》，中央编译出版社，2008 年版，第 241 页。

⑤ 王存刚：“一带一路”呼唤深化国别研究，中国社会科学网，http://ex.cssn.cn/zx/bwyc/201607/t20160726_3134879_1.shtml，访问时间：2018 年 5 月 13 日。

需要从发展定位、人员架构、学科整合等方面逐步强化自身研究实力，提高研究成果质量.

“一带一路”的建设呼吁加强对周边国家的国情研究需求，随之而来的将是对专业人才的高要求。当前，跨界且具有国际影响力的专家较少。[①] 在专业人才的培养方面，应兼顾语言的学习和国际政治、历史、人文等知识的广泛涉猎。加强小语种的学习必不可少，但并非如当前一味地注重语言能力的训练和培养，却忽视其他人文基础知识的积淀，国情研究要求研究学者能扎根于对象国的政治制度、历史发展、地理环境等，需要具有综合的分析研究能力，改变研究队伍知识结构失衡。扎实的语言基础是国别研究的基本门槛，同时需要具备国际关系研究的基本素养，两者的结合才是培养专业研究周边国家人才的未来方向。在目前的形势下，“重归纳和陈述历史事实、轻分析”的学术传统科仍然占据主流，需要从增设研究方法的基础课程方面改变这一困境。[②] 同时，还需要加强对外学术交流，拓展国际学术视野，借鉴别国的研究经验，提高问题领域研究的客观性。[③]

周边国家的政治多元化、经济发展差异大、社会情况复杂的基本状况毋庸置疑。深入研究周边国家国情具有服务周边外交的学术建设的理论价值，同时也具有满足政府决策需求的现实意义。作为基础性研究，周边国家国情研究为构建中国周边学提供基础支撑。同时，这也是一种与国际对话的过程，只有真正的“知己知彼”，才能使中国的周边外交政策从被动应对周边外交的冲突与摩擦转变成积极作为，前瞻性地应对周边问题。中国在推进周边外交政策的过程中，既要立足于中国自身利益，同时需要辅之以周边国家立场上的换位思考，从实践上反思中国周边外交工作开展过程中的问题与经验。依据不同国家的情况，制定周边外交政策时形成不同的对策方略，才能最终推进周边外交取得务实进展，推动中国周边学的建设。

---

① 沈国麟：《大国外交须加强国别研究》，《光明日报》，2016 年 9 月 28 日，第 16 版。

② 唐世平、张洁、曹筱阳主编：《冷战后近邻国家对话对华政策研究》，世界知识出版社，2005 年 12 月，第 298 页；阎学通、孙学峰：《国际关系研究实用方法》，人民出版社，2001 年 9 月，第 3 页。

③ 毛莉：“国别研究要善于解剖麻雀”，中国社会科学网，2016 年 11 月 16 日，访问时间：2018 年 7 月 30 日。

中国周边学与国家外语能力建设

蔡　建

【内容提要】中国周边学是一门新兴学科，以中国周边国家和地区为研究对象，知己知彼，才能百战不殆，加强国家外语能力建设，推广和完善对周边国家语言的教育，具有十分重要的意义。本文主要指出了中国周边国家语言需求现状及小语种教育的严重不足，分析了导致这一不足的原因，并在此基础上提出了自己的思考和建议。

【关键词】周边学　国家外语能力　外语教育政策

【作者简介】蔡建，复旦大学国际问题研究院副教授。

中国周边学以中国周边国家与地区为特定研究对象，是为中国发展塑造和平稳定的周边环境提供智力支持为宗旨的一门新兴学科。中国周边学属于地区国别研究，与一般性的国际关系研究追求普适性、规律性的一般知识不同，中国周边学更接近现实问题的研究，以探究地方性、精细化的知识为目标，并在对周边国家与地区深入研究的基础上为国家制定周边战略、开展更具针对性和舒适度的周边外交政策，提供具有参考意义的学理建议。“工欲善其事，必先利其器”，知己知彼，才能百战不殆，因此，加强国家语言能力建设，推广和完善对周边国家语言的教育，加深对周边国家的了解与认知，就成为中国周边学建设的一项紧迫任务。

一、中国周边学兴起面临周边外语人才匮乏的困境

关于周边的概念，学术界一直有一些不同的看法，有小周边的概念，指中国地理意义上的邻国（包括陆上邻国和海上邻国），也有大周边的概念，除了东北亚、东南亚、南亚、中亚之外，还包括澳新地区和美国。① 很多学者强调，鉴于美国在国际事务中的重要性以及在亚太地区的重要作用，中国周边国家必须包括美国，因为无论在经济上，还是在安全上，美国都是一个不容忽视的存在，中美关系的性质与状态，对中国与其他周边国家具有独特影响。因此，按照大周边的概念，中国的周边国家包括：日本、韩国、朝鲜、蒙古、俄罗斯、哈萨克斯坦、吉尔吉斯斯坦、塔吉克斯坦、阿富汗、巴基斯坦、印度、不丹、尼泊尔、孟加拉、泰国、老挝、缅甸、越南、马来西亚、印度尼西亚、菲律宾、文莱、新加坡、澳大利亚、新西兰、美国等国家。

中国周边学的基础应该是对这些周边国家的国别研究，只有对周边不同国家的政治、经济、历史、文化等基本情况有深入的研究，确切的把握与了解，才能揭示地区发展的一般规律，总结地区的本质特征，才能做到有的放矢，提供有价值的政策建议。但目前我国的周边国别研究中存在着明显的问题和不足：一是研究不平衡，即对美、日、俄、印等大国研究的多，对一些小国缺乏应有的关注；二是缺乏足够的实地调研，特别是对周边的一些中小国家的实地调研严重不足；三是小语种人才短缺。这使得我国目前的周边研究存在着严重的不足，既与国家的现实需求之间存在较大缺口，也与我国在国际社会中的地位不相匹配。

制约目前周边国别研究的一个重要因素，就是国家语言能力的不足与失衡。以“一带一路”研究为例，自我国提出“一带一路”倡议以来，我国相关研究迄今还主要使用中英文资料。据初步统计，“一带一路”沿线的 64 个国家使用的语言约 2488 种，占人类语言总数的 1/3 以上。境内语言在 100 种以上的国家就有 8 个。“一带一路”沿线 64 个国家中，共有 78 种官方语言，排除同一种语言作为多个国家官方语言的情况，“一带一路”沿线国家的官方语言（不包括华语）共计 54 种，

---

① 马建英：《中国周边学的构建——内涵、动力与方向》，《中国社会科学报》，2018 年 7 月 13 日。

而就目前中国培养外语人才而言，沿线 64 个国家的 54 种官方语言，国内高校开设的只有 43 种，仅有 1 所高校开设的语言有 11 种，有 11 种语言尚未开设，因此，相关外语人才十分短缺。[①]

目前国内开设语种最多的专门院校北京外国语大学能够提供 98 种语言的教育，[②] 但除了英语、俄语、法语、西班牙语、阿拉伯语、日语、朝鲜语、印度尼西亚语、柬埔寨语、德语、土耳其语、意大利语等 27 种常用外语常年招生外，其他非通用语专业隔一年或隔数年才招生（资料见北京外国语大学招生网站），[③] 上海外国语大学则提供 40 余种外语教育，常年招生的有 26 种语言，[④] 这不仅没有覆盖我国周边国家的 23 种官方或通用语言，更远远不能覆盖与我国 172 个建交国家涉及的约 95 种通用语言，这一方面跟发达国家的语言教育有很大差距，比如，美国哈佛大学有 90 个语种的教授能力，英国伦敦大学有 80 多个语种，圣彼得堡大学有 160 多个语种，莫斯科大学有 120 多个语种，法国国立东方语言文化学院有 90 多个语种，日本东京外国语大学和大阪大学也分别开设有 60 多个语种。[⑤] 另一方面跟我们的邻国，人口不足 6000 万的中等强国——韩国相比，也有一定的差距。韩国外国语大学常年开设有 45 种语种教育。[⑥] 这还是仅仅指官方语言而言，更不用说那些多民族国家的各种民族语言了，比如，俄罗斯有 194 个民族，除了国语俄语之外，每个加盟共和国都有自己的国语，菲律宾有 70 多种语言，印尼有数百个民族，200 多种语言。

深化同周边国家关系，离不开必要的知识储备和智力支持，因此，大力加强国家外语能力建设，是中国周边学创立和发展的一项刻不容缓、亟待完成的任务。

---

① 《“一带一路”沿线国家语言情况研究》，《中国社会科学报》，2017 年 2 月 28 日。

② 详见北京外国语大学网站 http://www.bfsu.edu.cn/。

③ 详见北京外国语大学网站 http://www.bfsu.edu.cn/。

④ 详见上海外国语大学网站 http://www.shisu.edu.cn/。

⑤ 《培养全球治理人才 高校准备好了吗？》，《中国教育报》2017 年 3 月 9 日，http://www.clner.com/html/jiaoyukeyandongtai/91002.html，参见辽宁教育科研网，检索日期 2018 年 8 月 25 日。

⑥ 详见韩国外国语大学网站 http://www.hufs.ac.kr/。

二、中国国家语言能力的发展与现状

中国周边学的兴起与中国崛起密切相关，一个国家在某一地区的影响力与该国对该地区内的国家以及地区整体全面、深入的了解与深刻的把握高度关联，而对一个国家和一个地区的深入研究离不开对这个国家的语言的教育，这构成了一个国家的重要能力，即国家语言能力。[①]

国家外语能力是国家经济文化竞争力的重要支点。外语教育是中国教育事业的有机组成部分，对于国家总体战略的有效实施具有重要的支撑作用。近年来，随着中国综合实力的不断增强和国际影响力的不断提高，中外交流日益增多，同时，中国的海外利益范围也在成倍地扩大，随着中国参与国际事务和国际竞争日趋频繁，国家面临着越来越多问题的考验，诸如领土安全、经济安全、主权安全、军事安全、文化安全、信息安全等等，日益成为国际政治与国家关系研究领域的焦点问题。而在处理诸如此类涉及国家安全事务的过程中，语言的作用被提升到了空前的高度。

语言是一种有用的资源，有着多方面的属性。就个人层面而言，“公民个人语言能力的强弱直接影响民族素质和国家人力资源质量与水平，进而影响一个国家的经济创造力和发展力”；[②]在国家层面，能否充分“掌握利用语言资源、提供语言服务、处理语言问题、发展语言及相关事业”直接关乎国家的经济利益乃至综合实力。[③]这里涉及的语言能力就是“国家语言能力”。“国家外语能力”是由国家语言能力延伸而来的一个重要概念，是“一个国家运用外语以确保国家安全和在政治经济科技等领域有国际竞争力的能力”，[④]作为国家语言能力的重要组成部分，在全球化进展中，国家外语能力建设显得尤其重要。

尽管学术界、政府文件和国家领导人都发出了提高中国全体公民外语能力、学习国外先进科学技术、赶上世界发达国家水平的呼声，但从国家的整体战略规

① 赵世举：《全球竞争中的国家语言能力》，《中国社会科学》，2015年第3期。

② 同上。

③ 文秋芳：《国家语言能力的内涵及其评价指标》，《云南师范大学学报》，2016年第2期。

④ 蔡基刚：《国家战略视角下的我国外语教育政策调整——大学英语教学：向右还是向左？》，《外语教学》，2014年第2期。

划和实践效果来讲，都还存在着很多的不足和问题。造成这种不足的原因有以下几个方面：

1. 战略意识不足

中国外语教育思想长期停留在外语的知识培育和技能训练的专业教育思维模式上。外语教育的关注点在于个体发展的实用性，而不是自觉地服务于国家战略利益。尽管学术界、政府文件和国家领导人都发出了提高中国全体公民外语能力、学习国外先进科学技术、赶上世界发达国家水平的呼声，但近期《国家中长期人才发展规划纲要（2010—2020年）》和《国家中长期教育改革与发展规划纲要（2010—2020年）》对外语教育和外语能力建设的战略地位以及如何具体推进其发展均没有深入阐述。① 从具体外语教育实践来看，中国现时的大学英语课程标准，从改革开放至今尽管历经40年的改革，仍旧定位在提高语言技能的“打基础”阶段。

2. 战略规划严重不足

战略意识的不足，直接导致了中国整体上缺乏连贯而持续的外语战略规划和制度体系建设。

建国后，我国的外语教育政策经历了起起伏伏，大体上可分为三个阶段。

第一个阶段：重视俄语，削弱英语。

建国后，中国加入了苏联为首的社会主义阵营，外交上实施一边倒的政策，这体现在外语教育上，就是1950年8月教育部颁发的《中学暂行教学计划草案》。② 该草案规定：初高中需设一门外语课，如有条件，如师资、教材等，则宜设俄语，但已授英语之班级，仍应继续授英语。从这个教学计划可以看出国家要积极推行俄语教育的决心。

1952年3月，国务院颁发了《关于全国俄文专科学校的决定》，指出要进一步大力培养俄文干部。③ 因此，在新中国成立的最初七年里，由于受到国际政治局

---

① 仲伟合、王巍巍、黄思谋：《国家外语能力建设视角下的外语教育规划》，《语言战略研究》，2016年第5期，第46页。

② 崔允漷、柯政、林一钢：《我国普通高中课程计划的历史演变》，《教育研究》，2004年第1期，第87页。

③ 刘利民：《新中国俄语教育六十年》，《光明日报》，2009年9月25日。

面的深刻影响，我国的外语教育政策，俄语教育最终压倒了英语教育。

第二阶段：英语教育得到恢复和发展。

由于前一阶段俄语教育发展过快，招生过多，俄语人才大大超过了国家发展的需要。

国家逐渐意识到英语教育应适当恢复，同时也由于苏共二十大之后，中苏开始分道扬镳，教育部于1956年颁布了《关于中学外国语科的通知》，规定扩大和改进英语教学，学校从高一起增设英语课。1957年高教部、教育部颁发了《关于俄语、波语、捷语、东语各专业学生转学、转专业的具体办法》，动员俄语、波语、捷语、东语各专业学生转学、转专业。[①]20世纪60年代上半期，我国经济稳步发展，外交上与法国建交，国际地位逐渐提升。为适应新形势的发展，为社会主义建设服务，培养外语人才，教育部于1964年颁布了我国外语教育史上具有里程碑作用的《外语教育七年规划纲要》，首次确立英语为学校的第一外语并加强普通中学外语教育。[②]至此，英语作为我国第一外语的地位得以确立。

文革十年，外语教育遭受重创，但在粉碎“四人帮”和“文革”结束之后，外语教育进入了新的历史发展时期，教育文化领域也开始走向正轨。教育部于1978年8月召开了全国外语教育座谈会，提出了《加强外语教育的几点意见》。[③]此次会议对我国外语教育的发展起到了积极的作用。

第三阶段：外语教育大发展阶段。

20世纪90年代，我国的外语教育得到了长足的发展。伴随着21世纪的到来和全球化的逐步深入，世界各国加强了科技、文化、信息的交流与合作。为了促进我国的外语教育更加全面的发展，教育部于1998年颁布了《关于外语专业面向21世纪本科教育改革的若干意见》，其中规定要加大急需的外语专业人才培养的力度，保护非通用语种，拓宽外语人才的知识面，提高外语人才的能力和素质以适应世纪的需要。[④]由于我国建国以来先后把俄语和英语作为第一外语，忽视了其它语种，特别是非通用语种语言的教育，致使掌握非通用语种语言的人才极其缺

---

① 刘利民：《新中国俄语教育六十年》，《光明日报》，2009年9月25日。

② 胡文仲：《我国外语教育规划的得与失》，《外语教学与研究》，2001年7月第4期，第248页。

③ 上海外国语学院：《加强外语教育的几点意见》，《人民教育》，1978年第11期，第28页。

④ 蔡伟良：《对外语人才培养的思考——重读〈关于外语专业面向21世纪本科教育改革的若干意见〉》，《外语界》，2009年第6期，第32页。

乏。在对外交往日益密切的时代，语言的隔阂不仅影响交流，甚至影响国家利益的实现。对此，教育部于2000年2月发出了《关于申报国家外语非通用语种本科人才培养基地的通知》，提出国家要在部分高校建立非通用语种本科人才培养基地，培养小语种人才。到2011年为止，全国共建设了包括属部队管辖的8个非通语种本科人才培养基地，为国家培养了国家急需的小语种人才。[①]

纵观我国的外语教育政策，可以发现，我们的外语教育政策和规划缺乏连贯性与整体性。政策的制定受到国家的政治、经济形势的影响较重，这是造成我国目前外语教育缺失的一个重要原因。

3. 资源投入不足，配置不合理

外语教育具有投入大、产出小、战略性价值强的公共产品特征。在市场机制导向下，各高校自然按“社会需要”来配置资源，导致中国外语学科建设战略性投入不足、不合理：语种数量偏少，结构不均衡，英语专业发展过快而质量不精，其他通用语种特别是非通用语种专业发展严重滞后。截至2014年12月，全国范围内开设英语专业的本科院校多达1000余所，在校英语专业本科生总数接近60万人。[②]与英语专业的“过热”相反，其他外语语种却似乎一直处于“寒冬”。根据1999—2001年进行的中国语言文字使用情况调查的统计数据，当时具有初中文化且学过外语的人口中，学习者所占比重分别是：英语93.8%、俄语7.07%、日语2.54%、法语0.29%、阿拉伯语0.13%、德语0.13%、西班牙语0.05%、其它0.16%。[③]英语教育在整个外语教育体系中占有绝对优势，这势必导致外语教育的单一性，甚至助长英语文化霸权的嚣张气焰，威胁我国的语言文化安全。同时，研究者也指出，在中国中小学教育中，可供学生选择的外语仅为英语、俄语和日语。然而目前，不仅开设俄语和日语的中小学数量在逐渐减少，选学这两种外语的学生人数也在不断下降。

---

① 《普通高等学校发展改革》，详见教育部网站 http://old.moe.gov.cn/publicfiles/business/htmlfiles/moe/moe_371/200411/4405.html。

② 仲伟合、王巍巍、黄思谋：《国家外语能力建设视角下的外语教育规划》，《语言战略研究》，2016年第5期，第47页。

③ 曹迪：《语言文化安全视角下的大学外语教育》，《外语教育教学》，2015年第7期，第101页。

三、中国周边学的发展对中国国家语言能力建设的促进

当前，随着全球化的不断深入发展，随着中国的不断发展，海外利益也在不断增加，这对我国的外语能力建设也提出来新的要求，为此，中国有必要全面加强和深化外语教育改革，推进外语教育规划，提升国家外语能力，服务国家发展战略。

1. 树立战略意识，将国家语言能力建设提高到战略高度

"凡事预则立，不预则废"，要根据国家政治、经济、文化、军事等国家安全战略的需求来确立新形势下中国外语教育的发展战略。

"语言教育是国民教育的重要组成部分，是一切教育的基础和前提，并在根本上服从和影响着国家教育走向。没有语言教育，就谈不上知识教育，就不可能有国家的文化、社会和经济全面发展。"①由此可见，语言教育与国家文化利益及国家整体利益息息相关。语言战略规划就是要"从国家战略高度来制定语言发展规划，在规划中充分体现国家利益、国家需求和国家意志。在目标上，突破领域和地域的局限，把语言发展与提升国家综合实力结合起来，促进世界文化繁荣和科技发展，推动人类社会进步为最高追求"。②语言战略规划观把语言教育政策同国家发展战略联系在一起，从国家文化发展的大局出发、坚持以人为本、可持续发展的原则统筹安排我国各类别的语言政策。

中国公民的外语能力以及由此形成的国家外语总量是国家政治、经济、文化、教育等领域的重要资源，更是国家话语权的重要组成部分。我们必须改变对外语教育的地位和作用的传统认识，要把外语教育定位为国家战略的有机组成部分。

2. 建立国家语言教育政策的统筹协调机构

我国语言教育种类繁多，不同类别的语言教育政策制定机构也不尽相同，这导致制定出的语言政策缺乏统一性和连贯性。为制定科学合理的语言教育战略，

---

① 周殿生：《我国的语言教育与国家利益》，《新疆大学学报》，2004 年第 2 期。

② 沈骑、夏天：《"一带一路"语言战略规划的基本问题》，《新疆师范大学学报》，2018 年第 1 期，第 37 页。

我们可以借鉴其它国家在这方面的有益经验。其中，欧盟和美国最具代表性。

欧盟是由多民族、多语言国家组成的共同体，在欧洲一体化进程中，欧盟为促进语言多元化的发展，成立了统一的语言教育政策机构，欧洲理事会语言教育政策司和欧洲现代外语中心，负责欧洲语言教育政策的规划和实施，制定了《欧洲语言学习基本标准》《欧洲语言教学与评估共参框架》等政策，这些政策不仅协调了欧洲各国的语言关系，更为促进建立一个语言多元、文化多元的欧洲起到了不可估量的作用。美国是一个语言大国，语言教育种类繁多，国民的语文教育、少数民族的语言教育、移民后裔的语言教育三者之间无论在历史上还是现今都存在冲突。为此，2004 年，在美国国家语言大会上，语言专家建议美国总统在联邦政府中任命一名“国家语言专家”为主席，组成“国家外语合作委员会”来研究和制定国家语言战略，并负责协调和监督各州和各地方政府对国家语言战略的实施。这样不仅提高了国家制定科学合理的语言战略的效率，避免各政策之间出现矛盾，同时还能使语言战略更好地为国家发展服务。

作为语言教育大国，我们应建立一个国家语言教育政策的统筹协调机构，统领我国的语言教育政策的制定、执行与监督工作。针对各级各类的语言教育政策，可在此统筹协调机构下设不同的语言教育政策科室，有针对性的制定不同种类的语言教育政策。就外语教育而言，目前我国从小学直到大学都已初步普及了外语教学。在社会上，大量成年人也在以不同的形式学习外语。为规范外语教学，制定一个连贯协调的外语教育政策，可由有关部门以及外国语大学的专家共同组建一个外语教育政策的统筹协调机构，例如设立外语管理局，从国家层面上制定外语发展总体规划；确定国家中长期教育规划及目标，跟踪国家发展新战略要求，建立保障外语战略的制度体系；协同相关部门负责组织外语发展规划、外语政策的制定与落实，促进有关的国家行政部门的沟通交流，如国防部、教育部、外交部、外文局等，形成联动的工作机制。①

3. 确定多元的、统一的外语教育语种规划

语种的选择是国家外语教育规划的重要问题，直接影响国家安全。因此，在

---

① 曹迪：《国家文化利益视角下的中国语言教育政策研究》，首都师范大学博士学位论文，2011 年，第 109—111 页。

语种的安排上，应加大国家和政府层面的规划。根据国家政治、经济、文化等方面发展的需要，加强外语语种规划与布局，并像发达国家学习，由国家确立几门“关键外语”作为优先发展的战略语言。重视发展与中国在重要政治、经贸、文化安全等领域有长期交往的国家或地区通用的语言，通过开展外语语言生态的定期调查来微调区域性外语语言教育和语种配置。

比如，在中越边境民族地区，通过对广西中越边境民族地区外语教育现状的调查分析，在遵循师生家长的意愿、尊重语言学习规律的前提下，整合语言学习环境和条件，实行面向东盟、从小学贯穿大学的“一条龙式”的多语种外语教育，做好语言人才储备工作，从而保证中国未来在东盟各国、乃至世界格局中的贸易、外交等领域的竞争力和安全性。[①] 目前广西各类学校从大专、本科、硕士三个层次设置东盟国家国别语的统计情况为：越南语专业18所。泰语专业10所，柬埔寨(高棉语）专业3所，老挝语、缅甸语和印尼语专业只有广西民族大学1所。广西各高校每年培养出来的东盟语种人才完全可以满足边境民族地区中小学多语种、多文化教育的实施。对中亚国家的一些重要语言，也有必要在相关省份开设除了英语、俄语、阿拉伯语之外，增设土库曼语、哈萨克语、乌兹别克语、乌克兰语以及波斯语等语种。[②]

只有这样综合施治，才能逐步加强国家的外语能力，提高整体的周边国别研究的水准，为中国周边学的发展，为中国发展塑造和平稳定的周边环境提供智力支持。

---

① 谢小玲、谭群瑛：《边境民族地区多语种外语教育构想——以中越边境为例》，《内蒙古师范大学学报》，2015年第2期，第129页。

② 赵鹤、徐贺兵：《新丝绸之路经济带下的甘肃高校外语教育政策思考》，《兰州交通大学学报》，2016年第2期，第109页。

北极研究与中国周边学

张 耀

【内容提要】由于北极地区在自然地理上距离中国其实并不遥远，加上中国在北极地区的利益关切愈来愈多，北极地区在很大程度上已经可以纳入中国周边研究的视野。北极地区的气候环境变化、能源发展前景、北极航线的潜在价值都与中国重大发展利益相关。中国参与北极事务对中国周边地区的影响也在与日俱增，它可以积极推动冰上丝绸之路的合作与建设，推动与周边国家在相关事务领域的合作并由此作为推动中国与周边国家双边关系的契机，未来北极航线的开辟也将显著增加中国与周边国家相关合作的潜力。作为中国周边学组成部分的北极研究由于其特殊背景，其研究方法有着其普遍性和特殊性。传统的地缘政治、地缘经济等研究范式是北极研究与其他国际政治研究类似之处。北极研究还带有自己的特殊性，包括北极的区情研究，对国际法和国际组织的研究，从域外视角切入的研究角度，与自然科学的交叉研究等也是北极研究的特性。北极研究作为新兴的研究前沿，其研究方法和理论需要与时俱进，不断创新。

【关键词】北极研究　中国周边学　研究方法

【基金项目】国家社科基金重大项目《海洋通道安全和国家利益拓展》（12&ZD065）。

【作者简介】张耀，上海国际问题研究院海洋和极地研究中心主任，中国太平洋学会特约研究员。

中国周边环境历来是中国和平发展的外部环境的关键，对周边地区和国家的研究也是中国国际关系和外交政策研究的重点。中国外交政策很长时期一直奉行的一个基本原则谓之“周边是首要”，因为周边地区形势的演变对于中国未来的发展具有举足轻重的作用。近年来，随着中国的迅速发展及其国际影响力的不断提升、中国发展利益的不断拓展，中国对周边地区形势的重视愈益加深。同时，随着中国政治、经济、外交、文化等领域辐射力的增加，周边地区概念的外延也在不断延伸。北极地区是当今国际政治和全球治理的一个新的重要焦点，而由于种种原因，北极地区也正逐渐成为中国外交和利益关切的重要部分，从长远来看，北极研究将成为中国周边研究的重要组成部分。

一、北极研究是中国周边学的重要组成部分

对于中国周边地区的概念，其实在不同的时期，其概念是动态变化的。这其实是因为一个国家对周边地区的认识和利益关切是与本国的政治、经济、安全、外交、文化等领域的影响力和利益的变化密切相关的。一个国家的综合实力越小，其对外影响力越小，其周边地区的定义相应也会较狭小。笔者以为，在之前学术研究的基础上，根据目前中国发展的状况，可以把中国周边地区分为两个概念，即传统意义上的“周边地区”和“大周边”概念。前者通常指直接与中国山水相连、隔海相望的邻近地区，也就是东北亚、东南亚、南亚、中亚地区；而后者则指虽然在地理上并不与中国直接相连，但对我国周边地区有较大影响，而且与中国在政治经济乃至安全上有着密切关系、涉及我国重大利益的地区，这些地区很难明确指出其静态的范围大小，而是随着中国的利益关切的变化而呈动态性的存在。

从以上两个角度观察，当前，北极地区在很大程度上可以纳入中国周边地区的视野。通常在普通人的心目中北极是极为遥远的地区，与中国周边地区似乎无关。但其实在地理上，北极离中国并没有想象中的遥远。一般地理学上北极地区指的就是北半球北极圈以北的地区，北极圈的纬度是北纬 66°34′，[①] 中国的最北端黑龙江漠河地区的北部边界位于北纬 53°33′，离北极圈的直线距离仅仅不到 1500 公里，而这个距离比中国大陆离中国重要的周边国家比如印度尼西亚、马来西亚

---

① 北极圈即是北半球出现极昼和极夜现象最南端的纬度圈，与想象的不一样，并非恰好是北纬 66°30′，而是略有偏差。

和新加坡的直线距离还要近不少。在中国的北极研究语境中，一直把中国认为是一个近北极国家。中国官方则定义为“中国在地缘上是‘近北极国家’，是陆上最接近北极圈的国家之一”。[①] 因此，即便从自然地理概念出发，把北极视为中国的周边地区并不夸张。

如果从涉及中国重大利益的角度观察，北极与中国的密切关系可谓与日俱增。近年来，北极地区的自然环境状况已经发生了重大变化，亟须应对的环境问题、日益重要的资源问题、充满前景的航线问题等焦点问题使得北极已经成为当今国际政治研究的重点之一。北极与中国的密切关系主要体现在如下几个领域：

一是北极地区的气候环境变化对中国的气候环境变化造成了直接影响。处于北半球中纬度地区的中国的自然生态环境系统、农林牧渔系统乃至旅游经济等都会因为北极地区的环境和气候变化而受到各种影响。鉴于地球的构造，北极地区的气候环境变化会对北半球中纬度地区形成重大影响，而中国的绝大部分国土正处于这一地区。[②] 北极地区海平面的上升，也会直接威胁中国东部沿海地区。科学研究还表明，北极地区的海冰减少是导致中国近年来冻雨、强雪和严寒的重要诱因。[③]

二是北极地区的能源资源对中国也有一定潜在意义。北极地区蕴藏着丰富的自然资源，比如石油、矿产、鱼类和森林等，吸引了各国的注意。根据美国地质调查局的统计，北极地区是最大的尚未大规模勘探和开发的资源聚集区，储存着世界上未发现的常规石油资源的 13%（900 亿桶）和 30% 未被发现的常规天然气资源。据估计，北极潜在的可开采石油资源约 2500 亿桶，天然气为 50—80 万亿立方米，约占世界未开发油气资源的 25%。同时，环北冰洋大陆架和沿岸地区还蕴藏有占世界 9% 的煤炭资源。[④] 另外，北极地区还有大量的铜、钴、镍、铅、锌、金、银等金属矿以及金刚石、石棉和稀有元素等资源。因此，北极地区被认为是世界上继中东地区之后第二个能源宝库。

随着中国经济社会的迅速发展，中国对能源的需求与日俱增。自 1993 年起，中国成为能源净进口国，根据国际著名的英国石油集团（Brotish Petroleum, BP）公

---

① 国务院新闻办公室：《中国的北极政策》，http://www.xinhuanet.com/politics/2018-01/26/c_1122320088.htm。

② 陆俊元：《北极地缘政治与中国应对》，时事出版社，2010 年版，第 297 页。

③ 《中国科学报》，2012 年 3 月 5 日。

④ 北极问题研究编写组：《北极问题研究》，海洋出版社，2011 年版，第 15 页

司的统计，2017 年，中国已探明石油储量仅 35 亿吨，当年开采石油为 1.915 亿吨，而进口石油则达到了 4.221 亿吨，对外依赖度达到了 70%。2017 年已探明天然气储量 5.5 万亿立方米，生产 1492 亿立方米，消费 2404 亿立方米，进口管道天然气和液化天然气总共为 920 亿立方米，对外依存度接近 40%。[①] 在不远的将来，中国很可能国内生产总值（GDP）总量和能源消费及进口总量均为世界第一，能源对外依赖度进一步上升。因此，寻求能源的多元化供给渠道，保证中国经济的可持续发展能够获得稳定的能源资源，是未来中国能源发展战略的主要任务，加强国际能源合作是其中重要一环，而逐渐开展与北极地区国家的能源合作则可能是未来中国能源的新前景。

三是北极新航线对中国的发展有着特别重要的意义。中国是当今世界第二大经济体和第一大贸易国，其中大部分贸易是与西欧和北美国家进行的。传统上中国与北美的贸易走的航线经太平洋穿过巴拿马运河到达北美东部港口，与欧洲的贸易航线则穿过马六甲海峡经苏伊士运河进入大西洋。特大型船舶不能经过巴拿马运河和苏伊士运河，还必须绕道非洲南部的好望角进入大西洋。近年来，经过马六甲海峡、苏伊士运河的航线海盗猖獗，对中国海运安全构成严重威胁。苏伊士运河和巴拿马运河通行能力已经饱和，拥塞现象严重。北极航线则不存在这方面的问题，过往船舶不受吨位限制。北极航线所经沿线地区大都为发达国家，其政治经济安全局势相对比较稳定、可控和可预测，北冰洋的自然环境使得海盗等跨国犯罪现象甚为罕见。总体而言，北极航线安全局势较好，可规避高敏感水域风险，还可节省大量船舶安全保险费，从而提供一条安全、便捷和经济的海上通道。据估计，东北航道和西北航道这两条北极航线将使中国到西欧和北美洲东海岸的海运里程缩短 20%—30% 以上，例如从上海到欧洲的德国汉堡航线，经由北极东北航道的航程为 7198 海里，而经由苏伊士运河和马六甲海峡的航程则达 11479 海里，前者比后者缩短了几乎三分之一；从上海到北美的美国纽约航线，经由北极西北航道的航程为 8632 海里，而经由巴拿马运河的航程则为 10567 海里，前者比后者缩短了将近 20%。[②] 海运成本主要包括燃油、人员薪酬、保险、设备损

① *BP Statistical Review of World Energy 2018*, http://www.bp.com/content/dam/bp/pdf/Statistical-Review-2012/statistical_review_of_world_energy_2018.pdf.

② 张侠等：《北极航线的海运潜力评估及其对我国经济发展的战略意义》，《中国软科学》，2009 年增刊号下期，第 89 页。

耗等因素，按照国内学者张侠等计算，如果其他变量可以设定预期，到2020年，北极航线能够承担4.63万亿美元的货物运输，按照我国海运运费支出一般占外贸进出口总额10%左右计算，2020年传统航线海运运费约4600亿美元，如果利用北极航线则可节省533亿至1274亿美元，其效益非常可观。[①] 北极航线一旦可以运用，其对中国经济和对外贸易的发展有着重大积极意义。

四是北极事务对中国参与全球治理、负起大国责任提出了众多要求。随着北极事务的逐渐演变，北极各国和相关域外国家围绕北极治理的理论探讨和政策实践也日益深入。北极事务事关全球未来和人类利益，中国作为世界主要大国，从主观方面而言有着自己在北极的利益关切，在北极治理进程中发挥自身影响和作用是作为负责任大国的应有使命；从客观方面而言，很多北极国家也希望看到中国在一些领域利用自己的长处发挥积极作用，为北极治理提供物质、知识和价值观上的贡献。因此，对于中国而言，能否积极参与北极治理，并且在此进程中尽可能发挥积极作用、提供公共产品、获得国际社会认同和接受，关系到中国的未来发展和国际地位。

当然，北极地区与中国相关的利益和事务还涉及很多领域，也正因为如此，在2018年1月中国政府发布的《中国的北极政策》白皮书中把中国定位为北极的“重要利益攸关方”。[②] 将北极视为属于中国的大周边区域是非常合理的。

在中国“一带一路”倡议被越来越多的国家接受并与中国开展各种合作的背景下，北极作为中国大周边区域的意义也越来越突出。“一带一路”倡议的基本内涵就是中国与沿线国家的广泛经济合作，在北极航线日益成为现实的背景下，穿越北极航线与北极航线沿线国家在“一带一路”框架下开展各种合作的前景具备了深厚的潜力，以至于“冰上丝绸之路”的概念已经迅速被相关国家的政府和学者接受并大力推动。

笔者认为，随着“一带一路”倡议的推广，中国的大周边概念事实上将越来越和“一带一路”框架相重叠，北极则是其中的重要部分，因此，对北极问题的研究自然是中国周边学研究的重要内容。

---

① 同上。

② 国务院新闻办公室：《中国的北极政策》，http://www.xinhuanet.com/politics/2018-01/26/c_1122320088.htm。

二、中国参与北极事务对中国周边的意义

随着北极事务与中国关系的日益紧密，中国正积极地参与到北极事务中，并在北极治理中发挥着越来越重要和积极的作用。2013 年，中国成为北极理事会的正式观察员。中国参与北极事务，在双边关系和多变关系层面，在区域合作和全球治理领域都具有重要意义，对中国周边而言，其重要意义主要体现在如下几个方面：

首先是可以积极推动冰上丝绸之路的合作与建设。中国与北极地区的所有国家都有着密切的经济合作关系，包括俄罗斯、美国、加拿大、北欧五国，中国还与其中一些国家签署过北极合作的协议。2012 年 4 月，温家宝总理对冰岛进行正式访问，这是中冰建交 41 年来中国国家总理首次访冰，中冰签署了关于北极合作的框架协议。国家海洋局与冰岛外交部签署了海洋与极地科技合作谅解备忘录。① 同年，“雪龙”号极地科考船首访冰岛。挪威对同中国开展北极事务合作态度积极，支持中国成为北极理事会观察员。2004 年，中国第一个北极科学考察站“黄河站”在挪威斯匹次卑尔根群岛新奥勒松建成。通过北极航线将中国与这些国家的合作纳入到“一带一路”框架中，“冰上丝绸之路”的概念正得到越来越多的认可。

2014 年 3 月，俄罗斯副总理罗戈津在俄罗斯重要的北冰洋沿岸港口城市阿尔汉格尔斯克参加活动时表示，“北极航线是一个非常重要的问题。俄罗斯在这里具有优势地位，这是最方便的运输渠道。事实上，这是我们的“冰上丝绸之路”。② 这是俄罗斯第一次提出“冰上丝绸之路”的概念。在 2015 国际论坛“北极：现在和未来”的全体会议上，罗戈津再次声称俄罗斯已邀请中国参加利用北极航线运送货物。③2017 年 7 月，中国国家主席习近平应俄罗斯总统普京的邀请，对俄罗斯进行正式访问。在与俄罗斯总理梅德韦杰夫的会谈中，习近平指出，双方应进一步加强对北极航线的合作，共同建设“冰上丝绸之路”，并做好相关的联通工程。

---

① 参加中国外交部网站，http://www.fmprc.gov.cn/web/gjhdq_676201/gj_676203/oz_678770/1206_678964/sbgx_678968/t7209.shtml。

② Dmitry Rogozin, *"Center made a decision for the development of Russian Arctic Region should move to the North"*, http://www.arhcity.ru/?page=0/31937.

③ *Rogozin suggested creating a "Cold Silk Road" through the Arctic*, https://lenta.ru/news/2015/12/07/rogozin/.

梅德韦杰夫表示，俄罗斯政府愿意扩大与中国的“北极航线合作”。[①] 这可以看作是俄罗斯最高官员关于北极航线的最新声明。同时，也是俄罗斯政府关于中俄共同建设“冰上丝绸之路”的回应。中国政府在2018初发表的《中国北极政策》表明，中国政府愿与各方共同努力，通过发展北极航线来建设极地丝绸之路。白皮书指出：中国发起共建“丝绸之路经济带”和“21世纪海上丝绸之路”（“一带一路”）重要合作倡议，与各方共建“冰上丝绸之路”，为促进北极地区互联互通和经济社会可持续发展带来合作机遇。[②] 由此可见，中俄两国逐渐达成建设“冰上丝绸之路”是两国发展的共同需求，也是符合两国长远发展利益的。中国的“一带一路倡议”提出的初衷就是通过与沿线国家加深经济合作，促成合作共赢的局面。

近年来，以中国石油（CNPC）为代表的中国能源企业在北极地区的油田开发中与俄罗斯石油公司（Rosneft Oil）积极开展合作，特别是双方在雅马尔天然气田的开发上的合作卓有成效。由中国和俄罗斯共同发起的雅马尔液化天然气项目位于俄罗斯北极地区的亚马尔半岛，法国企业也参与了该合作项目，雅马尔液化天然气企业是目前俄罗斯北极地区最大的天然气开发、液化、运输和销售项目。同时，也是中国自2013提出“一带一路”倡议以来的第一个大型海外能源项目。俄罗斯天然气生产商诺瓦泰克拥有该公司50.1%的股份，法国能源供应商S.A.C.和中国石油天然气集团分别拥有20%的股份。乌克兰危机爆发后，诺瓦泰克一直受到制裁，雅马尔液化天然气企业也面临着进一步的财政困难。为了推动该项目，诺瓦泰克进一步寻求外国合作伙伴的参与。2015年9月，诺瓦泰克将9.9%的雅马尔液化天然气企业股份卖给了丝绸之路基金。目前，雅马尔天然气田的开发已经获得重大成果，按照计划，到2019年，雅马尔液化天然气项目全部建成后，该项目的三条生产线每年将向中国稳定供应400万吨液化天然气。[③]2018年7月19日，雅马尔液化天然气项目向中国供应的首船液化天然气通过北极东北航道运抵中石油旗下的江苏如东液化天然气接收站，开启了雅马尔项目向中国供应液化天然气的新篇章。[④]

---

① 《习近平会见俄罗斯总理梅德韦杰夫》，新华社，http://cpc.people.com.cn/n1/2017/0704/c64094-29382946.html。

② 国务院新闻办公室：《中国的北极政策》。

③ 参见新浪财经网，http://finance.sina.com.cn/stock/hkstock/hkstocknews/2017-12-11。

④ https://baijiahao.baidu.com/s?id=1606411842245751644&wfr=spider&for=pc.

其次是可以推动与周边国家在相关事务领域的合作并由此作为推动中国与周边国家双边关系的契机。北极与中国的密切关系对于和中国地理位置相近的周边国家其实在不同程度上也都存在，因此，中国的一些周边国家处于各自国家的利益关切，都关注北极问题并积极参与北极事务，比如日本、韩国、新加坡、印度等。2013 年，北极理事会接纳了 6 个国家成为正式观察员，除中国外，还有日本、韩国、新加坡和印度四个中国周边国家。其中尤其是日、韩两个东北亚国家，因为类似的地理环境和经济贸易因素，在北极问题上与中国有着诸多共识和共同利益，如未来对北极航线的合理使用和开发、北极的科学考察工作、作为北极域外国家如何积极参与北极事务并在其中发挥积极作用、维护正当权益等。迄今为止，三国都已经公布了各自的北极政策文件。中日韩三国政府和学术界在彼此间加强北极合作的问题上也取得了一定的共识。2015 年，在首尔举行的第 6 届中日韩三国领导人会谈的实际成果之一就是决定加强三国在北极问题上的沟通和合作，并决定建立中日韩三国北极事务高级别对话机制。三国学者也已经成立相关的学术研究共同体，2018 年 6 月，中日韩三国学者在上海举行了关于北极合作的国际研讨会，作为同时在上海举行的第二次中日韩三国北极事务高级别对话的背靠背学术活动，该会议也获得了三国北极事务高级别对话发表的声明的高度评价。近年来，东北亚地缘政治环境波诡云谲，三国间的政治关系也时有阴云。相对而言，北极问题是三国目前能够取得较大共识的国际事务，开展这方面合作，对于推动中国与日韩两国的双边关系，改善中国周边环境，能够起到四两拨千斤的作用。

再次，未来北极航线的开辟，将显著增加中国与周边国家相关合作的潜力。目前，北极可航行季节的长度明显延长，大约为 100 至 150 天，通航的船只也越来越多。据统计，仅仅通过俄罗斯沿岸水域的东北航线的航运量在 2007—2016 年间，一共有 248 次（2007，3 次；2008，5 次；2009，10 次；2010，41 次；2011，46 次；2011，46 次；2012，71 次；2013，53 次等），呈明显逐年增加的趋势。[①] 这表明，北极航线具有商业价值的可能性离变为现实正越来越近。

俄罗斯既是中国的周边国家，也是中国北极合作的重要伙伴方。近年来中国已经在北极进行了多次试验性航行，其中很大部分航线处于俄罗斯的北方海航道

① Malte Humpert and Andreas Raspotnik, “The Future of Arctic Shipping,” *The Arctic Institute*, October 11, 2012, https://www.thearcticinstitute.org/future-arctic-shipping/.

上，一定程度上得到了俄罗斯方面的协助。2012，破冰船“雪龙”号是中国第一艘成功地航行到巴伦支海并通过近北极中心水域返回白令海峡的中国船只。此外，在2013，由中远公司从大连驶往鹿特丹的货船永生轮，15000公里的旅程花了33天时间，作为首艘中国商船完成了这次航行，它比绕道苏伊士运河的航线快一倍。

近年来，中国和俄罗斯已经就北极地区的航运和相关基础设施合作达成了初步协议。早在2014，习近平主席和弗拉基米尔·普京总统就签署了《俄罗斯联邦和中华人民共和国共同宣言》，步入了两国全面伙伴关系和战略合作的新阶段。根据联合声明，中国和俄罗斯同意改善中国货物在俄罗斯铁路网、俄罗斯远东港口和NSR（NSR，即Northern Sea Route北方海航道，是俄罗斯专指俄北极地区北冰洋沿岸的航线）的转运条件。根据中国总理李克强和俄罗斯总理梅德韦杰夫在2015年12月签署的联合声明，双方愿意在未来将北极航线发展成为具有竞争力的商业航线。显然，中国和俄罗斯可以进一步加强合作，改善俄罗斯北极地区的基础设施，如港口、救援中心和造船厂。目前，中国已经参与了一些俄罗斯北极地区的基础设施项目，例如贝尔科摩铁路和阿尔汉格尔斯克深水港的建设。[①] 与此同时，中国的航运公司也已经派出越来越多的商业船只使用北极航线。NSR海域派出了越来越多的船只，其中有2017艘通过北冰洋的船只。[②]2018年7月25日，中国向俄罗斯符拉迪沃斯托克明星造船厂交付了4万吨产能移动浮船坞以及多型起重机械，将大大增强该船厂的造船和维修能力。[③]

最后，中国作为一个负责任的世界大国，有能力、也有义务在政治、经济、科技、人文等领域在相关国际机制中发挥积极作用、做出积极贡献。中国可以在北极航运、环保、旅游、资源开发等领域性议题上加大参与力度，在相关的机制安排还没有成形前，在联合国气候变化与可持续发展会议、联合国海洋法会议、国际海事组织极地规则谈判及大陆架界限委员会等多边机构或论坛中发出中国的声音，使未来的机制安排能够体现中国的关切。中国参与北极事务的经验、机制

---

① Camilla T.N. Sorensen and Ekaterina Klimenko, Emerging Chinses-Russian cooperation in the Arctic, SIPRI Policy Paper 46, June 2017, P.34. https://www.sipri.org/sites/default/files/2017-06/emerging-chinese-russian-cooperation-arctic.pdf.

② *China sends more than a dozen vessels through the Arctic Ocean*, http://www.highnorthnews.com/china-sends-more-than-a-dozen-vessels-through-the-arctic-ocean/.

③ 《俄在海参崴船厂引进中国造4万吨移动浮船坞》，搜狐网，https://www.sohu.com/a/243896862_624484。

都可以为中国处理与周边关系提供借鉴。北极地区现在的治理机制对于如何防止域内国家相互间的利益纷争升级成危机、如何对域外国家在本地区的行为给予一定的规范、如何处理地区的环境、生态、资源保护和可持续性发展等问题上都可以为中国周边地区的各种类似事务的处理提供一定的借鉴和启发。

三、中国周边学框架下的北极研究

北极研究在中国、尤其是对中国的社会科学研究而言是一个新兴的研究领域。中国的北极研究首先是经历了领域性的研究阶段，在北极与中国的关系不那么直接密切的背景下，北极研究的大部分内容是自然科学的研究，社会科学者关注北极问题很少。进入 21 世纪后，随着中国与北极相关联系的越来越紧密，北极问题开始进入社会科学尤其是国际政治学科的视野，北极研究从而进入了区域性的研究阶段，即把北极作为一个区域对其政治、经济、安全等问题按照国际政治研究的一般研究范式进行问题研究，中国与北极的关系，中国在北极的利益关切成为研究重点。在这一时期，北极地区因为气候和海冰状况的演变导致北极航线可能开通引发的北极地缘政治变化首先引起了中国学者的关注，中国最早研究北极的学者基本主要关注这个领域，其代表作是郭培清的《北极航道的国际问题研究》（海洋出版社 2009 年 10 月出版）和陆俊元的《北极地缘政治与中国应对》（时事出版社 2010 年 12 月出版）等。这些研究对于中国学术界了解北极、关注北极起到了较早的引导作用。

目前，中国的北极研究开始进入全局性阶段，北极研究从内容上已经从传统的地缘政治与安全安全等领域衍生进入到社会科学各个领域，比如全球治理、国际法、国际组织、社会学等。这方面主要的研究成果包括：王泽林的《北极航道法律地位研究》（上海交通大学出版社 2014 年 1 月出版），白佳玉的《船舶北极航行法律问题研究》（人民出版社 2017 年 09 月出版），两位学者分别从国际法的角度研究了北极航道的国际法地位，相关各国对北极航道的法律定位及其政策宣示、中国对北极航道的认识与政策选择等问题。潘敏的《北极原住民研究》（时事出版社 2012 年 12 月出版）则从北极原住民的角度切入，对北极事务在社会学、民族学、文化学领域的折射进行了独特的研究。杨剑的《北极治理新论》（时事出版社 2014 年 11 月出版）则对中国的北极研究进行了阶段性的梳理，并就如何认识北极问题以及中国和北极的关系，从认识论和方法论的角度提出了诸多独到的观点。

近年来，北极研究也已经有了更宏大、更深刻的全球视野，北极已经不仅是个区域性问题，更是一个与全球形势的变化和发展相关联的全局性问题；北极与中国的关系也不仅是中国在北极的利益关切问题，而且影响到了中国的周边乃至内部问题，中国学者已经开始和国外学者联合进行研究；中国最新发展的“冰上丝绸之路”概念也已经成为中国学者北极研究的关注焦点；非常有意义的是由于北极研究的特殊性，中国的北极研究学者再次认识到社会科学和自然科学相结合在北极研究中的重要性。这方面的主要研究成果有：杨剑主编的《亚洲国家与北极未来》（时事出版社 2015 年 3 月出版），反映了中国和许多周边亚洲国家学者对北极问题进行联合探讨之后的学术成果；陆俊元和张侠的《中国北极权益与政策研究》（时事出版社 2016 年 5 月出版）则对中国与北极的关系以及中国的北极政策进行了全面的回顾和展望；钱宗旗的《俄罗斯北极战略与冰上丝绸之路》（时事出版社 2018 年 4 月出版）则是国内学者将北极问题和“一带一路”倡议进行关联研究的第一本较系统的著作。杨剑主编的《科学家与全球治理：基于北极事务案例的分析》（时事出版社 2018 年 5 月出版）反映了中国学者对于自然科学和社会科学在北极治理问题上如何结合的最新思考。

基于上述中国学者对北极研究的基础，我们可以看到北极研究在中国已经成为比较系统、成熟的学科，也正是因为这些研究积累，我们可以发现中国与北极的关系越来越密切，中国在北极存在诸多利益关切，北极对中国的未来发展也具有重要影响力，而认识到这一点的不仅有中国学者，包括很多中国周边国家的学者。所以，将北极研究纳为中国周边学研究的一部分可谓正逢其时。

正因为北极研究在我国的发展非常迅速，当其作为中国周边学的重要内容时，其研究方法与其他内容相比自然有着其普遍性和特殊性。

就普遍性而言，北极研究作为中国周边学的一部分，当然尤其需要遵循的一般规律，比如从总体指导原则讲，要遵循新时代中国特色社会主义思想及其外交理论的基本方针和指导原则。要做好基础研究，比如具体的国情研究。北极地区有八个北极国家，各自有着不同的北极政策和发展规范，北极地区作为整体而言我们只是刚刚开始熟悉，其独特的自然环境还存在我们尚未完全认识的问题，这些基本问题是我们开展全局研究的前提。

地缘政治也是普遍性研究不可缺少的一环。北极地区八个国家大小强弱不一，其中既有美国这样的超级大国，也有冰岛这样只有30万人口且没有常备军的国家，既有北约国家，也有欧盟国家，更有俄罗斯这样特立独行的国家。尤其是最近几年俄罗斯与欧美国家关系由于双方的地缘政治冲突导致矛盾激化而进入了冷战结束后最冰冷时期，从而对北极地区的安全形势产生了消极影响。未来一段时间，北极地区的地缘政治形势将仍然处于复杂变幻时期，需要认真研究这种复杂形势下中国如何参与北极事务。

北极地区的地缘经济形势也关乎中国的重要利益关切。中国与北极各国都有着重要的经济合作关系，北极航线未来一旦成为现实，很可能成为地缘经济标志性的事件。人类500多年来的历史证明，新航路的开辟往往会改变全球经济格局。北极航线的开辟将如何改变世界经济格局以及中国将如何应因这种转变，将是北极研究的一大焦点。

除了上述与其他中国周边问题研究类似的研究方法以外，北极研究还带有自己的特殊性。

首先是北极的区情研究。北极地区独特的自然环境对于北极地区的人文环境影响巨大，因此，对北极地区自然环境（包括地理，海况、天文、人文、环境等）的了解和掌握，是开展其他研究的必要基础，即便是社会科学研究，也必须对北极地区的区情具有相当程度的熟悉和掌握。

其次是对国际法和国际组织的研究。中国是北极的重要利益悠关方，在北极地区存在诸多利益关切，我们需要维护我们的合法权益。北极地区与其他地区有所区别的是由于自然和历史原因，各国主张自己权益、解决彼此之间利益矛盾时，国际法、国际组织和国际机制的作用是非常重要的。由于中国在北极没有领土，因此中国在北极的权益的主张和维护主要依靠国际法和国际机制。所以，深入研究国际法和国际组织及其相应机制，是北极研究中非常突出的一个内容。

再次，从域外视角切入，也是作为中国周边学一部分的北极研究的一个特点。在中国周边学研究的大部分问题中，中国是作为研究对象的一部分直接涉入其中的。比如东北亚研究，中国本身就是东北亚的一部分，东北亚的所有问题都和中国直接相关。而在北极研究中，中国本身并不是北极的一部分，只是近北极而已，北极的许多问题和中国不直接相关，但中国又确实与北极有着诸多联系，我们也有着诸多利益关切，而且随着今后北极形势的演变，也许这种联系和关切会越来越多，越来越直接，但中国不是北极一部分的现实不会改变。因此如何从域外角度切入进行观察研究北极，在其中体现中国的主体意识，不但需要阐释中国与北极的关联程度以及我们的利益关切，而且要使北极国家意识到并且认同这种关联和关切是中国北极研究的重要内容。

另外，北极研究与其他中国周边学的研究相比也许还有一个特色，一般我们在研究国际政治学科时经常强调跨学科的复合研究，要进行不同领域不同机构的协同创新，但这种跨学科和协同主要还是在社会科学范畴之内，比如当下的国际政治研究越来越多地与经济学、法学、社会学等学科交融。而北极研究由于其特殊性，除了社会科学不同领域的交叉和交融之外，自然科学也是北极研究中非常关键的一部分。在今天，已经可以经常看到北极研究的学术活动中社会科学研究者与科学家共同讨论交流的场景，在未来，自然科学和社会科学的交融协同和联合研究，将是作为中国周边学重要组成部分的北极研究的重要表现形式，也是其非常鲜明的特色。

当然，北极研究作为新兴的研究前沿，其研究方法、理论必然需要与时俱进，不断创新。可以期待北极研究作为中国周边学的一个重要组成部分，与其他部分一起作出新的学术贡献。

中国周边学研究与周边外交

（笔谈精选）

中国周边学的理论视角与理论意义

广东外语外贸大学广东国际战略研究院周边战略中心主任、教授
周方银

提出中国周边学这个概念，在目前还是一个比较大胆的想法。但这个想法并非没有基础，它的基础不仅是几十年来中国周边外交的实践，更建立在古代东亚国际关系的丰富历史经验的基础之上。

2003年，韩裔美国学者康灿雄（David Kang）曾发表文章，指出如果仅仅从基于欧洲历史经验提炼的国际关系理论来理解亚洲，会导致认识上出现很大的偏差，因为亚洲的经验、亚洲的文化、亚洲国家的行为模式与欧洲国家有较大的不同。为了更好地解释亚洲国家的行为，需要对历史上以及当前的东亚国际关系做更为深入和符合实际的研究和分析，需要从亚洲的视角来理解亚洲，而不能只是把亚洲或者东亚国家之间的关系作为西方国家关系理论的一个普通案例来对待。

康灿雄提出的这样一种观点，实际上指出了现有国际关系理论在经验基础方面存在的一定的不足，特别是对东亚国际关系历史经验在理论上的重要性未能予以充分的重视。几十年来，西方国际关系学者基于西方国际关系经验，对国际体系的无政府性质进行了分析，提出了霸权稳定论、民主和平论、相互依存理论、均势理论，以及关于国际制度与国际合作等方面的理论，从战略的角度，对制衡、追随、对冲、卸责、搭便车等行为进行了分析，对国家之间的联盟、战争、承诺等进行了大量的探索，对国际体系、国际社会、国际秩序、全球治理等进行了广泛的讨论，取得了颇为丰富的理论成果。

在过去几十年国际关系理论发展的过程中，对西方国家特别是欧洲几百年历

史经验的分析，在其中发挥了十分重要的作用。相比之下，非西方、非欧洲的历史经验和现实实践在很大程度上被学者们忽视。这样的做法，会在一定程度上造成理论发展过程中的选择性偏误，也会导致理论未能实现真正的包容性和普遍化。

国际关系学者不宜认为只要搞清楚了西方国家之间的关系，就能够很容易地解释亚洲国家之间的关系。我们不能简单地把与西方国际关系理论不一致的地方，理解为是一些经验上的例外、是细节性的问题。在理论建构的过程中，一些重要的反例、与现有理论的不一致之处，本身具有重要的价值。东亚国际关系所具有的丰富历史素材，以及近几十年中国周边外交的实践，本身是十分重要、富有特殊价值的可用于发展理论的材料。其在理论上所具有的价值远远没有得到有效的发挥。

在相当长的时期内，东亚地区自成一体，构成了一个充分演化的国际体系，从而构成一个十分有价值的理论分析对象。大体上，它主要有以下几个方面的特点：

第一，古代东亚体系在相当长的时期内，总体上是一种单极体系，这个单极体系经历了反复的建立、制度化、瓦解、重建的过程，为人们分析单极体系，包括其动因、机制和过程提供了丰富的经验材料。

东亚体系可以大体上视为是一个稳定的单极体系。它的稳定性表现为，在任何时候，中国都理所当然地认为自己是体系内的中心国家，对此具有十分稳定的预期。对于中国的中心地位，朝鲜、日本、越南在不同的程度上总体予以接受，或者，他们经常在认为其他国家会接受中国的中心地位这样一种假设下采取行动。某种意义上，中国与其他东亚国家的关系与二战后美国及其盟国和伙伴国之间的关系具有一定相似性。与之相比，在欧洲大陆，并没有形成长时段具有稳定实力优势地位的霸主，相关国家也没有形成某一国会长期持续地保持霸主地位的稳定预期，与缺乏这一稳定预期相对应的，是对霸主地位展开的反反复复的代价高昂的残酷争夺。针对这一现象，西方学者发展出了均势理论，但对于东方国际关系体系和秩序的理论建构则存在很大的不足。

冷战结束后，国际体系中曾经出现了只有一个超级大国的情况，美国人说是一种单极体系，但是，这个单极体系只运行了二十多年就越过了其顶峰，美国的优势地位就已经在一定程度上走下坡路，也就是说，这个单极体系并没有充分地展开，它的很多特性还没有比较充分地呈现。它作为一个研究样本的典型性有明显的不足。

第二，在东亚国际关系中，实力不对称是一种普遍现象，两千多年以前，孟子就已提出，“惟仁者为能以大事小”“惟智者为能以小事大”。如何处理实力不对称行为体之间的关系，并在此基础上建立稳定的秩序，是古代东亚秩序中一个近乎永恒的话题。东亚秩序与1648年以来的欧洲秩序一个重要的不同之处在于，东亚国家之间的关系总体上是一种实力不对称结构下的关系。从1368年到1841年的东亚地区，有一个总体上处于无争议的实力优势地位的行为体，就是分别处于明朝和清朝时期的中国。相比之下，欧洲长期处于多极争霸的体系格局之中。虽然欧洲国家之间也有实力不对称的现象，但这不是体系性的特征。在体系层面，长期是诸强争霸的格局，中小国家在一定程度上成了大国争霸过程中的砝码，或者沦为附庸，或成为大国之间的缓冲区。在强大体系压力的作用之下，其作用在很大程度上被忽视，长期没有被作为具有中心性的问题来加以对待。

第三，古代东亚在很长的时期内，是一个相对封闭的国际体系。在很长的时期内，它虽然与世界其他部分发生一定的关系，包括自明代以来，葡萄牙、荷兰等国与东亚的贸易以及宗教、文化方面的往来明显增多，但其对以中国为中心的东亚体系的冲击并不很大。在相当长的时期内，东亚体系总体是一个自我运转的相对封闭的体系，这一体系的基本特征并未受到外来因素的根本性冲击。从这个意义上，它构成了一个分析上比较纯粹的案例和理想模型。

第四，是文化对国际秩序的影响。儒家文化对朝贡体系内的很多重要行为体，特别是东亚地区的中国、朝鲜、安南、日本等国产生了十分重要的影响。某种意义上，儒家文化圈构成了东亚国际体系，特别是所谓朝贡体系的核心区域。受儒家文化的影响，日本、朝鲜甚至试图在一定范围内构建自己的小中华体系。由于在相当长的时期内，东亚地区中小国家所面临的国际环境远远没有欧洲那么恶劣，加上中国面临的体系压力比较小，这为文化在这一国际关系体系中发挥作用提供了颇为有利的国际环境，使文化独立于权力、利益方面的作用能够更充分的发挥和显现。这为人们分析文化的秩序作用、文化在国际体系内作用的发挥、文化在国际体系中的社会化和制度化，提供了难得的研究样本。

最后，是儒家文化的现代化过程及其对周边外交的影响。鸦片战争以来，或者自更早一些的东西文化相遇以来，东亚国际体系对来自西方的冲击的反应、适应的过程，是一个大规模的体系转型过程。在这个过程中，不仅发生了实力对比、国际制度的深刻变化，而且东亚国家的文化也经历了一个深刻的转型过程，儒家文化也在努力适应现代化的压力和要求，并同时顽强地保持着其一些内在的要素。传统文化的这一转型过程，也造就了当前中国周边外交的一些底色，使其具有较为鲜明的特色。如当前中国外交的一些重要理念，包括“亲诚惠容”的周边外交理念、坚持正确的义利观、命运共同体建设、“共商、共建、共享”的全球治理观，以及结伴不结盟、对话不对抗等一些观念和政策，大多可以在儒家文化中找到其对应的内容。过去几十年，中国先发展经济实力，然后承担更大国际和地区责任的做法，也在一定程度上符合儒家传统思想中的“修身、齐家、治国、平天下”“内圣外王”、以王道治理天下的思路。在“不干涉他国内政”“不输出中国模式”的前提下为国际社会贡献更多中国智慧和中国方案的做法，也在精神上契合“远人不服，则修文德以来之”“己所不欲，勿施于人”的传统儒家思想的政治路径。

从中观的角度，古代以及中华人民共和国成立以来，中国与周边近邻国家关系发展的实践，特别是古代东亚国际关系实践，也为研究国际关系理论的一些重要议题，如制衡与追随、硬制衡与软制衡、对冲及其应对、冲突与危机管理、结盟与同盟瓦解、信号传递与信号的接收与理解、经济手段的政治作用、国内政策的国际作用、国际规范的国内传递、体系变迁过程中的国家策略选择等提供了有价值的材料，并可能启发新的理论思路。

总体来说，中国与周边的关系研究，有着丰富的、尚未充分整理和研究的历史材料，有很多具有理论价值的经验事实，也有许多有待于进一步深入开发的理论议题，加强这个方面的研究，具有重要的理论意义，并可能做出具有创新性的成果，这在国际关系及区域研究方面，也具有深刻的意义。

中国周边学：以共生观照周边

复旦大学中国外交研究中心主任、教授、博士生导师　任　晓

中华人民共和国近七十年的发展史，经历了从“站起来”“富起来”到正在“强起来”的过程。很显然，作为世界第二大经济体的当今中国早已不再是一个“积贫积弱”的国家，而是已进入了世界强国之林。这不是一条直线。1949 年，毛泽东在天安门城楼上宣布中华人民共和国成立，“中国人民从此站立起来了”，然而此后三十年间，中国的发展之路不断出现曲折反复，没能摆脱贫穷落后的状况。改革开放四十年，中国实现了从贫穷落后到基本实现全面小康并将全面建成小康社会的飞跃，中华儿女有理由为自己取得的成就感到自豪。未来中国的目标是“强起来”，建成富强民主文明和谐美丽的现代化国家。令世界关注的是，中国强起来之后将如何？这一问题对于世界和中国的意义都是如此重大，无法回避，我们必须作出回答，并且以自己的实践来证明之。这当然包括中国与周边国家的关系。

在中国的外交布局中，周边是首要。看待中国与周边国家之间的关系，共生是一种积极的观念。

共生理论观念的基本要义是：

1. 事物是多样的。这是世界的常态，也是亘古不变的现实，任何时代、任何条件下都是如此。多样的文化、多样的宗教、多样的制度、多样的文明、多样的风俗习惯等等，伴随着人类。

2. 多样的事物间互有差异。正如“世界上没有两片完全相同的树叶”一样，差异性是普遍存在的，这是一种恒常的现象，自然的样态。

3. 互有差异的事物间可以同时并存、相安无事，并不必然冲突。它们之间开

展往来，但不以消灭相互间的差异为前提。相反，是以差异的存在为生生不息发展上升的前提。

4. 不同事物间经由建设性的互动可以实现相生相长。这种建设性的互动不是以一方吃掉另一方，或一方同化另一方为结果，而是可以相互比较，彼此借鉴，"各美其美，美人之美"（费孝通语），进而通过自主的行为，共同实现进步和发展。所谓自主的行为，也即它一般不是被迫的和被强制作出的，而是建立在平等相待基础上的自愿的作为。

关于"周边"一语，人们的看法不尽一致。有人担心使用"周边"一词会显得中国有自我中心观念。这可以讨论。从地理位置看，中国在陆地上与十四个国家为邻，隔海相望的还有多个国家，它们构成中国周围的各国，也即是中国的周边国家。这本身是一个中性的提法，并无特殊的涵义。日本是一个岛国，却也有包括"周边事态"在内的"周边"一说。也就是说，日本有日本的"周边"，中国也有中国的"周边"。因此之故，人们对于"周边"的使用似可不必过虑。

地理邻近的国家之间，其特点是往来多，"佳话"多，与此相应地，"是非"也多，这二者是一体两面的。邻近国家间的往来或交往一般有长久的历史，在多个方面和领域进行，包括经济的、政治的、军事的、文化的往来，和平的或非和平的方式，等等。历史可能构造起积极的纽带，也可能遗留下悬而未决的问题，譬如领土争议。在过去数十年间，中国经由和平谈判，与十四个陆上邻国中的十二个解决了领土边界争议。这说明，即便是困难如领土争议者，亦能通过"自己活，也让他人活"的方式加以解决，实现一种共生的存在方式和生长状态。

这里有两个重要的问题需要厘清。首先，差异或争议的存在并不意味着冲突不可避免。这种"必定冲突"的思维是一种宿命论的、零和的思维，而不是一种建设性的观念，因为它把行为者间的关系看成是你得我失的零和游戏，而不是一种"共享"观，也不是"把蛋糕做大"从而让各方都能得到一块更大的"蛋糕"。

在处理国家间关系以及差异或争议问题时经常会碰到"主权"问题。正如人们常说要以发展的观念看待事物一样，我们也要以发展的观念看待主权问题和主权原则。一般地看，主权问题似乎是一个零和博弈式的问题，因而是一个难题。然而，世人不应被它给难住。应该看到的是，主权并不是从来就有的，不是随着人类社会产生就产生的，主权只是近代欧洲的产物，后来扩展至全世界，主权也不会永远伴随着人类社会，永远存在下去而与人类相始终。这样来看，即便是在主权问题上也有可能确立创新性的思维。比如是否可以经由共同探讨确立“共享主权”的观念？若两个或两个以上的国家在存在争议的某块土地或海域相互合作，并通过合作的开展而共同受益，这时，传统的主权问题和意识就可能出现淡化，就可能打开思路，从而以更具创新性的、非零和的方式求得安排或解决。

共生也提供了解决问题的思维方式。人们常见的，是试图将互有差异的事物同一为无差异的事物来求得问题的解决。“非我族类，其心必异”，必须使对方改变。对方不愿改变则要强制使之改变。这一迫使对方改变从而使之更像自己、与自己的制度安排相同的思维，如果伴之以强制性的力量，就可以“为恶”，因而也就走向共生的反面了。比如小布什治下的美国，不顾国际社会的普遍反对，在没有联合国安理会授权的情形下贸然发动了对伊拉克的战争。他们本以为推翻了“邪恶的”萨达姆政权，便可以在伊国建立“民主”；建立了“民主”，一切便都将迎刃而解。可是大出美国当政者意料的是，他们行为的结果却像是打开了“潘多拉的魔盒”，战争后的伊拉克动荡不已，不断的爆炸、杀戮、艰困，给伊民众带来了绵延的苦难。美国消耗了巨大的资源和国力，众多美军士兵或伤或亡，费尽九牛二虎之力，仍不能“搞定”伊拉克。事实证明，美国在伊拉克铸成了大错，这已是有识之士的共同认知。

阿富汗也是如此。“9·11 事件”后美国发动了对阿富汗战争，表面上看，似乎是“胜利”了。然而，十六、七年过去，阿富汗仍然连基本的安定都没有。问题并未解决。这些年来，阿战乱和冲突不断，恐怖袭击此伏彼起，国家的政治和解与和平重建进程缓慢。根据联合国发表的报告，2017 年前九个月，阿富汗各类武装冲突导致的伤亡达八千余人之多。迄今已有 2400 名美国人死于阿富汗，花费了 1 万亿美元的巨额资金，可到如今阿富汗仍然缺乏基本的安全和秩序，导致和平重建困难重重。今日的阿富汗还是世界最大的罂粟生产国，成为了毒品产地。所有这些事实都表明，战争之后美国在阿富汗的治理是失败的，以至于多年后，特朗普政府还要向阿富汗增兵。美国处理问题的方式及其治理方式无法解决阿富汗面临的问题，“黔驴技穷”四字，庶几近之。其中原因，实在值得人们深思。

可以从中得到的领悟之一，可以笼统地称为需要以东方的方式来处理和解决有关问题。其中中国式的智慧，就是要立足于阿富汗的国情，从阿实际出发，以阿民众所熟悉、能接受的方式进行国家治理，才能使问题得到解决。这一点如果是成立的话，那么就需要在思想方式、思维方式上来一个大的转变。

共生就是一种产生于东方文化和智慧的思想和思维方式，其中蕴涵着极大的包容性和可能性。以共生观照周边，意味着——

1. 以内生的和平与安全为基础

和平与安全如同空气，它存在时人们并不觉得，失去时会感到它是如此宝贵。作为一个基础性的条件，这种和平与安全应是内生的，而不是从外部强加的。东亚地区自1979年中越边境战争结束时起，已经持续了近四十年的和平，可称为“长和平”。这是过去数世纪中所未曾有的，因而是足可珍惜的。和平是共生的基础，没有和平就谈不上共生。以此观之，2017年中印边境对峙事件的和平解决，是一个可贵的先例，人们从中可以得到诸多启迪，它提示今人及后人未来应如何处理类似事件。要以和平为一种价值取向，牢牢坚持和平理念，使之成为一种内在的力量。

2. 以共同发展为追求

发展是本地区各国的共同优先目标，它为共生提供了动力。实现国家发展，不断改善民生，既然是各方的共同追求，那么，就可以成为凝聚各方共识的“水泥”。中国提出的“一带一路”，作为一个长期的宏大倡议，为中国和沿线国家的共同发展提供了多种可能，若能扎实建设，必能在未来催生出各种具体领域的合作实践，形成普遍获益，从而形成共生发展的局面。

3. 由共存走向共生

如果说共存还是行为体生存状态初级阶段的话，那么随着时间的推移，当各方从合作关系中共同获益，并且持续获益时，命运相关的共同体意识就将萌发，进而一步步上升。合作行为导致正向收益后，将进一步促发合作精神，持续生长，进而达致相生相长的共生状态。

浅谈“中国边疆学”与中国周边学之间的关系

中国社会科学院学部委员、中国边疆研究所所长、研究员　邢广程

我在中国边疆研究所已经工作多年了，尽管因工作关系我研读了很多有关中国边疆方面的专著和论文，但我依然认为我对中国边疆问题的研究还不得要领。尽管我长期研究俄罗斯和中亚等国际问题，但我对中国周边学却没有研究。在这篇“命题作文”里我只能按照对两个学科的粗浅认识与理解，阐述一些不够成熟的观点，只能算是“浅谈”。我认为“中国边疆学”与中国周边学有一些学术交叉关系。

一、“中国边疆学”的构建需要多种学科的交叉研究和运用

目前，中国边疆研究学界绝大多数学者赞同将“中国边疆学”作为独立的学科加以构建。实际上，早在30年前马大正等学者就明确提出应构建“中国边疆学”。构建“中国边疆学”不是凭空想出来的，而是建筑在“中国边疆史地”这个学科基础上的，由“中国边疆史地”学科演进为“中国边疆学”标志着中国边疆研究的深入和繁荣。

构建“中国边疆学”必须以马克思主义为指导，按照实事求是的原则去加以全面而深入的研究；构建“中国边疆学”必须要维护国家统一和维护民族团结，

并以此作为其出发点落脚点；构建“中国边疆学”就是要构建中国边疆学的学科体系、学术体系和话语体系。

构建“中国边疆学”要有一个“时间”的维度，既要研究中国边疆的历史问题，也要研究中国边疆的现实问题。将“时间”作为中国边疆问题研究的基本坐标加入纵向考察，我们会非常清晰认识到中国边疆的来龙去脉；构建“中国边疆学”要有一个“空间”维度，既要研究中国的陆地边疆，也要研究中国的海疆。中国的边疆既包括陆疆，也包括海疆，但因各方面综合性原因，我国学术界重视对陆地边疆的研究，但对海疆问题的研究就显得薄弱和不足，这就出现了重陆疆研究轻海疆研究的不平衡现象。这属于中国边疆研究的空间问题。我们不仅要分别研究中国的陆疆和海疆问题，还需要将陆疆和海疆联系起来，进行综合性研究，这就是“陆海统筹”问题。从空间形态来看，中国边疆既包括陆疆，又包括海疆，二者又共同构成了中国陆海兼备的周边地缘环境。如何治理陆疆和海疆，不仅关系到中国在边疆地区的安全、稳定与发展，还关系到中国在周边环境中能否实现和平发展。党的十九大明确提出了“坚持陆海统筹，加快建设海洋强国”等边疆治理的新思路和新方针，这说明中国陆疆和海疆建设中相互之间的联系性和统一性，强调了国家陆海总体空间的战略布局和治理，为维护中国周边地缘环境的安全和稳定提供了重要思路；构建“中国边疆学”还有一个“外部环境”维度，既要研究中国的边疆，还要研究对中国边疆产生重大影响的周边国际环境。这是中国边疆安全、稳定和发展的重要外部因素。研究中国的边疆问题，不仅要研究历代边疆地区的政治、经济和文化等领域，也要研究中国边疆的社会、民族、宗教等方面。

二、“中国边疆学”与中国周边学之间共同点与区别

“中国边疆学”和中国周边学同属于尚在构建中的学科。“中国边疆学”和中国周边学的最大共同点是它们都属于交叉学科和新兴学科。中国边疆学需要多个学科的集成加以研究。研究中国边疆的历史和现实问题应基于多个学科加以综合性研究，才能看清楚中国边疆学的全貌，中国周边学也是如此。

观察中国边疆问题时需要有三个基本维度，即中国边疆、中国与邻国的边界

和中国的周边国际环境，这是观察中国边疆问题的最基本的空间维度。因为观察中国边疆问题首先要有一个空间视野。中国边疆问题实际上首先要解决的是“中心”与“边疆”，或者“内地”与“边疆”之间的空间关联问题。我们谈“治理边疆”问题实际上是从中央政府层面来切入的；我们谈边疆发展和稳定对内地的影响实际上是从边疆层面来切入的。“中央”与“边疆”的关系实际上就是“中央”与“地方”关系的特殊表现：“内地”与“边疆”的关系实际上就是“内部”与“边缘”空间的特殊表现。我们研究“边界”问题所涉及的是中国与邻国之间的国家“界限”问题，所划分的是领土归属问题。边界是边疆与周边在空间上的重要分隔线。中国边界状态主要有两种：一种是边界的国际法确定状态，也是一种和平、睦邻互动状态。另一种是边界的不确定状态，或者为待确定状态。边界的状态主要取决于中国与周边国家的关系。中国有 14 个陆上邻国，除了与印度和不丹尚未完全解决边界问题之外，中国与其他 12 个国家已全部解决了边界问题。中国还有 8 个海上邻国。这是中国最基本的周边国际环境。边疆是中国与周边邻国接壤或相邻的地区，也是两国进行能量交换最频繁和最直接的地区；边界是中国与周边邻国实质性法律上的明确界线；边界对面是我们必须面对的周边国际环境，中国周边国际环境比较复杂，形态各异，周边外交在中国外交全局中具有重中之重的地位。中国的边疆与周边存在着长期、复杂和密切的互动联系，涉及国家统一、领土完整、海洋权益、国家安全、边疆稳定、边境管理等众多问题，两者之间相互作用、相互影响、相互制约。在中国的周边国际环境方面，中国周边邻国大小不一，利益诉求各不相同，对华态度各异，具有不同的表现形态，还存在着阿富汗、朝鲜半岛等不稳定国家和地区。中国周边国际环境呈碎片化、分散化、离心化趋势，对中国边疆地区也产生了不小的影响。

总之，边疆、边界、周边国际环境是观察中国边疆内部空间和外部环境三个基本的维度。观察中国边疆问题必须与周边国际环境联系起来，否则难以看清中国边疆问题的全貌。

构建“中国边疆学”需要研究中国的边界和周边国际环境问题，这就与中国周边学的研究产生了学术交叉和学术研究重叠。

“中国边疆学”和中国周边学都关注中国与邻国的边界问题和中国的周边国际环境，这是两个学科的交叉所在。但这个学科也有两个重要的不同之处：一是观察视角不同，“中国边疆学”是以中国边疆为视角从内向外观察中国边界和周边国际环境的，而中国周边学则是以中国周边为视角从外向内观察中国边界和周边国际环境的；二是“中国边疆学”的关注核心和重点是“中国边疆”，周边国际环境只是作为背景加以关注的，而中国周边学则是以“中国周边国际环境”为研究核心和重点的，“中国边疆”只是其关注的背景。换句话说，“中国边疆学”必须将“边疆”作为研究的主干和核心，而中国周边学则更关注中国的“周边国际环境”，这两点不同决定了上述两个学科的学术体系和话语体系都有很大的不同。更明确地说，“中国边疆学”在讨论中国周边国际环境时是将其作为中国边疆的“外部”因素加以讨论的，而且“中国周边国际环境”只是“中国边疆学”“外部”因素的重要方面之一，而不是全部。“中国边疆学”的“外部”因素还包括美欧等西方国家对中国边疆问题的干扰等方面。比如西方国家一些人明里暗里支持“台独”“疆独”和“藏独”，需要我们予以密切关注。这就表明，即使在讨论国际环境方面，“中国边疆学”与中国周边学也各有侧重。

三、“中国边疆学”与中国周边学需要齐头并进发展

中国边疆与周边国际环境的密切关系需要加以研究。中国边疆与周边的形态变化具有长时段性。一是中国作为一个有五千多年历史的文明古国，是世界上唯一一个没有中断、延续发展至今的文明国家，中国边疆空间的盈缩大小与周边环境变化之间具有历史连续性；二是中国维护边疆地区的安全稳定与加强周边区域合作都是长期、战略性的任务，并非只图一时，需要时间、耐心和定力；三是中国要实现边疆地区与周边地区的长治久安，需要进行长时段或超长时段的谋划，不能搞灵机一动，从而在时间上保持长时段的和平与稳定。中国的边疆与周边并非是一个彼此分割和孤立的静态概念，其背后实际上是一个相互关联和影响并不断变化的演变过程，对今天中国疆域的形成和周边环境的塑造产生了巨大影响，两者具有历史承接性和现实延续性。构建“中国边疆学”与中国周边学既要从历史中不断汲取经验教训，更要着眼于未来发展进行全面长远谋划。

边疆属于一种特殊性的区域，如同人的手脚方面的神经末梢，能够最先感知周边外部世界的温度变化和环境变化。周边是中国边疆的外部环境，周边国际环境对中国边疆的安全、稳定和发展构成直接影响。在安全上，中国的边疆与周边

之间具有快速传导性，对国家以及周边地区格局也会造成重大影响。

在新时代下，“中国边疆学”应着力共同研究中国边疆安全、稳定和发展与周边国际环境之间的关系问题，可集中于以下五个方面：一是影响国家统一、领土完整与国家安全的重大问题；二是邻国间争端影响到中国边疆安全、发展的问题；三是边境管理以及涉及邻国的非传统安全与跨国合作问题；四是中国边疆地区社会发展中的新问题；五是“一带一路”战略与中国边疆稳定与发展的问题。这五类问题基本上都与中国的边疆问题以及周边问题有着密切联系，迫切学界需要进一步研究和破解。

此外，面对中国边疆与周边领域不断涌现出的新挑战和新问题，作为新型综合性交叉学科，“中国边疆学”和中国周边学在研究方法方面应寻求突破，拓宽领域，完善理论，注重研究内容的综合性和研究方法的创新性。着力解决历史上的疑点问题、现实中的热点问题、理论上的难点问题。在充分吸收国内外已有成果的基础上，努力推进相关领域的交叉研究。因此，要善于发挥出各自学科的优势，相互取长补短，把历史与现实、基础研究与应用研究有机结合起来，运用人文科学、社会科学多种学科的理论、方法，深化学科发展。采用国际关系及与国际关系密切联系的经济学、历史学、法学、地理学、社会学、人类学、心理学和文化学等多学科进行综合性研究。

需要指出的是，“中国边疆学”和中国周边学都需要以立体、多元、跨越时空的视角来观察周边国际环境。快速发展的中国对中国周边国际环境已经有了深刻而全面的认识，制定了明确的周边外交政策，“亲诚惠容”成为中国处理周边国际关系的指导思想。我们需要借助“中国边疆学”和中国周边学来研究中国的“一带一路”倡议与中国周边国际环境之间的关联性，研究中国边疆与周边国际区域合作对构建区域命运共同体的良性互动关系。

以历史研究为基础开展周边学学科建设

华东师范大学周边国家研究院副院长、教授、博士生导师　余伟民

中国与周边国家的关系是涉及中国国家利益和国家安全的重大战略问题。无论从国内政治还是从国际关系的角度看，中国周边环境和周边外交不仅关系到中国边境安全和国家形象，关系到中国同周边国家关系的走向，而且对中国稳定边疆地区的政治经济局势、遏制和打击民族分离主义势力，都具有极其重要的战略意义。显然，以周边国家和周边问题为研究对象的中国周边学承载着国家战略的重大使命，肩负这一使命就不能满足于急功近利的形势分析和短期政策研究，而必须将历史与现实贯通，深入探究周边国家国情及其对华关系演变的规律，从而把握中国与周边国家关系的本质及其在不同历史阶段的定位，为国家战略提供基于科学研究的学术产品。

中国周边学作为一个跨学科意义上的新兴学科概念，以中国周边国家及其相互关系为基本研究对象，主要涉及这些国家的国别研究、中国周边地区的整体研究和周边地区的国际关系研究。其中，无论是地区国别研究，还是国际关系研究都有一个不可缺少的基础性结构——历史研究。本文拟对历史研究在中国周边学学科建设中的意义及其目前存在的问题略作阐释，以供方家指正。

历史研究是对人类以往积累的各种经验和知识的概括和梳理，它的知识包容度在各门学科中是最高的，它所要求的思维方法也最具宏观性，属于战略型思维方式。这种思维方式可以开阔人们的视野，提升人们思考问题的层次，也有利于

人们从既有知识的总体性把握中激发灵感，推陈出新，形成新的知识和认识上的飞跃。正因为如此，人们从历史知识中获取的智慧被看作大智慧，总结历史智慧是雄才大略的政治家、军事家不可缺少的基本素质，也是人们对现实问题作出正确分析和判断的基本依据。周边问题研究同样如此，缺少历史思维的周边研究难以达到战略判断的高度。

当然，历史研究对现实问题并不提供简单的结论，它的功能主要在于为现状分析和前景预测提供比较和借鉴。简单的历史比附并非历史研究的目的，正如马克思所说："黑格尔在某个地方说过，一切伟大的世界历史事变和人物，可以说都出现两次。他忘记补充一点，第一次是作为悲剧出现，第二次是作为笑剧出现。"因为"人们自己创造自己的历史，但是他们并不是随心所欲地创造，而是在直接碰到的、既定的、从过去承继下来的条件下的创造"。① 换言之，历史常常有惊人的相似之处，但人不会两次进入同一条河流。

一、历史研究是目前周边问题研究中的短板

然而，目前关于中国与周边国家关系研究的现状与国家战略的需要之间尚存在很大距离，其中历史研究是一个明显的短板。问题主要在于：

（一）长期以来科研管理部门忽视基础研究对现实问题研究的支撑作用

就周边国家对华关系研究而言，由于历史研究的缺乏，我们对大部分周边国家与中国关系的历史状况及其演变轨迹缺乏基本的了解，因此每当国家战略决策需要研究部门提供相关国家的咨询报告时，各类研究机构所提供的几乎都是就现状谈现状的时政评论和分析，很少有人坐下来踏踏实实地进行基础性历史研究。这种短平快式的研究成果不仅大量重复而且难以触及问题的本质，也难以提出真正具有前瞻意义的建议，由于缺乏对长时段历史演变规律的认识，大多数见解雷同，并囿于战术层次，很难达到战略研究的高度。

---

① 《马克思恩格斯选集》第1卷，北京：人民出版社，1972年，第603页。

（二）智库类型研究机构的布局和结构不尽合理

即使在社科院和教育部所属高校，相关研究机构也被狭义地界定在国际关系领域，因而导致研究人员学科背景的单一性，历史、人文类基础学科很难介入此类研究。近年来，各地按照中央精神成立了一批“协同创新中心”，其本意是要加强多学科合作，但实际上参与合作的学科基本上仍在同一学科门类中，这种单位间的“横向”协作并未跳出原来的管理思维，因而仍然缺乏“纵向”层次的突破。至今，历史研究在周边国家对华关系研究中仍然处于边缘，除少数研究机构，大部分研究机构缺乏历史研究的人才和相应的研究资料。

（三）由于周边国家对华关系研究往往会涉及一些敏感的历史问题，如果深入到基础研究层面，难以避免会触及一些禁区，这成为限制此类研究的障碍

具体而言，目前要进行深入的历史研究，会遇到两个实际困难：第一，档案文献缺乏，周边国家在冷战时期对华关系的历史档案，国内档案馆至今保密甚严，几乎不开放，相关国家的档案也大部分没有收集和整理；第二，这方面的研究成果因为敏感，很难公开发表。研究条件和成果发表的双重阻碍，令研究者特别是年轻学者望而却步，这也是研究现状落后于形势需要的重要原因。

二、加强中国周边学学科基础建设的建议

鉴于以上问题，为适应国家战略的迫切和长远需要，建议在周边学学科建设中给予周边国家对华关系的历史研究以足够的重视，并采取必要的措施切实改进此类研究存在的短板，以提升研究的层次和提高研究成果的质量。目前，尤需在以下几方面进行努力：

（一）在学术资源配置中向历史研究提供必要的支持，以优化学科结构

根据国家战略的需要，“十三五”期间应做好周边国家对华关系研究的中长期规划。其中，研究对象国的选择可考虑三种情况：第一类是原来已有较好的研究基础，现在需要进一步拓展和深化的，如中俄关系、中日关系、中韩关系等；第

二类是虽然研究难度很大，但目前已经有相当的研究积累，短期内可以产出有影响成果的，如中朝关系、中印关系等；第三类是研究基础薄弱（甚至没有研究基础），但在周边国家研究中战略地位重要，迫切需要填补空白的，如蒙古、巴基斯坦、阿富汗、中亚各国和缅甸、泰国、越南等东南亚国家。由于各类国家的研究基础差异，研究的深度和成果要求也应分类，但总体的研究目标应该统一，一定要突破“就事论事”图解政策的现状研究模式，一定要将历史和现状贯通起来，从历史演进的规律中把握现状的本质和未来发展趋势，以体现出研究的创新性和前瞻性。无论哪一类国家研究，都应从基础性的历史文献收集整理做起，都要厘清这些国家对华关系的历史脉络，都要将现状分析建立在可靠的历史资料（包括重要政治人物和政党的历史资料）基础上，以搞清楚对象国对华关系的真实面貌和真实企图，这样才能避免被某些当政政客及其背后的政治势力的假象所误导。一般来说，此类研究应提供对象国的历史档案文献、近现代历史和当代政治经济社会研究、对华关系史和当前对华政策研究等必要的成果。为此，对相关国家及其对华关系的历史研究需要予以必要的支持，包括收集整理历史档案文献、开展对象国不同历史时段和不同专题的研究、建立系统的历史信息数据库等等。有了历史研究的基础，中国周边学的学科结构才是完整的，才可能发挥学科的整体优势，为国家战略提供所需要的研究成果。

（二）加快培养和引进中国周边学需要的历史研究人才，形成跨学科复合型研究队伍

目前开展周边国家及其对华关系研究的大多是国际关系学科背景的研究机构，因此，缺乏具有历史研究学术素养的专门人才。为了满足这方面的人才需求，可以从两个渠道开源，一是依托综合性大学的历史学科，在研究生培养上设立跨学科的周边学研究方向，以期培养一批复合型人才。条件成熟时，在独立设置的周边学学位点也应当设立历史研究的方向。二是在周边国家研究机构中引进历史学科毕业的学术人才，以补充现有研究队伍的不足，优化队伍结构。当然，如果能够组建由国际关系学科和历史学科合成的周边国家研究机构就能解决上述队伍结构问题，并能由此形成跨学科的周边学专门人才队伍。作为上海市高校智库的“华东师范大学周边合作与发展协同创新中心”就是将国际关系学科和历史学科组合起来的一个成功案例，该智库的研究人员分别来自以历史研究为主的华东师大周

边国家研究院（前身是冷战国际史研究中心）和以现状研究为主的华东师大国际关系和地区发展研究院，在探索智库建设的新机制上做了尝试并取得相应的成效。其中，华东师大周边国家研究院承担的国家社科基金特别委托项目“中国周边国家对华关系档案收集及历史研究”为彰显智库特色、发挥智库功能提供了扎实的学术基础。这一案例可以为中国周边学学科属性的定位和学科队伍建设提供有益经验。

（三）争取配套政策，为“敏感”历史问题研究创造必要条件

由于历史上周边国家与中国的关系十分复杂，曲折多变，因此，周边国家对华关系研究会涉及某些历史问题的“禁区”，从而被划入“敏感”问题范围，影响到研究资料的收集和研究成果的发表。为了推进周边国家对华关系的研究，有必要为某些历史问题的“脱敏”和“解禁”设置配套政策。总体上应本着“研究无禁区，宣传有纪律”的原则鼓励研究人员进行自由的学术研究，同时考虑到确实有些问题“内外有别”，不宜公开传播，因此，需要从政策上界定明确的内、外界线，而且此项政策应由中央机关确定，不能政出多门，任凭各级机构任意制定。研究工作需要明确政策界线的主要有：档案资料的开放和管理；国际合作和交流；研究成果的审查和发表。在明确政策界线的前提下，应给研究者提供承担政策义务后进入某些“禁区”和在“内部”发表成果的条件。在特定的研究领域可考虑设置“特殊通道”，允许符合条件的研究人员经审定通过后可进入不公开开放的档案馆查阅资料，并以适当的形式抄录、复制和运用。凡是经过有关部门批准的国际合作和交流外事部门应提供出访和接待的便利。不宜公开发表的研究成果应允许研究机构出版内部发行刊物予以发表，并视同正式公开出版物的学术成果，在职称评定和职务聘用上予以认可。上述问题由来已久，之所以需要制定配套的统一政策，是因为没有中央层级的统一政策，各地各部门就会“政出多门”，有些单位为了减少自己的责任甚至任意扩大“禁区”，给研究人员设置人为的障碍。因此，为了推进周边国家对华关系研究，解决上述政策问题是十分必要的。

总之，中国周边学的兴起和发展顺应着形势的需要，承载着时代的使命，同时也面临学科建设中的一些突出问题。其中，历史研究作为学科发展的基础应该引起足够的重视。如果能够从学科结构、人才队伍和科研政策等方面为周边国家

和周边问题的历史研究提供更好的条件，那么，在深厚的学术地基上当能支撑起周边学的大厦。

中国周边学与破解周边安全难题

国防大学国家安全学院副院长、少将　唐永胜

近年来，中国周边曾一度多点升温，麻烦不断，到今天也仍然潜藏着诸多风险。这使中国周边学成为保家卫国的现实需要。

美国特朗普政府新版《国家安全战略》强调大国竞争回归以及实施“印太战略”等行为，表明其对华政策中的敌性判断趋于强化，甚至不得不让人怀疑，美国实际上是在设置一个又一个陷阱，企图诱使中国发生严重战略失误。在美国挑动和纵容下，周边矛盾和冲突在一定条件下还可能进一步发展。中国与周边国家关系仍处在深层次互动的关键时期。周边局势未来发展走向主要存在两种可能：一种是经过深层次互动，强化了地区经济政治的深度融合，超越美国的战略围堵，周边秩序不断趋向积极和更具建设性；另一种可能则是深层次互动带来矛盾增加，甚至出现严重波折动荡。我国周边政策当然要争取前一种可能，并力避后一种情况出现，与周边国家共同探索出有利于繁荣稳定的地区秩序。

第一，对于周边出现的问题，既要予以高度关注，有力有节积极应对，争取变被动为主动，更要保持战略定力和耐心，立足长期经营，不断积累和发挥战略优势，在国家复兴的进程中推动与周边国家的良性互动。

应该看到，一个时期以来周边局势时有紧张，总体上还是属于国家复兴进程中的伴随现象。就当前而言，对周边尤其要做到义利并举，奖惩有别。过去惩罚菲律宾和韩国的目的，并不是要把这两个国家完全推向对立面，而在于使其充分感受到背离中国必须付出的沉重代价。在未来较长时期里，我国周边的战略考虑应该是：不断积累和充分发挥中国作为亚洲核心国家的地缘优势，综合运用经济、

政治、外交和军事手段，加大经营周边的力度，扩大对周边国家的影响，强化安全合作，巩固可靠安全支撑，使我国成为地区安全的重要主导性力量，为地区的安全和繁荣做出更大贡献。

周边国家众多且国情多样，无疑加大了经营周边的难度，这也被许多人视为我国地缘条件的一个天然劣势。但另一方面，中国发展进步势头强劲，对周边的影响将越来越显著，已成为几乎所有周边国家的最大贸易伙伴，具有持久的经济政治含义。由此，相邻国家就有条件将对外关系转化为得天独厚的战略资源和地缘优势。如果周边国家加强与中国的密切联系，必将得到成倍的收益，反之也将遭受成倍的损失。这是地缘政治规律的反映。在当前国际背景下，远交近攻已经不合时宜。只要注重战略运筹，坚持合作双赢的地区政策，中国经营周边将会取得日益丰硕的成果，周边关系将形成对中国安全与发展有利而持久的地缘依托，“睦邻、安邻、富邻”的政策最终也将产生巨大的效应和吸引力。当前全球经济依然存在现实和潜在的风险，金融危机的扩散传递机制可能使未来亚洲一些发展中国家包括新兴国家面临更大的经济困难。加强合作才能为亚洲的发展创造更好的前景，同时能减轻和抵消中国快速发展对外部经济的冲击，为中国提供更广阔的发展空间。

现实要求中国采取更加务实而灵活的对外政策，牵引地区局势不断向有序可预期的方向发展。一方面，强化与周边国家的经济、文化、安全等诸多领域的交流联系，通过协调融合、对外援助等方式增进相互之间战略互信，尽可能避免由于战略误判而引发摩擦乃至冲突升级，使相关国家更多地感受到由于中国的繁荣与强大所能带来的收益，而不是所谓的威胁。另一方面，牢固树立起负责任大国的形象，积极参与地区经济和安全事务，维护地区的安全和稳定；也须在坚持和平发展基本方向的前提下，采取有效防范措施并坚决遏止那些蚕食、侵犯中国主权的行为。

经济增长具有持续的渗透和扩散功能，可引导国内资本有针对性地投向周边一些国家，并将其经济效应转化为周边国家对中国的政治信赖，尽可能地化解周边国家由于中国快速发展而产生的疑虑，或出现的战略躁动，缓解美国强化亚太联盟体系所带来的战略压力。可通过更为广泛的双边和多边合作，增强周边国家对中国的信任感和依存程度，引导其对华政策向积极互动方向发展。同时还须大力发展同巴基斯坦、泰国、缅甸、老挝等传统友好国家的关系，加强与印度尼西亚、韩国、哈萨克斯坦等重要地缘枢纽国家的战略沟通和协调，牵引亚洲更多国家寻求更积极的对华关系，从而为中国的安全和发展构建更为广阔而牢固的安全支撑，塑造更为有利的地区安全态势。

第二，须进一步强化对周边不同方向的统筹协调，做到相互协调相互促进，尤其应注重将解决海上安全问题纳入良性循环的轨道，并更自觉、有效地融入中华民族伟大复兴的历史进程。

周边是检验战略筹划有效性的关键地区，破解第一岛链困局更是重中之重。为此周边需要以中国为主，不为美国战略挑动误导，更应避免多面出击，要在牢牢把握台海局势的基础上，不断强化对南海周边国家的影响能力，并在东北亚等其他方向积极增强话语权和影响力，促使局势向着与中国有利的方向发展。

未来可见时期，不论周边局势如何变幻，台湾问题是中国维护周边安全尤其是海上安全的基础和关键。基于历史传承、民族心理和地缘政治等因素综合考虑，台海方向对中国安全和发展具有标志性的战略意义。如果台海局势出现明显反复，必将对中国安全稳定带来巨大冲击，并危及南海、东海方向，一些国家也会趁火打劫。中国应牢牢把握“反独促统”的主动权，切实控制台海局势走向，如此可收左右兼顾之效，周边国家对我海上权益的觊觎之心将受到极大牵制，中国海上安全局势将不会失去控制。为此，中国对“台独”势力必须形成持续强大的震慑，并不断积累战略优势，缩小台湾在亚太安全以及中美关系中的战略分量和价值，推进台湾和平回归的进程，进而巩固中国海洋战略的基础。对于台湾，中国可动用的手段实际上非常广泛，经济联系、文化交流、军事胁迫以及拓展中国在亚太安全合作中的作用等都能取得积极的成效。

南海争端是中国与周边国家关系深度调整的战略前沿，态势交错而复杂多变，须不断增强控局能力，才能主导形势的发展变化。为此，需要继续加大中国在南海尤其是南沙的经济、政治和军事存在，彻底扭转被动局面，拓展战略空间，进一步引导有关国家放弃不合理企图，与中国进行解决南海争端的政治谈判。这也要求中国更加积极面对争端，进一步强化反向蚕食的力度；在机会到来时则敢于斗争，以有限制的警示和惩罚，反制对中国南海主权的挑衅，进而扩展对南海的实际影响力。

东海方向直接关系到亚太大国关系的深刻调整，需要较长期的战略博弈才能得到根本解决。中日之间的领土海洋权益争端，是亚太力量格局转换的附带产物，也是两国战略意志的较量，一定时期内仍需要“热搁置”，就是对日保持必要的战略压力，维持争议的存在，综合运用法律、经济和政治手段强化中国对钓鱼岛和东海相关海域的主权宣示和存在。而较长时期的努力方向在于激活中美日三边关系，形成中美日关系的基本平衡。

当前，朝鲜半岛正处于局势转换的十字路口。经略半岛必须从根本上立足于国家的长远战略利益和地区局势的持久稳定，需要超越朝核问题、超越朝鲜现政权存续问题，以更宏观的视野和更具前瞻性的思维来推动问题的解决。为此尤其要以并行协调发展对朝和对韩两个双边关系的双核驱动为基础，以强化对美俄日等国磋商协调的多方制衡为辅助，以促进半岛局势稳定发展的深远经略为牵引，加强对半岛经营力度，拓展中国在半岛事务中的影响力，确立于中方有利的东北亚安全秩序。

第三，对美要保持战略自信，但需坚决避免盲目乐观和急于求成，要以制衡美国为重点，推动构建相互借重的亚太大国关系框架，最大限度地分散和纾解来自美国亚太同盟体系的战略压力。

基于美国具有较强的战略纠错与战略转向能力，尽管受一段时间以来经济社会困难影响，美国必须以战略收缩来解决其迫在眉睫的国内问题，但在未来可见时期里其对外战略方向不会发生根本动摇，对亚太方向的重视只会增强不会下降，力量部署与投入也只会增加不会缩减。美国国家安全战略呈现出的全球收缩与印太局部加强的力量结构将持续较长时间。无论是基于遏制中国的战略目标，还是获取经济政治利益和转移其国内危机的考虑，美国特朗普政府都有可能继续以激化亚太安全矛盾来巩固霸权，对中国国家安全将产生全局性与方向性的重要影响。

然而，美国在对华实施战略防范和遏制的同时，也难以完全用零和方式与中国博弈。零和方式仅是对美的一种战略约束，也不符合其必然的利益选择。从根本上讲，美国遏制不住中国的崛起，中国也不会挑战美国的霸权，不会谋求将美国力量排挤出西太平洋。无论主观上愿意与否，中美都将长期共处，这就要求各自所确认的战略底线应得到清晰界定和相互承认，努力做到互不挑战对方的核心利益关切，在此基础上才更有条件推动双方的战略沟通和谅解。增进战略互信，共同进化才可能有效破解两国之间可能显现的“安全困境”。加强中美战略沟通、进而强化中美战略协调机制，是增进战略互信的重要途径和基础性工作。

中美之间战略互信的缺失构成两国关系不稳定的重要根源，而这种缺失既源于两国之间存在的利益冲突，也在于彼此之间因体制、思维方式、信息不对称等外在因素而形成的战略误解和误判，包括对有关战略底线认识上的模糊。两国之间建立战略互信是一项非常艰巨的任务，也将是一个漫长的过程。目前可以主要从冲突控制机制、中美相互间的战略保证、推动美调整对台军事政策等方面多下功夫。尽管美国在西太平洋地区的战略部署基本完成，但从战略全局看，美国在台湾问题上的优势，实际上呈不断缩小趋势。未来中国可利用地缘优势和影响力的扩大，反向限制美台军事关系的发展，为最终解决台湾问题积累条件。

谋求周边安全，不能回避美国同盟体系的影响。从美国及其盟友加强军事联系及调整亚太军事部署的动向看，其中防范中国的意图越来越明显，措施也不断强化，美国已明确将中国视为其投放力量以应对反介入和区域拒止挑战的对象国家。然而不论怎样，这种同盟关系毕竟是冷战的产物和延续，延续至今已不合时宜。亚太国家间关系错综复杂，竞争与合作并存，这从根本上约束军事同盟作用的发挥，国家之间越来越难以用是否盟友来简单界定，即使美国的盟国也难以参与美国可能发起的针对中国的战略赌博。而随着时间的推移，同盟中控制与反控制的矛盾将必然上升，同盟关系将变得越来越不好运用。

中国地缘优势的不断积累，将逐步增强包括美国传统盟友在内的亚洲国家对中国的向心力。如日本的战略选择就天生具有缺陷。一个在亚洲都不能得到信任和有效发挥作用的日本，不可能凭借与美国的同盟关系成为世界性国家。中国的对日政策，重点之一就是要凸显其同盟政策这一天生缺陷，为中日实现根本和解积累条件。中韩之间虽有矛盾，但现实和潜在合作领域更为广泛，探索如何深化两国在安全领域的交流与合作，以促进中韩战略关系的全面发展，是今后两国面临的共同任务。在现实国际关系背景下，即使小国也具有自己的战略主动，不会简单选边而招惹不必要的麻烦。在根本上，中国保持和平发展和自身不断进步的总体态势，并掌握充分有效的威慑能力，任何国家都必须谨慎务实地处理和发展对华关系，甚至美国也不例外。

中国周边学与中日韩三国合作

中日韩三国合作秘书处副秘书长　韩　梅

在中国总体外交布局中，周边外交处于首要地位。周边不仅是中国赖以生存和发展的基础，也是实现中华民族伟大复兴的重要依托。多年来，为努力营造一个和平、稳定、友好的周边环境，中国在周边不断下“先手棋”，积极倡导睦邻友好、亲诚惠容、互联互通、命运共同体、“一带一路”建设等开放包容、互利共赢的合作发展理念，努力与周边国家增信释疑，聚同化异，深化经济交融，取得了丰硕成果。

放眼中国周边，尤以东北亚地区形势最为错综复杂。这里既有发达国家日本和韩国，发展中的大国中国，也有相对落后贫困的国家——朝鲜；既有历史遗留问题和领土争端，又汇集大国利益和现实矛盾，朝核问题更是牵动朝鲜半岛及地区形势起伏波折。受历史和现实因素的制约，东北亚区域一体化进程相对滞后，同时，这一地区又具有重要的地缘战略意义，在中国周边外交中的地位举足轻重，稳定和发展中国周边，离不开对东北亚地区的经营。东北亚应成为构建中国周边学最重要的地区。在各方竞相介入东北亚，各自谋篇布局，寻求于已最有利地位的形势下，如何经营好东北亚值得深思。

作为东北亚地区三个最重要的国家和相互邻国，中国、日本和韩国三国人口的总和分别占到全球和东亚地区的 1/4 和 3/4。就经济而言，三国分别位居世界第二、第三和第十一，经济总量占东亚的 90%，全球的 20%，贡献了亚洲经济增量的 70% 和世界经济增量的 36%；三国贸易总额约占东亚的 70%，世界的 20%，外汇储备总量约占世界的 47%。目前，中国是日韩两国第一大贸易伙伴，日韩则分别为中国第二、第三大贸易伙伴，日本是韩国第二大贸易伙伴，韩国则为日本第三大贸易伙伴。三国经济互补性强，未来发展空间巨大。这些极具分量的数据和事实表明，加强中日韩三国合作，对保持中日、中韩、韩日三组双边关系的改善发展，维护地区和平稳定与发展繁荣均具有重要的现实和长远意义。

事实上，中日韩之间的交流合作并不匮乏，三国合作进程的正式开启始于一次领导人的早餐会。1999 年 11 月，时任中国国务院总理朱镕基、日本首相小渊惠三、韩国总统金大中在菲律宾出席东盟与中日韩（10+3）领导人会议期间举行非正式早餐会，掀开中日韩三国合作的新篇章。2002 年，三国领导人早餐会改为正式会晤。2008 年 12 月，中日韩三国领导人在日本福冈首次举行独立于 10+3 框架外的会议，决定建立面向未来、全方位合作的伙伴关系，可以说，三国合作进入了全面深入发展的“快车道”。坦率而言，中日韩三国合作的发展历程也并非一帆风顺。受历史问题、域外大国等各种因素的干扰，三国之间的三边关系时有波动，三国领导人会议未能如愿定期举行，一些领域的交流合作也不同程度地受到影响。但互利共赢的合作融合是时代发展趋势，也是最符合三国利益的现实选择。多年来，三国合作的节奏或有迟缓，前进的步伐却从未停止。总体来看，经过近 20 年的发展，目前已经形成了由领导人会议、21 个部长级磋商机制和 70 多个工作层磋商渠道的立体合作架构，合作领域几乎涵盖政治、经济、财金、文化、教育、体育、科技、环保、知识产权等各个方面，取得的成绩有目共睹。

随着三国合作的机制化发展，中日韩三国合作秘书处应运而生。2010 年 5 月，在韩国济州岛举行的第三次中日韩领导人会议共同决定在韩国首尔建立合作秘书处，以统筹协调和高效推动管理三国合作，并签订了关于建立三国合作秘书处的《谅解备忘录》。同年 12 月，三国政府在韩国首尔进一步签订相关协议。根据协议，2011 年 9 月，三国合作秘书处正式在韩国首尔成立。作为东北亚地区首个政府间合作国际组织，秘书处的成立成为三国合作机制化发展进程的一个重要里程碑。自成立以来，秘书处积极参与三国合作相关磋商机制，努力推动落实后续项目。秘书处举办的“三国合作国际论坛”“三国自贸区研讨会”“三国记者交流”“中日韩青年大使”等旗舰项目影响力日益增强，在助推合作势头、助力合作深化、促进民心相通方面起到了积极作用。

2018 年 5 月 9 日，第七次中日韩领导人会议在日本东京成功举行。此次领导人会议是在近来中日、中韩关系出现改善向好发展势头，三方在朝鲜半岛形势中积极互动因素增多的背景下举行的，也是三国领导人会议时隔两年半再度重启，广受瞩目。会议不仅为提升中日韩三国合作至新的发展阶段指明了方向，提供了新的发展动力，也将有利于促进东北亚地区的和平稳定与融合发展。李克强总理在会议结束后共同会见记者时表示，中日韩三国合作应成为东亚合作之舰、地区稳定之锚、全球发展之源。这应是对中国周边外交中经营东北亚地区给出的明确方向。

诚然，东北亚地区最具影响力的三个国家只有最大程度地凝聚共识，寻求互利共赢的合作，形成足够的合力，才能使三国合作真正成为区域经济合作与一体化进程的引领者。要保持三国合作顺利前行，以下三个方面或必不可少：

一是需要三方积极互动，努力营造合作的良好氛围与条件。不可否认，每当三国双边关系低落时，三国合作的活跃性亦会随之下降。但三国合作的持续向前推进，对推动双边关系的改善回暖，同样有不可否认的助力作用。只有不断增进政治互信，妥善处理分歧，保持并加快三国合作的步伐，才能更多惠及本国发展，增进人民福祉。

二是努力打造更多品牌性合作项目，扩大三方合作的影响力与感召力。在深化各领域合作，积极挖掘合作新增长点，如能源、节能减排、养老产业、绿色环保、互联互通等的同时，努力探讨和开发一些务实、共赢的“大手笔”，如尽早缔结三国自贸区协定。

三是举办更多“接地气”的活动，让三国友好合作的理念深入人心，巩固三国友好的民意基础。民心工程是国之交的重要基础。三国应进一步扩大“亚洲校园”和“东亚文化之都”的规模，利用好“东北亚名人会”、联办奥运会等人文交流重要平台和机遇，丰富三国在教育、青年、媒体、智库、地方等各领域的合作。

提出和建设中国周边学，从学科角度更加系统地梳理和研究我国周边工作，将有利于整合我国周边各个方向的资源，互学互鉴，有机联动，不断扩大我国周边外交“朋友圈”，打造周边和平稳定、合作发展带。以合作求稳定，以合作促发展，互利共赢是中国周边学的应有之义。作为东北亚区域一体化的领跑者，中日韩三国合作与东亚一体化进程休戚相关，也是维护亚洲地区和平稳定、促进发展的重要动力。三国合作行稳致远，才能共赢未来。

中国周边学研究方法刍议：以俄罗斯问题研究为例

复旦大学国际问题研究院副院长、俄罗斯欧亚研究中心主任、教授
冯玉军

一、作为新兴学科的中国周边学

对于任何一个大国而言，周边问题的顺利解决都是其维护本土安全、拓展地区影响进而成长为全球性大国的重要前提。二战后，美国之所以成为世界超级大国，固然与其在二战后中取得的全球性经济、军事优势有关，但也离不开其隔两洋而与冲突不断的欧亚大陆相阻的地缘优势以及较成功地解决了同加拿大以及墨西哥两大邻国的关系；苏联当时能与美国分庭抗礼，也是依仗于雅尔塔体系使其周边在很大程度上成为了其“势力范围”，苏联可以摆脱“东西两线作战”的安全担忧而相对从容地推进其全球战略。

今日的中国，正行进在实现“两个百年梦想”的伟大征程上。在这一过程中，处理好与周边国家的关系、营造一个良好的周边环境，既是中国推进构建“人类命运共同体”和“新型国家关系”的重要内容，也是最终实现“两个百年梦想”的重要保障。新形势下，中国周边学应该因应时代的要求发展起来，为深入研究中国周边安全与发展面临的现实问题并寻求解决之道，为塑造良好的周边环境提供智力支撑。

毫无疑问，中国周边学目前还只是一个新兴学科，其学科建设还远不成熟。

鉴于研究对象的多元、研究问题的庞杂、研究范式的相对缺失，要想在较短的时间内就让这一学科完善起来是不现实的。但这并不影响我们从点滴入手，为这一学科的长远发展添砖加瓦。笔者不揣冒昧，试图以俄罗斯问题研究为例，就周边问题研究的思维路径和研究方法谈一些浅见。

二、俄罗斯问题研究方法

当前，世界经济、大国政治以及国际战略格局和世界秩序正经历着重大而又深刻的调整。在国际环境发生剧变的条件下，中俄关系在政治、经济、安全、人文等领域持续深化，取得了新的进展。但中俄关系不是孤立存在的，它既影响着国际局势的变化，也受到中俄各自发展战略和国际环境的制约。因此，对中俄关系的一些深层次问题进行深入思考，是确保中俄关系可持续发展和国际秩序平衡转型的重要保障。

对于中国的俄罗斯学界而言，研究俄罗斯问题一定要突出战略性、系统性和前瞻性。战略性在于将俄罗斯发展置于国际战略格局变化、俄罗斯历史进程和中俄关系发展三维框架之中进行宏观审视，准确把握俄罗斯发展的战略脉动及其对国际体系变迁和中俄关系发展的影响，为战略决策层进一步深化对国际战略格局变化以及俄罗斯在其中地位的认知提供重要参考；系统性在于全面深入地研究俄国家战略、政治体系、经济发展、对外政策、军队建设、软实力运用、人口问题、民族关系、区域发展以及社会保障等诸多问题，提供一幅俄罗斯社会变迁的全景图，为中国社会更好地理解俄罗斯提供重要的智力支撑；前瞻性在于在深刻总结俄罗斯国家特性和历史发展经验的基础上，通过对俄当代社会各个领域的深入研究，对俄国家发展、特别是能否顺利发展的前景做出前瞻性判断。要以客观、严谨、深入的学术研究取代“自言自语”式的梦呓或“鸡同鸭讲”式的争论，唯其如此，才能真正把握俄罗斯的战略脉动，体察其对世界和中国的影响。

2012 年，普京总统再次入主克里姆林宫，提出了俄罗斯实现重新崛起的发展目标。但种种因素显示俄国家发展面临巨大挑战，崛起之路不会一帆风顺。经济上，在“石油美元”的巨大诱惑下，能否摆脱对能源出口的严重依赖而成功推动经济结构转型、实现“创新发展”并进入世界经济前五强？政治上，普京是按照既有的“主权民主模式”进行治理，还是顺应形势变化进行政治体制改革并成功应对来自反对派的压力？俄的宪政制度，包括总统制、议会制、联邦制将发生怎样的变化并进而对经济转型和对外政策产生何种影响？外交上，俄坚决捍卫国家利益的方针不会改变，但在国际和地区形势深刻变化、国内政治环境趋于复杂的背景下，俄对于国家利益的界定发生着怎样的变化？其国际战略和对外政策将进行怎样的调整？而这种变化又将对地区格局和国际体系重组产生怎样的影响？要让研究更加理性、客观、准确，就必须以方法创新提升研究质量。要努力改变国内俄罗斯问题研究“重文本解读、轻数据分析”的传统，在关注俄罗斯国家战略文件、领导人讲话等所反映出的主观意愿的同时，还要通过对大量经济、政治、社会数据的分析，来研判俄罗斯发展的环境制约与现实可能，既要听其言，更要观其行，从而得出客观、公正、经得起实践和时间检验的结论。

研究俄罗斯的发展走向，必须以冷战后、金融危机后的国际大变局为背景，以俄罗斯国家发展的路径及可能性为主线，以俄罗斯发展对中俄关系的影响及中俄关系未来走向为落脚点，全方位深入剖析普京复任后俄罗斯国家发展的国际环境、政治诉求、经济战略、对外政策、军队建设、软实力运用、人力资源、民族关系、区域发展、民生保障等诸多问题，重点探讨俄发展的主观诉求与内外约束的内在关系，剖析俄发展的路径和现实可能性，分析俄发展前景对中俄关系的影响以及中俄关系的未来发展走向。

对于中俄关系的研究，一定要将其放在历史发展的“长时段”中加以考察，要以复合性思维取代简单化思维，要在现实中回顾历史、从历史中展望未来，力求以科学的方法论指导中俄关系研究，充分体现研究的战略高度、理论深度、视野广度和历史厚度，力避就事论事、力避思维僵化、力避鼠目寸光。

众所周知，近400多年来，俄罗斯始终在中国对外战略中具有举足轻重的地位，对中国的安全、稳定、发展乃至制度建设和文化变迁都有着至关重要的影响。

一方面，近代以来帝国主义国家中从中国“得利最大的是沙俄，以后延续到苏联。沙俄通过不平等条约侵占的中国土地，超过一百五十万平方公里。十月革命后也还有侵害中国的事情”，特别是“第二次世界大战接近胜利时，美、英、苏三国在雅尔塔签订秘密协定，划分势力范围，极大地损害了中国的利益”，而从20世纪60年代起中苏关系“真正的实质问题是不平等，中国人感到受屈辱”；另一方面，自20世纪20年代国民党改组和中国共产党的建立，中国历史发展的道路就受到了苏联的深刻影响，不仅从苏联那里接受了马克思列宁主义的意识形态，而且在新中国成立后一度推行了向苏联“一边倒”的对外政策，并几乎全盘接受了苏式政治、经济和文化体制。

可以说，俄罗斯对中国的影响是全面、深刻而复杂的，这也导致了中国人对俄罗斯的认知是纠结而矛盾的：有的把俄罗斯视为天然的伙伴与盟友，有的则视俄为虎视眈眈的“恶邻”。毫无疑问，如何全面、客观、理性、深入地认识俄罗斯，如何准确定位俄罗斯在中国国家战略和对外战略中的地位和作用，如何在坚持“世代友好、永不为敌”和“不结盟、不对抗、不针对第三方”的原则基础上，更积极主动地引领中俄关系平稳、健康、可持续的发展，是未来中国必须完成的重大课题。

三、对中俄关系的几点思考

历史经验表明：中俄两国只能友好、不能对立；中俄双方合则两利、斗则两伤；中俄关系只能搞好，不能搞坏。但同时需要明确的是，中俄关系不是在“真空”里，而是在具体的国际环境中存在、运转的，它不仅会对国际局势的发展变化产生影响，同样也受到国际环境的诸多制约，并进而作用于中国的外部环境。特别是在世界处于剧变之际，对中俄关系多做一些细致深入的思考，无论是对中俄关系的可持续发展、对中俄各自的国家利益而言，还是对国际秩序的平稳、顺利转型而言，都是必要的。

一是应客观评估中俄关系的国际战略边际效用。在国际大变局的背景下，中俄两国都不乏赞成结盟或以紧密的军事、安全协作来应对美国压力的观点。这种传统的大国关系“均势论”忽视了当下国际关系日程日益复杂的现实，也忽视了中俄两国在国家利益、国际身份和国际战略取向等方面的差异。

首先，当下的国际关系早已不像是冷战时期那样仅仅是单纯的地缘政治，经济融合、人文联系、文化接触、共同应对全球性挑战的需求，使今天的中美关系与当年的美苏关系不可同日而语，中俄以结成军事同盟的方式与美国形成全面的竞争与敌对关系，不符合中国的国家利益。

其次，尽管俄美关系处于冷战结束以来的冰点，但俄罗斯从主观愿望上是希望与美改善关系的，出兵叙利亚的重要目标就是试图“逼和”美国，迫使其恢复与俄罗斯的合作。对于俄罗斯战略界来说，促使其他国家成为美国的最大对手，是转移自乌克兰危机以来美国对俄压力、摆脱当前困境的最好方式。因此，对俄与华形成紧密关系以对抗美国的主观可靠度是需要存疑的。2016 年 12 月 1 日，普京总统批准 2016 年版《俄罗斯对外政策构想》，对发展与欧美的关系做出了全方位阐述，相形之下对“向东转”并未着墨太多。2018 年俄罗斯总统选举后，俄罗斯外交的重点继续放在调整和改善自乌克兰危机以来不断恶化的对美欧关系上来。

第三，尽管自 2014 年以来，俄罗斯吞并克里米亚、强势出兵叙利亚的行动令世人瞠目，但俄罗斯的综合国力存在诸多短板，参与全球治理的能力与影响日渐匮乏，未来还将面临经济增长模式畸形、人口结构恶化、创新能力不足等诸多挑战，其抗衡体系变化和内外压力的阈值值得观察。在中美俄力量对比发生历史性变化、而国际关系已远非如冷战时仅是地缘政治发挥重大作用的情况下，俄罗斯很难像中美苏三角关系中的中国一样发挥“四两拨千斤”的作用。总体而言，今天的中美俄关系已不像冷战时期的中美苏大三角一样互动紧密，中美、中俄、俄美三组双边关系各有各的价值、各有各的逻辑，简单的“二对一”对抗方式不符合中国的利益。

二是中俄关系的经济成本与收益如何权衡？苏联解体 25 年来，中俄两国的经济合作取得了突飞猛进的发展，双边贸易额实现了几十倍的增长，近年来相互投资也进入了一个快速发展阶段。两国在实现丝绸之路经济带与欧亚经济联盟对接方面达成了政治共识，并开始就具体路径和方式进行谈判，两国甚至商讨建立“大欧亚经济合作关系”。但不容忽视的是，无论中俄经济合作如何密切，鉴于俄罗斯的经济体量与经济结构，中俄经济合作对于中国经济发展特别是转型升级的拉动作用都将是有限的。中俄当然应该努力挖掘两国间的经济互补性，以实现“共同发展”，但不宜对双边经济合作对各自经济发展和世界经济走向的影响估计过高。更何况，迄今为止双方还在探索如何实现“共同发展”的路径和方式。以地区合作为例，尽管双方在 2009 年签署了有关“东北振兴与远东开发相互对接”的协议，在其中罗列了 200 多个项目，但受制于多重因素的影响，该协议基本上没有落实。

三是如何把握中俄关系与中国与其他国家关系的平衡。中国正在日益接近世界舞台的中心，中国的利益范围和影响波段是越来越广的，这就要求中国应该更坚决地奉行独立自主的外交政策和方针，要将中俄关系置于中国的外交全局中加以考虑，既要稳步推进中俄关系的可持续发展，也要注意其可能造成的广泛国际战略影响。要充分运用中国的实力、影响和智慧主动引导和塑造中俄关系的发展，对于议事日程的设定要更加主动并具前瞻性，对中俄合作的范围、深度和节奏要有更加清醒的把握。

中国周边学与新时代周边外交顶层设计

复旦大学国际问题研究院副院长、副研究员　祁怀高

新时代，党中央对外交工作实行集中统一领导，推进对外工作体制机制改革，加强外交工作的顶层设计。党的十九大提出，在21世纪中叶建成社会主义现代化强国，推动构建新型国际关系，推动构建人类命运共同体。对未来二三十年的中国而言，继续经营好周边是其集中力量发展自己和在国际上有所作为的重要外部条件。未来二三十年的周边外交仍将在中国发展大局和外交全局中占据重要位置。进入新时代的中国周边外交亟需在顶层设计上取得突破性进展。复旦大学中国与周边国家关系研究中心发起倡议、中国学术界正在探讨的中国周边学可为新时代周边外交顶层设计提供理论启示。

顶层设计这一概念原本是系统工程学的一个专门术语，其本义是统筹考虑大型工程项目各层次及各要素，追根溯源，统揽全局，力求在最高层次上寻求问题的解决之道。周边外交的顶层设计需要在统筹考虑周边外交的战略目标、基本方针、风险挑战的基础上，在中央层面上对周边外交进行总体布局，寻求解决周边外交面临的重大问题的工作思路和实施方案。

正在探讨中的中国周边学可从决策机构、指引理念、核心抓手、战略支点、制度之翼这五个方面对未来中国周边外交顶层设计提供理论启示（参见图1）。其中，中央外事工作委员会是中国周边外交顶层设计的决策机构，“周边命运共同体”是顶层设计的指引理念，“一带一路”倡议是顶层设计的核心抓手，经略一批“周

边战略支点国”将起到顶层设计的战略支点功能，构建包容性亚洲区域性制度将为顶层设计添加“制度之翼”。

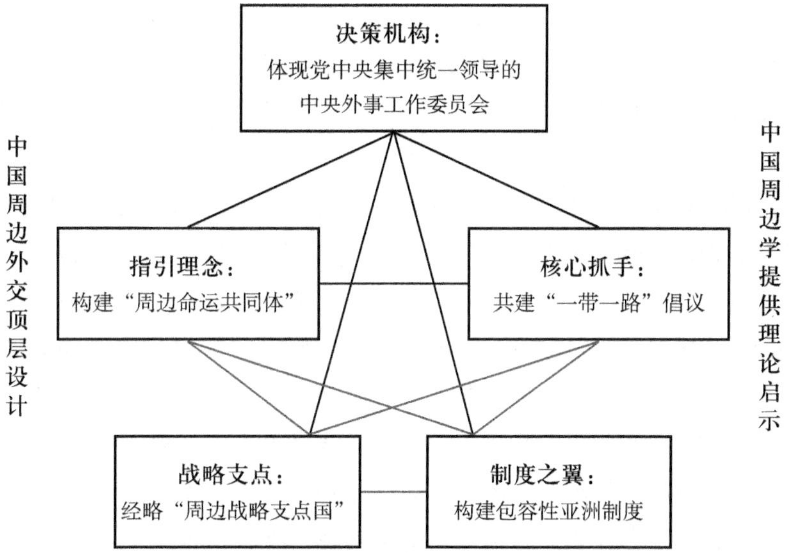

图 1　中国周边学与新时代周边外交顶层设计逻辑思路

体现党中央集中统一领导的中央外事工作委员会是中国周边外交顶层设计的决策机构。2018 年 3 月，中共中央印发的《深化党和国家机构改革方案》提出，将中央外事工作领导小组改为中央外事工作委员会，负责外交（外事）领域重大工作的顶层设计、总体布局、统筹协调、整体推进、督促落实。中央外事工作委员会的办事机构为中央外事工作委员会办公室。《深化党和国家机构改革方案》提出，不再设立中央维护海洋权益工作领导小组，有关职责交由中央外事工作委员会及其办公室承担，在中央外事工作委员会办公室内设维护海洋权益工作办公室。中央外事工作委员会主任为习近平，副主任为李克强，委员为王岐山。根据 2018 年 5 月中央外事工作委员会第一次会议公开的信息，该委员会的职责包括：加强党对外事工作的集中统一领导，发挥决策议事协调作用，强化顶层设计和统筹协调；完善和深化全方位外交布局，落实重大外交活动规划；集中统一领导地方外事工作，统筹做好地方外事工作；推进对外工作体制机制改革，加强外事工作队伍建设等。中国周边学需要以国家治理体系和治理能力现代化为导向，分析中华人民共和国成立以来外交决策机制建设的经验和教训，借鉴其他大国的成熟外交决策机制，为中国构建现代化的周边外交决策机构提供理论启示。

“周边命运共同体”是中国周边外交顶层设计的指引理念。在人类命运共同体成为新时代中国外交理论和实践创新的一面旗帜的同时，周边命运共同体也成为中国周边外交的指引理念。中国政府提出命运共同体倡议，首先就是立足周边，从周边起步推进命运共同体建设。推动构建周边命运共同体，需要树立“大周边”的宽广视野。随着中国与周边国家交往的加深和“一带一路”倡议的深入推进，中国的周边已经不再仅仅局限于领土领海直接相邻的20个邻国。中国与更多的“大周边”国家形成了命运与共的密切关系。中国“大周边”地理范畴不仅包括东北亚、东南亚、南亚、中亚这4个与中国陆海直接接壤的次区域，还可包括西亚和南太平洋这2个次区域，以及美国这一中国的“特殊邻国”。推动构建周边命运共同体，需要把共同发展和繁荣作为核心要义。构建周边命运共同体植根于中国与周边国家的共同发展与繁荣这一共同利益。中国周边多数国家是发展中国家，发展经济和改善民生在相当长时期都将是周边发展中国家的核心任务。在地区一体化加深的背景下，中国与周边国家利益深度交融，实现共同发展才是唯一出路。推动构建周边命运共同体，需要以文明交流互鉴来凝聚理念共识。中国和周边国家都有各自的优秀文明，共存于全球化世界当中。历史上，中华文明辐射到周边国家，同时也在同周边国家文明不断交流互鉴中继长增高。新时代，中国在开展周边外交时应传承和发扬和合、“大同世界”、天下为公等理念，鼓励中国与周边国家之间的文化交流互鉴。中国周边学需要提炼古代中华文明与周边国家文明交流中所孕育的命运共同体意识，借鉴西方国家的先进经验，吸收区域一体化理论，从而为中国更好地打造周边命运共同体提供理论启示。

“一带一路”倡议是中国周边外交顶层设计的核心抓手。“一带一路”倡议是未来相当长时期中国周边外交的“核心抓手”和战略布局。中国周边地区是推进“一带一路”倡议的优先地带与重点区域。要发挥好“一带一路”作为统筹推进周边外交的“核心抓手”作用，中国需要和沿线国家共同做好以下三方面工作：一是积极规划“六廊六路多国多港”主骨架，促进中国与周边国家的互联互通。“六廊”是指新亚欧大陆桥、中蒙俄、中国—中亚—西亚、中国—中南半岛、中巴和孟中印缅六大国际经济合作走廊；“六路”指铁路、公路、航运、航空、管道和空间综合信息网络；“多国”是指一批先期合作国家；“多港”是指若干保障海上运输大通道安全畅通的合作港口。二是借助“一带一路”联通亚欧伙伴关系网络和印太伙伴关系网络。亚欧大陆和印太海洋对于21世纪的中国和平发展至关重要。中国周边外交顶层设计时，需要同时站在亚欧大陆和印太海洋的双重角度来思考问题。中国需要同时推进亚欧伙伴关系网络和印太伙伴关系网络的构建，并用共建“一带一路”倡议将这两个伙伴关系网络联通起来。三是借助“一带一路”推动亚洲区域经济一体化，构建周边利益共同体和命运共同体。中国周边学需要总结历史上的丝绸之路精神，分析经济全球化和区域一体化的时代内涵，思考中国与周边国家的互联互通，从而为共建“一带一路”倡议提供理论启示。

经略一批“周边战略支点国”将起到中国周边外交顶层设计的战略支点功能。从“大周边”视角出发，笔者认为巴基斯坦（南亚）、哈萨克斯坦（中亚）、印度尼西亚（东南亚）、马来西亚（东南亚）这4个国家可以作为“周边战略支点国”去着力经略；未来可关注乌兹别克斯坦（中亚）、斯里兰卡（南亚）、韩国（东北亚），沙特阿拉伯（西亚）、澳大利亚（南太平洋）这5个潜在“周边战略支点国”。笔者对中国经略“周边战略支点国”的初步思考为：一是优先推动共建“一带一路”倡议与相关“周边战略支点国”发展战略的对接。二是根据不同“周边战略支点国”的需求，选择不同的适用“杠杆”，如投资、贸易、援助、大项目建设等。三是中国需要给予“周边战略支点国”战略回报，通过政治、经济、军事等手段提升“周边战略支点国”在地区事务中的地位和影响力。需要说明的是，中国外交倡导“结伴而不结盟的伙伴关系”，因此笔者并不主张经略“周边战略支点国”成为一项明确成文的中国周边外交战略。而是强调在中国经济资源和外交资源有限的情况下，中国周边外交需要在实际运作中突出重点。中国周边学需要思考中国在外交资源有限的情况下如何确保资源的重点投入，思考中国外交如何在“不结盟”外交政策（理论）与打造一批“准盟友”（现实）之间取得平衡，从而为中国经略一批“周边战略支点国”提供理论启示。

构建包容性亚洲区域性制度将为中国周边外交顶层设计添加“制度之翼”。近年来，中国成功推动亚洲基础设施投资银行等新机制建设，通过APEC推动“亚太自贸区”等建设，倡议建立“澜湄合作机制”等丰富和充实次区域合作安排。这些亚洲区域性制度增强了中国的“制度性权力”，为中国周边外交添加了“制度之翼”。与此同时，美国、日本、俄罗斯、印度、东盟等竞相提出各自的亚洲地区多边制度倡议，以抢占制度先机。在此背景下，中国要积极提出自己的亚洲区域多边制度构想。第一，以包容互惠发展为指引积极引领亚洲区域经济制度的建设。中国可借助共建“一带一路”倡议，以包容互惠发展为指引积极引领沿线国家开展区域经济制度建设。其他大国提出的“自由开放的印太”“区域基础设施计划”“亚非增长走廊”“大欧亚伙伴关系”等构想虽然与“一带一路”倡议存在竞争关系，但“一带一路”倡议仍有空间与这些构想联系起来加以推进。第二，以新安全理念为指引积极推动亚洲地区安全多边合作架构建设。目前，亚洲地区安全架构建设相对滞后。中国政府积极倡导“共同、综合、合作、可持续”的亚洲安全观，积极推进多种安全机制之间的协调，主张以复合型、多层次、多样化的网络为架构，加强对现有机制的协调、升级和完善。中国周边学需要总结近年来中国积极参与和引导亚洲区域性制度建设的成果，思考新时代中国周边外交添加“制度之翼”的途径，从而为构建包容性亚洲区域性制度提供理论启示。

中国周边学需要认真研究中国周边外交的决策机构、指引理念、核心抓手、战略支点、制度之翼五方面内容，推动构建新时代中国周边学的理论体系，从而为中国周边外交顶层设计提供理论启示。

中国周边学：大周边视野下的中东

上海外国语大学中东研究所所长、教授　刘中民

从严格意义上说，由西亚和北非地区构成的中东地区并不属于中国的周边地区，但无论从历史联系、文明交往、战略地位来看，还是从中国周边外交宏观统筹国际和国内两个大局的需要，以及中国周边外交和中东外交密切互动的丰富实践来看，中东都构成了中国大周边的重要组成部分。在冷战后中国外交的实践中，也确实曾经明确地把中东视为“中国周边战略的延伸和大周边战略的组成部分”加以看待和运筹。在中国已经日益接近世界舞台中心，积极推进人类命运共同体、新型国际关系、全球伙伴关系和“一带一路”建设的当下，从大周边的角度认识中东的战略地位无疑有重要的理论与现实意义。

从历史联系角度看，中东地区自古以来就构成了中国大周边乃至真正意义上的周边一部分。仅以丝绸之路为例，陆上丝绸之路和海上丝绸之路主要联通的地区就是中国和西亚地区，中国古代的“西域”概念不仅在事实上主要指中亚和西亚地区，在观念上也反映了中国认识周边观的整体性，“西域”在历史上并没有今天中亚、南亚等局部地区的区隔。无论是张骞出使西域，还是郑和下西洋，都是把西域作为一个整体加以看待，即在当时历史条件下中国向西所能到达和联系之处都属于“西域”，“西域”所包括的地理范围也是不断变化的动态的区域。

进入近代，尤其是当代以来，中国的世界地理学科以及由此出发对周边的认知所提出的中亚、西亚、南亚、东南亚等政治地理区域尽管有其学科和实践意义，但也造成了中国周边观念的某种弊端，即彼此孤立的地区观和周边观，其弊端自然也是显而易见。例如，在地理和宗教文化属性上具有诸多共性的中亚、西亚、

南亚被人为割裂，不仅造成了研究的局限性，甚至会对外交实践造成消极影响。例如，处在中亚、南亚、西亚结合部的阿富汗，可以说这三大区域研究都对其进行研究，但却都研究不透，其原因之一就在于各区域研究都认为阿富汗研究应归属其他地区进行研究；又如在苏联解体后，外交部的欧亚司负责由原苏联独立出来的欧亚 12 国，其中包括中亚五国，但从文化属性和来看，中亚五个穆斯林国家与欧亚司负责的其他欧洲国家相比，显然与西亚有更多的共性。此外，与中亚关系十分密切的阿富汗在外交归口管理上划归亚洲司。这或许会造成了一定的管理困难，并且不利于周边外交的整体统筹。

从文明交往的属性看，伊斯兰教的东传，使中国的西北、西南边疆地区形成了与中东拥有共同宗教信仰的 10 多个少数民族，伊斯兰教使中国穆斯林在信仰和文化层面与中东有着十分密切的联系。在历史上，中华文明与伊斯兰文明长期的和平交往，创造了许多广为流传的佳话，当代中国的伊斯兰团体和穆斯林精英也通过民间交往和宗教交流，促进和推动了中国与中东国家关系的发展。此外，中国周边的中亚、南亚、东南亚地区都是广大伊斯兰世界的组成部分，伊斯兰教构成了影响这些中国周边地区的重要文化因素，进而使这些地区的诸多问题与中东地区有着密切的联系。从这种意义上说，中东无疑构成了中国的文化大周边和外交大周边的重要组成部分。

当然，由于中东地区是泛伊斯兰主义和泛突厥主义的源头，是极端主义和恐怖主义泛滥的重灾区。因此，源于中东的极端主义和恐怖主义也经由中亚、南亚和东南亚向中国边疆地区渗透，进而对中国边疆稳定、国家安全乃至意识形态安全产生冲击。解决这些安全问题，防范安全风险，不仅需要中国与中亚、南亚、东南亚国家共同应对，更离不开中国与中东国家的密切合作。从这种意义上说，中东又确实构成了中国安全大周边的重要一环。

从当代中国丰富多彩的外交实践乃至国际战略的规划和运筹来看，中国的中东外交与周边外交乃至大国外交也有十分密切的互动关系。例如，1955 年在印度尼西亚召开的万隆会议上，周恩来总理开始第一次接触埃及等与中国尚处于隔绝状态的阿拉伯国家，进而开启了 1956—1959 年中国与中东国家的第一次建交高潮，构成了以周边外交带动和促进中东外交的经典案例。又如，在美国在南海问题上不断对中国施压之际，22 个国家组成的阿拉伯国家联盟发表集体声明，支持中国在南海问题上的主张，这是通过中东外交配合周边外交的佳话。再如，基于中东在全球地缘政治格局中的重要性，准确认识和判断中东形势往往是制定和运筹国际战略、周边战略的应有之义。进入21世纪以来，中国关于战略机遇期判断的形成，无疑与正确研判中东形势有密切的关系。

在当前的“一带一路”建设中，中东不仅是重要的节点，而且是丝绸之路经济带和21世纪海上丝绸之路交汇的地区，而中国周边地区更是“一带一路”建设的重点。众所周知，“一带一路”建设的核心是互联互通，它不仅要求中国有更加宏观的大周边观念和战略思维，其建设成果也势必进一步加强中东作为中国大周边的地位与作用。

基于上述认识，从学术研究和外交实践的需要来看，当前都需要从大周边的角度来认识和看待中东。从构建中国周边学的角度来看，周边学区别于区域研究的核心就在于整体的周边观。因此，中国周边学研究应树立包括西亚、中亚和南亚的“大西亚”观念，并从历史人文和社会科学的角度，打破狭隘的地区分割，通过跨学科、跨区域的研究，形成对“大西亚”的整体研究和综合研究。从外交实践的角度，更应确定大周边和整体周边的战略思维，从总体外交的高度运筹好中东外交和周边外交。从外交管理的角度，未来中国外交应在条件成熟的情况下，适当调整欧亚司、亚洲司和西亚北非司的区域分工，使外交分工更符合中国大周边的人文地理和历史文化。

本文只是一种对中东与中国周边关系的初步的粗浅的认识，尚有许多学科和理论问题需要做进一步的专业研究，希望本文能对推动中国的大周边研究和中国周边学的构建起到抛砖引玉的作用。

中国周边学研究的四个维度

复旦大学国际关系与公共事务学院教授、博士生导师　郭定平

随着中国的快速发展和日益走近世界舞台的中央，中国与周边国家的关系变得越来越密切和复杂。经营好周边外交，稳定好周边环境，既是中国外交的重大战略任务，也是中国推动“一带一路”建设、构建人类命运共同体的前提和基础。值此历史发展的关键环节，提出创设和研究中国周边学具有重大的学术价值和现实意义。下面从四个维度略抒管见。

第一，中国周边学研究的理论维度。

当今世界正处于大发展大变革大调整的新的历史时期，一个重要时代特点就是随着经济全球化和社会信息化的深入发展，边界、边境、边缘问题变得日益突出。一方面，各个国家和地区的联系越来越紧密，政治、经济、文化和社会交流非常频繁，跨边界流动大量；另一方面，由此产生的各种矛盾、摩擦、纠纷和冲突层出不穷，强化边境管控的“筑墙”运动在很多地方出现。这一现象迫切需要理论研究予以回应。2018 年 7 月在澳大利亚的布里斯班召开的第 25 届国际政治学大会确定的主题就是“边界与边缘（Borders and Margins）”，学者们围绕这一时代课题展开了广泛讨论。边界不仅有物理含义，体现为地图上各个国家和地区之间的分界与界限，而且有精神文化内涵，指各个不同的人类群体所具有的区别于其他群体的社会、文化、宗教、心理层面的特征，形成独特的认同体系，体现为一种自己—他者的关系。这就需要社会学、文化学、宗教学、心理学等不同学科的跨学科研究。

从政治学的角度来看，由于国家权力和国家行为是政治学研究的核心，而长

期以来比较政治学专注研究国内的政治体制与政治过程，国际政治学着重研究国家之间的关系和各个国家的外交行为，新时代的周边政治学研究就必须打通比较政治学和国际政治学的边界壁垒，相互学习，相互借鉴，相互启发。当今国际政治的国内化与国内政治的国际化实际上已经打破了传统政治学研究自设的学术藩篱，沟通国内与国际的“联系政治学”（Linkage Politics）研究已经引起一些学者的重视。罗伯特·基欧汉和海伦·米尔纳主编的《国际化与国内政治》就是将比较政治与国际政治经济学结合起来探讨国际经济力量影响国内政治的一本重要著作，堪称研究国际化与国内政治互动关系的精品。因此，中国周边学研究就不仅是国际政治学和国际关系学关注的对象，也应该和必须成为比较政治学者研究的重要内容。比较政治学与国际政治学的合力攻关将有利于中国周边学的学术创新与发展。

第二，中国周边学研究的现实维度。

从现实发展来看，中国已经与周边许多国家和地区建立了密切的合作关系，相互联系不断加强。以中日、中韩之间的相互依赖关系为例，双边贸易投资关系就格外引人注目。中国的日资、韩资企业数量巨大，种类繁多。日本贸易振兴机构（JETRO）的统计数字表明，2015 年的中日贸易总额为 3032 亿 8609 万美元，虽然在减少，但依然数额巨大。中国在日本贸易总额中所占比例为 21.2%（与 2014 年相比，上升了 0.7 个百分点）。其中在出口中的占比为 17.5%（减少 0.8 个百分点），在进口中的占比为 24.8%（上升 2.5 个百分点）。中国在日本贸易总额和进口中的占比均创历史新高。2015 年日本对华投资的合同件数为 26575 件，比前一年增加 11.8%，两年连续增长。在 1992 年至 2012 年的 20 年间，中国与韩国的双边贸易额增长约 34 倍，从 64 亿美元增长到 2151 亿美元。截止 2012 年，韩国在华实际投资额总计 396 亿美元，在华企业 2.2 万家，在华韩国侨民 65 万人，中国与韩国每周直航航班 800 多班次。近年来随着中国企业“走出去”战略的实施，日韩的中资企业数量也大量增长。活跃于中日韩之间的各种类型、各种规模的企业不计其数，他们不仅对促进当地经济发展作出了积极贡献，而且为三国之间的社会文化交流提供了大力支持。随着中日、中韩经贸与文化交流关系的发展，中日、中韩之间的人员往来总数屡创新高。在 1992 年至 2012 年的 20 年间，中韩人员往来增加 53 倍，从 13 万人次增加到 691 万人次。到 2014 年，中韩之间的人员往来更是突破了千万大关，达到 1030.9 万人次。2014 年的中日之间人员往来达到

512.7万人次，2015年迅速增长到707.2万人次。在文化教育领域，中日、中韩之间的共同研究或者合作交流项目犹如雨后春笋在过去的20余年中全面展开。中日、中韩已经建立了大量的政府与非政府间双边合作与交流机制。例如，中韩议员友好协会与韩中议员亲善协会分别于1992年12月和1993年成立。以2006年韩国国会与中国全国人大建立定期交流机制为契机，两国议会之间的交流与合作日益增进。虽然中日关系、中韩关系在政治上有时处于冷淡甚至对峙状态，但是双边合作交流不断得到推进。

中国与周边国家相互联系与相互依赖关系的加深正在创造出新的周边治理形态，为中国周边学研究提供新的案例和鲜活资料。传统的政治活动是一种典型的单层治理，即以国家为核心的治理。在国家内部存在一个以垄断暴力为后盾的公共权威，通常就是政府，而在国际政治中则没有一个公认的权威，完全是一种无政府状态。在全球化和区域一体化的进程中，传统的国家权力发生了变化，其中，一方面权力向上转移出现了超国家机构，例如各种国际组织和跨国体制；另一方面权力向下移动出现了地方和民间公民社会。由此，开始形成一种权威扩散状态和多维多层的复合治理格局。在这种复合治理体系里，传统的国内政治与国际政治的界限变得不那么清晰，国内政治的国际化和国际政治的国内化现象普遍产生，从而形成一种新的政治景观。东亚地区经济政治的快速发展、相互联系的不断加深和各种区域治理机制的形成就正在呈现出这样一种新的政治景观。中国周边学的提出正是适应了这种双边与多边关系发展的新趋势，必将具有广阔的前景。

第三，中国周边学研究的历史维度。

中国周边学研究必然追问两个大的问题：中国是什么？中国的边界是如何形成和演变的？从历史发展的角度来看，这两个问题都非常复杂，对这两个问题的探寻和回答恰恰是中国周边学需要研究的重要内容，也会为中国周边学研究提供丰富的历史资源。

中华文明源远流长，其中的一条主线就是大一统的思想潮流和政治脉络。春秋列国征战争霸，战国七雄厮杀兼并，实际上都是为了大一统的目标。这就说明，大一统当时已经成为一种历史趋势和时代潮流。从公元前230年到公元前221年，秦国先后灭亡了韩、赵、燕、魏、楚、齐，第一次建立了大一统的秦王朝，从此“海内为郡县，法令由一统”。从秦汉到隋唐，从宋元到明清，中华文明绵延不绝，并不断走向辉煌。但是，在两千多年的历史长河中，统一与分裂是交替出现的，此所谓“分久必合、合久必分”。分分合合就必然导致边界的变动。漫长的中国历史上边界的变动非常复杂，这一现象在进入近代之后进一步转化为中国与周边国家的边界问题。中国周边学的历史研究为我们加深对边界问题的认识提供更加广阔的视野。

在这种长期的统一与分裂过程中，中国与周边各个民族、国家和地区建立了非常特殊的关系，从而形成一种以朝贡、册封为基础的天下礼治秩序。中国通过先进的文化、制度和生产方式，逐步影响和改造周边各个国家和民族。秦汉大一统国家形成之后，这种经营周边的思想理念与外交实践就逐步发展成熟。这就是，“圣王之制，施德行礼，先京师而后诸夏，先诸夏而后夷狄”。这就是传统中国的天下秩序，是一个以施行德教的华夏为核心而展开的同心圆的有机结构。此一特殊的天下秩序不仅推动了中国多民族国家的形成，而且形成了中国与周边各个民族之间相互包容、彼此交流、不断融合的关系。这与西方历史上帝国对外征服、进行民族压迫、甚至实行民族灭绝的帝国主义逻辑完全不同。与此同时，这一同心圆结构的天下秩序很自然地体现出中国与周边各个民族、各个地区和各个国家的亲疏关系，表现出华夷之别，因此天下秩序也就是一种华夷秩序。华夷之别主要不是体现在种族上，而是体现在文化上。因此华夷秩序下的边界实际上主要是一种文化边界，这种文化边界基本上就是一个处于不断变化的模糊地带，与西方近代以来的民族国家体系下的清晰的国家边界迥然相异。

如此复杂的边界现象不仅为研究中国周边学提供了丰富的历史资料，而且为当今中国处理周边问题留下了大量的历史智慧。

第四，中国周边学研究的未来维度。

中国特色社会主义进入新时代以来，中国与周边国家的关系按照“亲诚惠容”理念和与邻为善、以邻为伴的外交方针得到推进和深化，中国的周边外交环境出现了持续向好的势头。

从未来发展的角度来看，中国周边的概念将进一步得到丰富和扩大，不仅包括中国国家地理上的物理周边，而且包括中国国家利益的相对柔性与弹性的周边。随着中国进一步的扩大开放，进出中国的人员、资金、信息不断增加。在中国“走出去”战略的推动下，中国的外交关系、企业经营、文化影响等等已经遍布世界的任何一个角落。新时代中国倡议的“一带一路”和人类命运共同体建设更是大大拓展了中国周边的深度和广度。

正是在这个意义上，未来的中国周边学研究不能仅仅局限于地理距离的周边，而要从更加宽阔的视野予以审视，要更加重视中国与其他国家之间国家利益是否接近，心理文化是否相近，国民交往是否亲近。随着中国的持续发展和崛起，中国的国际影响力日益提升，中国不断走近和走进世界舞台的中央，必然会有越来越多的国家和地区认识到和感觉到中国是他们的周边国家。未来中国的国家利益无处不在、国际影响无处不在，预示着中国的周边将无限拓展。因此，如何准确认识和正确处理中国的物理（硬性）周边与柔性周边的关系必将成为中国周边学探讨的新课题。

中国周边学如果能够从以上理论与现实、历史与未来四个维度加以研究，我们就能够更好地认识周边、理解周边、跨越周边和超越周边，就能够更好地经营周边和治理周边，从而为推动全球治理和构建人类命运共同体贡献智慧和力量。

中国周边学与周边国际组织的参与与建设

复旦大学联合国与国际组织研究中心主任、教授　张贵洪

对于“周边”，可以从多个视角进行审视。从范围来看，有小周边、中周边和大周边之分；从地理上看，又有陆上周边和海上周边之别；从区域来看，中国周边包括东北亚、东南亚、南亚、西亚、中亚等。中国外交的总体布局是周边、大国、发展中国家和多边。多边与周边互动，以多边促周边，周边国际组织应成为中国周边外交工作的重要对象，也是中国周边学新学科需要关注和重视的重大问题。

一、中国周边国际组织的发展情况

中国周边存在众多国际组织，它们是地区国际关系的重要行为体，是国际合作的重要平台，也是推动地区一体化的重要力量。

中国周边国际组织包括几种类型：一是次区域国际组织，如东南亚国家联盟、南亚区域合作联盟、欧亚经济联盟、上海合作组织等；二是跨地区国际组织，以亚太经济合作组织为代表；三是中国和若干周边国家参与的新兴多边组织 / 机制，如金砖国家、二十国集团、亚洲基础设施投资银行（亚投行）等；四是会议和论坛类的准国际组织，如东亚峰会、博鳌亚洲论坛、亚洲相互协作与信任措施会议（亚信会议）等；五是联合国系统的多个机构在亚太地区设置的区域办事处。位于曼谷的亚洲及太平洋经济社会委员会（亚太经社会）是联合国负责亚太地区区域

发展的附属组织。联合国开发计划署、联合国儿童基金会、联合国人口基金、难民署、世界卫生组织、国际劳工组织等联合国系统在亚太地区都设有区域和国家办事处。

中国周边国际组织的发展具有多样性。东盟和上合组织是综合性的国际组织，代表了周边国际组织发展的最高水平。东盟于2015年年底建成经济、安全与社会文化三个共同体。上海合作组织以打击恐怖主义、分裂主义和极端主义“三股势力”起步，现已开展包括政治、安全、经济、司法等领域的广泛合作。金砖国家和二十国集团反映了新兴发展中大国在国际事务中影响力的不断上升，其组织化程度也在不断提升。东亚峰会和亚信会议在推动亚洲政治和安全合作方面发挥了重要作用，也在一定程度上弥补了亚洲安全领域缺乏国际组织的不足。中国倡导和主导成立的上海合作组织、博鳌亚洲论坛、亚投行等，秘书处（或总部）设在中国，体现了国际组织发展的新趋势，即中国在国际组织中将更多地发挥引领作用。

中国周边国际组织的发展很不平衡。以东盟为代表的东南亚地区国际组织发展较早，也比较活跃，并发展出东盟地区论坛、东亚峰会、东盟10+1、东盟10+3、对话伙伴等衍生机制。以上海合作组织为主的中亚地区国际组织发展势头良好，在不断扩大和深化合作的同时，不断吸收新的成员。南亚区域合作联盟是南亚地区唯一的国际组织，但缺乏活力，未能有效推动本地区的合作和发展。东北亚地区则尚未建立本区域的国际组织，六方会谈机制已搁置多年。中国周边国际组织以贸易和经济合作为主，政治和安全合作相对滞后，反映了中国周边经济贸易发展迅速，但政治安全矛盾突出的现实。除了东北亚，中国周边次区域都存在不同类型的国际组织，但还没有形成覆盖整个亚洲的国际组织。

中国周边国际组织的发展有很多创新。东盟在合作过程中形成了以协商一致、不干涉内政和非正式性为主要特点的“东盟方式”。上合组织在发展进程中形成“互信、互利、平等、协商、尊重多样文明、谋求共同发展”为基本内容的“上海精神”。亚信会议则提出共同、综合、合作、可持续的“亚洲安全观”。亚投行是由发展中国家主导，重点支持基础设施建设的新兴多边开发性金融机构，在内部治理、资本构成、组织结构、运营模式等方面有许多创新和突破。开放和创新是中国周边国际组织发展的特点和亮点。

二、中国与周边国际组织的关系

中国是多边主义的坚定支持者、倡导者和践行者，这在中国与周边国际组织的关系中得到很好的体现。

中国是周边国际组织的倡导者和主导者。上海合作组织以中国的城市命名，秘书处设在北京，是中国倡导和主导成立的第一个国际组织。在“上海五国机制”转制为上海合作组织，在制定和践行“上海精神”，在推动上合组织全方位合作特别是司法合作中，中国都发挥着引领和主导的作用。亚洲基础设施投资银行是首个由中国倡议成立的多边金融机构，总部在北京。中国是亚投行的最大股东，首届理事会主席和首任行长都由中国人担任。亚投行是中国推动国际金融体系改革的重大举措，也是继上合组织后中国主导成立的又一个跨地区国际组织。

中国是周边国际组织的参与者和推动者。中国积极支持和参与东南亚国家联盟主导的地区合作。中国是第一个与东盟建立战略伙伴关系的对话伙伴，2015 年中国—东盟自贸区全面建成。中国积极参与东盟 10+1、东盟 10+3、东盟地区论坛、东亚峰会等东盟主导的东亚合作机制。中国—东盟合作成为亚太区域合作中最为成功和最具活力的典范。中国重视南亚区域合作联盟的地位和作用，2005 年成为南盟观察员国。南盟是中国与南亚国家开展多边外交的重要舞台，也是中国与周边国家多边外交体系的重要组成部分，具有重大战略意义。

中国倡议和推动的“一带一路”将在中国周边催生新的国际组织，多边推动是“一带一路”建设的新思路和新路径。“一带一路”作为国际合作平台，需要遵循国际规则、与国际组织进行战略对接协作。中国与国际组织合作共建“一带一路”正取得重大进展。同时，在推进“一带一路”建设过程中，需要创新国际机制开展合作。2015 年，在联合国系统多边合作框架下成立了海陆丝绸之路城市联盟，以积极响应“一带一路”倡议。2016 年，亚洲基金设施投资银行正式开业，以配合“一带一路”建设。2017 年，在“一带一路”国际合作高峰论坛上 20 多个国家的 30 多家媒体发起成立了“一带一路”新闻合作联盟。

中国正吸引越来越多的国际组织设立总部和分支机构。1997 年成立的国际竹藤组织是第一个总部设在中国的国际组织。除了上海合作组织秘书处和亚投行总部设在北京，联合国工业发展组织全球科技创新中心、联合国教科文组织教师教育中心、联合国训练研究所亚太地区信息化人才培训中心则落户上海。2015年，习近平主席在纽约联合国总部宣布中国将设立南南合作与发展学院、国际发展知识中心，这两个机构具有准国际组织的性质，现已成立且开始运作。这些国际组织为中国推动周边与多边的互动带来许多便利。

此外，永久会址设在中国的世界互联网大会（浙江乌镇）和世界工业设计大会（杭州良渚）在塑造国际话语权、建构国际规则方面具有重要意义，未来也有可能发展成为国际组织。

三、利用周边国际组织推动中国周边外交

多边与周边互动，以多边促周边，利用周边国际组织应成为中国周边外交工作的重要内容，也应该成为中国周边学新学科研究的重要内容。

利用周边国际组织，推动构建周边新型国际关系和周边命运共同体。推动构建新型国际关系和人类命运共同体是新时代中国特色大国外交的总体目标。周边国际组织是推动构建周边新型国际关系和周边命运共同体的重要路径和抓手。中国在亚信会议上倡导“亚洲新安全观”，通过上海合作组织践行“上海精神”，支持以“东盟方式”加强东亚合作，利用亚太经合组织推动亚太自由贸易区建设，倡议成立亚洲基础设施投资银行以促进亚洲的互联互通，主办博鳌亚洲论坛传播亚洲声音、凝聚亚洲共识、促进亚洲合作。这些都是构建周边新型国际关系和周边命运共同体的成功实践。中国周边学应研究在继续利用好这些国际组织的同时，探索如何在中国周边的东北亚、南亚、海上等通过多边方式推动两个“构建”。

利用周边国际组织，推进“一带一路”建设。“一带一路”建设，沿线周边国家是基础，但还需要与周边区域发展协调，与周边国际组织战略对接。东盟和南盟处于“一带一路”的陆海交汇地带，是推进“一带一路”建设的优先方向和重要伙伴。“一带一路”和欧亚经济联盟是欧亚大陆最重要的两大发展规划，对接合作已初见成效，并有早期收获。与此同时，还需要加强与上海合作组织、亚太经济合作组织、金砖国家组织、二十国集团、非盟、欧盟等不同类型国际组织的对接合作，以便“一带一路”在周边区域的整体推进。

利用周边国际组织，积极应对周边威胁和挑战。中国周边地区发展不平衡不充分、安全难题和非传统安全威胁突出。国际组织的基本功能是协商和合作，可

以为周边地区的发展和安全提供解决之道。上海合作组织有效打击“三股势力”，成就了中亚地区的和平与稳定。东盟在推动东亚合作和东亚一体化方面发挥了关键作用。但是，中国周边仍然充满危机、风险和挑战。东北亚地缘政治的复杂性表明多边安全机制是东北亚走出安全困境的根本出路。中国周边海上安全风险和非传统安全威胁也需要通过多边方式和国际组织来应对。

中国的崛起引起一些周边国家的担忧。积极利用多边组织，与周边国家凝聚共识、增进互信、打造互联互通、实现共商共建共享，成为中国周边外交的重中之重和中国周边学研究不可或缺的重要内容。

中国周边学的构建：内涵、动力与方向

山东师范大学海洋安全研究中心主任、副教授　马建英

近年来，随着中国的快速崛起及周边外交权重的上升，加快构建中国周边学，以服务于日益重要的周边事务，成为学界热烈讨论的话题。为此，一些高校还专门建立了有关“周边问题”的研究机构，例如，复旦大学中国与周边国家关系研究中心、华东师范大学周边国家研究院、云南大学中国周边外交研究中心、广东外语外贸大学周边战略研究中心等，开启了构建中国周边学和推进周边问题研究的学术征程。不过，由于周边学属于一个新近兴起的学术话题，学界就何谓中国周边学、为什么要构建中国周边学、如何构建中国周边学等问题还存在诸多分歧乃至认识误区。为此，笔者结合现有研究状况，尝试对中国周边学的内涵、构建的动力、努力的方向等进行粗浅的探讨，以求教于方家。

一、中国周边学的内涵与定位

众所周知，一个研究领域如果能够上升为一门“学”“学科”“学问”，首先必须建立在一系列独特、精确、严格和科学的概念基础之上，中国周边学亦不例外。迄今为止，学界对于何谓中国周边学还缺乏一个权威性界定，在其指称对象、涵盖范围、关注议题和学科归属上也无统一的看法。

构建中国周边学，前提是要明晰中国“周边”的范畴。目前，学界倾向于将

中国周边分为地理意义上的“小周边”和地缘意义上的“大周边”，前者是指与中国陆地和领海直接相邻的国家和地区，后者则超越了地理上的限定，涉及到同中国在陆海两个方向上具有地缘战略利害关系的国家或地区，大致涵盖了东北亚、东南亚、南亚、中亚、西亚和南太平洋海域。笔者主张以“大周边”来界定中国的“周边”范畴，尽管这样会给人以宽泛之感，但它却可以为中国施展其周边影响和解释其周边行为预留必要的伸缩空间。

需要指出的是，中国的周边国家和周边地区并非天然一体，有些国家是中国周边国家，但并不一定全部属于中国周边地区，反之亦然。例如，俄罗斯是中国邻国，其远东部分属于中国周边地区，但是其欧洲部分显然不属于中国周边地区。再比如，美国虽不是中国周边国家，但是由于其在中国周边地区具有广泛的力量存在，因而也应该被纳入中国的周边影响因素。总之，要用弹性思维来看待中国的“周边”范畴，既不能无限扩大其地缘空间，也不宜狭隘的局限于中国接壤邻国。

当前，国内学界大多从中国外交以及中外关系的角度来界定中国周边学的内涵。例如，有学者认为，中国周边学就是中国处理与周边国家关系的一整套概念、方法与原则，以及相应的理论体系。还有学者指出，中国周边学是以中国周边外交研究为核心的一门学问。此类界定虽然具有一定的合理性，但也存在明显的不足。事实上，中国周边学应具有两个研究重心：一个是周边国家和地区本身（不一定非要涉及中国），另外一个是中国与周边国家之间的外交关系。上述界定显然缺乏对第一个“重心”的必要观照，突出了从“中国看周边”，而忽略了从“周边看中国”。

此外，从学科关系的角度来看，还应当厘清“中国学”与中国周边学之间的关系。“中国学”是国际上针对中国政治、经济、社会、历史、文化、外交（自然也涉及中国与周边国家之间的关系）等领域的全方位研究。中国周边学则侧重于中国学者对周边国家和地区的上述领域以及中国与它们之间互动关系的研究。可见，“中国学”与中国周边学虽然有交叉的部分，但是研究的施动“主体”不一样，侧重点也有差别，两者不应当是“隶属”或“包含”的关系。中国周边学应具有较大的独立性，这也是其能够称之为一门“学”的必要条件。因此，中国周边学尽管有中国这一“前缀”，但是应当跳出“中国学”的范畴，否则不仅会削弱其特色，还容易给外界造成“中国中心主义”的观感。

基于上述讨论，笔者尝试对中国周边学的内涵作出如下界定：所谓中国周边学，是指中国学界专门以中国周边国家和地区及其与中国之间的互动关系为特定研究对象，以中国周边国家和地区的历史文化、政治经济、民族宗教、内政外交等为具体研究议题，以跨学科研究为主要研究方法的一门新兴学科。鉴于中国周边国家和地区属于特定的国别和区域研究，且周边问题研究具有服务于中国周边外交战略的取向，因此中国周边学在学科定位上可以归为国际问题研究学科下的国别和区域研究范畴。

二、“四个需要”：构建中国周边学的动力

一门学科的兴起绝非偶然，它既与其所处的时代背景密切相关，也是其所在国家战略需求的现实产物。当前，中国正处于实现中华民族伟大复兴的关键时期，中国与周边国家之间日益紧密的经济关系和层出不穷的安全问题交织并存，导致周边事务在中国对外战略中的地位迅速上升，周边问题研究亟待加强。具体而言，之所以要构建中国周边学，主要出于“四个需要”考量。

一是汲取中国兴衰的经验需要。从历史上来看，周边地区曾长期处于中国主导的“封贡体系”之下。尽管中外学者对该体系的褒贬不一，但是它却在事实上为整个地区提供了安全稳定、先进的政治经济制度和发达的科学文化等国际公共产品。周边地区则扮演着中国与外部世界联系的桥梁和纽带，也为中国缓冲外部压力发挥了屏障作用。然而，自近代以来，由于中国封建王朝的故步自封以及西方列强和日本的对华侵略，中国走向衰落，中国与周边地区长期维持的朝贡结构被打破。在这一过程中，周边地区成为域外势力渗透中国边疆，进而侵吞中国内地的跳板。中国历史上的兴衰经验表明：中国兴则周边稳，中国衰则周边危，周边不靖，则国将不宁。这也决定了中国必须以史为鉴，重视周边地区在中国长治久安中的角色。

二是顺应中国快速发展的现实需要。进入21世纪以来，中国快速发展的进程进一步加快，2010年，中国超越日本成为仅次于美国的世界第二大经济体，并且有望在未来20—30年上升为世界头号经济体。2013年，中国提出“一带一路”倡议，积极发展与沿线国家的经济合作伙伴关系，国际影响力持续扩大。中国的崛起引起亚太地区权力格局变动，中国与周边国家的政治、经济和安全结构关系也相应进入一个重塑期。过去，由于中国进行现代化建设的“参照物”主要是发达

国家，导致中国的国际关系研究偏重于对美日欧等的研究，从而忽略了对周边国家和地区的关注。在当前中国正由一个地区大国向全球大国迈进的新形势下，“周边”作为中国快速发展战略依托区的作用愈发凸显。因此，中国有必要重新思考和构建与周边国家的新型关系，加大对周边国家和地区的研究力度，以呼应中国崛起之需。

三是应对周边挑战的客观需要。中国周边邻国众多，既有俄罗斯、日本和印度这样的大国，也有缅甸、尼泊尔这样的小国，还有朝鲜、越南这样的社会主义国家，以及阿富汗这种长期动荡的国家。同时，中国周边还被众多核武器国家所“包围”，大国力量和核力量集中，地缘政治结构十分复杂。盖因于此，周边地区始终是事关中国经济发展、社会稳定、国家安全的核心利益区。实际上，近年中国的重大利益关切也大都与周边地区有关。无论是台湾问题、中日东海和钓鱼岛争端、南海争端、中印领土争端这些事关中国国家主权和领土完整的问题，还是新疆、西藏的民族宗教极端主义和跨境犯罪等关乎中国社会稳定和民族团结的问题，抑或是朝核危机这类潜在危及中国国家安全的议题，都发生在周边地区。因此，上述一系列周边挑战的存在，客观上要求我们必须加强对周边国家和地区的研究。

四是开展周边外交的智力需要。随着新时期周边对中国战略意义的凸显，周边外交在中国整体外交中的地位得到大幅提升。2013 年 10 月，中国专门召开了周边外交工作会议，习近平总书记在此次会议上强调，“做好周边外交工作，是实现‘两个一百年’奋斗目标、实现中华民族伟大复兴的中国梦的需要，要更加奋发有为地推进周边外交，为我国发展争取良好的周边环境，使我国发展更多惠及周边国家，实现共同发展”。2014 年 11 月，在中共中央举行的全国外事工作会议上，周边外交在中国外交战略布局中再次被置于突出地位。2017 年 10 月，中共十九大报告进一步指出，“要按照‘亲、诚、惠、容’的理念和与邻为善、以邻为伴周边外交方针，深化同周边国家的关系”。显而易见，实现周边外交的目标，建设周边命运共同体，离不开学界提供相应的知识储备和智力支持。

三、中国周边学研究的努力方向

应当说，中国学界对周边国家和地区的研究由来已久，也取得了不少成绩。

不过，相关研究成果大多聚焦于周边大国强国，而对周边小国弱国的关注严重不足。即便是对同一周边地区的研究，也存在着明显的“厚此薄彼”现象。例如，同样都是南亚国家且为我国的重要邻邦，国内学界对印度的研究较多，对巴基斯坦的研究则偏少。同时，由于政治敏感性和资料获取困难，导致个别国家还处于研究的“盲区”或“雷区”。此外，周边国家很多属于“小语种”，学界对其深入研究存在语言障碍，这大大限制了相关研究成果的产出。

当前，国家对周边国家和地区的高度重视为中国周边学的构建提供了难得的机遇。在国别和区域研究、综合性新兴交叉学科的框架下，根据周边国家和地区研究发展趋势以及学科建构的内在需要，对中国周边学研究重心的调整与确立至为重要。为此，笔者提出以下五大努力方向与研究领域。

一是指向学科本体意义上的理论研究。是否具有前沿性、导向性、创新性的理论引领，是一个事关中国周边学学科能否得以构建以及可持续发展的核心问题。中国与周边国家间的国际关系实践既有一般意义上的原则，但也充满着东方式智慧，体现出东方特有的价值和路径，这对突破西方国际研究既有理论范式提供了潜在的理论创新窗口，这也是构建中国周边学的根本使命所在。

二是指向时间意义上的历史研究。研究周边国家和地区及其与中国的互动关系，历史是基础。只有“将历史与现实贯通，深入探究周边国家国情及其对华关系演变的规律，才能有利于把握中国与周边国家关系的本质及其在不同历史阶段的定位，为国家战略提供基于科学研究的产品”。

三是指向空间意义上的国别和区域研究。中国“周边”是一个具有一定“伸缩性”的概念，包括不同的跨国家地区、国家、国家次区域等。因此，需要分门别类的对相关空间单元进行深入细致的研究，分析不同国家和地区的特性，把握其地缘变动规律，这样才能做出有预见性的判断。

四是指向不同学科、方向的专题研究和微观领域的个案研究。要想全面深入理解周边国家和地区的行为根源，除了对现实的政治、经济、安全和对外政策进行关注外，还离不开对相关国家的历史、文化、语言、宗教、法律乃至民族性格等方面的探究。因此，有必要建立起不同学科、方向的专题研究和微观领域的个案研究，建立起相应研究领域的学术共同体，并开启不同学科和领域之间的“对话”。

五是指向周边国家和地区的对外关系（含对华关系）研究与比较研究。构建中国周边学，其落脚点还是要服务于中国的对外战略，这就要求学界对周边国家与世界各地的关系以及周边国家的对华政策进行全面审视。同时，为了避免研究陷入“中国中心主义”，还要探究周边国家的“中国学”，了解周边国家的对华认知及其变动情况，比较周边国家对外战略以及对华政策的差异，这样才能为我国制定对外决策提供借鉴和支持。

构建新型国际关系与中国周边学

同济大学国际与公共事务研究院教授、博士生导师　夏立平

习近平总书记在中国共产党十九大报告中提出，推动建设相互尊重、公平正义、合作共赢的新型国际关系，指明了中国特色大国外交的主要路径，也是中国周边学发展的目标。

一、全球共生系统理论是构建新型国际关系的理论基础

共生系统理论是在将共生理论和系统理论相结合的基础上产生的一种理论。全球共生系统理论是将共生系统理论放在全球角度来研究和构建的。全球一切事物都是共生在一个大系统中，是相互联系、相互影响、相互作用、相互转化的。共生系统理论的核心是合作共赢。全球共生系统理论的相互依存论，决定了优化中国周边体系和国际体系的必要性。全球共生系统理论应成为构建新型国际关系的理论依据之一。可以用全球共生系统理论来构建新型国际关系理论的分析范式。优化中国周边体系是构建新型国际关系的一个重要组成部分。

人类命运共同体是全球共生体系高级阶段的目标。构建以新型国际关系为标志的中国周边体系是实现这一目标的一个必经阶段。

实现共生型全球体系的道路，将要经过三个阶段：

第一阶段是无政府状态下的全球体系，“权力均势”理论在这一阶段的国际关系中起主导作用。我们现在仍处于这一阶段。冷战结束以来，世界开始逐渐超越这一阶段。

第二阶段是相互依存状态下的全球体系，绝大多数国家之间的关系在这一阶段将更多地建立在相互依存的基础上。世界已开始逐渐进入这一阶段。这一阶段的主要目标是建立以合作共赢为核心的新型国际关系。这一阶段的主要特点之一，是世界总体上将由不对称相互依存向对称性相互依存转变。即上升中大国的实力逐渐接近国际体系中占主导地位大国的实力，发展中国家不仅要完成国家现代化的过程，而且要逐渐缩小和消弭与发达国家之间的发展鸿沟。

第三阶段是一体化条件下的全球体系，世界将逐渐实现经济和政治一体化。这一阶段的主要特点之一，是逐渐实现从区域一体化到全球一体化。只有实现全球一体化，才可能实现国家之间利益基本和谐，从而为实现世界持久和平打下坚实基础。这一阶段的主要目标是建立人类命运共同体。

对建立人类命运共同体目标的认识也经历了一个发展过程。邓小平理论最早阐述了在维护本国利益的同时，尊重对方国家的利益。1989 年 10 月，邓小平在会见美国前总统尼克松时说：“考虑国与国之间的关系主要应该从国家的自身战略利益出发。着眼于自身长远的战略利益，同时也尊重对方的利益……并且国家不分大小强弱都相互尊重，平等相待。”进入 21 世纪以来，这一理论得到进一步发展。2002 年 11 月，中国共产党十六大报告指出：“我们主张顺应历史潮流，维护全人类的共同利益。”这表明中国寻求中国国家利益与全人类利益的结合。2012 年 11 月，中共十八大报告提出：“这个世界，各国相互联系、相互依存的程度空前加深，人类生活在同一个地球村里，生活在历史和现实交汇的同一个时空里，越来越成为你中有我、我中有你的命运共同体。”2012 年 12 月，习近平就任中共总书记后首次会见外国人士时就表示，国际社会日益成为一个你中有我、我中有你的“命运共同体”，面对世界经济的复杂形势和全球性问题，任何国家都不可能独善其身。这一表述明确倡导“人类命运共同体”意识。

2013 年 3 月，中国国家主席习近平在莫斯科国际关系学院演讲中提出：“面对国际形势的深刻变化和世界各国同舟共济的客观要求，各国应该共同推动建立以合作共赢为核心的新型国际关系，各国人民应该一起来维护世界和平、促进共同发展。”以合作共赢为核心的新型国际关系实际上就是共生型国际体系的主要特征之一。他指出：“随着世界多极化、经济全球化深入发展和文化多样化、社会信息化持续推进，今天的人类比以往任何时候都更有条件朝和平与发展的目标迈进，而合作共赢就是实现这一目标的现实途径。”

2014年11月，习近平在中央外事工作会议讲话中提出，要在坚持不结盟原则的前提下广交朋友，形成遍布全球的伙伴关系网络。全球伙伴关系网络包括两个层面的内涵：其一，建立伙伴关系的前提是坚持不结盟原则，即结伴而不结盟；其二，中国的伙伴关系网络遍布全球。现在中国已经与67个国家及国际组织等建立了72对伙伴关系。这些伙伴关系具有多层次、多样性的特点。例如，中俄战略协作伙伴关系、中德全方位战略伙伴关系、中国—东盟战略伙伴关系等是构建全球伙伴关系网络的基础。“一带一路”建设将加强这些伙伴关系。构建全球伙伴关系网络是“一带一路”建设的重要目标之一，将推动建立以合作共赢为核心的新型国际关系。从长远来说，中国与周边国家伙伴关系网络和全球伙伴关系网络将成为共生型国际体系的基础。

2015年3月，习近平在博鳌亚洲论坛年会的主旨演讲中提出：“通过迈向亚洲命运共同体，推动建设人类命运共同体。”习近平指出了迈向命运共同体努力的“四个必须”：必须坚持各国相互尊重、平等相待；必须坚持合作共赢、共同发展；必须坚持实现共同、综合、合作、可持续的安全；必须坚持不同文明兼容并蓄、交流互鉴。

从国与国的命运共同体，到中国与周边国家的命运共同体，再到区域内命运共同体，直到人类命运共同体。这一超越民族国家和意识形态的“中国新周边观”和“新全球观”，表达了中国追求和平发展的愿望，体现了中国与各国合作共赢的理念。

当今世界还有很长的路要走，才能使世界各国接受人类命运共同体理念，从而将责任共担、利益同享，将相互包容等理念转化为各国的自觉行动，从构建中国与周边国家的命运共同体，直到实现人类命运共同体。

二、构建新型国际关系是中国周边学发展的目标

构建新型国际关系为中国周边学发展指明了方向。构建新型国际关系的三个核心内涵应该成为中国周边学发展的三个核心内容：

相互尊重是构建新型国际关系的前提。人与人之间需要相互尊重，国家之间也需要相互尊重。各国相互尊重是新型国际关系中最起码的要求。只有尊重彼此核心利益和重大关切，才能管控矛盾分歧，构建不冲突不对抗、公平正义、合作

共赢的新型关系。各国要相互尊重、平等协商，坚决摒弃冷战思维和强权政治，走对话而不对抗、结伴而不结盟的国与国交往新路。

公平正义是构建新型国际关系的核心。因为只有实现公平正义，才能达到新型国际关系的标准。应该推进国际关系民主化，不赞成搞“一国独霸”或“几方共治”。中国尊重各国人民自主选择发展道路的权利，维护国际公平正义，反对把自己的意志强加于人，反对干涉别国内政，反对以强凌弱。中国发展不对任何国家构成威胁。在经济发展方面，既要做大蛋糕，更要分好蛋糕，着力解决公平公正问题。中国谋求开放创新、包容互惠的发展前景。

合作共赢是构建新型国际关系的目的。过去许多国家之间关系往往是“零和”游戏。而现在必须坚持合作共赢，建设一个共同繁荣的世界。发展是第一要务，适用于各国。各国要同舟共济，而不是以邻为壑。各国特别是主要经济体要加强宏观政策协调，兼顾当前和长远，着力解决深层次问题。要抓住新一轮科技革命和产业变革的历史性机遇，转变经济发展方式，坚持创新驱动，进一步发展社会生产力、释放社会创造力。要维护世界贸易组织规则，支持开放、透明、包容、非歧视性的多边贸易体制，构建开放型世界经济。要促进贸易和投资自由化便利化，引导经济全球化健康发展，需要加强协调、完善治理，推动建设一个开放、包容、普惠、平衡、共赢的经济全球化。

三、中国周边学如何体现新型国际关系

中国周边学必须体现对新型国际关系的构建。习近平同志强调，中国将高举和平、发展、合作、共赢的旗帜，恪守维护世界和平、促进共同发展的外交政策宗旨，坚定不移在和平共处五项原则基础上发展同各国的友好合作，推动建设相互尊重、公平正义、合作共赢的新型国际关系。这指明了中国特色周边外交的主要路径。

中国必须统筹国内国际两个大局，始终不渝走和平发展道路、奉行互利共赢的开放战略，始终做世界和平的建设者、全球发展的贡献者、国际秩序的维护者。

中国推进大国协调和合作，构建总体稳定、均衡发展的大国关系框架，积极同美国发展新型大国关系，同俄罗斯发展全面战略协作伙伴关系，同欧洲发展和平、增长、改革、文明伙伴关系，同金砖国家发展团结合作的伙伴关系。中国将

继续坚持正确义利观和真实亲诚理念，深化同发展中国家务实合作，实现同呼吸、共命运、齐发展。中国将按照“亲诚惠容”理念和与邻为善、以邻为伴周边外交方针同周边国家深化互利合作。加强同各国政党和政治组织的交流合作，推进人大、政协、军队、地方、人民团体等的对外交往。

中国推进国际关系民主化，不赞成搞“一国独霸”或“几方共治”。世界命运应该由各国共同掌握，国际规则应该由各国共同书写，全球事务应该由各国共同治理，发展成果应该由各国共同分享。

中国尊重周边国家人民自主选择发展道路的权利，维护国际公平正义，反对把自己的意志强加于人，反对干涉别国内政，反对以强凌弱。中国决不会以牺牲别国利益为代价来发展自己，也决不放弃自己的正当权益，任何人不要幻想让中国吞下损害自身利益的苦果。中国奉行防御性的国防政策。中国发展不对周边任何国家构成威胁。中国无论发展到什么程度，永远不称霸，永远不搞扩张。

中国特色周边外交正在全面推进，已经形成全方位、多层次、立体化的外交布局，为我国发展营造了良好外部条件。实施共建“一带一路”倡议，发起创办亚洲基础设施投资银行，设立丝路基金，举办首届“一带一路”国际合作高峰论坛、亚太经合组织领导人非正式会议、二十国集团领导人杭州峰会、金砖国家领导人厦门会晤、亚信峰会等。中国正在走向世界舞台和周边外交舞台中心。

习近平主席提出“一带一路”倡议，就是要实现共赢共享发展。目前，已经有 100 多个国家和国际组织积极响应支持，一大批早期收获项目落地开花。中国支持建设好亚洲基础设施投资银行等新型多边金融机构，为国际社会，特别是中国周边地区提供更多公共产品。

倡导构建人类命运共同体，推进构建新型国际关系，促进全球治理体系变革，使我国国际影响力、感召力、塑造力进一步提高，可以为世界和平与发展作出新的重大贡献。中国愿同联合国广大成员国、国际组织和机构一道，共同推进构建人类命运共同体和构建新型国际关系的伟大进程，使中国周边外交再上一个新台阶。

构建中国周边学需要解决的问题

复旦大学国际问题研究院研究员　林民旺

近年来，随着中国日益崛起，中国周边外交受到了更高程度的重视。2013 年 10 月 24 日至 25 日，中共中央专门召开了史无前例的周边外交工作座谈会。习近平主席发表重要讲话，强调要更加奋发有为地推进周边外交，为我国发展争取良好的周边环境。同时，随着“一带一路”倡议的实施与推进，中国对区域与国别研究的重视也在日益上升。

回顾国际问题研究的学科历史，可以看到，随着国家视野扩大和国家利益拓展，直接导致对外部世界信息的需求增大。美国当年也是如此。可以说，第二次世界大战前，美国对世界的了解也较为有限。美国对日本和亚洲的了解，很大程度上是由于第二次世界大战中情报分析等需要而刺激出来的，例如鲁思・本尼迪克特的《菊与刀》就是其中一个例子。

同样道理，中国提出“一带一路”倡议后，更需要加深对整个世界的了解。“一带一路”推进中遭遇的很多问题，与我们对周边国家有限的了解是息息相关的。在此背景下，石源华教授领衔的复旦大学中国与周边国家关系研究中心，提出要发展中国的周边学。这一倡议契合了当前国家战略的需求，将对中国的国际问题研究产生积极的影响。

然而，要发展中国周边学可能需要更加明晰地回答一些现实的问题。

其一，中国周边学的研究旨趣。通常而言，以“学”来命名的研究，如“汉学”“梵学”等等，更强调的是人文性质的研究，不同于一般意义上的社会科学研究。也正因为如此，一般的“××学”研究多半都容易沾染上“意识形态”的诉求。

例如，刘禾教授在《帝国的话语政治》中提到，托马斯·哈里斯（Thomas Harris）的话来说，英国人到印度来，“不是殖民冒险家为了掠夺东方财富，他们是为了让偏远地区的古老雅利安人文明回到现代世界的怀抱，重新在这个世界的政治地缘内部找到自己的正确位置。”由此也为英国人的殖民统治披上了道德的外衣。

中国周边学的构建虽然要避免任何“霸权主义”的诉求，但是却需要相对明确地指明研究的旨趣所在。如果周边学的目的是进行更深度的区域国别研究，那么提出周边学就失去了意义所在。作为一个可以追求的目标，我认为中国周边学的旨趣在于，一定意义上恢复亚洲的“中国中心主义”。

近代的两百年历史，对东亚而言，是一个解构“中国中心主义”的历史。于尔根·奥斯特哈默在《亚洲的去魔化》一书中研究了1680—1830年亚洲是如何在欧洲人眼里被逐渐“去魔化”。19世纪之前的亚洲，令欧洲人绝对地顶礼膜拜，中国被视为人类文化和人类文明的源泉。不过，随着欧洲的崛起，亚洲被作为欧洲的“他者”而建构起来。与此同时，逐步消解的是东亚早就存在的“中国中心主义”。例如，西方历史学家将东南亚“想象”为一个独立于中印文化之外的独特地理区域，意在摆脱这一区域的中国中心论（Sino-Centric）。东南亚的知识分子随后自然会接受这一叙述。这种概念创造和叙述建构，削弱了中国在这一地区存在的正当性。而日本在消解亚洲的“中国中心主义”问题上扮演着关键的作用。例如，日本在明治维新后，以“支那”来取代过去对中国的称呼，如“唐”“唐朝”“中国”“中都”“中华”，任何避免将中国视作“中心”的名称。有趣的是，随后赴日本的留学生却将这一称谓“引进”到中国。

中国周边学要正本清源，重新思考近代以来贯穿中国人文社会科学研究中的一整套“主流叙事”，一定意义上说，要恢复一点“中国中心主义”的叙事和理解。唯有如此，中国周边学的研究才能产生学术上的“增量”。当然，这也要求更加扎实的历史与现实研究。

其二，中国周边学的范畴。中国周边学的提出，很可能直接面对的问题就是：何谓“中国周边”？在界定中国“周边”的时候，就不可避免地要界定中国本身。因为“中国”与“周边”二者是存在相互依赖的关系，当我们界定中国的区域身份，事实上也就可能间接地界定了“周边”。将中国分别看作是“东亚”“亚太”“印太”或“亚洲”国家，所产生和需要构建的“周边”也就不一样。

“周边”范围的界定并不是遵循“客观规律”，也非一成不变。我在《“印太”的构建与亚洲地缘政治的张力》一文中谈过，很多区域概念的范围边界过去常常是模糊不清的，只是现在才显得“确定”。大国常常会依据自己的利益和影响力范围来命名地区（naming regions）。例如，以乌拉尔山、乌拉尔河、大高加索山脉和土耳其海峡作为欧洲和亚洲的分界线，明显部分是文明与文化的分界线。另外，任何区域的界定都是有政治目标的，如日本将亚洲称之为大东亚（Greater East Asia），是要搞大东亚共荣圈。美国把亚洲称为太平洋（The Pacific），把自己定位为太平洋国家，是要将势力延伸至亚洲。20世纪70年代开始建构的亚太（Asia-Pacific）概念，最终在1989年建立了亚洲太平洋经济合作组织（Asia-Pacific Economic Cooperation，APEC）。印度恰恰因为不在“亚太”这一概念范畴之内，所以一直没有加入，这也是现在美日印澳四国要推行“印太”的原因。

因此，中国周边学应该如何界定中国“周边”的范畴呢？或者换言之，每个中国“周边”的界定本身，所要实现的目的是什么呢？这也应该是中国周边学构建需要思考的重要问题。由于中国周边已经形成了相对稳定的地域概念，如中亚、南亚、东南亚、东北亚等，中国周边学如何能够创新出一套地缘区域的概念，既能实现同既有地缘概念的对接，也能实现自身的创新。

其三，中国周边学的学术建制。中国周边学的学术建制，其目的显然是培养“通才”，而非“专才”。过去中国按照区域和国别研究的需要，建立了比较完整的区域和国别研究机构，主要还是侧重“专门领域”的研究，如外交、政治、经济方面的研究。以南亚研究为例，除了大部分学者从事外交研究，还有很多是从事语言文化、宗教等方面的研究，但是这些研究者并没有被纳入到一个共同的学术共同体当中。中国周边学的建构，除了要倡导全方位的通才研究之外，在学术的建制上也要为吸取各方面的研究者构建平台。

中国周边学的构建是一项具有学术价值的倡议。然而，要产生具有“增量”的知识，要实现真正的学术创新，不仅需要对既有研究范式的突破，也要对既有学科体制的塑造。当然，还有可能很多人会质疑“周边”的表述。事实上，周边的中文表述翻译成 Neighboring Countries，而不应采用与核心相对的 Periphery，就足以避免“中国中心主义”的学术色彩。

附　录

《中国社会科学报》：构建中国周边学正当其时

《中国社会科学报》记者 毛 莉

来源：《中国社会科学报》2018 年 2 月 5 日第 1388 期第 3 版

中国社会科学报

国际资讯 3

构建中国周边学正当其时

社交媒体虚假账号有损舆论公正

《奥斯卡·王尔德狱中文集注释版》

人类命运共同体理念凝聚世界共识

中国—东盟建立战略伙伴关系 15 周年、博鳌亚洲论坛、上海合作组织青岛峰会……2018 年，中国周边外交亮点纷呈。周边在中国外交格局中居于重要地位，党的十九大报告布局新时代中国外交时强调“按照亲诚惠容理念和与邻为善、以邻为伴周边外交方针深化同周边国家关系”。为践行十九大作出的战略规划部署，不断开创中国周边外交新局面，构建中国周边学的呼声日益高涨。复旦大学中国与周边国家关系研究中心近日组织笔谈会，与会学者对中国周边学的研究缘起、时代使命、学科定位、理论视角、研究框架等问题进行深入研讨。

周边占据中国外交格局重要地位

党的十八大以来，以习近平同志为核心的党中央在保持外交大政方针延续性、稳定性的基础上，积极运筹外交全局，突出周边在我国发展大局和外交全局中的重要地位，开展了一系列重大外交活动，维护了周边形势稳定和地区合作势头。

在复旦大学中国与周边国家关系研究中心主任石源华看来，十九大以后相当长的一个历史时期内，周边外交仍将处于中国外交全局的首要地位。然而，目前我国学界周边外交整体研究仍处于滞后和碎片化状态，建设作为独立学科的中国周边学刻不容缓。

中国社会科学院亚太与全球战略研究院大国关系研究室主任钟飞腾认为，无论是历史上中国与周边的合作关系，还是全球化时代权力分布不均衡对地区关系的影响，当前西方源流下的任何单一学科都无法为这些问题提供有效解释。鉴于中国历史及中国周边地缘环境的独特性，中国学界应该构建中国周边学。

中国周边学的产生具有鲜明的历史继承性，是历史发展的产物。与此同时，中国周边学还是“合作共赢”时代潮流下的产物。青岛科技大学马克思主义学院教授石建国表示，“随着中华民族实现了从站起来、富起来到强起来的伟大飞跃，中国对周边的带动辐射作用越来越强，中国学界需要向世界特别是向周边国家讲好中国故事”。广东国际战略研究院周边战略研究中心主任周方银表示，古代东亚国际关系的历史经验、几十年来中国周边外交的实践，均为研究中国与周边的关系提供了丰富的历史材料和具有理论价值的经验事实。加强中国周边学研究具有重要理论意义，并可能产生创新性成果。

把中国特色周边外交讲清楚

从学科建设角度看待中国周边学，必须明确其研究的核心问题。

在中共中央对外联络部当代世界研究中心研究员赵明昊看来，回答中国周边外交何以“特色”，是提出和构建中国周边学的核心问题。换言之，中国周边学的核心目标之一，是把中国特色周边外交讲清楚。他认为，中国周边外交的“特色”

主要体现在四个方面，一是具有“特色”的地缘环境，二是具有“特色”的政治制度，三是具有“特色”的历史遗产，四是具有“特色”的发展进程。

“中国周边学并非主张恢复历史上以中国为中心的‘封贡体系学’，而是要在总结、吸收传统东方国际关系理论合理成分的基础上，创建符合时代要求和民族特点的中国特色社会主义国际关系新理论。”石源华进一步表示，中国周边学亦非简单接受西方国际关系理论体系，而是要突破西方范式的价值观念，吸收、借鉴西方国际关系理论的合理成分，摒弃、克服西方国际关系理论日益显露的种种弊病，构建以“合作共赢”为核心理念、以人类命运共同体为目标的具有中国特色的国际关系和大国外交新体系。

中国社会科学院美国研究所研究员李文认为，中国周边学研究领域应聚焦三个方面：国别研究，地区特点与发展规律研究，地区秩序、合作机制与规则研究。例如，研究如何构建周边合作新秩序新机制，如何携手不同国家共同解决全球与地区问题，如何设立周边经济安全新规则，如何通过一带一路建设在经贸领域提出适用于周边地区的新议题，等等。总之，中国周边学应以探究地方性、精细化知识为目标，在深入理解周边世界的基础上，为国家制定更具参考价值、借鉴意义的对外战略与策略，实施更具针对性和舒适度的外交政策提供智力支持。

开拓中国周边学研究视野

构建中国周边学是一个系统工程，学界需在概念界定、理论创建、研究方法和分析模式创新等方面下足功夫。对此，石源华表示，中国周边学研究者需要关注中国周边学的十大框架性问题，分别是时代使命、学科建设、地理范围、战略定位、史料建设、新理念、新战略、新路径、新课题以及分支学科和关联学科。

复旦大学国际问题研究院中国外交研究中心主任任晓提出了“以共生观照周边”的研究视角。他表示，以共生观照周边，一是以和平为基础和价值取向，牢牢坚持和平理念。二是以共同发展为追求。一带一路作为一个长期的宏大倡议，为中国和相关国家的共同发展提供了多种可能，足以在未来催生出各个具体领域的合作，从而形成共生发展局面。三是由共存达至共生。合作行为带来的正向收益将进一步促发合作精神，进而达至相生相长的共生状态。

武汉大学中国边界与海洋研究院院长助理关培凤对周边学语境下“边界”的

概念及其研究重点等问题展开了论述。她认为，在周边学特别是“大周边”的语境下，边界不仅包括传统意义上一个国家的四周，而且是一个包括陆、海、空的多维立体概念。边界争端管控、解决机制和模式，边界地区尤其是边界线两侧的民族、语言、宗教、文化等问题都值得研究。

钟飞腾提出了推进中国周边学研究的四大方向：一是将中国特色的政策语言转化成富含学理的话语体系；二是对诸大国的周边外交进行深入讨论和比较研究；三是拓宽从海洋角度研究周边关系的内涵；四是开拓研究周边国家国内政治、经济、文化等情况。

《世界知识》封面话题
——“中国周边学”呼之欲出？

“中国周边学”呼之欲出？

14	开展“中国周边学”研究刻不容缓	石源华
16	学科定位、研究视角与重点领域	李　文
18	“中国周边学”的理论视角与理论意义	周方银
20	中国周边外交何以“特色”	赵明昊
22	创建“中国周边学”的机遇与挑战	关培凤
24	“中国周边学”研究的新契机与新方向	钟飞腾

6	外交动态
8	时事概览
9	锦松漫画
10	外刊概要
12	财经剪贴
76	文化播报
78	追风人物

封面话题文章《开展“中国周边学”研究刻不容缓》《学科定位、研究视角与重点领域》《“中国周边学”的理论视角与理论意义》《中国周边外交何以“特色”》《创建“中国周边学”的机遇和挑战》《“中国周边学”研究的新契机与新方向》请阅读《世界知识》2018 年第 08 期第 14 页至第 25 页。

《中国社会科学报》头版：发展回应时代的中国周边学

中国社会科学杂志社新闻中心主任 郑成宏
《中国社会科学报》记者 毛 莉

《中国社会科学报》2018 年 7 月 2 日第 1 版

周边地区是中国强大起来的重要依托，时代的需求正呼唤“中国周边学”这一新学科的诞生和发展。6 月 23 日，中国周边学研究和新学科建设研讨会在上海举行。在与会学者的思想碰撞中，有关中国周边学的时代使命、学科内涵、理论体系、核心议题、研究内容等诸多基础性问题的讨论被引向纵深。

中國社會科學報

与改革开放同步伐齐奋进

发展回应时代的中国周边学

第二届“期刊主题宣传好文章”《中国社会科学》文章入选

以构建人类命运共同体为导向

任何一门学科的产生和发展都起源于时代的需求。复旦大学中国与周边国家关系研究中心主任石源华表示，中国周边学提出与建设的目标和任务是，解决中国“强起来”后对周边地区的应对方略，回答“强起来”的中国将如何与周边国家友好相处、合作共赢，建设中国倡导的人类命运共同体。

在广东国际战略研究院研究员赵卫华看来，“中国对周边研究的出发点和最终目的，是在更好理解周边各国的基础上，打造完全平等、相互尊重、互利共赢的周边命运共同体。这与历史上以及当前某些国家所进行的完全以本国利益为目的的区域研究有着本质的区别”。

上海理工大学副教授仇发华认为，命运共同体概念是在中国周边外交中提出的，而构建人类命运共同体也应从中国周边起步。打造中国周边学要以人类命运共同体思想为理论基础，以构建人类命运共同体为目标导向。“要在构建人类命运共同体的现实条件、历史经验以及实现路径上凝聚议题，拓展研究视域。”

创建中国特色周边外交理论

中国周边学要成其为“学”，就不能仅仅满足于在经验层面对现实问题进行描述和回应，而应在概念化和理论化上作出实质性创新，形成具有中国特色的周边外交理论体系。

石源华表示，中国周边学并非为历史上的“封贡体系学”，也有别于西方别有用心人士所渲染和一些周边国家人士所担心的“中国中心主义”，而是在总结和吸收中国优秀传统文化和东方国际关系理论合理成分的基础上，创建符合时代需求和民族特点的中国特色新理论。例如，在经济层面，要致力于破除旧地缘政治经济理论和旧全球化范式，总结和阐释共商共建共享原则下“一带一路”建设的经验和规律；在安全层面，要致力于破除西方的“同盟体系论”和“零和博弈论”，进一步阐释和论证共同、综合、合作、可持续的新安全观。

上海外国语大学丝路战略研究所所长马丽蓉认为，中国周边学只有从理论研究和话语体系构建入手，才有可能助力“一带一路”软力量建设，真正实现中国周边研究质的飞跃，为新时代中国周边外交提供有力和有效的学术支撑。她建议，对古代中国的丝路外交、20 世纪 50 年代我国的“人民外交”与新时代中国特色周边外交的理念及实践，作出跨时空、多学科的深度案例分析，力求对与丝路有关的中国周边外交的产生与发展、特征与规律、内涵与外延、政策与制度、原则与立场等，进行追根溯源的实证性研究，为构建中国特色周边外交理论提供历史经验与现实佐证。

形成多学科交叉的立体体系

周边问题的复杂性与综合性，决定了中国周边学必须体现兼容性和开放性的特色。山东大学亚太研究所所长杨鲁慧认为，中国周边学需要坚持全维度、跨领域的研究视野。从历史到现实、从政治到经济、从军事到文化、从硬实力到软实力、从战略到战术、从官方到民间、从单一到多元、从国别到区域、从传统安全到非传统安全、从陆权到海权，努力做到研究领域广泛、视野全面、内容立体、成果过硬。

北京师范大学历史学院教授陈奉林强调整体性思维在构建中国周边学中的重要性。他说，在研究周边国家时，必须把中国与周边国家看作一个有机联系的整体，既看到它们之间的差异性，也要看到它们多样性的统一。这就要求中国周边学改变我国学界过去对周边国家历史纵向发展关注更多、对国家间横向联系关注较少的不平衡现象，加强国家间的横向联系研究，从单一的国别研究走向对周边国家的整体研究。

中国社会科学院亚太与全球战略研究院大国关系研究室主任钟飞腾建议，构建中国周边学还应开拓研究周边国家国内政治经济与对华关系的联系机制。事实上，中国周边国家中，政治制度、民族构成、经济发展阶段以及资源禀赋差异极大，适合作为比较研究的对象。“未来立足于周边国家国内政经发展，形成丰富的比较案例数据库是一个发展方向。”

此次会议由国家领土主权与海洋权益协同创新中心复旦大学分中心、复旦大学中国与周边国家关系研究中心主办。

《世界知识》会议综述：再探“中国周边学”：学科建设的进展与前景

肖　阳　武汉大学中国边界与海洋研究院博士生

原文来源：《世界知识》2018 年第 15 期第 70、71 页。

2018 年初，以复旦大学中国与周边国家关系研究中心为首的众多研究机构，正式提出创立“中国周边学”的倡议。《世界知识》于 2018 年第 8 期以《“中国周边学”呼之欲出？》为题，发表了部分学者对此问题的论述，随后又就此问题发表若干文章和采访。近日，国家领土主权和海洋权益协同创新中心、复旦大学中国与周边国家关系研究中心再次组织“‘中国周边学’研究和新学科建设”研讨会，对半年来有关问题的学术探讨和学科建设等方面的进展进行了再探讨，来自中央有关部门于众多学术机构的近 40 位专家学者，围绕“中国周边学的概念内涵及学科定位”、“中国周边学的研究缘起和时代背景”、“中国周边学的理论创新和研究框架”以及“中国周边学的实际运用和学科交叉”四个专题展开讨论。

一、概念、内涵及学科定位

在“中国周边学”推介过程中，出现过不同意见：一种主张质疑“中国周边学”可能会带来某种中心主义的色彩，不利于该学科的推介和国际接轨；另一种意见则认为“中国周边学”的建构要避免“霸权主义”的诉求，但作为一个可以追求的目标，“中国周边学”的旨趣在于一定意义上恢复亚洲的“中国中心主义”，认为中国强大后成为世界和周边的“中心国家”将不可避免。石源华认为提出和推介“中国周边学”是解决这两种不同意见的一种重要思路。随着 2020、2035、2050 中国发展壮大路线图和时间节点的不断推进，中国在周边地区的国家定位也将随之发生重大变化。“中国周边学”区别和反对“中国中心论”的提法，避免导致国际社会不必要的争议和对中国崛起的担忧。“中国周边学”将面对和解决强起来的中国作为一个世界和周边的“中心国家”，如何与周边国家友好相处、合作共赢，建设中国所倡导的“命运共同体”，彰现和实现中国强大后仍不称霸的庄严承诺。“中国周边学”将努力成为习近平新时代中国特色社会主义国际关系理论和大国外交战略的重要组成部分。

上海外国语大学中东研究所教授刘中民认为，从整体与层次上看，周边可以划分为政治周边、文化周边、安全周边等多种层次，这几种周边的界线存在不一致性。从整体与局部上看，我们习惯于从中亚、南亚、西亚、东南亚、东北亚等区域观去理解周边，但古代中国的西域观并没有这样人为的割裂，在很大程度上具有自身的整体性，未来中国周边学研究可能需要有一个“大西亚”的概念。

复旦大学国际关系与公共事务学院教授郭定平阐述了他对“边”的理解：一是“边”的有与无。传统的边界线依然还在，但无国界行动突破了原有边界的概念。二是“边”的大与小。“边”本质上是条线，但其范围随着人类交往频繁不断拓展。三是“边”的硬与软。除了边防管控等硬性空间，还存在政治认同等软性空间。四是“边”的实与虚。周边问题上既有看得见的实际问题，也有诸如“利益”等看不见的问题。

二、研究缘起和时代背景

山东大学亚太研究所教授杨鲁慧认为，中国周边学的研究缘起和时代背景得益于三种转变——中国国际身份地位的转变、中国的对外政策的转变以及国际政治格局的转变。如何处理好中国与周边关系的“度”和分寸，中国周边学需把握好以下三对平衡关系，一是中国的和平崛起与周边大国战略的平衡关系，二是中国的国家安全利益与周边合作安全之间的平衡关系，三是中国的周边战略与美国印太战略的平衡关系。

复旦大学国际问题研究院副院长冯玉军表示，中国的周边学起源于清末民初，在传统的华夷秩序遭遇到西方国际关系体系的重大挑战，朝贡体系的土崩瓦解的情况下，中国开始逐渐抛弃原来普天之下莫非王土的传统观念，如林则徐的《四国志》、《俄罗斯国纪要》，龚自珍的《西域置行省议》，魏源的《海国图志》等，反映出中国在与外部世界激烈互动和冲突中对周边的研究和思考。

烟台大学马克思主义学院教授王明星说，中国周边学产生的学科背景是在中国从站起来、富起来到强起来的阶段，中国周边学实际上就是要给如何处理与周边邻居的关系提供一个思路或者是原则。中国周边学不能以距离远近来划分邻居，周边国家的观念一直都在发生变化，交通技术的进步导致距离的缩短，虽然美国不算是我们的邻居，但是它在周边给我们带来的麻烦比谁都多。

三、理论创新和研究框架

华东师范大学周边国家研究院副院长余伟民强调了历史研究在中国周边学中的重要性。他表示，作为一门新型学科，中国周边学至少应包含国际关系研究和国别研究两个部分，历史研究则是这两个部分的重要基础。中国周边学要加强历史思维的训练以及与现实问题的连接，需要对周边某个特定问题进行相对长时间的关注和积累，总结和反思过去的历史经验和教训，避免用简单化的“特殊关系”去解释和取代“正常关系”。

吉林大学行政学院教授郭锐认为，受根深蒂固农耕文化的限制，中国的周边问题研究一直处于弱势发展状态，非但没有形成“学”，甚至很难形成较为完善的周边问题探讨框架，国别研究领域的扩大并不代表可上升为“学”的高度。中国周边问题彼此之间存在着一种内在联系和互动关系，未来中国周边学一是要对中国周边外交和周边国家外交进行探讨，二是要对整个周边国别史和地区关系史进行梳理。

中国社会科学院哲学研究所副研究员洪军认为，中国周边学在研究立场上应坚持“差分”原则，即事物的“差异”和“分殊”现象普遍存在，因此要尊重不同民族和不同国家的文化差异性。每一个国家、民族的文化都是该国、民族文化价值生活元素、要素的和合系统。传统时期文化东亚是实际存在的现象，现在面临的问题是要如何重建文化东亚，重建过程当中需要注意维护彼此的平等和尊重，求和合而不是求同。

四、中国周边学的实际运用和学科交叉

复旦大学民族研究中心主任纳日碧力戈认为，中国周边学研究要做到互为中心和周边，不能简单的用一个周边看周边，在对方的语境里我们也是周边，知己知彼特别重要。按照费孝通先生的说法是“进得去，出得来”，需要反复兑换角色。从人类学和民族学来看，语言、文化、民族、宗教和国家的边界往往并不一致，这既是一个历史过程，也是一个自然过程，中国周边学要从周边和边疆来定义当代中国。

南京大学国际关系研究院郑先武指出，我们习惯把周边关系理解为国与国的关系，造成对非国家行为体的作用关注相对不足。对此，他提出了“跨境区域”的概念，认为这个区域内外融为一体，突破和超越了传统的政治边界，既可以是中国的周边，也可以是他国的周边，还可以此作为中心，有利于去除以国家为中心的观点，使两国找到对话与合作的共同点。

上海国际问题研究院副研究员张耀认为，中国周边学中的很多问题不能仅仅只依靠社会科学，自然科学研究也不可缺席。例如，一个国家要明确某一地区是自己的大陆架，必须向联合国大陆架界限委员会提交申请，那么一定是要用自然科学来证明这个延伸地区的依据，然后才能被联合国申索有效。历史学从广义上可划分为自然史和人类史，未来中国周边学要从包括自然科学在内的一个大视角来研究。

中共中央对外联络部研究室主任栾建章在特别演说中发表看法，认为当前中国正处在崛起的前夜，周边的经济和权力结构也在不断发生变化，学界面临一项很重要的任务，就是要从站起来到富起来到强起来的过程中为中国崛起提供更多的理论支撑。中国周边学在整个应对外界疑虑中国崛起方面承担着责任，不仅要解释现在的中国不是过去的中国，还要向世界说明一个新的中国与周边和世界的关系。中国周边学要解决中国周边外交的整体性问题，必须更加明确自身的逻辑主线、逻辑起点和贯穿始终的问题，这也体现了中国周边学不同于其他学科的独特性。

石源华教授表示，相信中国周边学的研究和探讨将继续推进，期待在未来的

岁月里，经过大家的努力，能够产生若干部不同风格和特点的中国周边学研究专著，使“中国周边学”真正形成一门重要学科。